ENGINEERING INSURANCE

下册

工程保险

——工程风险评估理论与实务

王和◎著

中国财政经济出版社

图书在版编目（CIP）数据

工程保险．下册，工程风险评估理论与实务/王和著．—北京：中国财政经济出版社，2011.1（2022.4重印）

ISBN 978－7－5095－2724－5

Ⅰ.①工…　Ⅱ.①王…　Ⅲ.①建筑工程－保险－风险评价－中国　Ⅳ.①F842.681

中国版本图书馆CIP数据核字（2011）第007374号

责任编辑：翁晓红　　责任校对：陈可强

封面设计：李运平　　版式设计：苏　红

中国财政经济出版社 出版

URL：http：//www.cfeph.cn

E－mail：cfeph@cfemg.cn

社址：北京市海淀区阜成路甲28号　邮政编码：100142

营销中心电话：010－88191522

天猫网店：中国财政经济出版社旗舰店

网址：https：//zgczjjcbs.tmall.com

北京时捷印刷有限公司印刷　各地新华书店经销

成品尺寸：185mm×260mm　16开　51.75印张　831 000字

2011年1月第1版　2022年4月北京第2次印刷

定价：128.00元（上、下册）

ISBN 978－7－5095－2724－5/F·2319

（图书出现印装问题，本社负责调换，电话：010－88190548）

本社质量投诉电话：010－88190744

打击盗版举报热线：010－88191661　QQ：2242791300

再版说明

《工程保险》（第一版）自2005年出版之后，受到了业内外的广泛关注，被一些高等院校选用为教科书。近年来，我国工程保险的市场和经营环境均发生了较大的变化，一是近年来得益于我国社会和经济发展、国家加大固定资产投入的大环境，特别是2008年以来的“四万亿计划”，有力推动了我国工程保险的高速发展，带动了工程保险的技术进步。二是在我国保险业的发展与转型过程中，人们开始关注专业化和精细化经营，行业推出了一系列强化承保风险管控的措施，如出台了行业的《纯风险费率表》，市场秩序得到了规范。三是法律环境发生了较大的变化，特别是2009年10月新《中华人民共和国保险法》的实施，直接推动了“2009版条款”的出台，为工程保险的健康发展奠定了良好的基础。

这次再版的修改幅度较大，主要包括六个方面：一是条款部分。再版以“2009版条款”作为蓝本，但不局限于“2009版条款”，而是进行了“抽象化”处理，确保内容的稳定性。同时，增加了我国工程险条款与国际通用条款的比较部分，以适应日趋增加的国际交流的需要。二是附加条款部分。精选了三大类58个市场常用的附加条款进行介绍，以满足工程保险方案制订过程中个性化的需要。三是项目部分。除了对近年来发展很快的项目，如核电站、隧道、轨道交通和道路工程等进行了补充完善之外，增加了风力电站等内容。

四是法律部分。再版按照《中华人民共和国保险法》（2009）对所有内容做了“适法性”修订，确保符合《中华人民共和国保险法》（2009）相关规定。同时，还就《侵权责任法》的相关内容做了修订，更新了建筑相关法律部分的内容。五是费率部分。根据市场的变化，就相关费率部分进行了调整，特别是介绍了2009年以来行业实施的《纯风险费率表》。六是数据部分。对工程保险数据和相关公共数据均进行了更新和增补。

这次再版得到了我的许多同事和朋友的帮助，他们是林德雄、吴军、彭钢、杨永、蒋伟、李良辰、贾颖、徐凌、赵宁、王雪科等，特别是林德雄先生，他为本书的修订和校对做了大量工作，特在此向他们表示感谢，感谢他们一直以来对我国工程保险的专注和研究，感谢他们在本书的修订过程中给予的帮助。此外，中国财政经济出版社的裴兰英主任、责任编辑翁晓红女士以及她们的同事为本书的再版付出了辛勤的努力，在此表示感谢！

王　和

2010年10月20日

Preface

To the readers of this book

The global Engineering Insurance market today faces many challenges. It has to understand and follow the rapid technical development in the world and to the extent found possible provide products that meet the requirements of all involved, investors, contractors and financiers to name a few. In today's climate underwriting principles are being put to test as well as the need for capacity for sophisticated mega projects.

The International Association of Engineering Insurers (IMIA) founded in 1968 has developed into an important international forum for promoting understanding and best practice in the field of Engineering Insurance. All major markets and reinsurers are today members of IMIA and membership is expanding. Through this international network Engineering Insurers round the World share experiences, develop new ideas in order to have the knowledge and preparedness to meet global challenges and demands.

The rapid economical and technical development of the Peoples Republic of China is a challenge in many areas and Engineering Insurance is naturally one of them. It must therefore be of utmost interest for all parties involved to develop the knowledge and skills within the growing insurance industry in China during the present rapid expansion of the economy. Engineering Insurance will during this stage be one of the most important insurance lines. Knowledge and experience must be developed through education and training if China is to develop a sound Engineering Insurance market with the capacity and skills necessary to meet present and future requirements from all sectors of industry.

It is therefore with great satisfaction that IMIA recognises this book which is very comprehensive and covers all the fields of CAR /EAR insurance necessary for underwriters and others in Engineering Insurance. It will enable readers to be familiar with and have an in depth knowledge of the subject which is necessary if the Chinese Engineering Insurance market is to meet its challenges and develop into an internationally recognised market. This book certainly forms a very valuable basis for development based on competence and sound underwriting practice. IMIA can foresee an extensive use of this book in the Chinese Engineering Insurance market.

I wish this book great success.

Chairman of IMIA

The International Association of Engineering Insurers

序(中译文)

致本书的读者：

全球工程保险业正面临诸多挑战，它必须紧紧追随全球工程技术发展的脚步，开发出相应的产品以满足投资者、承包商以及融资人等各参与方的需求。同时，与承保能力一样，保险人的承保技术在大型项目上也在经受着考验。

成立于1968年的国际工程保险人协会（the International Association of Engineering Insurers，IMIA）目前已经发展成为国际工程保险领域增进相互交流和了解，提升实践能力与水平的重要国际性组织。主要保险市场的保险人和再保险人都已经成为协会成员，同时成员的队伍还在不断壮大。借助这个国际性的交流渠道，全球的工程保险人通过经验分享和理念创新，致力于满足客户的需求。

中国经济和技术的快速发展对包括工程保险在内的很多领域都提出了挑战。因此，工程保险所有参与方的第一要务就是满足中国经济发展对保险产业提出的知识和技术的要求，而此阶段工程保险是最重要的险种之一。中国要建立起健全的工程保险市场，并拥有足够的承保能力和承保技术来满足行业内各领域现在和将来的需求，就必须在教育和培训的过程中不断学习知识和增长经验。

因此，IMIA非常欣慰地看到，本书全面、系统地介绍了工

程保险的承保人和其他各方需要了解的建筑工程一切险(CAR)、安装工程一切险（EAR）及其他工程保险的所有相关内容，能够帮助读者熟悉和深入了解工程保险的知识，使中国的工程保险市场能够迎接挑战并发展，从而得到国际工程保险界的认可。同时，该书也为读者提高业务能力和增强承保经验提供了良好的基础。IMIA 可以预见，该书将在中国工程保险市场上得到广泛的应用。

预祝该书获得圆满成功。

国际工程保险人协会主席
安德斯·林德博格
2005 年 8 月

前　言

工程保险在我国发展的时间虽然不长，但在改革开放，特别是国家加大基础建设投资的大背景下，业务发展迅速。2002~2009年期间，我国的工程保险业务平均增速超过30%，远远高于同期财产保险发展的速度。2009年工程保险的保费收入达到了51.6亿元人民币，已处于国际工程保险界的前列。研究表明，在未来的一个时期内，我国工程保险仍将保持一个快速增长的趋势，预计2010~2015年期间工程保险业务的增速有望保持在25%以上，2012年将突破100亿元大关。

但在我国工程保险快速发展的同时，经营业绩却呈现明显下滑的趋势，平均费率不断下降，保费充足率严重不足，与国际再保险市场形成一种“倒挂”的态势。由于对承保条件管控不严，风险管理服务缺位，导致重大事故时有发生，赔付率高位运行，经营风险不断聚集，工程保险经营形势不容乐观。导致这种结果的原因是多方面的，有市场竞争方面的因素，也有经营理念方面的因素；有技术方面的因素，也有经验方面的因素；有费率方面的因素，也有承保条件方面的因素。但笔者认为人是最根本的因素：一方面是一些工程保险从业人员对于工程风险特征缺乏基本的认识，往往将其作为一种常规风险对待，在竞争的环境下，盲目地降低承保条件和费率，导致经营风险加大；另一方面是一些工程保险从业人员不熟悉工程风险评估技术，也不能系统地掌握工程保险的基本原理和技术，所以，在承保的过程中无法根据风险的实际状况确定合理价格，也难以对工程保险项目进行有效的风险管理，导致经营业绩下降。解决这些问题的出路在于重视和加强对工程保险从业人员的教育和培训，提高他们的专业技能水平。

在长期的工作实践中，笔者发现在工程保险的经营过程中存在的一个突出问题是保险人与投保人/被保险人之间存在着知识和经验背景的差异，因此，就出现了一个“视角差异”问题，导致双方难以用一种共同的语言进行有效的沟通。这种沟通问题不仅存在于保险方案的制订过程中，更体现在保险事故的处理和赔偿过程中。具体表现为：保险人在制订工程保险方案时，往往缺乏针对性，保险方案不能适应项目的风险特征，难以满足投保人的需求，同时，也无法有效控制保险人自身的经营风险；在保险事故的处理过程中，被保险人索赔不合理，保险人定损缺乏依据，经常产生理赔纠纷。这些现象在一定程度上阻碍了我国工程保险业务的健康发展。笔者认为：解决问题的关键是工程保险从业人员应当注重学习和掌握工程建设，特别是工程风险管理方面的知识，并将这些知识与保险、工程保险相结合，形成一种“保险 + 工程”的复合型知识结构，只有这样，才能把自己培养成为一名优秀的工程保险技术人员，才能促进我国工程保险经营水平的提高。

但是，面对浩如烟海的工程建设知识，工程保险从业人员往往有一种茫然和无从下手的感觉，更难以将工程知识与工程保险加以结合。本书试图解决这个问题，希望对工程保险以及与工程保险相关的工程建设知识加以系统介绍，以一个工程保险从业人员的眼光和视角去探索、分析和研究工程建设的相关知识，特别是关于施工安全与工程风险管理方面的知识，并将这些知识与工程保险的经营管理相结合。为此，笔者在长期从事工程保险实践工作的基础上，一方面认真研读了一批各国工程保险的经典著作，力求对保险、工程保险有更加深刻的认识和理解；另一方面全面和系统地阅读了大量工程建设与管理方面的有关书籍，力求用工程保险从业人员的眼光去学习和掌握工程建设与管理方面的知识，并从中汲取与工程保险相关的知识。本书就是笔者对工程保险和工程管理两个领域进行结合性研究的成果。

本书分为上、下两册，上册为“工程保险理论与实务”，下册为“工程风险评估理论与实务”。上册共七章，主要内容是围绕工程保险以及相关的知识展开：(1) 介绍了全球以及我国工程保险的发展历史与现状；(2) 系统介绍了项目管理、工程招投标、工程合同、工程价格、工程监理以及工程法律法规等与工程保险相关的工程建设基本知识；(3) 介绍和解析工程保险条款；(4) 分类介绍工程保险附加条款以及使用过程中的注意事项；(5) 介绍承保的基本原则，特别就核保过程中涉及的条款、附加条款、投保人、被保险人、保险标的、保险金额、赔偿限额、保险期间、免赔额等关键要素进行了重点介绍；(6) 介绍工程保险的价格影响因素、价格确定的方法、常见的工程保险定价软件等；(7) 结合实际，介绍了《保险建议书》的制作问题；(8) 介绍理赔的基本原则、一般程序、检验人员的基本要求、保险公估制度等；(9) 结合工作实际，重点介绍了现场查勘、定损理算、检验理算报告、代位追偿等环节；(10) 系统介绍与工程保险相关的工程保证保险、预期收益保险、完工工程项目保险、工程潜在缺陷保险、物权保险、工程职业责任保险、运输保险、建筑施工人员团体意外伤害保险和雇主责任保险等业务。

下册共五章，主要内容是围绕工程项目的风险管理和典型项目

的风险评估展开，系统介绍了建设项目风险管理的理论和实务，特别是工程项目的风险评估、跟踪检查及其报告，重点讲解了工程风险量化技术中的PML问题；分析了地质灾害、地震、洪水、火灾、第三者责任等基本风险及其特征；针对深基础、道路、隧道、桥梁、码头、水电站、火电厂、风电厂、核电站、机场、轨道工程、高层建筑、管道工程、海洋工程14类较为典型的工程项目进行了介绍，并对这些项目的风险评估进行了系统的介绍，包括项目的PML分析技术、主要风险以及控制；最后，针对工程保险的另外一类标的——施工机具的风险评估问题进行了详细的介绍。

从实用性的角度出发，笔者在广泛收集和研究的基础上，整理制作了“风险评估报告”、“保险建议书”、“理算报告”等范本，作为本书的附录供读者参考使用。同时，为了便于读者使用，附录中还收集了市场上较为常见的保险单、条款、投保单、费率表等。

本书的目标读者是从事工程保险的各类人员，包括保险公司、保险代理公司、保险经纪公司和保险公估公司的各类工作人员。同时，也可供从事工程项目风险管理的工程管理人员、大专院校的师生阅读和参考。

由于本人的水平有限，书中难免有错误和不当之处，恳请前辈、专家和同行不吝赐教、指正。

联系方式：gongchengbaoxian@ sina. cn。

王 和

2010年10月

目录

上册 —— 工程保险理论与实务

第一章　工程保险概述 …………………………………………………… (1)

第一节　工程保险及其特征 ………………………………………… (1)
第二节　保险基本原理在工程保险中的应用 ……………………… (4)
第三节　工程保险的历史与发展 …………………………………… (9)
第四节　我国工程保险的基本情况 ………………………………… (14)
第五节　我国台湾地区的工程保险 ………………………………… (29)

第二章　工程保险相关知识 ……………………………………………… (35)

第一节　工程项目管理 ……………………………………………… (35)
第二节　工程项目管理模式 ………………………………………… (39)
第三节　工程造价 …………………………………………………… (47)
第四节　工程合同 …………………………………………………… (60)
第五节　工程监理 …………………………………………………… (78)
第六节　工程建设相关的法律规范 ………………………………… (85)

第三章　主条款解释及应用 …………………………………………… (95)

第一节　主条款简介 ………………………………………………… (95)
第二节　保险标的 …………………………………………………… (97)
第三节　保险责任 …………………………………………………… (101)
第四节　责任免除 …………………………………………………… (107)
第五节　保险金额 …………………………………………………… (117)
第六节　保险期间 …………………………………………………… (124)
第七节　赔偿处理 …………………………………………………… (131)
第八节　保险人与投保人/被保险人义务………………………… (139)
第九节　其他事项 …………………………………………………… (147)
第十节　我国工程保险条款与国际通用条款的比较 ……………… (149)
第十一节　建筑工程一切险与安装工程一切险条款的异同 ……… (170)
第十二节　列明风险条款 …………………………………………… (173)

第四章　附加条款解释及应用 ………………………………………… (176)

第一节　附加条款的特征及分类 …………………………………… (176)
第二节　扩展性附加条款解释及应用 ……………………………… (178)
第三节　限制性附加条款解释及应用 ……………………………… (195)
第四节　规范性附加条款解释及应用 ……………………………… (201)

第五章　工程保险承保实务 …………………………………………… (209)

第一节　工程保险承保及其基本原则 ……………………………… (209)
第二节　保险单类型 ………………………………………………… (211)
第三节　投保单 ……………………………………………………… (214)

第四节 基本条款与附加条款 ……………………………… (215)
第五节 投保人与被保险人 ……………………………… (217)
第六节 保险标的 ……………………………… (220)
第七节 危险单位及划分 ……………………………… (224)
第八节 保险金额和赔偿限额 ……………………………… (230)
第九节 保险期间 ……………………………… (235)
第十节 免赔额 ……………………………… (243)
第十一节 工程保险价格及其确定方法 ……………………………… (248)
第十二节 纯风险损失率 ……………………………… (272)
第十三节 工程保险定价软件 ……………………………… (276)
第十四节 保险建议书 ……………………………… (286)
第十五节 保险人的项目风险管理 ……………………………… (292)

第六章 工程保险理赔实务 ……………………………… (299)

第一节 工程保险理赔及其基本原则 ……………………………… (299)
第二节 工程保险理赔的几个基本问题 ……………………………… (301)
第三节 工程保险理赔的阶段与程序 ……………………………… (308)
第四节 检验理算人员 ……………………………… (314)
第五节 现场查勘 ……………………………… (318)
第六节 定损理算工作的一般程序 ……………………………… (324)
第七节 检验理算报告 ……………………………… (329)
第八节 保险公估制度及其应用 ……………………………… (334)
第九节 工程保险的追偿 ……………………………… (341)

第七章 工程保险相关业务 ……………………………… (343)

第一节 工程保证保险 ……………………………… (343)

第二节 预期利益保险 …………………………………………………… (355)
第三节 完工工程项目保险 ……………………………………………… (365)
第四节 工程潜在缺陷保险 ……………………………………………… (371)
第五节 物权保险 ………………………………………………………… (380)
第六节 工程职业责任保险 ……………………………………………… (387)
第七节 运输保险 ………………………………………………………… (395)
第八节 建筑工程施工人员团体意外伤害保险 ………………………… (399)
第九节 雇主责任保险 …………………………………………………… (403)

下册 —— 工程风险评估理论与实务

第八章 工程风险评估……………………………………………………… (407)

第一节 风险与工程风险 ………………………………………………… (407)
第二节 工程风险特征 …………………………………………………… (410)
第三节 工程风险管理 …………………………………………………… (412)
第四节 工程风险评估基础 ……………………………………………… (418)
第五节 工程风险量化分析 ……………………………………………… (421)
第六节 工程项目的 PML 分析技术 …………………………………… (425)
第七节 工程风险评估的主要内容 ……………………………………… (430)
第八节 工程风险的处理 ………………………………………………… (436)
第九节 工程风险评估报告 ……………………………………………… (438)

第九章 工程基本风险分析 …………………………………………… (442)

第一节 工程风险的基本分类 …………………………………………… (442)
第二节 地质灾害风险 …………………………………………………… (444)
第三节 地震风险 ………………………………………………………… (449)

第四节 台风风险 …………………………………………… (455)
第五节 洪水风险 …………………………………………… (464)
第六节 火灾风险 …………………………………………… (469)
第七节 第三者责任风险 …………………………………… (474)

第十章 工程项目风险评估（一） ………………………… (485)

第一节 深基础工程 ………………………………………… (485)
第二节 道路 ………………………………………………… (490)
第三节 隧道 ………………………………………………… (506)
第四节 桥梁 ………………………………………………… (521)
第五节 码头 ………………………………………………… (536)

第十一章 工程项目风险评估（二） ……………………… (543)

第一节 水电站 ……………………………………………… (543)
第二节 火电厂 ……………………………………………… (553)
第三节 风力发电厂 ………………………………………… (558)
第四节 核电站 ……………………………………………… (563)
第五节 机场 ………………………………………………… (583)
第六节 轨道工程 …………………………………………… (588)
第七节 高层建筑 …………………………………………… (599)
第八节 管道工程 …………………………………………… (603)
第九节 海洋工程 …………………………………………… (610)

第十二章 施工机具风险评估 ……………………………… (621)

第一节 施工机具 …………………………………………… (621)

第二节 施工机具分类 ……………………………………………………（622）
第三节 施工环境 ……………………………………………………（626）
第四节 施工机具的管理 ……………………………………………（626）
第五节 机械手 ………………………………………………………（627）
第六节 维修条件 ……………………………………………………（628）

附 录………………………………………………………………（629）

附录一 保险单 ………………………………………………………（629）
中国人民财产保险股份有限公司建筑工程一切险
（2009 版）保险单………………………………………………（629）
附录二 保险条款（2009 版） ……………………………………（637）
中国人民财产保险股份有限公司建筑工程一切险
条款（2009 版） ………………………………………………（637）
中国人民财产保险股份有限公司安装工程一切险
条款（2009 版） ………………………………………………（652）
中国人民财产保险股份有限公司建筑、安装工程
保险条款（2009 版） …………………………………………（667）
附录三 保险条款（慕尼黑再保险公司） …………………………（683）
慕尼黑再保险公司建筑工程一切险条款 ………………………（683）
慕尼黑再保险公司安装工程一切险条款 ………………………（698）
附录四 投保单 ………………………………………………………（707）
中国人民财产保险股份有限公司工程保险
投保单（2009 版） ……………………………………………（707）
安装工程一切险情况调查表及投保单 …………………………（722）
附录五 风险评估报告（地铁项目） ………………………………（728）
附录六 保险建议书（管道工程） …………………………………（736）
附录七 费率表 ………………………………………………………（753）

中国人民财产保险股份有限公司工程保险
费率表（2008 版） …………………………………………（753）
建筑、安装工程保险费率规章（2001 版） ………………（755）
建筑工程险费率（1994 年 12 月经中国人民
银行核准备案） ……………………………………………（756）
安装工程险费率（1994 年 12 月经中国人民
银行核准备案） ……………………………………………（757）
建筑工程一切险及第三者责任险费率表 …………………（758）
附录八 工程保险定价示例 ……………………………………（760）
附录九 理算报告（基本框架） ………………………………（764）
附录十 工程保险词汇表（英汉对照） ………………………（770）

参考文献 ………………………………………………………（775）

后 记 ………………………………………………………（783）

第八章
工程风险评估

第一节
风险与工程风险

一、风险

风险是指在特定的客观情况下，在特定的期间内，某一事件的预期结果与实际结果之间的差异。

风险并不是一成不变的，从风险的定义我们可以看出风险是因某一事件的预期结果和实际结果的相比较而存在的。所以，应从两个方面去认识风险：一是风险是相对人们的预期结果而存在的，即是相对于人们的主观认识。在一定的条件下，一个事件的实际结果是相对不变的，所以，风险的存在和大小的关键取决于人们对于事件结果的预期认识。人们对某一事件的结果缺乏认识时，则风险最大；而人们对于结果的认识越接近实际结果，风险就越小。二是风险是变化的，即这种实际结果是随着事件的环境和条件的变化而变化的。为此，人们可以通过主观的努力去认识并影响相关的环境和条件，从而改变某一事件的实际结果，使其尽可能地接近人们期望的结果，使风险减小到最低程度。

风险的本质是指构成风险特征，影响风险产生、存在和发展的因素。通常认为风险是由风险因素、风险事故和损失整个过程构成的，即风险因素在满足一定条件的基础上将引起风险事故，而风险事故是将风险损失可能性转化为现实性的媒介，损失则是一种非故意的、非预期的、非计划的利益的减少。

二、工程风险的分类

工程风险是指在工程建设过程中，可能出现的预期结果与实际结果间的差异。从风险管理的角度看，风险可以有各种各样的分类。工程风险管理通常对工程风险采用两种分类方式：一种是根据潜在的损失形态划分，将工程风险划分为财产风险、人身风险和责任风险；另一种是根据潜在的损失承担主体划分，将工程风险划分为业主风险、承包商风险和其他关系人的风险。

（一）根据潜在的损失形态划分的工程风险

1. 工程财产风险损失主要包括三部分：（1）是指由于风险事故的发生导致工程标的、附属工程、临时建筑和施工机具发生损毁、灭失和贬值的损失，如工程项目本身的物质损毁；（2）是指由于承保风险事故的发生可能产生的相关费用损失，如施救费用、清理场地费用和专业费用等；（3）是指由于物质损失导致工程延期完工产生的间接损失，如预期利润损失和延迟交付的罚金等。

2. 工程人身风险是指由于风险事故的发生导致与工程建设有关人员的人身伤亡。在工程人身风险项下的“有关人员”，通常是指与工程保险的被保险人本身以及与其存在雇用合同关系或者其他直接利害关系人，而与被保险人没有这种关系的人则属于“第三者”。

3. 工程责任风险是指在工程建设期间，业主作为工程的所有人和建设项目的行为人，承包商作为项目建设的行为人或者施工机具的所有人在从事与工程建设有关的活动过程中，在工地及附近区域，由于疏忽或者过失造成第三者的人身伤亡或者财产损失，依法应当承担的经济赔偿责任。

（二）根据潜在的损失承担主体划分的工程风险

1. 业主风险是指业主作为项目的所有人可能承担的风险。从物质损失的角度看，“不可抗力”风险就属于业主风险，因为这类风险造成的损失是由业主承担的。从责任损失的角度看，尽管施工的过程是由承包商完成的，一般来说，承包商在施工过程中产生的第三者责任应当由其承担，但是，由于业主是工地（建设项目）的所有人，所以，一旦第三者在工地受到损害，其除了可以向承包商提出损害赔偿的要求外，也可以向业主提出同样的要求。在许多情况下，往往业主会成为这类事故的第一责任人。

2. 承包商风险是指承包商作为建设项目的行为人可能承担的风险。从物质损失的角度看，在实施项目建设过程中，可能由于承包商及其施工人员的疏忽、过失，甚至恶意行为导致建设项目本身的损失。从责任损失的角度看，承包商作为建设项目实施的行为人，可能由于承包商及其施工人员的疏忽或过失导致第三者的人身伤亡或者财产损失，依法应当承担责任。承包商的风险还包括其对于施工人员意外伤害的雇主责任风险和对于施工机具由于意外事故损失的风险。

3. 其他关系人的风险是指那些直接或间接与工程存在各种关系的人。基于这种关系，他们对于工程建设项目和责任拥有可保利益，上述的业主和承包商的风险则可能成为这些关系人的风险，如对项目进行融资的银行。

三、工程风险成本

风险成本是指由于风险的存在和风险事故发生之后，人们所必须支出的费用和预期经济利益的减少。风险成本不仅包括实际成本，还包括无形成本、预防或控制风险损失的成本。

（一）实际成本

实际成本包括直接损失成本和间接损失成本。在工程建设领域，直接损失成本是指风险事故发生后，造成工程以及相关财产的物质损毁或者灭失和工程相关人员的人身伤亡所必须支付的实际经济代价。间接损失成本是指风险事故发生后，导致的物质损失以外的损失以及与其相关损失，包括支付费用、经济利益减少，例如因事故导致的延期完工损失。

（二）无形成本

无形成本是指由于风险发生的不确定性引起人们付出的经济代价，包括造成社会经济福利的减少、阻碍生产力的提高和导致资源分配不当，造成产业生产能量的降低。

（三）预防或控制风险损失的成本

这类成本指为了预防或控制风险损失，人们采取各种措施而支出的费用。

在工程建设项目的管理过程中对于风险成本的理解具有十分重要的意义。因为在项目建设过程中，无论是项目的所有者还是项目的建设者，均面临着可能因为风险的影响而发生经济损失，这些损失以及为了减少这些损失的支出就

是风险成本。正确地认识风险的客观存在、认识风险成本的客观存在是做好风险管理工作的重要基础和理论保证。

第二节
工程风险特征

一、工程风险的客观性

工程风险的客观性指它是独立于人的意识之外的客观存在。无论是自然界的物质运动，还是社会发展的规律，都由事物的内部因素所决定，由超越人们主观意识所存在的客观规律所决定。工程风险的客观性是指在工程项目的建设过程中，始终存在着自然灾害的风险和人为事故的风险，人们可以通过各种努力降低风险发生的频率和可能导致损失的程度，但不可能完全消灭风险。

认识到工程风险的客观性，就能够认识到工程风险管理，特别是工程保险的必要性。尽管业主和承包商均不希望发生损失，尽管他们为避免风险的发生做出了大量的努力，但是，工程建设的风险是客观存在的，不可能被绝对排除，要确保工程建设的财务稳定，工程保险就显得十分重要。

二、工程风险的普遍性

工程风险的普遍性表现为风险在时间和空间上的普遍存在，在任何时间、任何地点均存在风险。尽管人们一直在与风险做不懈的斗争，使既有的风险在一定程度上减少了，但新的风险又产生了。例如，在工程建设的过程中，为了减少风险而采用一种新的工艺的同时，往往又会带来一种新的风险。

人们经常误认为随着科学技术的发展、人类社会的进步，风险就会不断地被克服，人们的生产和社会就会变得更加安全。但是结果恰恰相反，科学技术的发展和人类社会的进步给我们带来的不是风险减少了，而是增加了；同时，风险事故可能造成的损失越来越大。例如，随着材料工业和机械制造业的发展，为了减少在开挖现场作业过程中工人的劳动强度和风险，人们运用现代的机械生产技术，发明、设计和制造了大量的施工机具，但在运用这些大型施工机具的同时，又产生了新的风险，包括施工机具自身的损坏和可能导致的第三者损失，而这些风险损失的程度往往大大超过以往人工作业可能产生的损失。

三、工程风险的可变性

风险的可变性是指其不是一成不变的，在一定条件下，风险是可以转化的。风险的可变性表现为风险性质的可变性和风险量的可变性，即在一定的条件下，风险的性质可以发生变化，风险的量也可以发生变化，化小风险单位就体现了风险量的可变性特征。

某些风险在一定的空间和时间范围内具有可消除性，通过人们的努力和技术的运用可以在一定局限意义上消除风险。但是，往往是旧的风险被消除了，新风险又产生了。例如，人们为了控制火灾风险，设计安装了自动喷淋系统，火灾风险降低了，却产生了自动喷淋系统失灵可能产生损失的风险。所以，风险固然具有可变性，但却是不可能被彻底消除的。

四、具体风险事故发生的偶然性

风险的客观性和普遍性均是针对风险的共性，但是就某一具体风险事故而言，它的发生却是偶然的，是一种随机现象。例如，在一个城市中交通事故的风险是客观和普遍存在的，但是，就某一个交通事故而言，其发生具有一定的偶然性，它往往是建立在许多前提条件被同时满足的情况下。又如在隧道施工过程中，塌方现象是普遍存在的，但是，就一个具体的项目施工过程中是否发生塌方及塌方造成的损失程度事先是难以确定的。所以，这种偶然性表现为时间上具有突发性，后果上可能出现灾害性。

具体风险事故发生偶然性的特点使其给人们造成的心理压力往往超过风险损失本身，人们对于风险事故发生以及后果的恐惧给我们带来的伤害有时比损失本身更严重。可见，有效地管理和控制风险给人们带来的裨益是巨大的，它不仅仅指防止了损失本身，而且还包括给人们带来的一种安全感。

五、大量风险事故发生的必然性

虽然个别风险事故的发生具有偶然性和无序性的特点，但是，一定时期和一定范围内风险事故的发生具有一定的必然性。我们只要对大量风险事故进行系统观察和综合平均，就不难发现其内在的明显规律。如我们对一定数量的同类型水电站建设项目进行统计分析，发现每一个项目工伤事故的案件数量和导致人员死亡的人数具有一定的规律性。

大量风险发生的必然性和规律性使人们利用概率论和数理统计方法去计算其发生的概率和损失幅度成为可能，而这种可以计算的风险损失量的货币形式就是风险的成本。

风险的必然性和规律性是风险管理和保险的立业之本，它支持了风险管理的必要性和保险成本的科学性。

第三节
工程风险管理

一、风险管理的历史与发展

风险管理理论产生于20世纪初的美国。当时美国正处于经济大萧条时期，经济衰退、工厂倒闭、工人失业、社会财富大幅度缩水。面对这一切，人们开始思考，这种损失是否是必然的？能否避免？如何避免？人们逐步意识到认识风险和风险管理的重要性，明白了保护已经获得的财富比如何获得财富更重要的道理。风险管理理论和技术就在这样的大背景下应运而生。

风险管理是研究风险发生规律和风险控制的一门新兴的管理学科。各经济单位通过风险识别、风险估测、风险评价，并在此基础上优化组合各种风险管理技术，对风险实施有效的控制和妥善处理风险所致损失的后果，期望达到以最少的成本获得最大安全保障的目标。

随着人类社会的进步，社会生产力迅速发展，科学技术空前发达，一方面社会财富高速增长，高度集中；另一方面环境破坏日益严重，贫富悬殊加大，社会矛盾尖锐。这一切均是导致风险情况恶化的根本原因。在这种情况下，风险管理问题再度引起人们的关注和重视。同时，社会的进步带来人们观念的转变，特别是企业家、经理人员和投资者的价值取向发生了明显的变化，稳健的经营管理理念取代了投机冒险的心理。因为人们认识到：风险的存在是必然的，否认或者漠视风险的存在比风险存在本身更可怕。没有绝对的安全，只有相对科学和合理的风险管理计划。现代经营管理的理念是对于风险管理进行充分的投入，并将风险管理的投入纳入成本并分摊给消费者，换取企业经营目标的稳定实现，最大限度地维护投资者的利益。

风险管理活动的本质是实现最大程度地认识风险，最大程度地处理风险，将处理风险的成本降至最低。风险管理的意义在于：一是有利于实现社会资源分配的最佳组合。具体体现为减少损失，避免不合理准备而造成的浪费，提高对资源的利用程度。二是有利于企业和社会经济的稳定与发展。具体体现为避免了损失及其导致的经济停顿给企业和社会带来的连锁反应，减少了生产不稳定的社会现象的发生。三是有利于保证企业经营目标的实现。具体体现为：减少风险成本支出；减少决策失误；减少风险损失；缩短恢复周期；提供安全环境，实现效率提高。

从 20 世纪 60 年代开始，对于风险管理的研究逐步走向系统化和专业化，风险管理成为管理领域的一门独立的学科。对现代风险管理理论发展具有突出贡献的是 1964 年威廉姆斯和汉斯出版的《风险管理与保险》一书，这本书将概率论和数理统计应用到风险管理领域，使风险管理从经验走向科学，确立了风险管理作为管理学的重要门类和地位。美国的一些大学开始在大学中开设风险管理课程，进一步促进了风险管理理论的发展。同时，风险管理协会的出现和发展也推动了风险管理研究和技术的发展。现在美国的风险与保险管理协会（RIMS）、美国的风险与保险协会（ARIS）、日本的风险管理协会（JRMS）和英国的工商企业风险管理与保险协会（AIRMIC）均在这一领域扮演着重要的角色。在 1983 年 RIMS 年会上，各国专家学者经过广泛深入的讨论，通过了“危险性风险管理 101 准则”，将其作为各国风险管理的一般原则。另外，美国还开设了风险管理资格考试（ARM）制度，通过资格考试来推动职业教育和从业水平的提高。

二、工程风险管理的意义

工程风险管理是研究工程风险发生的规律和风险控制技术，通过对工程风

险识别、估测、评价，并在此基础上优化组合各种工程风险管理技术，对工程风险实施有效的控制，妥善处理工程风险所致损失的后果，期望达到以最小的成本获得最大安全保障的目的。

从风险管理的角度分析，工程项目的风险具有较强的特殊性。一是工程项目具有投资巨大的特点。一个项目的投资金额动辄几千万元、几亿元、几十亿元甚至几百亿元，这些巨额投资一旦出现风险，投资者难以承担，也将给整个社会造成影响。二是工程项目具有施工工期长的特点。通常一些大型项目的工期需要3~5年，而一些特大型项目的工期则可能需要5~8年，甚至十几年，在这么长的时间周期里，内部和外部环境均会发生很大的变化，不确定的因素很多。三是一个工程项目、特别是一些大型项目具有参与单位非常多的特点，有投资者、贷款银行、业主；有总承包商、承包商、分包商；有材料供应商、设备厂家；有工程监理、咨询、顾问公司；有保险、经纪、公估公司；有政府建筑质量、施工管理和环境保护的监督机构。这些主体之间利益和行为均存在交叉，甚至冲突。四是工程项目的建设和施工均具有技术性、特殊性和复杂性的特点。在工程项目的建设过程中，特别是一些大型项目常常涉及大量的特殊技术和工艺，有的还需要应用一些新技术和新工艺，这一切均大大增加了工程项目的风险。五是工程项目具有自我防护能力差的特点。一个项目的建设是一个从无到有的过程，一个逐步建设和完善的过程，在这个过程中，项目本身往往不具备自我防护的能力。六是工程项目建设具有施工环境相对恶劣的特点。项目建设通常是在开放的场地进行的，这些场地的施工环境和条件相对差，导致施工难度增加，对于施工的技术和管理要求更高。

鉴于工程项目风险具有的特殊性，工程项目的风险管理显得尤为重要和迫切。一个项目是否成功，风险管理工作将在其中发挥十分重要的作用。所以，在工程项目的管理过程中，一个突出任务就是重视和加强风险管理工作，通过风险管理，利用各种技术最大限度地认识风险，最大程度地处理风险，将处理风险的成本降至最低，确保工程项目的顺利进行。

三、工程风险管理的基本内容

按照风险管理的定义，工程风险管理的基本内容包括风险识别、风险评估、风险处理和风险监控。

在工程风险管理领域，不同的机构和组织提出了不同的意见和建议。美国系统工程研究所把工程风险管理的基本内容划分为若干个环节，即风险识别、风险分析、风险计划、风险跟踪、风险控制（见图 8－1）。

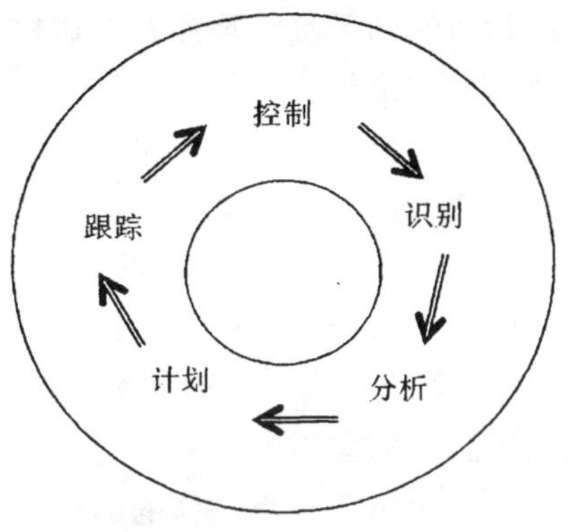

图 8－1　工程风险管理环节

美国项目管理协会制定的 PMBOK（2000 版）中明确的工程风险管理的基本内容为：风险管理规划、风险识别、风险定性分析、风险量化分析、风险应对设计、风险监视和控制。

我国学者将工程风险管理的基本内容按照不同的特征进行划分和明确，将工程项目的风险管理工作分为风险识别、风险分析与评估、风险处理、风险监督四个部分，各个部分的具体内容见图 8－2。

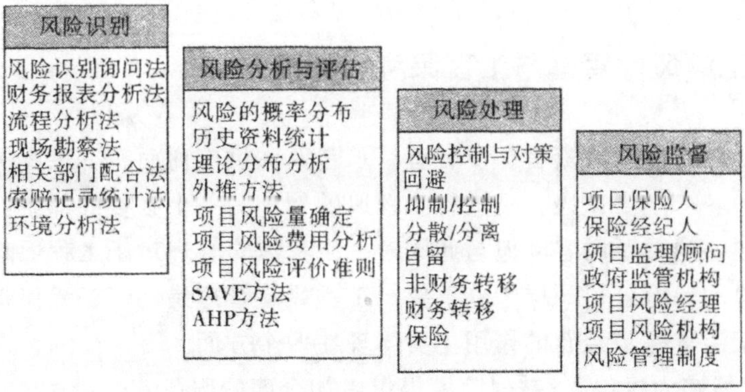

风险识别	风险分析与评估	风险处理	风险监督
风险识别询问法	风险的概率分布	风险控制与对策	项目保险人
财务报表分析法	历史资料统计	回避	保险经纪人
流程分析法	理论分布分析	抑制/控制	项目监理/顾问
现场勘察法	外推方法	分散/分离	政府监管机构
相关部门配合法	项目风险量确定	自留	项目风险经理
索赔记录统计法	项目风险费用分析	非财务转移	项目风险机构
环境分析法	项目风险评价准则	财务转移	风险管理制度
	SAVE方法	保险	
	AHP方法		

图 8－2　我国工程风险管理内容

尽管不同的组织和学者对于风险管理内涵的界定不完全相同，但基本内容是相似的。不同工程项目的风险特征之间存在一定的差异，所以，我们在进行项目风险管理的过程中，应当在风险管理基本理论框架基础上，根据工程项目的实际情况，制订一个有针对性的风险管理方案，这样才能够真正发挥风险管理的作用，确保工程项目的顺利进行。

在工程风险管理的过程中，存在的一个突出问题是重视程度不够。风险管理往往是在事故发生之后才会引起人们的重视，而在现实工作中则是说起来重要，做起来就不重要，其中一个关键原因就是缺乏必要的组织保证和经济投入。因此，国际工程保险人协会对于工程项目的风险管理认为以项目的工程保险平均费率为4‰计算，每个项目应当将保险费的2.5% ~3.5%用于风险管理的投入，同时，应当根据项目规模的不同选择自行管理、利用外部资源管理和合作管理的风险管理模式，并提出了一个具体的建议（见表8－1）。

表8－1　国际工程保险人协会的建议

项目规模/保险金额（百万美元）	风险管理投入（人/天）	风险管理模式
500以上	60以上	外部资源/合作管理
100~500	12~60	外部资源/合作管理
10~100	1~12	合作管理/自行管理
10以下	1以下	自行管理

四、工程风险管理与工程保险的关系

对于工程项目的投资者、所有者、承包商和供应商而言，工程保险是工程风险转移的一个主要途径，是进行工程风险管理的一个必要外部条件，是工程风险管理的一项重要内容。但与此同时，工程风险管理对于工程保险，对于经营工程保险的保险公司同样十分重要。工程风险管理是经营工程保险的重要基础，其对于工程保险经营的作用主要体现在四个方面。

（一）能够为投保人/被保险人提供更加全面的服务

通过工程风险管理技术的应用，保险公司能够提供更加专业的服务，能够使投保人/被保险人对其面对的风险有一个全面、系统的了解和认识，并采取必要的措施，以防止或减少可能造成的损失。通过工程风险管理技术，保险公司能够更加科学和全面地识别和评估风险，为投保人/被保险人制订更加合理的风险管理方案。同时，保险公司还可以根据工程项目风险的具体情况，制订科学的保险方案，使保险方案具有更强的针对性和有效性。应用工程风险管理技术，保险公司可以协作投保人/被保险人制订紧急情况处理预案，一旦发生意外情况，能够更加从容地应对，使可能造成的损失降到最低程度。

（二）能够改善保险公司经营业务的水平

保险公司是经营风险的企业，因此，它更需要注重风险管理，只有通过风险管理技术的应用，保险公司才能够改善其业务的经营水平。保险公司在经营工程保险业务过程中，要提高经营管理的水平，就应当对风险有一个全面的认识，然后制订一个科学的方案。保险公司在经营业务过程中，需要回答和解决四个问题：一是决定是否承保。并不是所有的风险都可以承保的，保险公司需要对风险进行识别和评估，以确定其是否有能力承保这个标的。二是决定采用的条款措辞。不同的风险需要应用不同的条款措辞，措辞的针对性和适应性是为了确保维护合同双方的利益。三是决定承保的费率等条件。在保险领域，风险通过量化与价格形成了对价，不同的项目，风险状况的保险费负担是不同的，保险公司需要对项目的风险状况进行客观的识别和评估，然后确定保险费率。在保险方案中，有时费率不是最关键的因素，一些承保条件往往起到重要的作用，如免赔额等。所以，保险公司需要根据项目风险的特征，制定有针对性的承保条件。四是决定是否安排分保。通过对项目风险的量化分析，保险公司能够确定其实际承担风险的状况，结合自身的承保能力和对风险的基本判断，决定是否需要安排风险的再分散以及分散的程度。

（三）能够确保保险公司自身经营的稳定

保险公司作为企业，本身同样存在经营稳定的问题，而且，保险公司的经营稳定可能影响其被保险人乃至社会的稳定。然而，在经营工程保险的过程中，由于工程保险具有保险金额巨大、保险期限长、面临着各种巨灾和特殊风险、涉及大量的工程技术问题、潜在风险损失大的特点，所以，经营稳定性的压力更大。这就需要保险公司在经营工程保险的过程中，应用风险管理技术，对风险进行充分的识别和评估，制订更加科学的保险方案，同时，应当根据自身承保能力的实际情况，进行再保险计划安排。只有这样，才能确保自身经营的问题。因此，风险管理的问题对于经营工程保险的保险公司显得更为重要。

（四）能够更好地维护全社会的共同利益

保险作为一种经济制度能够为广大投保人提供减少意外事故带来的影响，发挥稳定生产和生活的效用。但是，保险的赔偿仅仅是对被保险人的经济补偿，它不能改变社会物质财富灭失的事实，在某种意义上讲是一种消极的行为。在工程保险领域，这种现象表现得更为突出，一些大型项目在建设过程中发生意外事故造成的损失固然可以通过保险赔偿的方式得到补偿，但项目造成的物质损失是无法恢复的。所以，我们更应当运用风险管理技术，降低和减少事故发生的几率和损失，因为，风险管理所取得的损失防止和减少的意义是积极的，保险公司无论是从自身的利益，还是从社会共同利益的角度出发，都应强化风险管理意识的推广，加强风险管理技术的应用。

第四节
工程风险评估基础

一、工程风险评估及其意义

工程风险评估是指由专业的风险评估机构，通常是保险公估公司或保险公司的专业技术人员对工程项目进行全面、系统和专业的调查，配合风险评估技术，对工程项目风险状况进行描述和量化分析，为使用者提供工程项目风险管理信息。

工程风险评估的意义在于运用专业技术和经验，对工程项目的风险进行全面的评估，确定工程项目在建设过程中存在的各种风险因素以及这些风险因素可能造成的损失程度。

对于投保人而言，全面、系统和专业的评估能够使其充分认识存在的风险，尤其是这种评估通常由第三者来完成，这样投保人对于项目风险可能造成的损失以及程度能够有全面的了解。在此基础上，投保人一方面可以采取相应的措施防止和减少风险；另一方面可以对可能造成的损失进行工程保险的安排。此外，在制订工程保险的方案过程中，投保人可以根据风险评估报告的情况，设计切合工程项目实际的保险方案。

对于保险人而言，通过评估可以确定其是否接受投保人的投保要求，如果接受，则确定承保方案和费率条件。另外，保险人在承保工程项目的过程中，一项重要的工作就是协助和督促被保险人进行风险管理工作，力求通过风险管理降低风险、减少损失，风险评估则是这些工作的基础。工程风险评估对于再保险人也具有类似的作用，再保险人更需要通过工程风险评估了解风险状况，决定是否接受再保险业务以及接受的比例。

二、工程风险的评估方法

在进行风险管理的过程中，最为基础的工作是对于风险进行专业的评估。只有通过专业的风险评估，对风险进行定性和定量分析，才能够进行风险处理的决策。风险评估包括风险识别和风险分析。风险识别是通过各种方法感知风险，对风险进行定性分析，目的是对工程建设项目面临的各种风险有一个全面的了解和认识。风险分析是通过各种技术和手段在对风险进行认识的基础上，对于风险可能造成的损失进行定量分析。

（一）感知风险

感知风险是指通过风险评估人员的感知了解和认识风险，具体方法有：查阅有关资料、进行现场勘察以及与有关人员交谈，其目的是对建设项目风险的实际情况有一个全面和客观的了解。

1. 查阅有关资料。感知风险的第一步是查阅有关资料。一个工程建设项目涉及的信息和资料非常庞大，风险评估人员不可能完全依靠自己的力量完成全面的信息和资料收集工作，而项目的建设单位在规划和设计过程中已经完成了大量的同类工作，所以，捷径就是利用建设单位的资料。通过查询资料能够对工程项目的情况有一个全面和系统的了解，同时，也能够为制订风险评估方案奠定基础。在查阅有关资料的过程中，主要应查阅的资料有：工程（预）可行性研究报告、工程承包合同、承包金额明细表、工程设计书、工程进度表、地质水文报告和工地略图。

2. 进行现场勘察。感知风险的第二步是进行现场勘察，目的是通过专业人员对现场的勘察，直观地了解工地以及周围的情况，用风险评估专业人员的视角去观察和了解现场情况，获得对于风险情况的感性认识。评估人员在进行现场勘察之前应做好充分的准备工作，制定一个具体的现场勘察计划。这个计划应当是建立在对建设项目情况有一个初步了解的基础上，并根据初步设计和制订工程保险方案的具体需要，带着问题进行有计划和有针对性的工作。

在进行现场勘察的过程中应尽可能有建设单位的有关技术人员陪同，对于一些特殊的工程项目，还应聘请熟悉这个领域的工程技术顾问参加。

勘察工作除了通过风险评估人员的感知外，还应当通过摄像、拍照、画图和文字等方式进行全面和综合的记录，这些记录有助于风险评估人员在事后印证记忆、整理材料和制作风险评估报告。

3. 与有关人员交谈。与有关人员进行交谈是感知风险的一个有效手段。在可能的情况下，应尽量广泛地与有关方面的人员，尤其应注意与项目的业主（策划人）、设计人、招标代理人、承包人（项目经理）、监理人员、融资银行的项目负责人等进行交谈，必要时可以向一些专家进行技术咨询。在与有关人员交谈中应当注意掌握两个关键：一是风险评估人员不仅要通过交谈了解建设项目本身的情况，还应当了解有关人员对于项目建设的技术和风险方面的认识和态度。因为这些人员中不少人是这个领域的专家，了解他们对于建设项目的技术和风险方面的看法往往比了解项目本身的情况更重要。总之，应当力求通过交谈，从不同的侧面客观地了解和掌握项目及其风险的基本情况，不仅仅是从事实层面了解，更重要的是能够从认识的层面了解。二是风险评估人员在与有关人员交谈的过程中应注意利用他们的地位和利益的不同，发现他们对于项目建设风险认识上的差异，并通过求证这种差异来发现可能存在的问题。

（二）分析风险

分析风险是通过感知风险中掌握的资料，对于这些资料进行专业和系统的分析，按照风险管理的需要进行分类和定量分析，为风险处理技术的应用和保险方案的设计提供具体的依据。分析风险包括整理有关资料、对风险进行分类、采用风险调查表/投保单对应法、确定最大可能损失等。

1. 整理有关资料。通过感知法采集了有关风险的大量素材，这些素材往往是凌乱的。首先，应对这些资料进行整理，通过对资料的整理为分析做好准备。其次，应当建立资料档案，在风险评估过程中的一些资料对于这个工程建设项目的管理具有十分重要的意义，特别是在处理赔案的过程中，这些资料往往能够发挥重要的作用。

2. 对风险进行分类。在风险管理过程中，一个重要的技术是对风险进行分类管理，不同的风险特征是不同的，不同风险对于人们的影响也是不同的，人们对于不同类型风险的态度也存在较大的差异，因此，进行风险分析之前应当对风险进行分类。

风险分类的方法有许多，在进行工程建设项目的风险分类过程中，通常关注以下几类风险：（1）直接物质损失风险。这类风险是指能够对工程建设项目本身，包括已经建设、正在建设的项目、建设用的设备和材料、施工机具设备、工地内既有的财产构成直接损失的风险。（2）间接损失风险。这类风险是指能够对建设项目构成间接损失的风险。间接损失是指因其他财产直接损失而造成的各种损失。（3）预期收入损失风险。这类风险是指由于各种原因导致工程建设项目不能按期完工，导致的预期收入损失。（4）责任损失风险。这类风险是指在工程建设项目的实施过程中，由于相关人员的疏忽、过失或故意导致第三者的人身伤亡和财产损失，依法应承担的赔偿经济责任。

3. 风险调查表/投保单对照。在现代风险管理过程中，风险调查表/投保单对照技术已经得到了广泛的应用。这种技术的特点是通过问卷的方式完成风险调查和分析，不受技术和经验要求程度的制约，容易掌握，便于操作，而且风险分析的效果较好。风险调查表大多数是由专门的风险管理机构、保险公司或者行业协会制定的，在制定的过程中往往吸收了许多专家的意见，具有较强的针对性，特别是一些针对某些行业设计的专用风险调查表。投保单对照技术通常是保险公司或者保险公司委托的公估机构在针对一个具有投保意向的项目进行风险分析时采用的。这种技术与风险调查表最大的差异是其应用的前提是为了设计保险方案和进行保险定价需要进行的，根据保险条件与承保的风险进行逐一的对照分析，从而达到有针对性地系统评估的目的。

第五节

工程风险量化分析

工程风险量化分析是在综合分析同类项目过去损失资料的基础上，运用概率论和数理统计方法对某一个或者几个特定的风险事故发生的概率和事故发生后可能造成的损失程度进行定量分析。工程风险量化分析技术是在对工程风险进行充分识别的基础上，对工程风险进行定量分析的方法、工具和手段。通过量化分析，风险管理人员能够较为准确地掌握损失发生的概率和可能造成的损失程度，从而判断主要风险与次要风险，并采取相应的对策。

在进行风险量化分析过程中，核心问题是损失概率和损失幅度。

一、损失概率

损失概率是指损失发生的可能性。与损失概率具有密切关系的一个概念是损失频率。损失概率估计是通过对于损失频率的计算实现的。

损失频率的计算是基于对损失几率的统计规律。当某一种事件的结果具有偶然性时，我们多次反复进行，就会发现它出现某一种结果的频率倾向一个定值/常数，即这种结果的出现存在着统计规律性，这个定值/常数就是这个结果出现的概率。

通常认为损失概率的概念包含时间和空间两个范畴。

时间范畴的概率是指在特定的空间，某一个风险单位在某一段时期内遭受损失的次数。例如，通过长期的数据积累，我们可以分析在一个特定的地区，一家工厂在一定的期间（月/年）之内遭受火灾的次数。如果损失概率是1/10，则这家工厂遭受火灾损失的机会为每10个月/年有一次损失。又如，在进行工程项目的洪水风险分析过程中，项目设计抗洪标准是50年一遇，这个标准是指整个项目建设完成之后的标准，而施工过程的实际抗洪能力，如在施工的初期则可能小于设计标准，因此，在施工不同阶段的损失概率是不同的，需要我们根据工程进度以及洪水季的分布确定。

空间范畴的概率是指在一定的时间和空间范围内，n个风险单位中有m个风险单位遭受损失。例如，在我国1年内，每千名建筑工人中发生工伤事故的为3人，那么，建筑工人工伤事故的概率为3‰。在应用空间范畴的概率时，应当注意到这种损失概率的确定是建立在风险同质基础上的，而事实上风险是不可能完全同质的，因此，评估人员应当根据评估对象的实际情况进行必要的修正，使确定的概率更符合实际。

损失概率的重要理论基础是统计理论和大数法则，因此，在进行损失概率分析过程中，从时间范畴上看，应当具有一定周期的数据作为依据，这个周期的确定取决于能够实现的数量集合以及统计规律的稳定性。从空间范畴上看，这个空间范围应当尽可能地大，通过这种“大空间”能够确保一定风险单位/样本，即“数”的集合。

二、损失幅度

损失幅度是指一旦发生意外事故可能导致的最大损失。损失幅度是衡量损

失严重程度的一个量化指标，通常用货币单位表示。

在风险管理技术中估测损失幅度的方法主要有两种：一种是估测一个风险单位在每次事故中最大的潜在损失；另一种是估测一定时间，如 1 年范围内由单一风险事故造成的损失额或者由多种风险事故造成众多风险单位损失的总额。

（一）未考虑风险单位差异的估测指标

在未考虑风险单位差异的情况下，一个风险单位在某次风险事故中最大的潜在损失估测的指标有：

1. 最大可能损失（Maximum Possible Loss）。这是指一个风险单位在其整个生存期间由单一事故引起的可能的最坏情况下的损失。这个损失金额往往等于风险单位的实际价值。

2. 最大估计损失（Maximum Probable Loss）。这是指一个风险单位在一定时期内由单一事故所引起的可能遭受的最大损失。这个损失金额小于或者等于最大可能损失。

3. 年度预期损失（Annual Expected Dollar Loss）。这是指在长期数据积累和分析的基础上、客观条件不变的前提下，确定的一个风险单位的年平均损失。年度预期损失等于年平均事故发生概率（出险率）与每次事故所造成的平均损失（案均损失/赔款）之积。这个指标对于保险经营具有十分重要的意义，它是保险定价的基础。

（二）考虑风险单位差异的估测指标

以上将所有风险单位的风险事件反应能力和结果视为相同，但实际上，不同风险单位由于其自身和外部防护能力不同，一次风险事故造成的损失是不同的。如果进一步考虑风险单位的风险防护能力，则可以通过以下指标估测一个风险单位遭受单一风险事故所致的实质性损失：

1. 正常损失预期值（Normal Loss Expectancy）。这是指风险单位在最佳防护系统下，一次风险事故导致的最大损失。最佳防护系统是指风险单位自身和外部防护系统均能够正常发挥预期的功能。

2. 可能最大损失（Probable Maximum Loss）。这是指由于各种原因导致风险单位或外部防护系统不能完全发挥其功能的情况下，可能导致的最大损失。

3. 最大可预期损失（Maximum Foreseeable Loss）。这是指风险单位本身的防护系统完全丧失功能的情况下，可能出现的最大损失。

4. 最大可能潜在损失（Maximum Possible Loss）。这是指风险单位自身和外部防护系统均完全丧失功能的情况下，可能出现的最大损失。

三、工程风险量化分析特点

损失概率和损失幅度是风险量化分析的两个重要、关键的指标，但是，在工程风险分析过程中，在满足统计规律基础条件方面存在技术制约，无论是损失概率还是损失幅度的确定均存在一定的难度。

从损失概率的角度看，损失概率分析的基础是具有一定量风险单位的集合，这种量既可以是时间范畴的，也可以是空间范畴的，但工程风险单位，即兴建的大型水电站、核电站、高速公路、特大桥、机场、地铁等，在一定时期、一定范围内的数量是有限的，而发生事故的工程风险单位则更少，这样为数不多的样本难以满足统计分析的基本需要。

从损失幅度的角度看，工程保险的损失分布除了具有一般非寿险损失分布共同的特征（例如右偏性）之外，还呈现两个特点：（1）厚尾性，即小额赔案和高额赔案所占比重比对数正态分布更高，导致分布的波动性更大，案均赔款对分布特征的描述准确性受到制约；（2）多波峰，除了金额相对较小的赔案形成分布主波峰之外，在较高损失区段的大额赔案也可能聚集成为次波峰，从而使得损失分布的形态偏离常用的对数正态、迦马等分布。

基于以上特点，非寿险精算中通常采用的计算损失频率与案均赔款的方法对于工程险的损失分析可能过于粗放，不能很好地描述该险种的风险特征。在工程险风险分析时可以考虑的方法是：针对不同的损失区段采用不同的损失分布模拟。特别是对于金额很高的损失区段，其案件数虽然少，但对工程险的整体风险水平影响显著，因此通常采用极限值理论（Extreme Value Theory）等统计、计量工具对大额损失分布的尾部形态进行专门的模拟分析，在分布选择上通常考虑维布尔（Wiebull）、帕累托（Pareto）等厚尾特性明显的分布，专门模拟大额损失区段的分布形态。通过这些分析手段，可以更为精确地判断工程险损失的整体分布特性，特别是大额赔案对风险水平的影响，从而改善采用常规方法分析时产生的结果波动性过大等问题。

通过以上分析，对工程风险进行量化分析的特点应当有一个清晰的认识。首先，在对工程风险进行量化分析的过程中，应当充分认识在工程风险领域应用量化分析技术、非寿险精算技术、统计理论和规律具有相当大的局限性，原因是工程风险的特征难以满足统计和分析的基本要求，所以，切忌在工程风险分析领域盲目地应用量化分析技术。其次，为了解决存在的问题，应当尽可能地在较大的空间范围和较长的时间范围来观察工程风险。公司的数据往往是十分有限的，就工程风险而言，不足以对风险进行较为稳定和可靠的量化分析，解决问题的办法是利用公共数据，如国家安全生产部门、建设行业管理部门、保险行业协会的数据。最后，直接承保公司应当利用再保险公司的数据，因为再保险公司的经营特点决定了它能够在更大范围内积累数据。利用再保险公司数据的基本方法就是与再保险公司合作，邀请再保险公司进行报价并尊重它们的报价。

第六节
工程项目的 PML 分析技术

在工程保险的经营过程中，由于工程风险评估指标体系较为繁杂，不同的国家和地区，不同的保险公司应用的指标各不相同，主要有：Probable Maximum Loss（PML）、Possible Maximum Loss（PML）、Maximum Possible Loss（MPL）、Maximum Probable Loss（MPL）、Estimated Maximum Loss（EML）、Maximum Foreseeable Loss（MFL）、Credible Maximum Loss（CML）、Maximum Amount Subject（MAS）等。尽管这些指标的名称各不相同，但实际上这些指标的含义是很相近的，因此，常常引起混淆。这些术语的特征在于对“最大损失”的不同定义上，即估计（estimated）、预计（foreseeable）、可能（probable）、可能（possible）。特别容易混淆的是 PML 和 MPL，其中的字母 P 可能代表 probable，也可能代表 possible。在这些工程风险评估指标中，国际工程保险人协会（The International Association of Engineering Insures，IMIA）的推荐指标为 PML，所以 PML 也是应用最广的指标。

一、PML 定义

在工程风险量化分析的指标体系中，PML 是最关键和常用的指标，工程保险的从业人员在进行工程风险的评估过程中，应当特别关注这一指标。PML 可以有两种含义，既可以是 Probable Maximum Loss 的缩写，也可以是 Possible Maximum Loss 的缩写。同时，PML 是一个专业性和技术性较强，容易出现混淆的概念，在研究和应用 PML 时，首先应当明确和界定 PML 的内涵，即 PML

的定义。各个不同的组织和机构对于 PML 有着不同的解释，较为权威的定义出于国际工程保险人协会和慕尼黑再保险公司。

国际工程保险人协会对 PML（Probable Maximum Loss）的解释是：

"The PML is an estimate of the maximum loss which could be sustained by the insurers as a result of any one occurrence considered by the underwriter to be within the realms of probability. This ignores such coincidence and catastrophes as may be possibilities, but which remain highly improbable."

慕尼黑再保险公司对 PML（Probable Maximum Loss）的解释是：

"By PML we understand the probable (not possible) maximum loss, i. e. the maximum loss that might be expected, at a cautious estimate, to occur as a result of a single loss event, taking into consideration all the circumstances of the risk."

从以上定义看，Probable Maximum Loss 的基本点是：项目、期间风险、一次事故、最大损失。这种 PML 的内涵和定义曾经在工程保险领域受到广泛的认同和应用，但是，"9·11"事件在震惊了世界的同时，也对保险行业的传统技术提出了严峻的挑战，人们开始反思风险评估技术，特别是 PML 技术。"9·11"事件的事实说明了传统的 PML（Probable Maximum Loss）的评估方式并不可靠。因此，一些保险人对这种定义进行了深入思考，认为这种 PML 技术忽略了多种风险同时发生的可能性或灾难事故的可能性，尽管其发生的可能性非常小，但作为保险人不应当忽视这种可能，否则，一旦发生类似"9·11"事件的风险，保险业将陷入危机。所以，人们开始考虑采用更严格的 PML，即 Possible Maximum Loss 来进行风险评估和保险经营。

国际工程保险人协会对 PML（Possible Maximum Loss）的解释是：

"The Possible Maximum Loss is the largest loss that may be expected from a single fire (or other peril when another peril may be the controlling factor) equal to any given risk when the most unfavourable circumstances are more or less exceptionally combined and when, as a consequence, the fire is unsatisfactorily fought against and therefore is only stopped by impassable obstacles or lack of sustenance."

显然，国际工程保险人协会对 Possible Maximum Loss 的定义是在"9·11"事件的大背景下提出的，是在对于传统的 PML 技术检讨和反思的基础上提出的，从中我们可以看出其最大的特点是更多地关注"最坏的情况"，即在一次事故中可预计的最大损失，同时，应当充分考虑各种最不利情况的同时发生。这是保险业更加理性和成熟的表现。

但是，在工程保险的风险评估过程中无论采用何种技术，需要考虑的因素首先是谨慎原则，这是保险行业的经营之本，同时，也应当兼顾效率。特别要注意的是，工程保险经营过程中PML技术变化，将直接影响对保险公司偿付能力充足性和经营稳定性的判断。所以，保险公司在决定采用何种技术时，最关键的是应当对所采用的技术有一个充分的了解，即不管采用哪种PML术语，在进行PML的评估和计算之前，必须对所采用的术语进行定义，详细说明其基本原理和假设。同时，保险公司的经营，特别是经营风险管理应当与此相适应。

二、确定PML的基本步骤

国际工程保险人协会推荐的PML确定方法基本上可以分为五个步骤，这五个步骤也可以理解为回答五个问题。

第一步是回答：建什么？怎么建？

通过回答这个问题，可以了解建设项目的基本情况，特别是应当从风险类别的角度了解和认识建设项目，同时了解项目建设采用的施工工艺，用什么方式建设。

第二步是回答：项目建设的费用以及结构？

回答这个问题，一方面要了解整个项目建设需要的费用，另一方面要掌握这些费用的内部结构，同时，还要了解各个不同部分的造价及其内涵。

第三步是回答：可能导致损失的原因？

回答这个问题，需要系统地分析在项目建设过程中可能导致损失的各种原因。

第四步是回答：可能导致最大损失的情况？

回答这个问题，要认真分析在最坏的情况下可能出现的最大损失情况。

第五步是回答：可能出现的最大损失金额？

这个问题要在第四个问题和第二个问题的答案基础上来回答，答案就是PML。

三、影响PML的主要因素

影响PML的主要因素可以分为两大类：一是项目本身因素，二是自然灾害、火灾、爆炸因素。项目本身因素包括项目设计、工艺、施工、管理等，对于项目自身因素的分析，详见第十章、第十一章“工程项目风险评估”。在确定一个项目的PML时，更多的是考虑自然灾害、火灾、爆炸因素，特别是自然灾害中的巨灾风险，这些风险往往会给工程项目带来灭顶之灾。

四、评估 PML 需要的基本资料

（一）项目的总平面图

该图需要说明项目的位置以及附近财务分布的情况，包括周围的房屋、地貌、环境特征等。这些信息可用于评估自然灾害风险以及由于项目财物的集中引起的风险损失。

（二）项目主要结构的平面图和剖面图

这些图可以识别建筑结构的材料、结构布置、建造的顺序以及所需要的临时工程。对于那些需要构建临时工程的项目，基本的设计标准将交给风险工程师以评估临时状态下的风险。比如，临时围堰的设计标准应充分考虑在合理水平下的洪水。

（三）项目各部分的建设成本

这些成本包括项目所有的单项、单位、分部工程的成本，可能的话，还需要详细分解分部分项工程成本。原始的工程成本数据将用于遭受破坏部分的修复费用的估计。另外，修复遭到破坏的部分工程可能还需要增加额外的工作内容，比如，隧道塌方后需要进行地基处理工作。从客户那里获得的用于计算 PML 的数据至少应包括下列内容：（1）项目总造价；（2）主要建筑材料的成本；（3）由甲方供应的材料。所有的 PML 都应该按照原合同以及保险单中规定的货币计算，并兑换为承保合同或分保合同中特定的货币。承保人要注意：计算 PML 时，如果一种货币的汇率波动加大，就应采取防止汇率风险的措施。

（四）项目的施工组织设计

这类资料可以用来估计项目面临的季节性风险（比如冬季洪水），包括开工及完工的日期，可以特别突出高风险活动的时期。

（五）其他

除以上资料外，还包括关键设备的进场和安装计划、相关的价值、预期利益损失以及替换任何部件的所需时间。

五、应用 PML 技术时应注意的问题

在应用 PML 技术过程中，使用者应当清醒地认识到以下几个关键问题：（1）PML 不是一门精确的科学技术；（2）在进行 PML 的评估过程中没有通用的标准，不同的公司，甚至不同技术人员在进行 PML 评估时采用的标准可能

存在较大的差异；（3）保险企业经常采用多种不同的PML定义、方法和原理。总之，我们应当充分地认识到PML评估方法是较为主观的，而且不同的公司和技术人员可能采用不同的方式进行PML的评估和解释。

六、PML评估示例

PML评估的基本逻辑是一个建设项目的不同部分针对不同风险可能遭受的最大损失是不同的，因此，我们不能笼统地讲一个项目的PML，而应当分析项目可能面临的各种风险，然后分析不同风险对项目的不同部分可能产生的影响，或可能导致的最大损失，将单一风险对于项目各个部分的影响进行加总就是这个风险的PML，而各个风险PML的最大值就是项目的PML。

具体步骤包括：（1）将项目的风险标的进行必要的划分，如将水电站项目划分为若干个部分：导流工程、泄水闸工程、发电厂房工程、重力坝工程、鱼道工程、开关站工程、临时工程和承包商设备等；（2）确定不同风险，如火灾、地震、洪水、台风、暴雨，对不同部分可能导致的最大损失，通常用损失比例表示；（3）按照不同的风险对不同部分可能导致的损失比例乘以不同部分的合同金额；（4）将不同部分的损失进行加总，就得出该风险的PML；（5）确定不同风险中最大的PML，即地震PML（333 600 000）；（6）这个项目的PML取值为70%（333 600 000/477 800 000）（见表8－2）。

表8－2　PML评估

风险	火灾	地震	洪水	台风	暴雨	合同金额（元）
工程设施	损失率（%）					
导流工程	0	60	80	25	80	150 000 000
泄水闸工程	0	75	90	25	70	40 000 000
发电厂房工程	50	80	50	50	30	230 000 000
重力坝工程	5	85	75	25	65	8 000 000
鱼道工程	0	70	60	25	65	22 000 000
开关站工程	75	50	15	50	25	1 800 000
临时工程	25	25	90	75	75	12 000 000
承包商设备	60	25	25	50	25	14 000 000
最大损失值	128 150 000	333 600 000	304 770 000	186 900 000	249 450 000	477 800 000

第七节
工程风险评估的主要内容

工程风险评估的主要对象是与工程项目建设有关的“人”、“境”、“物”，其中的“人”是指与工程项自建设风险相关联的组织和个人；“境”是指工程建设项目所处的环境，这个环境是广义的环境，包括有形和无形的环境；“物”则是指工程建设项目可能涉及的各种物质对象，包括直接投入到建设项目中的建筑材料和施工过程中使用的各种施工机具等。

一、人

在工程的风险要素中，人是最主要和最重要的要素，原因是在“三要素”中，人是起主导作用的因素，其自身是风险因素，同时还是其他因素的风险因素。

按照对工程风险的关联程度可以将人分为两类：直接关系人和间接关系人。直接关系人主要是指业主、承包商和工程监理单位；间接关系人主要是指勘察人、设计人、分包商、设备供应商、技术顾问、银行（投资人）。

在对“人”这一要素进行风险评估的过程中，重点应当针对业主、承包商和工程监理单位。

（一）业主

业主尽管不直接参与工程项目的建设，但是业主在整个项目的建设过程中是利益的主要关系人，对于项目的风险管理最具有发言权和决定权。业主是风险损失的最终承担者，而且风险管理是需要成本支出的，而这种成本的最终承受者也是业主。所以，业主对风险以及风险管理的认识和态度、对承包商和工程监理单位的管理能力和经验、对施工现场监督的程度和能力、对建设项目需要资金的及时满足能力等均是评估时应当考虑的重要风险因素。

（二）承包商

在人的因素中，承包商是最重要的因素，因为承包商是建设项目的具体实施者。对于承包商进行风险评估的关键指标是资质，国家对于承包商（建设单位）的资质管理有一系列的规定，目的是确保承担项目建设的承包商具有必要的能力和经验，所以，满足国家的有关规定是前提和必要条件。

我国的资质管理采用的是有关管理部门按照国家的有关标准，即建设部制定的《建筑业企业资质等级标准》进行核准的制度。现行的资质按照不同的专业和不同的类别进行划分，每一个系列有 2 ~ 4 个资质等级。等级划分的参数有：建设业绩、人员素质、资本金和固定资产、设备能力、年完成产值等。不同资质的企业允许承接不同性质和规模的工程。

国际工程招标中对于资质管理和评价采用的是评分制，具体赋分如下：机构及组织（10 分）、人员（15 分）、机械和设备（15 分）、经验和信誉（30 分）、财务状况（30 分），总分为 100 分。

但是，不能盲目依赖对于资质的形式考察。目前，我国在工程建设单位的资质管理方面还存在许多问题，有的企业甚至采用“借用”资质证书的方式承揽建设项目。为此，在对承包商进行风险评估过程中，还应当注意了解其实际的人员、技术、设备、经验和管理等情况，判断其是否与拥有的资质标准规定相符，可以通过现场调查或与有关人员的交谈了解实际情况。在对承包商的评估过程中，同类项目的建设经验是一个重要因素，尤其是在对一些特殊项目的风险评估过程中，如大型和特殊工艺的桥梁、大坝和隧道等建设项目。

（三）监理人

在人的要素中，监理单位的作用应引起保险人的充分重视，在以往的实践过程中，保险人往往容易忽视监理单位和监理人员在工程建设过程中的作用和地位。随着我国工程建设管理制度的规范和完善，工程监理的地位和作用将日益突出，保险人在对项目进行“人”的风险要素评估中，应注意和加强对监理单位的风险评估。世界银行在全球范围内的投资项目成功率较高的秘诀之一就是成功的监理制度。世界银行推行了一套完善和严格的工程监理制度，对于每一个贷款项目，世界银行均派出训练有素的、独立的现场监理工程师，确保了工程项目的质量和工期。

对监理单位风险评估的关键是技术、管理和信用。技术是指监理单位是否拥有足够的技术人员。监理人员的技术水平不仅仅指其理论水平，更重要的是指实践经验，因为在施工现场，没有足够的经验难以发现施工过程中存在的问题，也不可能有针对性地提出改进意见，从而不可能做好监理工作。管理是指监理单位的内部管理，包括各个方面的管理，主要是其内部的制度建设和内控能力。信用是指监理单位的诚实信用程度。监理在工程建设过程中是业主和公共利益的代表，其能否忠于职守是项目成功的关键。监理单位的信用包括两层含义：一是监理单位本身的信用；二是监理单位工作人员的信用。对监理单位进行风险评估的方法之一是了解其以往的客户（甲方）对他的评价。监理工作的实质是一种服务，在对服务工作的评价中，客户是最有发言权的，所以，要了解监理单位的技术、管理和信用情况，最好的办法就是走访其以往的客户，听取他们对监理单位工作的评价。

瑞士再保险公司根据不同主体（人）在工程项目建设过程中的不同地位，分析了针对不同风险承受主体的不同以及相应的保险保障范围（见表8－3）。

表8－3　　工程风险主体分析以及保险保障

风　险	受影响当事者			保险种类和其他补偿手段	
	业主	承包商	顾问	建筑工程一切险保险责任	其他保险或补偿
实物损坏					
财产：					
运输：海运	■	■	□	无	水险
内陆	□	■	□	有（要保险批单）	
仓储：工地外		■	□	有	
工地内	□	■	□	有	
工程：					
永久性	□■	■	■	有	承担损坏和修改责任的工程师职业责任保险
临时性	□	■	□	有	
设计错误所致	□	□■	■	有（要保险批单，有缺陷的部件除外）	
第三者责任：					
土地周围或施工现场财产	■	■	■	有（附加保险）	承包商一般责任保险
人员	■	■	■	有（附加保险）	

续表

风　险	受影响当事者			保险种类和其他补偿手段	
	业主	承包商	顾问	建筑工程一切险保险责任	其他保险或补偿
现有财产：					
（或工程验收部分）	■	■	■	有（要保险批单）	年度财产保险
承包商的设施和设备：					
工地上的设施和设备	□	■	□	有（要保险批单）	
公路上的机动车辆与机械	□	■	□	无	机动车责任保险
工地工人及雇员：					
（疾病、事故）	□■	■	□	无	工人补偿保险
金融/贸易风险					
工程停工：					
起因——技术障碍	■	■	■	无	
承包商财力不济	□	■	□	无	工程师职业责任保险履约保函业主银行担保
竣工延误：					
起因——保险范围内的损坏	■	□■	□■	有（要保险批单）	
其他外因	■	□	□	无	预期利润损失保险罚金
（计划不周，供应不足）	□■	■	■	无	
履约缺陷：					
已竣工工程	□	■	■	无	职业责任保险或罚金

注：□不受影响■受影响
资料来源：瑞士再保险公司的《建筑工程一切险》。

二、境

工程保险中“境”的要素包括气候环境、地质环境、社会环境和法律环境。“境”是工程风险评估中的另一个重要因素。因为工程建设项目与其他保险客体不同，通常处于一个相对开放的场所，涉及较大的地理范围，其所处的环境本身具有许多不确定的因素，建设项目始终处于动态，所以建设项目与各种环境存在一种相互影响的关系。

（一）气候环境

气候环境因素对工程建设项目的影响最为突出。气候环境因素对工程建设项目的影响程度主要是由建设项目所处的地区和建设项目本身的特点决定的。如在对沿海地区建设项目风险评估中，台风就是一个重要的气候环境风险因素；而对水电站建设项目的风险评估中，雨季、洪水期则是要特别注意评估的因素。

（二）地质环境

地质环境因素对于工程建设项目的影响较大，因为大部分建设项目均会涉及基础工程，在进行基础工程的作业中，无论是开挖还是打桩，均要面临地质环境这个风险因素。特别是一些涉及大量开挖工作的建设项目，如水电站、隧道、道路和地铁等，地质环境因素的影响更大。在许多工程项目的建设过程中，由于对地质风险没有充分的认识，常常会导致项目建设投资超过预算、工期延长，更有甚者，造成工程出现严重的质量问题。在有些特殊的项目中，如隧道和地铁等，地下水的问题也是一个应引起特别注意的地质环境风险因素。

（三）社会环境

社会环境因素是指建设项目所处的地区的社会环境，这种社会环境因素是一个综合因素，包括人文因素、治安因素等。建设项目是在当地的社会环境下进行的，所以，社会环境因素将对建设项目产生直接影响。如当地的治安情况不良，就可能增加设备和物资的盗窃风险。同时，社会环境因素将对责任风险产生较大的影响。

（四）法律环境

法律环境因素是指建设项目所处的地区的法制水平，这种法律环境因素包括法律体系的完善、司法制度的公正和法律监督机制的健全。在考虑法律环境时的一个重要因素是当地居民的法制观念和意识。对于法律环境因素的评估主要从可能产生的第三者责任风险的角度出发，包括可能产生的一般侵权责任和特殊侵权责任，如环境责任。

三、物

在工程的风险要素中，“物”主要是指项目建设过程中的劳动对象和劳动工具，包括机器设备、建筑材料、设计和工艺等。因此，在工程风险评估的过程中，“物”不是一个物理意义上的有形的物，而是与建设项目有关的有形物和相关因素。

（一）建筑材料

在“物”的因素中，最主要的是建筑材料。评估建筑材料风险，包括建筑材料的外在风险和内在风险。外在风险是指建筑材料的运输、搬运、储存过程中的各种风险，这种风险产生的原因主要是由外部因素构成的，如盗窃风险等。内在风险是指建筑材料的自身特征形成的风险，如玻璃的易碎性和油漆的易燃性。由于建筑材料在工程投资中占比较大，因此，在进行风险评估过程中对于建筑材料的风险应当予以足够的重视。首先，应当对建筑材料的总体情况有一个全面的了解，包括总量、结构、进场进度等；其次，对建筑材料的采购方式、采购合同条件、运输方式和条件、存放地点、仓库管理情况等进行全面的了解和掌握，特别是存放地点和条件，通常，建筑材料的存放仓库属于简易建筑，一旦遇到洪水、暴雨、大风，容易导致大面积损失；最后，应当将建筑材料按照风险等级进行分类管理，将重点放在高风险的建筑材料上。应当特别关注两类建筑材料：一是价值较高、通用性较强的建筑材料，这类建筑材料的主要风险是盗窃；二是内在风险较高的建筑材料，如炸药、油漆等。

（二）机器设备

另一个“物”的因素是机器设备。机器设备因素包括两个部分，一是用于建设项目本身的机器设备，如电梯、空调、配电设备等；二是指在建设施工过程中使用的施工机具和设备。建设项目本身的机器设备属于工程项目的组成部分，这部分“物”的风险与建筑材料的风险类似，包括外在风险和内在风险。同时，又具有一定的特殊性，主要是这些机器设备的装卸、安装和调试风险，因为，这些机器设备在装卸、安装和调试过程中均受到了场地和条件的限制，属于非标准条件作业，大大增加了风险程度。因此，在进行“物”的风险评估过程中，应当高度关注这方面的风险。评估机器设备风险的关键是作业的环境和条件，当然还包括施工人员的技术和经验，但这些因素我们将其归属到“人”的风险因素范畴，故不在这里讨论。

在评估机器设备风险过程中，还有一个需要特别注意的方面是机器设备采购合同。通常在设备采购合同中，按照不同的价格条件，对于设备的安装工作以及风险承担的规定是不同的，如有的合同价格是“单纯设备”，即设备供应商不负责设备的安装，也不承担相关的风险；有的合同价格是“设备 + 技术指导”，即设备供应商虽然不负责设备的安装，但负责对于设备安装的技术指导，并对其提供的指导工作承担相应的责任；还有的合同价格是“设备+安装调试”，即设备供应商不仅负责设备的安装，而且还负责设备的调试，这种合同类似“交钥匙”合同条件。在评估机器设备采购合同过程中，还需要对设备供应商提供的技术参数、安装指南、质量保证、索赔等合同条款进行认真分析和掌握，特别是在“单纯设备”的价格条件下，因为有些事故往往是由于设备自身原因造成的。

（三）设计和工艺

设计风险和工艺风险包括“人”的风险与“物”的风险。“人”的风险是指在设计和施工过程中，由于设计人员或者施工人员的疏忽或者过失产生的风险。而这里讨论的“物”的风险是指设计和工艺技术本身的缺陷导致的风险。在一些大型项目的设计和施工过程中，往往会遇到一些技术难题，需要应用一些新的设计和施工技术加以解决，而这些设计和施工技术本身存在一定的不确定性，具有相当的风险。因此，在对设计和工艺的“物”的风险进行评估过程中，应当注意在整个项目建设过程中是否应用一些新的设计技术和工艺，如果答案是肯定的，则应当特别关注以下问题：（1）这些设计技术和工艺是否具有充分的理论依据？（2）这些设计技术和工艺以前是否使用过？使用的环境条件与本项目是否一致？

在考虑“物”的风险时，还应当注意“工地内现存/既有的财产”问题。对于一些改建和扩建工程项目，往往在工地范围内会有一些属于投保人/被保险人的既有建筑物等财产，这些财产既不属于工程项目范畴，也不属于第三者财产，但在工程建设过程中，它们将面临着更大的风险。一般的做法是将这些财产纳入工程保险的保障范围，即纳入保险标的和金额。在这种情况下，在进行工程风险评估的过程中就应当考虑这些财产的风险。这些财产可能面临的风险包括两个部分：一是其自身的常规风险；二是由于施工带来的新风险。

第八节
工程风险的处理

工程风险的处理是指在进行风险识别和评估之后，根据工程的特点以及投保人和被保险人的实际情况，有针对性地采用不同的措施和手段，以实现用最小的成本达到最大的安全保障的目的。在工程风险处理过程中，可以应用的技术有：回避、抑制、自留和转移。

应当特别指出的是，尽管工程保险属于工程风险管理的范畴，是工程风险处理的一种重要技术，但工程保险并不等于工程风险处理，更不能解决工程风险管理中的所有问题。工程风险的处理是一个系统工程，通过系统、综合和专业管理，实现技术的科学组合，实现最佳的效果。在工程风险的处理中，更多的是体现为一种专业化的管理，而不仅仅是费用的支出。这种专业化的管理是通过工程实施各个环节的介入和干预来实现对工程风险的回避、抑制、控制和转移。工程管理人员应当认识到大多数工程风险处理技术的应用不需要额外的成本开支，仅需要专门的管理。例如，在设备采购合同中，一些条款的措辞将直接影响风险的分摊，对于这些措辞所涉内容的管理就能够达到处理风险的目的。

一、回避

回避是处理风险的一种有效和普遍的方法，通过回避风险源，可以避免可能产生的潜在损失或不确定性。在工程风险的处理中，对于一些先进但技术难度较大的工艺可以采取放弃的做法，这就是一种回避的方式。另外，如果对一些承包商的资信缺乏信心，则可以尽量不与其合作，这也是一种回避。在应用回避技术的同时，我们也应当清醒地认识到并不是所有的风险均可以回避的，回避仅仅是处理风险的一种方式，更重要的是我们在回避的同时，也失去了获得利益的可能性。

二、抑制

抑制是以一种积极的态度，采用各种技术和方法去减少损失发生的机会和降低所发生损失的严重程度。抑制技术对于风险的控制通常可以体现在两个方面，即降低损失概率和控制损失幅度。例如，在道路项目的施工过程中，控制开工点就是控制损失幅度的一种形式；又如，在隧道施工过程中，适当地控制施工进度，也是降低损失概率的一种方式。

三、自留

自留是指将风险可能造成损失的全部或者一部分留交业主或者承包商进行承担，或者说他们不采用转移的方式处理风险。尽管自留是处理风险的一种方式，但是，应当注意的是，自留风险可能是主动的，也可能是被动的。从风险管理的角度出发，应当避免盲目和被动地自留风险。在工程风险处理的过程中，自留技术的应用有两种情况：一种是一些无法进行转移，或者转移的成本太高的风险，如原材料的价格风险、工程质量风险等，这些风险只能由业主或者承包商承担；另一种是在安排工程保险的过程中，业主根据自身情况，与保险人协商确定一定数额以下的损失由其承担，具体表现形式就是工程保险中的免赔额。

四、转移

转移是风险处理中最常见的一种形式，指一些业主或承包商、或其他关系方为了避免承担风险损失，而有意识地将损失或与损失有关的财务后果转移给他人去承担的一种风险处理办法。这种转移包括参与方之间的转移，也包括向参与方以外的主体进行的转移。风险的转移可以分为财务转移和非财务转移。财务转移就是通过财务的方式转移风险，保险就是一种典型方式。

第九节
工程风险评估报告

一、工程风险评估报告的作用

工程风险评估报告通常是指保险公司或者再保险公司在确定承保的初步意向之后，为了全面、系统地了解工程项目建设过程中将面临的风险状况以及可能造成的损失，特别是损失的量化指标，委托专业的风险评估机构或者是由自己的专业技术人员对工程项目进行全面、系统和专业的调查，利用各种风险评估技术对风险进行分析之后制作的专业报告。有的工程风险评估工作是由保险经纪公司或者项目管理人、投资人委托进行的。尽管工程风险评估的工作内容基本相同，但由于委托人或使用者关注风险的角度不同，风险评估报告的内容和重点应当有所不同。

在进行工程风险评估以及编制评估报告过程中，实施评估工作的检验人员应当牢牢把握和严格坚持风险评估工作的“两性”原则，即客观性和专业性。客观性是指评估工作以及评估报告一定要客观、真实、全面地反映工程项目的情况，作为检验人员首先在主观上要确保自己做到这一点，从技术、经验等客观条件上力求做到这一点。如果失去了客观性，评估工作和报告就没有意义，所以，可以将客观性理解为评估工作和报告的“生命线”。专业性是指评估报告要体现专业特点，应当是从专业技术人员的角度去评估风险，提出专家意见。由于工程项目的技术性很强，而且不同的项目之间存在较大的差异，因此，保险公司或者其他委托人往往对于工程项目的风险，尤其是技术风险难以了解和认识，这就需要富有专业知识和经验的人士通过系统的勘察和分析提出专业意见。因此，风险评估报告价值体现的一个重要方面就是其专业性，可以将专业性理解为评估工作和报告的“价值线”。

二、工程风险评估报告的基本格式

工程风险评估报告没有标准的格式和范本，不同的工程项目，不同的评估机构，甚至不同的评估人员制作的工程风险评估报告均可能存在不同。但作为工程风险评估报告中具有共性特征的内容，在不同的评估报告中均应当有所涉及，只有这样，评估报告才能够实现它的基本功能。这些具有共性特征的内容包括：(1) 风险评估的背景与简况；(2) 工程项目的基本情况；(3) 工地以及周边地区的基本情况；(4) 可能存在的主要风险；(5) 项目主要风险的量化分析。风险评估报告通常应包括以下内容：

(一) 风险评估的背景与简况

风险评估工作的背景情况是介绍委托人和委托原因，明确风险评估的目的和重点。风险评估简况是介绍风险评估工作的基本情况，包括项目名称、地点、项目单位、现场勘察情况、勘察人员，特别是应列明项目单位方面的陪同人员。

(二) 工程项目的基本情况

工程项目的基本情况是指与风险评估有关的项目建设的情况，具体有：

1. 项目关系单位情况。包括投资人、项目管理单位、项目设计、监理、施工单位、材料和设备供应商等。

2. 项目投资情况。包括资金规模、来源、融资方式等。

3. 项目本身情况。包括项目性质、特点、主要构成、关键设备等。

4. 项目施工情况。包括施工合同、施工技术和工艺要求（是否需要特殊技术和工艺）、施工工期以及进度。

（三）工地以及周边地区的基本情况

工地的基本情况主要有：

1. 地理和气候状况。包括洪水因素、台风因素、泥石流和滑坡因素、暴雨因素等。

2. 地质情况。地质状况与开挖工程、基础工程、大坝、隧道、桥梁、道路、高层建筑等工程项目具有密切关系。

工地周边地区的基本情况考察的重点是考虑这些地区的社会环境、治安环境和法律环境等因素以及对于工程项目建设可能产生的影响。

在评估工地以及周边地区情况的过程中，另外一个需要重点考虑的因素是工程项目建设可能对环境造成的危害。尽管这个因素一般在项目的可行性研究和立项过程中已经进行了充分的考虑，但由于各方面的环境可能已经发生了变化，而且角度和专业也存在不同，检验人员应当关注这一领域的风险，特别是那些具有高环境风险的项目。

（四）可能存在的主要风险

根据工程项目以及工地环境特征，对项目可能存在的主要风险进行重点分析，主要有地震、洪水、台风、暴雨、火灾、爆炸、人为事故等风险。

责任风险也是可能存在的主要风险之一，在责任风险中需要特别关注的是可能引发集体诉讼的责任风险，如环境污染问题。

（五）项目主要风险的量化分析

保险人和再保险人从经营的角度出发，需要对工程项目的主要风险进行量化分析，目的是确定承保这个项目后可能面临的最大损失。

对工程项目的风险进行量化分析具有较大的难度，一直是工程保险领域的一个难题。这一方面是由于工程风险的特征所决定的，另一方面是由于检验人员的技术和经验所决定的。使用者在采用风险评估报告的量化结论时应当十分谨慎并留有余地，原因是在进行工程风险的量化分析过程中大量应用了经验和估计方法，缺乏必要的统计分析基础，所以，这种量化分析的精确性和可靠性仅仅是相对的。

（六）申明

申明是风险评估报告的重要内容之一，其目的是就评估工作的依据和报告的性质进行法律陈述，即明确评估工作采用的技术依据，排除可能构成的任何形式的保证，明确评估报告并不构成任何承诺，最终目的是排除报告人可能承担的法律责任。

申明的一般措辞为：（1）本报告是基于现场查勘期间获得的信息，由于未对所有的项目进行查勘，不保证信息的完整性。（2）本报告是基于大量的他方提供的信息，由于无法对这些信息进行验证，故不对这些信息承担任何责任。（3）本报告不承担发现和消除可能存在的导致事故或者损失风险的义务。

（七）附件

工程风险评估报告通常需要一些附件支持，这些附件包括工程项目的有关文件、工地平面图、施工进度表/图、有关记录资料和照片等。

第九章
工程基本风险分析

第一节
工程风险的基本分类

工程的基本风险是指导致工程损失的主要原因。导致工程损失的主要原因一般可以划分为两大类：一是自然灾害和意外事故，自然灾害主要有地质灾害和气候灾害；二是人为因素。

通常人们会认为自然灾害是导致工程损失的主要原因，但其实不然。根据数据统计分析，无论是从事故数量还是损失金额来看，人为因素均是导致损失的主要原因（见表9－1）。

表9－1　　工程的基本风险原因分析

类 型	人为因素	自然灾害/意外事故
事故数量	75%	25%
人身伤亡	85%	15%
物质损失	90%	10%

因此，我们在进行工程风险评估的过程中，除了应当了解自然灾害的风险因素外，还应当更多地关注业主、承包商的技术、经验与管理水平。人不仅自身是风险因素，同时还直接影响其他风险因素，特别是能够有效地改善其他风

险因素可能造成的影响。如一个具有丰富经验和良好管理的承包商会十分关注天气的变化，提前制订各种预案，一旦台风或者洪水来临，他们能够迅速地响应，有效地防御，避免事故发生，或者将损失降到最低程度。

如果对人为因素进行细分，其中错误设计的占比为45%；施工工艺不善的占比为49%；错误操作的占比为6%。另一份研究资料则将人为因素的具体原因分解为：疏忽为35%；缺乏经验为25%；低估客观因素为13%；过失为9%；盲目依赖为6%；不了解环境为4%；其他为8%。

但是，不同国家和地区在不同时期由于承保项目不同、承保条件不同、市场成熟度不同，所表现出来的情况也不尽相同。国际工程保险人协会的统计资料表明：2002年期间全球工程保险（包括工程保证保险）的赔款按照损失原因划分情况如表9－2所示。

表9－2　　2002年全球工程保险赔款情况

类型	赔款（百万美元）	占比（%）
材料与工艺不善	66.83	36.16
操作错误	9.43	5.1
设计错误	12.29	6.65
火灾	29.0	15.69
爆炸	12.08	6.54
风暴	1.13	0.61
地震	0	0
洪水	12.04	6.52
其他	42	22.72
总计	184.8	100

我国工程保险数据统计工作基础薄弱，到目前为止仍没有整个行业较为详细的工程保险损失情况的统计资料，这对于我国工程保险的长期健康发展无疑是一个缺陷。就我国目前的统计数据而言，我国与国际行业统计情况存在一定的差异。我国的统计数据表明，无论是损失案件数，还是损失金额统计中，导致损失的最大原因都是“暴雨”；同时，“洪水”因素的占比也较高。而人为因素的占比，特别是在损失金额方面并不高。这种现象背后的原因是，在这一时期，我国工程保险市场的保险损失中以高速公路项目居多，而导致高速公路

损失的原因则以暴雨和洪水为主。

第二节
地质灾害风险

地质灾害是地震、崩塌、滑坡、泥石流、地面塌陷、地裂缝及地面沉降等灾害种类的统称。在工程项目的建设过程中，地质灾害是威胁工程安全的一大主要隐患，因此在工程保险中也将其纳入保险责任范围。

国土资源部于1999年3月以第4号令发布了《地质灾害防治管理办法》，同年11月又以国土资发［1999］392号文《关于实行建设用地地质灾害危险性评估的通知》和《建设用地地质灾害危险性评估技术要求》，明确了工程建设项目进行地质灾害危险性评估的必要性以及技术要求。为工程保险进行地质灾害风险评估时，可以要求被保险人提供其为建设项目所作的相关报告，根据报告的结论估计地质灾害的危险性。

一、地质灾害的定义

地质灾害是指在自然或者人为因素的作用下形成的，对人类生命财产、环境造成破坏和损失的地质作用（现象）。如崩塌、滑坡、泥石流、地裂缝、地面沉降、地面塌陷、岩爆、坑道突水、突泥、突瓦斯、煤层自燃、黄土湿陷、岩土膨胀、砂土液化、土地冻融、水土流失、土地沙漠化及沼泽化、土壤盐碱化，广义的地质灾害还包括地震、火山、地热害等。

2004年国务院颁发的《地质灾害防治条例》规定，地质灾害，通常指由于地质作用引起的人民生命财产损失的灾害。地质灾害可划分为30多种类型。由降雨、融雪、地震等因素诱发的称为自然地质灾害，由工程开挖、堆载、爆破、弃土等引发的称为人为地质灾害。常见的地质灾害主要指危害人民生命和财产安全的崩塌、滑坡、泥石流、地面塌陷、地裂缝、地面沉降6种与地质作用有关的灾害。

二、地质灾害的分类

（一）分类标准

地质灾害的分类有不同的角度与标准，十分复杂。就其成因而论，主要由自然变异导致的地质灾害称为自然地质灾害；主要由人为作用诱发的地质灾害则称人为地质灾害。就地质环境或地质体变化的速度而言，可分突发性地质灾害与缓变性地质灾害两大类。前者如崩塌、滑坡、泥石流等，即习惯上的狭义地质灾害；后者如水土流失、土地沙漠化等，又称环境地质灾害。根据地质灾害发生区的地理或地貌特征，可分为山地地质灾害，如崩塌、滑坡、泥石流等；平原地质灾害，如地质沉降等等。

（二）类型

地质灾害的类型如下：

1. 滑坡：是指斜坡上的岩体由于某种原因，在重力的作用下沿着一定的软弱面或软弱带整体向下滑动的现象。

2. 崩塌：是指较陡的斜坡上的岩土体在重力的作用下突然脱离母体崩落、滚动堆积在坡脚的地质现象。

3. 泥石流：是山区特有的一种自然现象。它是由于降水而形成的一种带大量泥沙、石块等固体物质条件的特殊洪流。

4. 地面塌陷：是指地表岩、土体在自然或人为因素作用下向下陷落，并在地面形成塌陷坑的自然现象。

地质灾害的产生和该区域地质构造及气候条件有很大关系，因此，在工程设计和工程风险评估中，工程地质条件是需考虑的重要因素。

三、工程地质条件

工程地质条件是指工程建筑物所在地区地质环境各项因素的综合。这些因素包括：[①]

（一）地形地貌

地形是指地表高低起伏状况、山坡陡缓程度与沟谷宽窄及形态特征等；地貌则说明地形形成的原因、过程和时代。平原区、丘陵区和山岳地区的地形起

① 邵燕主编：《工程地质》，合肥工业大学出版社 2006 年版。

伏、土层厚薄和基岩出露情况、地下水埋藏特征和地表地质作用现象都具有不同的特征。

（二）地质构造

这也是工程地质工作研究的基本对象，包括褶皱、断层、节理构造的分布和特征、地质构造，特别是形成时代新、规模大的优势断裂，对地震等灾害具有控制作用，因而对建筑物的安全稳定、沉降变形等具有重要意义。

（三）地层岩性

这是最基本的工程地质因素，包括它们的成因、时代、岩性、产状、成岩作用特点、变质程度、风化特征、软弱夹层和接触带以及物理力学性质等。

（四）地表地质作用

这是现代地表地质作用的反映，与建筑区地形、气候、岩性、构造、地下水和地表水作用密切相关，主要包括滑坡、崩塌、岩溶、泥石流、风沙移动、河流冲刷与沉积等，对评价建筑物的稳定性和预测工程地质条件的变化意义重大。

（五）水文地质条件

这是重要的工程地质因素，包括地下水的成因、埋藏、分布、动态和化学成分等。

四、地质灾害风险评估

工程项目地质灾害风险评价要充分地收集地质环境基础性资料，深入了解工程特点，并抓住工程建设破坏地质环境的关键因素，识别在建设过程中可能要发生的灾种，并详细分析各灾种发生的内因、外因以及范围等等。地质灾害的空间分布（从形成到成灾）有点状、线状和面状之分，如崩塌、滑坡可以相对理解为点状；泥石流、地面塌陷及地面沉降为面状；地裂缝为线状。因此确定评估范围时，除工程项目所占用的区域外，要充分认识和预测不同灾害种类从形成到成灾可能涉及的空间。一般地，对于滑坡、崩塌，其评估范围应达到“山坡有多高范围就有多大”的基本要求；泥石流必须以完整的沟道流域面积（包括冲洪积扇）为评估范围；地面塌陷和地面沉降的评估范围应与当时预测的可能范围相一致；具有线状特征的地裂缝，也应按预测的可能延展范围作为评估范围。

就地质灾害风险评价技术来讲，因其灾种复杂，加上目前人类对地质灾害的认识水平有限，且不易获得比较完善的资料，所以地质灾害具有大的模糊性以及不确定性，在目前的技术水平上，完全采取定量分析方法还有很大的困难，更为广泛运用的技术则为定性或定性与定量相结合的方法。

运用综合评价法评估崩塌—滑坡、泥石流两种地质危险性，其评价标准如表9-3所示。

表9-3　　地质灾害危险性评价标准

灾害种类	形成条件		极不充分	不充分	较充分	充分	特别充分
崩塌—滑坡	地质	地质构造	极不发育，只有少量小型断裂	不发育，只有小型断裂	较发育，有主干断裂	发育，大型断裂带，断裂较密集	特别发育，巨大断裂带；断裂密集带；断裂复合带
		新构造运动	微弱，每发生超过6级以上地震，构造变形十分微弱	不强烈，发生过少量6级以上地震	较强烈，发生过6级以上地震，构造变形较明显	强烈，发生过7级以上地震，构造变形强烈	特别强烈，发生过多次7级以上地震，构造变形特别强烈
		岩石性质与岩土体结构	岩石坚硬、结构完整	岩石较坚硬，结构较完整	岩石较破碎，结构不完整	岩石破碎，有软弱结构面，岩土体不完整	岩石特别破碎，软弱结构面发育，岩土体特别不完整
	地形地貌	地貌类型	平原和低缓丘陵	切割微弱的高原、丘陵	高原、山地	切割剧烈的高原、山地	切割特别剧烈的高原、山地
		相对高差（m）	<100	100~200	200~500	500~1 000	>1 000
		山坡坡度（度）	<20	20~30	30~40	40~60	>60
	气候植被	年均降水量（mm）	年均降水量<400	年降水量400~800	年降水量>800	年均降水量>800，暴雨较多	年均降水量>800，暴雨频繁
		森林覆盖率（%）	>50	30~50	20~30	10~20	<10
	人为活动	矿山、工程密度	附近没有矿山和大型工程	附近矿山和工程稀少	附近少量矿山和工程	附近矿山和工程较多	附近矿山和工程密集
		植被破坏情况	没有破坏或不断发展	局部破坏	部分破坏	破坏较严重	破坏十分严重

续表

灾害种类	形成条件		极不充分	不充分	较充分	充分	特别充分
泥石流	地质	地质构造	极不发育，只有少量小型断裂	不发育，只有小型断裂	较发育，有主干断裂	发育，大型断裂带，断裂较密集	特别发育，巨大断裂带；断裂密集带；断裂复合带
		新构造运动	微弱，发生过6级以上地震，构造变形十分微弱	不强烈，发生过少量6级以上地震	较强烈，发生过6级以上地震，构造变形较明显	强烈，发生过7级以上地震，构造变形强烈	特别强烈，发生过多次7级以上地震，构造变形特别强烈
		松散堆积物数量（$10^4 m^3/km^2$）	<0.5	0.5~2	2~5	5~10	>10
	地形地貌	地貌类型	平原及残丘	高原、丘陵	切割不剧烈的高原、山地	切割剧烈的高原、山地	切割特别剧烈的高原、山地及其与平原过渡地带
		相对高差（m）	<200	200~300	300~500	500~1 000	>1 000
		山坡坡度（度）	<15	15~25	25~32	32~40	>40
		主沟平均比降（%）	<3	3~6	6~12	12~18	>18
	气候植被	年均降水量（mm）	北方<200 南方<800	北方200~400 南方800~900	北方400~600 南方900~1 000	北方600~800 南方1 000~1 200	北方>800 南方>1 200
		暴雨比例（%）	<10	10~20	20~30	30~40	>40
		森林覆盖率（%）	>50	30~50	20~30	10~20	<10
	人为活动	植被破坏	没有破坏或不断发展	局部破坏	部分破坏	破坏较严重	破坏特别严重
		坡沟破坏	没有破坏	局部破坏	部分破坏	破坏较严重	破坏特别严重

第三节
地震风险

地震是指大地突然发生的震动。在各种地质灾害中，地震是造成损失最为严重的灾害。地震除可能直接造成严重的人员伤亡和财产损失外，通常还会引起火灾、水灾、海啸、滑坡、崩塌、地裂、煤气泄漏、放射物扩散等次生性灾害，从而进一步加重灾害损失。我国是世界大陆地震最为活跃的国家之一，也是地震灾害最为严重的国家之一。20 世纪以来全球两次死亡人数超过 20 万人的特大地震灾害均发生在我国。根据统计，1900～1989 年期间，地震造成的死亡人数中，我国占比为 42%。因此，在我国从事工程保险的经营过程中，应当高度重视对地震风险的评估和处理。

一、地震的分类

地震分为天然地震和人工地震，工程保险主要是针对天然地震。

天然地震的类型可以分为：构造地震、火山地震、陷落地震、陨石冲击地震等。

（一）构造地震

构造地震是指由于地下深处岩石受到地球构造运动的影响，发生破裂、错动，长期积累的能量突然释放出来，以地震波的形式向四面八方传播，引起地表的震动。在进行地震风险的评估过程中，重点是针对构造地震的评估，因为在各种地震中，构造地震发生的几率最高，占比大约达到总数的 90% 以上。而构造地震的特点是突发性强，危及的范围广，通常会造成十分严重的损失，并给人们的生产和生活带来严重的影响。

（二）火山地震

火山地震是指因火山喷发引起的地震。

（三）陷落地震

陷落地震是指由于巨大的岩溶洞穴或者矿井突然塌陷引起的地震。

（四）陨石冲击地震

陨石冲击地震是指巨大的陨石降落时冲击地球表面引起的地震。

二、震级

地震的度量指标为震级，即反映地震释放出的能量。地震的震级标准是由美国地震学家里克特（C. F. Richter）提出的，故称里氏。里氏震级规定以距离震中 100 公里处“标准地震仪”（周期 0.8 秒，放大倍数 2 800 倍，阻尼系数为 0.8）所记录的水平向最大振幅（单振幅，以微米计）的常用对数为该地震的震级。根据用来计算地震记录的震波类型，震级有面波震级（M_S）、体波震级（M_B）和近震震级（M_L）。

地壳的强度是有限的，其积蓄的能量不可能无限制地增加，所以，地震的震级是有一定限度的。目前，按照里克特的方法测定的已知最大震级为 8.9 级，最小的地震为 -3 级。1 ~ 8.9 级地震的能量详见表 9-4。

表 9-4　　地震能量

震级	1	2	3	4	5
能量（焦耳）	2×10^{6}	6.3×10^{7}	2×10^{9}	6.3×10^{10}	2×10^{12}
震级	6	7	8	8.9	—
能量（焦耳）	6.3×10^{13}	2×10^{15}	6.3×10^{15}	1.4×10^{18}	—

根据不同强度地震的破坏力，可以将震级进一步划分为 5 个级别：

（一）超微震

超微震是震级小于 1 级的地震，通常人们不能感觉到，需要通过仪器才能发现和测量。

（二）微震

微震是震级大于、等于 1 级而小于 3 级的地震，这类地震人们也难以感觉，也需要通过仪器才能够发现和测量。

（三）小震

小震也称为弱震，是震级大于、等于 3 级而小于 5 级的地震，人们能够感觉到地震的影响，所以也称为有感地震，但一般不会造成破坏。

（四）中震

中震也称为强震，是震级大于、等于5级而小于7级的地震，这类地震可造成不同程度的破坏。

（五）大地震

大地震是指震级大于、等于7级以及7级以上的地震，这种地震具有强大的破坏力。

三、烈度

地震活动引起一定范围的地面发生不同形式的运动，因而对人类生命和财产造成破坏。在不同地点，地面运动的强度有很大差异，这种差异除了受到地震活动能量，即震级的影响外，还与震源深度、与震中的距离以及地震传播的介质条件等诸多因素有关。正是由于这些条件的差异，同一次地震在不同的地区造成的破坏程度存在很大差异。为了综合反映这种差异，人们采用地震烈度来表示。地震烈度是指地震在地面产生的实际影响，即地震活动所造成的对地面和建筑物的破坏程度。地震烈度不是通过仪器测定的，而是根据人们对地震的感觉和地震对地面以及地面上的房屋、工程建筑、器具等影响和破坏程度确定的。

目前，世界各国对地震烈度的等级划分有较大的差异。美国、加拿大等国家采用的是末卡利（Meicalli）地震烈度表（MM烈度表），日本采用的是日本气象厅烈度表（JMA），前苏联采用的是该国地球物理所的烈度表。我国的地震烈度表有三个版本：1957年版、1980年版和现在使用的1999年版。根据1999年版的《中国地震烈度表》（GB/T17742－1999），地震烈度是按照12度进行划分的（见表9－5）。

表9－5　　中国地震烈度表（1999年）

烈度	人的感觉	一般房屋		其他现象	水平向地面运动	
		大多数房屋震害程度	平均震害指数		峰值加速度/（m/s^2）	峰值速度/（cm/s）
I	无感					
II	室内个别静止中的人有感觉					
III	室内少数静止中的人有感觉	门、窗轻微作响		悬挂物微动		

续表

烈　度	人的感觉	一般房屋		其他现象	水平向地面运动	
		大多数房屋震害程度	平均震害指数		峰值加速度/（m/s^2）	峰值速度/（cm/s）
IV	室内多数人有感觉，室外少数人有感觉，少数人梦中惊醒	门窗作响		悬挂物明显摆动，器皿作响		
V	室内人普遍有感觉，室外多数人有感觉，多数人梦中惊醒	门窗、屋顶、屋架颤动作响，灰土掉落，抹灰出现细微裂缝，有檐瓦掉落，个别屋顶烟囱掉砖		不稳定器物摇动或翻倒	0.31（0.22～0.44）	0.03（0.02～0.04）
VI	多数人站立不稳，少数人惊逃户外	损坏——墙体出现裂缝，檐瓦掉落，少数屋顶烟囱裂缝、掉落	0～0.1	河岸和松软土出现裂缝，饱和砂层出现喷砂冒水；有的独立砖烟囱轻度裂缝	0.63（0.45～0.89）	0.06（0.05～0.09）
VII	大多数人惊逃户外，骑自行车的人有感觉，行驶中的汽车驾乘人员有感觉	轻度破坏——局部破坏、开裂，小修或不需要修理，可继续使用	0.11～0.3	河岸出现塌方，饱和砂层常见喷砂冒水，松软土上地裂缝较多；大多数独立砖烟囱中等破坏	1.25（0.90～1.77）	0.13（0.10～0.18）
VIII	多数人摇晃颠簸，行走困难	中等破坏——结构破坏，需要修理才能使用	0.31～0.5	干硬土上亦出现裂缝；大多数独立砖烟囱严重破坏；树梢折断；房屋破坏导致人畜伤亡	2.50（1.78～3.53）	0.25（0.19～0.35）

续表

烈　度	人的感觉	一般房屋		其他现象	水平向地面运动	
		大多数房屋震害程度	平均震害指数		峰值加速度/（m/s^2）	峰值速度/（cm/s）
IX	行动的人摔倒	严重破坏——结构严重破坏，局部倒塌，修复困难	0.51～0.7	干硬土上有许多地方出现裂缝；基岩可能出现裂缝、错动；滑坡塌方常见；许多独立砖烟囱倒塌	5.00 (3.54～7.07)	0.50 (0.36～0.71)
X	骑自行车的人会摔倒，处不稳状态的人会摔离原地，有抛起感	大多数倒塌	0.71～0.9	山崩和地震断裂出现，基岩上拱桥破坏，大多数独立砖烟囱从根部破坏或倒毁	10.00 (7.08～14.14)	1.00 (0.72～1.41)
XI		普遍倒塌	0.91～1.0	地震断裂延续很长，大量山崩滑坡		
XII				地面剧烈变化，山河改观		

四、地震风险评估

在工程保险的经营过程中，对建设项目的地震风险评估时，通常应当从三个方面加以考虑：建设项目地址选择、工程项目抗震设计和工程施工质量。

（一）建设项目地址选择

从地震风险的特点看，位置是决定因素，在不同地区，不同位置的地震风险截然不同。因此，应当从建设项目地址的选择上评估地震风险，一般应尽可能选择地震危险性相对较低的地区或非地震区，尽量设法避开高烈度区。工程选址应根据地震小区划结果，尽可能选择地震反应较小的地段，以利于减轻震害。因此，项目地址选择的一般原则是：选择潜在地震发生危险较小的地区；

选择地震反应较小的地段；选择工程结构地震反应较小的地段；选择地震地质灾害较小的地段。同时，特别要注意场地条件，因为不同的场地对同一次地震的反应是不同的，即它们的场地条件影响是不同的。场地条件影响主要来自地质构造、土质条件和局部地形。不同的结构在同一场地上的地震反应也有很大差别。因此，选址时应进一步根据结构的自振特性和结构与土层的相互作用原理，选择对工程的结构反应较小的场地，以求结构的地震反应较小，从而减轻和避免地震的危害。断裂、崩塌、液化、沉陷、泥石流等地震地质灾害往往给工程造成不可补救的损失，在选址阶段还应该对这些潜在地震地质灾害作出评估，把工程置于地震地质灾害轻的地段（见图9－1）。

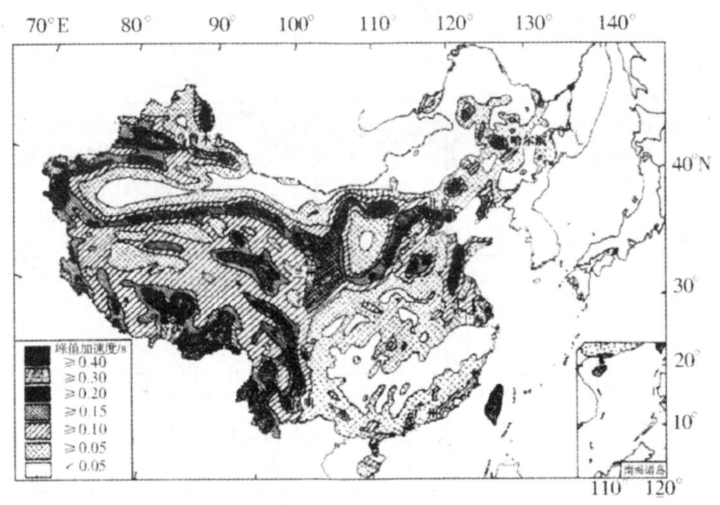

图9－1　中国地震峰值加速度区划图（GB18306－2001）

（二）工程项目抗震设计

抗震设计是工程抗震的关键。工程抗震设计指应用结构地震反应分析、估计工程的抗震能力，再按照给定的抗震设防标准进行设计。工程抗震设计规范通常由国家有关部门颁布，是工程抗震设计的法规性和强制性规定。在进行工程保险的地震风险评估过程中，一个重要的依据是判断整个项目设计的合法性，即是否严格按照国家有关工程抗震设计规范进行。具体讲，工程抗震设计标准包括两个方面：第一，如何判断或定义工程的抗震安全性；第二，如何选择适当的安全性，以得到安全与经济之间的平衡。地震安全性的定义在近几十年内有了变化。开始人们只注意到地震时的人身安全，以工程结构是否破坏作为安全的唯一要求。但近几十年来，人们对地震安全性的要求已从单纯的人身安全发展到工程功能安全，即要求所设计的工程在经常遇到（使用期内可能遇到几次）小震的情况下，能够保证基本无损，无须修理即可继续使用；在难得一遇的中震情况下，经修理后仍可继续使用；而在不太可能遭遇的特大地震情况下，可以容许工程破坏，但仍不倒塌，以保证人身安全，地震后此工程可能报废。我国现行抗震设计规范也是采用这一原则，与小、中、大震的地震相应的超越概率分别为 50 年内 60%、10% 和 2%，即 80 年、500 年和 1 000 年一遇的地震。

（三）工程施工质量

一个工程的抗震设计再好，倘若施工质量无法保证，甚至在工程建设中存在重大隐患，导致出现“豆腐渣”工程，那么项目的抗震性也就无从谈起。在以往的一些小震灾害中，有些建筑物出现问题，其根本原因就是工程施工质量问题，这些问题一经地震，甚至是小地震便暴露出来，由此而造成严重震害的实例不胜枚举。因此，提高施工质量对于增强项目的抗震能力意义重大。在工程保险的经营过程中，应当明确“工程质量是管出来的”这个观念，所以，对地震风险评估和管理在施工质量方面应当体现为全过程和全方位的评估和管理，包括施工单位的资质和经验；施工人员的教育和培训；施工质量的管理制度以及执行情况；各个部分的施工实际情况，特别是与抗震能力密切相关的隐蔽工程的施工情况；建筑材料的使用和检验情况；工程的测试、检验和鉴定等。

第四节
台风风险

台风属于热带气旋的一种，热带气旋是指发生在热带地区急速旋转的低压涡旋。根据世界气象组织（WMO）规定，按其中心附近的 2 分钟平均最大风力等级（以蒲氏风级表示）区分为不同强度的热带气旋，由弱到强依次被称为热带低压、热带风暴、强热带风暴和台风。

台风是地球上破坏力最大的灾害性天气系统之一，位列十大自然灾害之

首。全球每年发生80~100个台风（热带风暴），西北太平洋和西北大西洋是全球台风（热带风暴）活动最为频繁而强烈的区域，台风给全球50多个国家和地区、大约5亿多人口的生产和生活带来巨大影响，其中中国、美国、日本、菲律宾、澳大利亚、孟加拉、印度是受台风影响较为严重的国家。资料表明，在1897~1996年期间，在北太平洋西部及中国南海海域共生成台风2 349个，平均每年约有24个，其中一半以上发生在7、8、9月，且以8月最多（见表9-6）。

表9-6 西北太平洋及中国南海海域台风发生频率表（1897~1996年）

月 份	1月	2月	3月	4月	5月	6月	7月	8月	9月	10月	11月	12月	合 计
总共发生次数（次）	38	18	27	57	91	144	378	471	437	348	228	112	2 349
占总数百分比（%）	1.6	0.8	1.1	2.4	3.9	6.1	16.1	20.1	18.6	14.8	9.7	4.8	100
频 率	0.4	0.2	0.3	0.6	0.9	1.4	3.8	4.7	4.4	3.5	2.3	1.1	23.5

2004年美国以及邻国发生的13次台风（在西北大西洋地区称为“飓风”）造成的保险损失达到了320亿美元，而发生在日本以及周边地区的10次台风导致的损失大约为140亿美元。历史上最为著名的是1970年11月发生在孟加拉湾的台风，台风除了造成巨大的经济损失外，更是导致了30万人丧生。此外，1992年发生在美国的安德鲁飓风导致的经济损失就高达220亿美元。根据统计，平均每年大约有1.5万~2万人死于热带气旋灾难之中，给全球造成经济损失高达60亿~70亿美元。

我国是世界上受台风危害最大的国家之一，台风也是我国最主要的灾害性天气系统，每年台风对我国造成的经济损失均在百亿元人民币以上，2004年8月的“云娜”台风造成浙江省164人死亡，24人失踪，直接经济损失高达181亿元人民币。我国北起辽宁、南至两广的沿海一带，每年都有可能遭受热带气旋的袭击。沿海各省（市、自治区）中，海南、广西、广东省遭遇台风的次数最多，沿东海岸向北，台湾、福建、浙江、上海、江苏、山东、辽宁等地遭遇热带气旋的次数依次减少，同时，由沿海向内陆，遭遇热带气旋的次数也是依次减少的。我国仅青海、甘肃、西藏、新疆4个省（自治区）没有台风影响。

一、台风及台风天气

台风，按照专业的称法应为热带气旋，或者说台风属于热带气旋的一种。按世界气象组织的划分标准，热带气旋按其强度，可以分为热带低压、热带风暴、强热带风暴和台风（见表9－7）。

表9－7　　热带气旋的种类

名　　称	基本特征
热带低压（Tropical depression）	最大风速出现 <17.2米/秒，也即风力为6～7级（22～33海里/小时）
热带风暴（Tropical storm）	最大风速出现17.2～24.4米/秒，也即风力为8～9级（34～47海里/小时）
强热带风暴（Severe tropical storm）	最大风速出现24.5～32.6米/秒，也即风力为10～11级（48～63海里/小时）
台风（Typhoon）	最大风速出现 >32.6米/秒，也即风力为12级以上（64海里/小时或以上）

世界气象组织对1968～1990年资料的统计结果表明，全球每年平均约有83个热带气旋发生。全球的热带气旋源地有八大海区，主要分布在南北两个半球的5°～20°的纬度之间，其中10°～20°之间占了65%。在20°以外较高纬度发生的热带气旋只占13%，发生在5°以内赤道附近的热带气旋极少。热带气旋，特别是台风大都发生在西北太平洋和西北大西洋这两个海域，在西北太平洋称为台风，东北、中部太平洋以及北大西洋称为飓风，在其他海域仍称为热带气旋。

台风对人类的影响主要是由于其引起的台风天气导致的，台风天气包括大风、暴雨、风暴潮、高温（焚风）、龙卷风、冰雹等具有重大危害的各种天气现象。

（一）大风

由于台风中心的气压很低，因而具有巨大的能量，能够形成十分强大的风力。根据资料显示，西北太平洋不同月份台风的最大风速平均值在30～70米/秒之间，而极值则可能达到110米/秒。当风力达到12级时，垂直于风向平面上每平方米风压可达230公斤，同时，风力与风速的平方成正比，一个以100

米/秒速度行进的台风，每平方米建筑物承受的风压达2.5吨。在如此强大风力的作用下，建筑物、船舶、农作物难以抵御，将导致房屋倒塌、船舶沉没、农作物绝收等损失，同时，大风还将造成人身伤亡。

（二）暴雨

台风是非常强的降雨系统，因为，其发展和维持的重要条件是由强对流发展释放的潜热，因此，强大的对流性、阵性降水是台风过程中的必然现象。台风暴雨的特点是降雨量多，降雨强度大。在一次台风的登陆过程中，降雨中心一天之内可降下100～300mm，有时甚至可达500～800mm的大暴雨。从我国的历史资料看，台风日雨量最大的记录为1967年10月17日出现在台湾省新寮地区的1 672mm，而台风小时雨量最大的记录为1975年8月出现在河南省境内的235mm。

台风暴雨的直接后果是导致洪涝灾害，也是危害最大的灾害。台风暴雨的特点是降雨区域广，过程雨量大，因此，台风暴雨导致的洪水出现频率高，且这种洪水来势凶猛，波及范围广，破坏性极大。洪水的危害表现为损毁水利工程，淹没农田，毁坏作物，淹没房屋、厂房、通讯与交通设施，造成大量人员伤亡。洪水灾害还会引发继发性灾害，如滑坡、泥石流、疫病等的出现。

（三）风暴潮

台风中心的气压很低，风速很大，在台风移向陆地时，由于台风的强风和低气压的共同作用，使海水向海岸方向强力堆积，潮位猛涨，通常会掀起狂涛骇浪，有时浪高可达10米以上，并以排山倒海之势向海岸压去。强台风的风暴潮能使海水位上升5～6米，当风暴潮与天文大潮高潮位相遇，更会产生异常高频率的潮位。台风在未登陆之时在附近海面上会引起风暴潮，导致海水异常升降，使受其影响的海区的潮位大大超过平常潮位。台风导致的风暴潮通常会导致潮水漫溢、海堤溃决、冲毁房屋和各类建筑设施、淹没城镇和农田，造成大量人员伤亡和财产损失。

二、台风的强度

台风的强度与尺度是衡量台风的一个重要指标，特别是在台风预报过程中，准确地估计台风的强度与尺度关系到对其可能造成影响的判断，也是决定采取预防措施的重要参考。

台风强度的关键指标是台风近中心的最大风速和中心气压。根据国际气象组织的标准，当中心的最大风速大于32.6米/秒时，称为台风，按照我国的风力等级为最高级，即 12 级。国外在 12 级以上还进行了划分，一直划分到 17 级（见表 9 - 8）。

表 9 - 8　　国外台风划分等级

风　级	13	14	15	16	17
风速（米/秒）	37.0 ~ 41.1	41.2 ~ 46.1	46.2 ~ 50.9	51.0 ~ 56.0	56.1 ~ 61.2

通常台风中心气压也是衡量和判断台风发展各个阶段的重要参考指标，中心气压在 989 ~ 980hPa 之间的，为强热带风暴；而当中心气压低于 980hPa，就称为台风，一些学者提出了中心气压与最大风速的对应关系如下：

中心气压在 979 ~ 970hPa 之间的，为最大风速等于或大于 35 米/秒的台风；

中心气压在 969 ~ 950hPa 之间的，为最大风速在 35 ~ 50 米/秒之间的台风；

中心气压在 949 ~ 920hPa 之间的，为最大风速在 50 ~ 75 米/秒之间的台风；

中心气压在 919 ~ 900hPa 之间的，为最大风速在 75 ~ 95 米/秒之间的台风；

中心气压在 899hPa 以下的，为最大风速在 95 米/秒以上的台风。

表 9 - 9 为一组世界各地的台风中心气压与中心风速的实测记录。

表 9 - 9　　台风中心气压与中心风速实测记录

风速（米/秒）	13	15	18	20	25	30	36	43	49	55	61	68	75	85
气压（hPa）	1 004	1 001	997	992	987	982	973	964	954	942	928	914	900	885

由表 9 - 8 可看出，台风的中心气压与风速之间并无科学和准确的对应关系，各种划分方式仅仅是一种参考，但它们均揭示了一个基本的事实：台风的中心气压越低，则近中心的风速就越大，因此，台风的中心气压是我们判断台风强度的一个重要指标。

台风尺度是衡量台风规模的指标，通常所用台风的尺度是以外围的等压线，如 1 000hPa 等压线所构成的直径计算，从 10 公里到 1 000 公里不等。

台风的尺度与强度之间没有必然的联系，有的台风从尺度上看并不大，但其强度可能很大。因此，强台风可以分为大尺度的强台风和小尺度的强台风。

三、台风的编号

为了便于对外发布和记载台风，许多国家均对影响本国的台风，按照出现的先后顺序进行编号。我国的编号工作是从 1959 年开始的，对每年发生或进入到赤道以北、东经 180°以西的太平洋和南海海域的近中心最大风力≥8 级的热带气旋（强度在热带风暴及以上）按其出现的先后顺序进行编号。近海的热带气旋，当其云系结构和环流清楚时，只要获得中心附近最大平均风力为 7 级的报告即应编号。编号由 4 位数码组成，前两位表示年份，后两位是当年风暴级以上热带气旋的序号。例如：9805 表示 1998 年发生的第 5 个风暴级以上的热带气旋；0201 表示 2002 年第 1 个风暴级以上的热带气旋。

由于各国对台风的编号缺乏统一的规则，不利于信息的交流与科学研究，因此，世界气象组织于 1998 年 12 月在菲律宾马尼拉召开的第 31 届台风委员会决议，自公元 2000 年 1 月 1 日起，凡是进入赤道以北、日界线以西的西北太平洋和南海的台风，凡是达到台风编号标准的，由亚太地区 14 个国家和地区进行统一编号，并由设于日本东京隶属世界气象组织之区域的专业气象中心（RSMC）负责依排定之顺序统一命名。编号的名称由处于西北太平洋及南海海域国家或地区：中国、日本、朝鲜、韩国、菲律宾、越南、泰国、马来西亚、中国香港、中国澳门、柬埔寨、老挝、密克罗尼西亚、美国 14 个台风委员会成员提供，每个成员提供 10 个，共 140 个。按照规则，这些名称可以循环使用，但对于那些导致重大损失的名称，则不再使用，如 2004 年的“云娜”，国际气象组织台风委员会就宣布：由于“云娜”造成的损失及其影响，“云娜”将退出国际台风命名序列。

四、台风的路径

台风的路径问题是研究台风的重要内容，也是台风预报的主要内容。台风生成之后，向哪个方向移动，移动的速度如何，未来将对哪些海域产生影响，将在哪里登陆等都是台风路径研究的对象。台风的路径预测一直是一个难题，尽管人们在事后能够对台风的路径予以合理的解释，但在当时，能够对台风的路径进行准确的判断和预报却并非易事。因为，台风处于一个综合和复杂的环境中，它的发展和移动有其自身的因素，也有外部的因素，是各种因素共同作用的结果。根据历史资料统计分析，台风的过程路径大致可以分为以下几种：

（一）西行路径

西行路径是指台风在西北太平洋上生成之后，朝着偏西方向移动，即移向为 270 °~290°，登陆菲律宾或经过巴士海峡，然后进入南海，可能在我国的粤西至越南一带登陆。

（二）西北路径

西北路径是指台风在西北太平洋上生成之后，朝着西北方向移动，即移向为 300°~340°，一般可能在我国广东至江苏之间的沿海登陆。

（三）北上路径

北上路径是指台风生成后，朝着偏北方向移动，一般可能在其起始场经度相近的陆地登陆。

（四）转向路径

转向路径是指台风生成后，朝着西北方向移动，然后转向北，再转向东北方向移动，转向后一般向大洋移去，也可能在韩国至日本一带登陆。如果台风在南海转向，则也可能在广东、福建、台湾等地登陆。

（五）西折路径

西折路径是指台风生成后，先朝西北方向移动，然后转向偏西方向，然后在其西折起始场纬度相近的地区登陆。

（六）疑难路径

疑难路径是指台风生成后，在其移动的过程中移向发生多次变化，或曲折，或打转，或徘徊，或停滞等，或者台风移动方向偏离常规的引导气流，属于难以预测的状态。

除了在海上的移动路径以外，台风登陆以后的移动路径同样值得关注，台风在登陆之后，向哪个方向去，能移到什么地方，是在陆地上填塞消失，还是移过陆地入海，这些都很重要。近年来人们开始关注并研究台风登陆之后的移动路径，并取得了一定的成果，因为台风深入陆地可能很远。据统计，在我国登陆的台风，西可到陕西，北可到黑龙江，给陆地上造成的经济损失也是很大的。表 9－10 是我国内陆台风路径特点及其对江淮地区雨量的影响。

表 9－10　　　　7 种台风路径表

路径类别	出现次数	路径特点	对江淮雨量的影响
1	15	在福州附近登陆，穿闽、赣、皖，由苏、鲁边界出海（或在内陆消失）	雨量大，如 7504 号台风过程雨量为 850 毫米
2	14	在浙江登陆，经皖西北转向或入豫消失	主要降雨区在皖南、皖西
3	5	在广州，登陆转向东北由长江口出海	主要降雨区在江淮东南，雨量一般不大
4	2	台风沿海岸线北上，在长江口附近，擦大陆边转向	对江淮东部雨量稍有影响
5	1	由冲绳岛北上，向西转向，在上海以北登陆后西行	影响皖东、皖南局部地区
6	4	由菲律宾北部向西北方向移动，在闽南登陆，至湘、鄂消失	大别山、江南西部降雨，淮北局部地区雨量较大
7	1	由黄海向西北行，在山东半岛登陆	影响皖东北

五、台风的预报

由于台风的巨灾特征，而且其活动具有高度的随机性和复杂性，因此，研究台风的活动规律并准确地作出预报就显得十分重要，各个国家均高度重视台风的预报工作，设立专门的机构进行台风的研究和预报工作。同时，国际气象组织为了更好地协调预报工作，在亚太地区设立了一个专门的台风委员会，其工作的重要内容之一就是协调解决台风预报工作、组织台风科研。当台风出现后，各个国家的台风研究机构和人员就会分析预报台风未来的活动趋势，根据不同的情况发布台风消息、台风警报和台风紧急警报，具体适用情况见表 9－11。

表 9－11　　　　台 风 预 报

发布等级	适用的情况
消息	远离或尚未影响到预报责任区时，根据需要可以发布“消息”，报道编号热带气旋的情况，警报解除时也可用“消息”方式发布
警报	预计未来 48 小时内将影响本责任区的沿海地区或登临时发布警报
紧急警报	预计未来 24 小时内将影响本责任区的沿海地区或登临时发布紧急警报

由于台风是危害我国最严重的灾害性天气，科学、准确地预报台风对于我国人民的生产和生活具有十分重大的现实意义，因此，国家高度重视台风预报工作，经过多年的努力，我国台风预报72小时的路径误差为360公里，48小时的路径误差为240公里，24小时的路径误差为140～150公里，台风风速预报的误差仅为5～10米/秒。我国的台风预报水平已经处于世界前列。

六、台风风险评估

台风以及台风天气对工程建设项目的影响巨大，因此，在工程保险的风险评估过程中，应当高度重视对台风风险的评估工作。在评估台风风险时，应当特别关注项目所处地区、工地位置、工期、项目性质、项目管理等。

由于台风的活动区域具有很强的地域性，在我国，从区域上可以将台风风险划分为三个类属：台风高发地区、台风影响地区和无台风地区。海南、广西、广东、台湾、福建、浙江、上海、江苏、山东、辽宁等属于台风高发地区；青海、甘肃、西藏、新疆属于无台风地区；其他省市则属于台风影响地区。对于台风高发地区的项目，应当特别关注台风风险问题，到当地的气象部门了解该地区台风风险的具体情况，并进行特别评估。

工地位置是评估台风风险的重要因素，由于台风往往是从海上登陆的，同时，台风过境时往往会伴随着大风、暴雨和风暴潮，因此，位于海岸沿线的项目遭受台风袭击的几率相对较大，地理位置处于“风口”的项目，遭到大风影响的程度将相对较大。另外，位于大河流域下游、临近河边的项目，则更容易受到台风暴雨导致洪水的侵袭。

由于台风具有明显的季节性，影响我国的台风一般集中在7～9月份，因此，工期与台风季节的相对关系，将直接影响保险人实际承担的风险，即在工期内需要经历几个台风季节是评估台风风险的重要指标。如同样是一个18个月的项目，有可能要经历两个台风季节，也有可能只经历一个台风季节。另外，在施工的不同阶段，经历台风季节可能造成的影响也不同，通常，在施工初期，项目自身抵御台风风险的能力相对较弱。

不同性质的项目对于台风的抵御能力不同，就台风风险而言，一些水工项目，如海洋工程、水利工程、码头等，这些项目大多数是在沿海地区，因此，一旦台风袭来，往往难以抵御。此外，桥梁和水电站等项目，也容易受到台风暴雨的影响，需要特别关注这些项目的台风风险问题。

项目管理水平是影响台风导致实际损失的重要因素，与其他自然灾害不同的是，台风从生成、发展到影响具有一定的周期，如果能够很好地利用这个周期，充分地做好各项预防和准备工作，就能够大大降低台风可能造成的损失。因此，建设项目的管理水平将直接影响到风险可能造成的损失及其程度，其中组织保证、制度建设、人员配备、技术支持是关键因素。应当建立台风预案，确保在台风到来之前，就密切关注台风动向，及时通报台风情况，尽早地转移露天和沿河场所的物资，进行必要的加固工作，特别是起重机等大型施工设备的转移和加固。一旦发生险情，能够迅速组织力量，有效进行处理，将损失控制在最低程度。

第五节

洪水风险

洪水是一种复杂的自然现象，受制于众多的自然和人文因素，是一种因暴雨、急剧融雪化冰、水利工程失事等原因引起江河水量迅猛增加，水位急剧上涨的自然现象。洪水是一种自然现象，有洪水并不一定就有洪水灾害。只有当洪水冲出自然水道或者人工堤坝，给人类正常的生产和生活带来损失和危害时，才成为洪水灾害。

在威胁人类的各种自然灾害中，洪水灾害属于最为严重的灾害之一。在20世纪，全球因各种灾害导致的死亡和经济损失中，洪水灾害死亡人数为7 451 484人，占比为11.836%，洪水导致的经济损失为2 964 亿美元，占比为32.548%。我国是洪水灾害频繁而严重的国家，大约有10%的国土面积、接近半数的人口、5亿亩耕地、100多座大中城市、70%的工农业总产值受到洪水灾害的威胁。在各种自然灾害的直接经济损失中，洪水灾害损失大约占57%，死亡人数的占比约为40%，居于首位。根据慕尼黑再保险公司的研究资料，中国1991 ~2003年期间的洪水损失，包括社会经济总损失、保险损失和死亡人数的具体情况如表9 – 12所示。

表 9－12　　我国 1991～2003 年洪水损失

年　份	经济损失（百万美元）		死亡人数（最低估计）（人）
	社会总损失	保险损失	
1991	15 000	410	2 600
1992	700	—	1 000
1993	14 000	—	4 600
1994	7 800	—	1 500
1995	7 900	70	1 600
1996	24 000	445	3 100
1997	2 360	—	520
1998	30 700	1 000	4 200
1999	8 180	—	920
2000	1 190	—	650
2001	670	—	300
2002	4 900	—	800
2003	10 100	—	920

一、洪水及洪水灾害分类

按照成因和地理位置的不同，洪水可以分为暴雨洪水、融雪洪水、冰凌洪水、溃坝（堤）洪水和海岸（风暴潮、海啸）洪水。我国大部分地区的洪水灾害为暴雨洪水。

按照水情和防洪水平，洪水可以分为 5 个等级。重现期为 1～10 年的洪水为一般洪水；重现期为 10～20 年的洪水为较大洪水；重现期为 20～50 年的洪水为大洪水；重现期为 50～100 年的洪水为特大洪水；重现期为 100 年及 100 年以上的洪水为罕见的特大洪水。

按照一次洪水淹没面积，并参考淹没时间，洪水可以分为 5 个等级（见表 9－13）。

表 9－13

等　　级	淹没面积（$\times 10^4$ 平方千米）	淹没时间（天）
I	小于 0.01	小于 2
II	0.01～0.1	2～4
III	0.1～1	4～7
IV	1～10	7～12
V	大于 10	大于 12

洪水灾害按照形成的机理和成灾环境的区域特点，可以分为以下几种类型：

（一）溃决型洪水灾害

这是指江河、湖海、堤防、塘坝等因自然或人为因素造成溃决而形成的洪水灾害。溃决型洪水灾害可以进一步细分为河堤溃决、大坝溃决和冰坝溃决三种。

（二）漫溢型洪水灾害

这是指洪水水位高于堤防或者大坝，水流漫溢、淹没低平的三角洲平原或者山前的一些冲积、洪积扇区的现象。

（三）山洪型洪水灾害

这是指发生于山区河流中暴涨暴落的突发性洪水灾害。山洪型洪水灾害影响范围较小，但由于山区地势起伏大，具有洪流速度高、冲刷力强、历时短暂、挟带泥石多、来势凶猛、破坏力巨大的特点，而且经常伴生泥石流灾害，是一种危害极大的山地自然灾害。

（四）风暴潮型洪水灾害

这是指台风或者热带气旋伴随着大风暴雨登临海岸上空并引发海岸洪水，造成堤岸决口、海潮入侵或者受高潮影响和潮水顶托、海水倒灌，导致河水漫溢、泛滥的灾害。

（五）内滞型洪水灾害

这是指地势低洼、紧依江河、仰承江河沿线的、湖群水网地区内发生的暴雨或者洪水，由于区域排水不畅使得大面积区域积水造成明涝，或者由于长期积水，使区域地下水水位升高造成区域渍涝灾害的现象。

（六）行蓄洪型洪水灾害

这是指山谷或者平原水库以及河道干流两侧的行洪、蓄洪区由于河道来水过大难以及时排出而被迫启用，从而导致人为的空间转移性洪水灾害。

（七）海啸型洪水灾害

这是指由于海底地震或者近海域发生火山爆发，致使海洋水体扰动而引起重力波，波速可达 500～700 公里/小时，在近海岸或者海湾波峰涌高可达 20～30米，由此产生的洪水灾害。

（八）城市洪水灾害

这是指城市地区的洪水灾害。

二、洪水的基本要素

洪水强度一般以一次洪水过程的洪峰水位（洪峰流量）、洪水总量、洪水历时来表示，所以，也称为洪水三要素。通常洪水强度大小用三要素之一出现的超越概率来表示，如“百年一遇洪水”是指出现大于或等于该洪水的洪峰流量或洪水总量的概率为 1%。除了洪水三要素外，经常还用洪水水深、洪水淹没范围、洪水淹没历时、洪水重现期等指标来描述洪水强度。

在工程项目的设计过程中，通常会考虑洪水风险的影响，具体表现为设计的抗洪标准为能够抵御“多少年一遇”的洪水。那么，从工程保险的角度看，评估洪水风险的关键指标是设计抗洪标准的重现期。同时，重现期也是确定工程保险费率的一个十分重要的指标，有关人员应当注意了解和掌握。

重现期（T）是指某个洪峰流量在长时期中平均重复出现一次的年数。重现期是一个数学统计值，它是相对于一个较长的时期而言的，并不是在重现期内必然发生一次。重现期的确定基础应当是有足够长时期的观察和数据资料的积累，如百年一遇的洪水，应当是在 1 000 年甚至更长的时间内，平均每 100 年发生一次这么大的洪水。另外，这种重现期是一种平均值，针对某一个具体的 100 年内则可能发生两次，也可能一次都没有发生。

三、洪水灾害的成因分析

洪水灾害是自然和社会相互作用的结果。产生洪水的自然因素是形成洪水灾害的主要根源，但洪水灾害的不断加重则是社会经济发展的结果。

洪水灾害的自然因素包括地形因素和气候水文因素。地形因素主要是指

河流流域的范围和地势对于洪水的发生以及严重程度具有重要的影响。气候水文因素则是指河流流域的降雨量以及集中程度决定了洪水的发生以及严重程度。

社会经济因素和人为因素包括植被破坏，水土流失；围垦江湖滩地，湖泊天然蓄洪作用衰减；盲目发展，人为设障阻碍河道行洪；城市化的影响；防洪抗灾能力薄弱；防洪工程产生了新的致灾因素，积聚了致灾能量。

四、洪水风险评估

在工程保险的经营过程中，对建设项目的洪水风险进行评估时，通常应当从三个方面加以考虑：建设项目地理位置、重现期和工程施工进度。

（一）建设项目地理位置

对于建设项目而言，洪水风险的大小在很大程度上取决于项目的地理位置。位于江、河、湖、海沿线地区的工程项目，特别是处于江河下游地区的工程项目的洪水风险相对较大，而远离这些地区的工程项目的洪水风险则相对较小。另外对处于江河下游的项目，一个重要的因素是应当充分分析上游江河流域的成灾可能与程度。就一般情况而言，江河上游流域的面积越大，可能形成的过程雨量越大，则项目的洪水风险也就越大。

（二）重现期

重现期是评估工程风险和确定保险价格过程中的一个核心指标。

在评估建设项目洪水风险的过程中，尤其是在对水电站、桥梁、码头等项目的洪水风险进行评估时，应当注意克服一个认识上的误区：即以项目设计的抗洪标准来评估项目的建设风险。项目设计的抗洪标准是指在项目建设完成之后抵御洪水风险的能力，而在项目建设过程中的大部分时期，则不具备这种抗洪能力。例如在水电站的建设过程中，大坝的设计抗洪能力是100年一遇，而在建设过程中，围堰的设计抗洪能力则可能是20年一遇，在大坝建设达到一定的标高之前，我们更多的是应当关注围堰的洪水风险，应当以20年一遇的标准来考虑洪水风险的影响（见图9－2）。

（三）工程施工进度

在评估项目洪水风险时，应当注意根据项目工期进度的实际情况进行风险评估，特别是要结合洪水季节的对应关系进行评估。

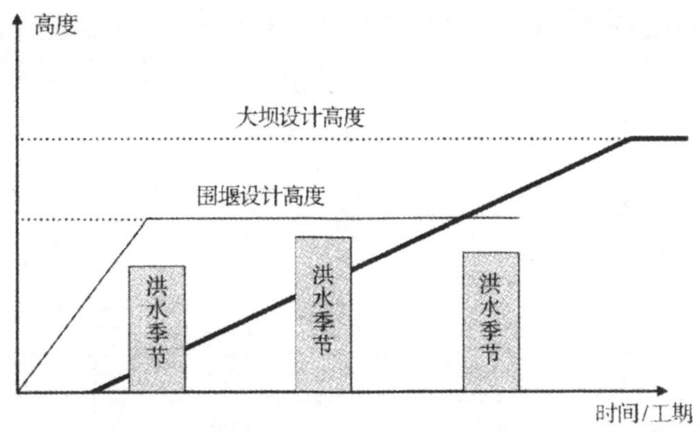

图 9－2　水电站大坝与围堰的洪水风险

第六节

火灾风险

火灾是指由燃烧引起的灾害，这种燃烧的特点是一种人们所不希望的、失去控制的燃烧。火灾对于人类以及社会财富造成的破坏是巨大的，这种破坏不仅包括直接财产损失，还包括间接财产损失、人身伤亡损失、消防费用、保险费用、防止火灾工程费用等。

世界火灾统计中心的资料表明，全球每年发生的火灾高达 600 万 ~700 万起，导致死亡人数在 65 000 ~75 000 人之间。大多数发达国家每年的火灾直接损失大约占国民经济总产值的 2‰，而火灾给社会的总体影响则达到国民经济总产值的 1% 左右。

我国也属于火灾高发国家之一，特别是随着经济建设的快速发展，引发火灾的因素大量增加，火灾事故特别是重特大火灾事故的形势依然十分严峻，给人们的生产和生活带来了不可低估的影响。近年来，虽然从总体看，火灾事故案件和损失有所减少，但大型和特大型事故却呈现上升态势，特别是 2009 年 2 月 9 日中央电视台新址特大火灾和 2010 年 11 月 15 日上海静安区高层居民住宅楼的特大火灾，使得火灾、特别是高层建筑的火灾风险再次引起人们的高度重视。表9－14是我国2005～2009年期间火灾损失的基本情况。

表9－14　　我国2005～2009年火灾损失情况

年　份	火灾次数（万起）	死亡人数（人）	直接财产损失（亿元）
2005	23.59	2 496	13.6
2006	22.2	1 517	7.8
2007	15.9	1 418	9.9
2008	13.3	1 385	15
2009	12.7	1 076	13.2

资料来源：公安部消防局主编的各年《中国火灾统计年鉴》，中国人事出版社出版。

一、火灾的基本特征

从本质上看，火灾是一种特殊的燃烧现象，遵循燃烧过程的基本规律。燃烧是可燃物与氧化剂之间发生的快速化学反应，一般还伴随着放出大量热量。可燃物中含有多种可以发生氧化反应的成分，它们的存在是燃烧的基本条件。氧化剂的种类也很多，在火灾中最常见的氧化剂是空气中的氧气。通常，为了促使可燃物和氧化剂之间发生反应，还需要一定的热源的作用。

火灾的属性按照物质运动变化产生燃烧的不同条件可以分为自燃性火灾和行为性火灾。在建筑工程火灾中，绝大多数属于行为性火灾，属于人们无意识行为性火灾，因此，克服施工以及管理人员的无意识行为，是防止建筑工程行为性火灾的关键。

二、可燃物

从火灾的基本特征看，发生火灾的一个重要条件是存在可燃物，可燃物是指包含有一定可燃元素的物质，其形态也是多种多样的，通常分为气态可燃物、液态可燃物和固态可燃物。因此，在研究建筑工程的火灾风险过程中，应当关注对可燃物的研究。从施工角度看，在建筑施工过程中需要应用到大量的可燃物，如电焊；从建筑材料角度看，大量的建筑材料是采用可燃物做的。

（一）气态可燃物

气态可燃物是指遇火、受热或者与氧化剂接触，能着火、爆炸的气体。在评估气态可燃物的风险过程中应当注意两个重要参数：

1. 气态可燃物的自燃点，即在正常状况下，气态可燃物的自燃温度。

2. 气态可燃物的等级。气态可燃物分为两级：一级气态可燃物（一级可燃气体）是指其着火或者爆炸的浓度下限≤10%；二级气态可燃物（二级可燃气体）是指其着火或者爆炸的浓度下限>10%。

（二）液态可燃物

液态可燃物是指遇火、受热或者与氧化剂接触，能着火、爆炸的液体。在评估液态可燃物的风险过程中，应当注意的重要参数是闪点。按照闪点的不同，液态可燃物可以分为易燃液体（闪点≤45℃）和可燃液体（闪点>45℃）。易燃液体还可以进一步分为一级易燃液体（闪点<28℃）和二级易燃液体（闪点>28℃）。

（三）固态可燃物

固态可燃物是指遇火、受热、撞击、摩擦或者与氧化剂接触能着火的固体。在评估固态可燃物的风险过程中应当注意的重要参数是燃点。固态可燃物可以分为易燃固体（燃点≤300℃）和可燃固体（燃点>300℃）。易燃固体还可以进一步分为一级易燃固体和二级易燃固体。

三、建筑材料的燃烧性能

在建设施工过程中应用到大量的建筑材料，这些建筑材料往往是导致火灾的重要原因。因此，在进行火灾风险的评估过程中，应当了解项目采用的建筑材料的燃烧性能，以便有针对性地提出风险防范的建议。

常见的建筑材料可以分为两大类：无机材料和有机材料。无机材料是指钢材、混凝土以及钢筋混凝土等不易燃烧的材料，这类材料不是建筑火灾风险防范关注的重点。有机材料是指木材、木材制品、橡胶、塑料等具有可燃性的材料，这类材料是建筑火灾风险防范关注的重点。

四、建筑火灾的特点

建筑火灾与其他火灾具有许多共性特点，但也具有本身的特点，主要有：

（一）可燃物相对集中

在建筑施工现场，经常集中存放着大量的可燃物，这些可燃物一旦燃烧，容易酿成大火。

（二）火源多且不易管理

由于施工和生活的需要，在施工现场存在各种火源，这些火源分布不规则，管理存在较大难度。

（三）报警、火灾阻隔和自身灭火功能尚未形成

一个完成的建筑物往往具有较为完善的火灾报警、火灾阻隔和自身灭火功能，而在建筑施工过程中则不具备这种能力。

（四）公共消防能力发挥受到一定限制

由于施工现场的交通属于临时设施，通常不能满足消防的需要，一旦发生火灾，消防车难以到达理想的位置。此外，建筑工地的消防水管路也不完善，这些都将直接影响灭火的效果。

五、建筑火灾风险评估

建筑火灾风险评估应当从两个方面展开，一是燃烧要素，二是消防能力；同时，应当特别关注火灾高风险项目：地下工程和高层建筑。

（一）燃烧要素

建筑火灾风险评估应当遵循火灾（燃烧）的基本特征展开，火灾的基本特征中包含了三个基本要素，即可燃物、氧化剂和温度。在建筑施工过程中，可燃物和氧化剂均是客观存在的，因此，控制和评估火灾风险的重点应当是温度，即火源。

1. 火源。施工现场的火源可以分为：内部火源和外部火源。内部火源是指由施工以及相关活动过程中产生的火源，如施工火源和生活火源。外部火源是指由施工以及相关活动以外的原因产生的火源，如雷击、纵火等。在建筑火灾风险评估过程中应当重点关注内部火源。

（1）内部火源可以分为施工明火、施工设备机具用电和生活用火。①施工明火是指在施工过程中采用电焊、气焊、电锯、气割过程中产生的火星或者熔渣。②施工设备机具用电是指在施工过程中需要应用大量的电器设备机具，在这些电器设备机具的使用过程中会产生较高的温度，特别是配合这些电器设备机具的使用需要配备变压器、开关、线路等，这些设施的安装使用不当均可能导致高温，甚至是明火。③生活火源是指在施工过程中施工人员在现场的各类生活用火，包括煤炉、电炉、电饭锅、电灯、蜡烛、火柴、打火机、香烟、电热毯等。根据火灾事故原因统计分析，在各类火灾事故原因中，电器短路导致的火灾占比最大。因此，在建筑火灾风险的评估和防范中，应当将重点放在

内部火源，特别是与用电相关的内部火源上。

（2）内部火源风险从形式上表现为管理风险，无论是施工明火风险、施工设备机具用电风险，还是生活用火风险，其决定性的因素是管理。因此，在对建筑火灾风险评估过程中，首要的因素是管理，具体体现为业主对承包商的管理和各个承包商对施工的管理。在各种管理中，对施工现场的管理是关键。在对施工现场管理风险的评估过程中，应当从三个方面人手。①制度。一个良好的现场管理的前提是具有一套科学完整的制度，如在工地进行明火作业的管理制度，通过制度才能够有效地规范施工人员的行为，做到有章可循，违章必究。②培训。施工人员往往缺乏安全意识和消防知识，而他们却是保证施工安全的基础，因此，应当加强对施工人员的培训，提高他们的安全意识，让他们熟练掌握消防的基本知识和技能。③执行。许多建筑火灾事故案例反映出导致火灾的原因不是没有制度，而是制度不落实，从根本上讲是执行问题，是监督问题。所以，在进行建筑火灾风险评估过程中，要特别注意现场施工人员对安全制度、消防知识的了解和重视程度。

2. 可燃物。可燃物也是建筑火灾风险评估需要关注的一个问题。在现代建筑施工过程中，有机材料的大量应用是不可避免的，因此，对于可燃物的风险控制应侧重于特殊可燃物和可燃物的储存两个方面。特殊可燃物是指那些特别容易燃烧的可燃物，如一级可燃气体和一级易燃液体，如果在施工过程中大量应用这些特殊可燃物，则应当要求业主和承包商予以特别关注，建立特别的制度和措施，确保安全。此外，可燃物的储存也是一个需要特别关注的问题。可燃物在工地现场的储存过程中，务必确保它们远离火源，或者与火源实现有效隔断。应当定期检查，消除各种火灾隐患。

（二）消防能力

从建筑施工安全的角度看，强调火灾事故防范固然重要，但安全不是绝对的，所以，在火灾风险评估时，也应当关注消防能力问题。一些建筑火灾事故往往是在初期不能得到有效控制和扑灭，结果酿成重大损失。因此，在评估火灾风险的过程中，消防能力是一个需要特别关注的问题，它包括自身消防能力和公共消防设施两个方面。一是自身消防能力，建筑工地应当具备一定的自身消防能力，主要表现为在施工现场应配备一定数量的各种类型的灭火器、防毒面罩、消防斧头、砂、水桶等灭火器具。除了硬件设施外，内部的组织和制度保证是更为重要的因素，包括设置专门的机构，配备专兼职人员，定期开展消防演习。二是公共消防设施情况。公共消防设施能力的评估应当注意三个点：距离、通道和水源。距离是指消防站的远近，即公共消防站到工地的距离，这个距离决定了公共消防能力到达施工现场的时间，直接关系到救火的效果。通道是指进入工地现场的通道，即消防车能否直接和顺利到达工地现场，并接近火场。在一些建筑火灾的施救过程中，往往是由于消防车难以达到或者接近火场而大大影响了灭火效果。水源是指消防水源，即在工地现场是否具有完善的消防水供应系统。大多数项目在施工过程中，工地现场不具备消防水源，这样也会对灭火产生不利影响。在评估的过程中，应当注意了解最近的消防水源情况，以判断水源风险。

（三）地下工程和高层建筑

从项目的类别上看，在火灾风险的评估过程中应当特别关注两类项目：地下工程和高层建筑。从近年来工程保险的事故统计分析，地铁项目和高层建筑的重大火灾事故，无论是事故发生几率还是损失金额，均呈现上升的趋势，因此，应当引起风险评估人员的高度重视。地下工程存在的火灾重要隐患是通风和施救问题，一方面地下工程属于地下作业，通风存在一定的难度，容易导致火灾；另一方面地下工程的通道、作业面和照明均存在一定限制，给灭火和施救带来一定的难度。高层建筑存在的火灾重要隐患也是通风和施救问题，与地下工程不同的是，高层建筑的通风问题是高层建筑高层部分的通风性能过强，一旦出现火情，容易出现“火借风势，风助火威”，难以控制，一发不可收拾的态势。同时，高层建筑施救也是一个难题，高层建筑除了也存在通道问题外，还有一个消防车云梯高度的限制问题，一般消防车的云梯高度十分有限，难以满足高层建筑消防的需要，现在一些大型城市配备了一些高层云梯的消防车，但数量不多。在评估高层建筑的火灾风险时，应特别注意附近消防站消防车的云梯高度。

第七节
第三者责任风险

工程保险的第三者责任风险具体表现为一种民事责任风险，因此，在进行工程保险第三者责任风险的评估过程中，应当掌握和了解民事责任的有关知识，如法律责任、民事责任、归责原则、承担民事责任的方式、侵权民事责任、侵权责任的免责制度、特殊侵权责任等。掌握有关民事法律责任的知识，一方面是能够更好地开展风险评估，帮助投保人识别可能存在的各种责任风险，提出改进意见和建议，制定防范风险的措施和制度，同时也能够为日后的事故处理和理赔工作奠定良好的基础。

一、法律责任

法律责任是指行为人因拒不执行法律义务，或者做出法律所禁止的行为，并具备违法行为的构成要件，由国家依法给予其相应的法律制裁。

（一）法律责任的构成要件

法律责任的构成要件包括责任主体、过错、损害事实和因果关系等方面。

1. 责任主体存在违法行为，即违法行为的存在是责任主体承担法律责任的首要前提。

2. 过错，即承担法律责任的主观故意或者过失。在很多情况下，行为人虽无过错，但法律也要求其对损害后果承担法律责任。

3. 损害事实，即受害人受到伤害和损失的事实，包括对人身、财产、精神的损失和伤害。损害应当具有确定性，是业已发生的事实。

4. 因果关系，即行为与损害之间的因果关系，法律归责原则上要求证明损害行为与损害结果之间的因果关系。

从法律的角度看，以上四个要素属于充分必要条件，即这些要件是相互联系、相互制约、不可分割、缺一不可的统一体。

（二）法律责任类型

法律责任可以分为刑事法律责任、民事法律责任、行政法律责任和违宪法律责任。工程保险第三者责任通常是指民事法律责任。

第三者责任涉及的法律规范包括《民法通则》（1987 年 1 月 1 日起施行）和《侵权责任法》（自 2010 年 7 月 1 日起施行）。

二、民事责任

民事责任是指由民事法律规定的对民事违法行为人所采取的一种以恢复被损害人的权利为目的，并与一定的民事制裁措施相联系的国家强制方式。

（一）民事责任的法律特征

民事责任的法律特征主要有：

1. 民事责任以民事义务的存在为前提。民事责任是因违反民事法律规定

或合同约定的义务而依法应承担的一种法律后果。没有民事义务，就不存在违反义务的问题，也就谈不上民事责任的承担。

2. 民事责任主要表现为一种财产责任。民事责任的目的主要是弥补受害方所遭受的经济损失，从而恢复被侵害的民事权益。

3. 民事责任是违法行为人对于受害人承担的责任。只有民事义务人才能承担民事责任，民事责任不能波及其他无民事义务的主体。

4. 民事责任的范围与违法行为所造成的损害相适应。民事责任大多不具有惩罚性，民事责任的目的主要是使受害人恢复到原先的财产和精神状况，因而，民事责任必须与损害后果相适应。

5. 民事责任是一种民事制裁措施。现代民法是独立的法律，有独立的法律责任形式，民事责任不能与其他责任形式，如行政责任、刑事责任等相互混淆或者替代。

（二）民事责任的类型

民事责任的主要类型有违约责任和侵权责任。工程保险的第三者责任通常是指民事侵权责任。

三、民事责任的归责原则

民事责任的归责原则是指确定民事主体承担责任的依据。民事责任的归责原则主要有过错责任原则、无过错责任原则和公平责任原则三种方式。

我国现行《民法通则》确立了以过错责任原则为主，以无过错责任原则、公平责任原则为例外的归责体系。

（一）过错责任原则

过错责任原则是以行为人的过错为承担民事责任的要件的归责原则。一般民事责任的确定均以过错责任为原则。在过错责任中，以过错为责任的构成要件和最终要件，并以过错作为确定责任范围的依据。如我国的《民法通则》第一百零六条第二款规定：公民、法人由于过错侵害国家的、集体的财产，侵害他人财产、人身的，应当承担民事责任。

在法律上还存在所谓的“过错推定”。过错推定是适用过错责任原则的一种方法，它是根据损害事实的发生推定行为人主观上有过错，只有行为人证明自己确无过错时，才能免除责任。《侵权责任法》第六条规定：“行为人因过错侵害他人民事权益，应当承担侵权责任。根据法律规定推定行为人有过错，行为人不能证明自己没有过错的，应当承担侵权责任。”从本质上说，过错推定原则只是使当事人的举证义务（《民事诉讼法》规定的一般举证规则为“谁主张，谁举证”）发生转换，也就是所谓“举证责任倒置”，并没有改变其过错责任性质。

（二）无过错责任原则

无过错责任原则是指不以过错为承担民事责任要件的归责原则，即不论行为人主观上有无过错，都应就损害后果承担民事责任。《民法通则》第一百零六条第三款规定，没有过错，但法律规定应当承担民事责任的，应当承担民事责任。

（三）公平责任原则

公平责任原则是指当事人双方在造成损害无过错的情况下，由法院根据公平观念，在考虑当事人的财产状况及其他情况的基础上，责令加害人对受害人的财产损失给予相应补偿。

四、承担民事责任的方式

承担民事责任的方式是指民法规定的承担民事责任的具体形式。承担民事责任的方式体现了国家对违约行为人采取的制裁及对受害人权利的补救，是法院保护民事权利的具体方法和制裁违法行为的具体措施。

根据我国《民法通则》第一百三十四条的规定，民事责任的承担方式主要有以下 10 种：

（一）停止侵害

停止侵害即责令违法行为人立即停止或请求人民法院制止正在实施的侵害行为，以避免损害后果的发生或扩大。

（二）排除妨碍

排除妨碍即权利人在其行使权利受到他人不法阻碍或妨害时，可要求侵害人排除或请求人民法院强制排除妨害，以保障权利正常行使。

（三）返还财产

返还财产即将非法占有的财产归还给财产的所有人或合法占有人，以恢复到权利人合法占有的状态。

（四）消除危险

当行为人的行为对他人人身或财产具有危险时，权利人可请求消除已经存在或正在发生的危险。

（五）恢复原状

当财产被损坏或性状被改变而有复原的可能时，受害人可请求恢复到原来状态。

（六）支付违约金

这是一种违约责任，当事人违反合同时，依法律规定或合同约定，由违约一方向另一方给付一定数额的金钱。

（七）赔礼道歉

民事主体享有人格权，当自然人或法人的人格权受到不法侵害时，受害人可要求侵害人或请求人民法院强制侵害人承认错误、表示歉意。此项措施也是一种非财产责任形式。

（八）赔偿损失

这是一种重要的民事责任方式，当违法行为给他人造成财产或精神上的损害时，行为人应当给予受害人相应的金钱补偿。

（九）消除影响、恢复名誉

自然人或法人的人格权受到不法侵害时，受侵害人可诉请人民法院强制侵害人在影响所及的范围内，以一定的方式消除受害人人格所遭受的不良影响，以恢复其受损的名誉。

（十）修理、重做、更换

这是一种违约民事责任。在合同关系中，债务人如果没有按约定的质量、规格、型号交付标的物，则应依约定，对标的物进行缺陷修补、重新制作或予以更换。

五、侵权责任

侵权行为，指行为人侵害他人财产和其他合法权益，依法应承担民事责任的行为。《侵权责任法》的相关规定包括：“第一条　为保护民事主体的合法权益，明确侵权责任，预防并制裁侵权行为，促进社会和谐稳定，制定本法。第二条　侵害民事权益，应当依照本法承担侵权责任。”

（一）侵权责任的认定

认定一个民事行为主体承担侵权责任应当符合法律规定的条件，侵权民事责任的构成要件主要包括：

1. 损害事实。这是决定追究民事责任的前提，如无损害后果，也就谈不上承担侵权责任。损害事实是指侵权行为给受害人造成的不利后果，构成民事责任要件的损害事实，既包括财产损害，也包括非财产损害。

2. 行为的违法性。违法行为是指侵权行为具有违法性，为法律所禁止。这是承担一般民事责任的必要条件。要注意的是，有些行为尽管从表面上看已经侵犯了他人的权利，但由于存在法律规定的除外情况，因此不认为其是违法行为，如正当防卫行为、紧急避险行为等。

3. 违法行为和损害事实之间的因果关系。因果关系也是认定侵权行为所不可缺的要素之一，它是指侵权行为所实施的违法行为和损害后果之间存在因果上的联系。同时，认定因果关系应当注意区分直接原因和间接原因。

4. 行为人的过错。这是行为人承担民事责任的主要条件。所谓过错，是指侵权行为人在实施侵权行为时主观上所表现出来的在法律和道德上应受非难的心理状态，包括故意和过失。

所谓故意，是指行为人已经意识到了行为的损害后果，但行为人仍然积极地追求或听任该种后果的发生；所谓过失，是指行为人本应该意识到行为的损害后果，但由于行为人的疏忽大意未尽到合理的注意义务而未能预见损害后果，最终导致损害结果的发生。

在工程保险第三者责任案件的处理过程中，应当注意把握以上构成要件，只有被保险人的行为充分满足了这四个要件，才构成侵权责任。

关于侵权责任的认定，我国《侵权责任法》规定：“第六条　行为人因过错侵害他人民事权益，应当承担侵权责任。根据法律规定推定行为人有过错，行为人不能证明自己没有过错的，应当承担侵权责任。”

此条规定侵权责任的认定以过错（或推定过错）责任为一般原则。

“第七条　行为人损害他人民事权益，不论行为人有无过错，法律规定应当承担侵权责任的，依照其规定。”

此条规定了无过错责任的责任认定。

（二）承担侵权责任的方式

《侵权责任法》第十五条规定：“承担侵权责任的方式主要有：停止侵害，排除妨碍；消除危险；返还财产；恢复原状；赔偿损失；赔礼道歉；消除影响、恢复名誉。”

以上承担侵权责任的方式可以单独适用，也可以合并适用。

六、侵权责任的免责事由

免责制度是一种责任承担的例外制度，并不是所有的侵权行为均应当承担责任，如果行为人的行为符合免责条件的，就可以不承担责任。在工程保险第三者责任案件的处理过程中，应当特别注意这个制度，因为，被保险人的侵权行为有时可能是由于一些免责事由导致的，在这种情况下，其就可以援引免责制度，为自己抗辩。根据我国相关法律，侵权责任的免责事由包括：

（一）不可抗力

这是指不能预见、不可避免并不能克服的客观情况，包括重大的自然灾害和突发的社会事件。在工程保险中，不可抗力发生属于被保险人能力之外、被保险人以最大谨慎和最大努力仍不能防止的事件，如地震、台风、洪水等，由于这些事件的发生导致第三者的损失，被保险人则可以要求申请免责。例如在水电站建设过程中，由于发生洪水，导致施工用船失控被冲走，并撞坏下游桥墩。

（二）正当防卫

正当防卫是指为了保护公共利益、本人或者他人的合法权益免遭正在进行的不法侵害，而对不法侵害者所实施的必要限度内的防卫行为。正当防卫是一种合法的受法律鼓励的行为，但它在性质上并不是履行某种义务，而只是指公民行使法律赋予的自卫权利，以保护公共利益和其他合法权益不受侵犯。正当防卫的条件是：

1. 防卫必须以侵害行为的存在为前提。

2. 防卫具有必要性和紧迫性：正当防卫是对不法侵害的反击，防卫是不得已的，如果有条件和有能力通过非防卫的合法方式制止侵害行为，不得实施正当防卫。

3. 正当防卫必须针对不法侵害者本人实行。

4. 正当防卫具有保护合法权益的目的性：防卫的目的性是正当防卫作为民法上的免责事由的根据，也是正当防卫权利存在的基础。

5. 正当防卫不得超过必要限度。

（三）紧急避险

紧急避险是指为了使国家、公共利益、本人或者他人的人身、财产和其他权利，免受正在发生的危险，不得已而采取的损害另一较小合法利益的行为。这是排除社会危害性的一种紧急措施，是公民遇到危险时可以使用的权利。紧急避险的构成要件为：

1. 必须是为了保护国家、公共利益、本人或者他人的合法利益免遭危险而采取。对于职务上、业务上负有特定责任的人（如公安人员、消防人员等），不能借口紧急避险而放弃职责。

2. 必须是面临着正在发生的实际危险。正在发生的实际危险，是指危险已经发生、尚未消除，而不是危险尚未发生或者已经消除。实际危险既可以是来自人的不法侵害，也可以是自然力和动物的侵害。

3. 必须是在迫不得已的情况下才能采取。如果在当时的环境下，还有别的办法可用，就不能采取紧急避险的措施。

4. 不能超过必要限度造成不应有的损害。必要限度，即紧急避险所造成的损害必须小于所避免的损害。紧急避险超过必要限度造成不应有损害的，就是避险过当。

（四）受害人的过错

受害人对于侵权行为的发生或侵权损害后果的扩大存在过错的，应当依法免除或减轻侵权行为人的民事责任。我国《民法通则》第一百三十一条规定："受害人对于损害的发生也有过错的，可以减轻侵害人的民事责任。"在工程保险中，较为常见的是由于受害人过错导致损失的现象，例如由于受害人擅自进入工地，或者是在进入工地时没有按照被保险人的要求采取必要的防护措施。

（五）受害人的同意

这是侵权行为的一种重要的免责抗辩。根据该种抗辩，如果受害人在侵权行为或者损害后果发生之前自愿作出自己承担某种损害后果的意思表示，则侵权人不承担民事责任。然而，受害人同意不得违反法律法规的强制性规定和社会公共秩序。例如，我国《合同法》第五十三条规定："合同中的下列免责条款无效：（1）造成对方人身伤害的；（2）因故意或者重大过失造成对方财产损失的。"

《侵权责任法》第三章规定"不承担责任和减轻责任的情形"包括：

"第二十六条　被侵权人对损害的发生也有过错的，可以减轻侵权人的责任。

第二十七条　损害是因受害人故意造成的，行为人不承担责任。

第二十八条　损害是因第三人造成的，第三人应当承担侵权责任。

第二十九条　因不可抗力造成他人损害的，不承担责任。法律另有规定的，依照其规定。

第三十条　因正当防卫造成损害的，不承担责任。正当防卫超过必要的限度，造成不应有的损害的，正当防卫人应当承担适当的责任。

第三十一条　因紧急避险造成损害的，由引起险情发生的人承担责任。如果危险是由自然原因引起的，紧急避险人不承担责任或者给予适当补偿。紧急避险采取措施不当或者超过必要的限度，造成不应有的损害的，紧急避险人应当承担适当的责任。”

七、特殊侵权责任

（一）与工程保险有关的特殊侵权责任

在侵权责任中有一类属于特殊侵权责任，即指根据法律的特别规定所应承担的民事责任，通常是侵权行为人基于与自己有关的行为、物体、事件或者其他特别原因而致人损害。与工程保险有关的特殊侵权责任主要有以下情形：

1. 高度危险作业致人损害的侵权责任。高度危险作业致人损害的侵权责任是指因危险作业造成他人损害的民事侵权行为。设立高度危险作业致人损害的特别责任的目的主要是促使从事高度危险作业的单位或个人不断提高责任心，不断改进安全生产措施，从而保障社会公众的人身、财产安全。我国《民法通则》第一百二十三条规定："从事高空、高压、易燃、易爆、剧毒、放射性、高速运输工具等对周围环境有高度危险的作业造成他人损害的，应当承担民事责任；如果能够证明损害是由受害人故意造成的，不承担民事责任。”根据我国法律的规定，责任人所承担的此种责任是无过错责任。

工程保险的被保险人往往也属于“从事高空、高压、易燃、易爆、剧毒、放射性、高速运输工具等对周围环境有高度危险的作业”的主体，因此，将面临着无过错责任风险。在进行风险评估的过程中，对于严格责任的风险有一个清醒的认识，同时，在加强安全生产和事故防范方面也应当制定更高的标准，确保防止事故的发生，或者在发生事故之后，能够进行有效的抗辩。

2. 环境侵权责任。环境侵权，是指侵权人在使用自己的财产时由于向环境排放污染物或者改变环境的物理、化学、生物属性导致环境受到污染或者导致环境状况发生改变，从而侵害受害人的合法权利。我国《民法通则》第一百二十四条规定，行为人“违反国家保护环境防止污染的规定，污染环境造成他人损害的，应当依法承担民事责任。”《环境保护法》第四十一条也规定：“造成环境污染危害的，行为人有责任排除危害，并对直接受到损害的单位或者个人赔偿损失。”在该规定中，没有要求加害人需要有过错与违法行为的存在为前提，只要造成了损害就应当对直接受到损害者承担赔偿责任。

随着全社会环境意识的日益提高，工程建设也面临着更加严峻的环境责任风险。近年来，建设施工单位遇到的环境损害索赔事故呈现上升趋势，有时甚至是可能对周围环境产生影响的工艺，如打桩过程中的噪声也可能引发环境责任。因此，在工程保险第三者责任风险评估过程中，应当高度重视环境侵权责任风险，应当从施工工艺、使用材料、工地周边情况、工地管理等方面进行风险评估，尤其是应当注意那些使用可能对环境构成危害的建筑材料的项目。

3. 地面施工致人损害的侵权责任。这是指施工单位在公共场所因消极行为造成他人损害的民事侵权行为。《民法通则》第一百二十五条规定："在公共场所、道旁或者通道上挖坑、修缮安装地下设施等，没有设置明显标志和采取安全措施造成他人损害的，施工人应当承担民事责任。"

4. 地上工作物致人损害的侵权责任。所谓地上工作物，是指建筑物或者其他设施以及建筑物上的搁置物、悬挂物，此类侵权责任就是因地上工作物造成他人人身、财产损害所应承担的民事责任。《民法通则》第一百二十六条规定："建筑物或者其他设施以及建筑物上的搁置物、悬挂物发生倒塌、脱落、坠落造成他人损害的，它的所有人或者管理人应当承担民事责任，但能够证明自己没有过错的除外。"

在大多数工程项目建设过程中，建设施工单位均面临着地面施工和地上工作物可能导致的责任风险，特别是一些在人口密集、交通枢纽和商业繁华地区进行的项目。因此，在进行这些项目的责任风险评估过程中，应当特别注意在施工过程中可能与公共交通、设施形成的立体互交，注意这些互交接触面的安全防范与风险控制措施，其中最为主要的是安全防护和警示设施的设置，包括一些注意安全的提示牌等。

（二）相关规定

《侵权责任法》关于特殊侵权责任以"无过错"为归责原则，相关规定有：

第八章　"环境污染责任"中的第六十五条："因污染环境造成损害的，污染者应当承担侵权责任。"第六十六条："因污染环境发生纠纷，污染者应当就法律规定的不承担责任或者减轻责任的情形及其行为与损害之间不存在因果关系承担举证责任。"

第九章　"高度危险责任"中的第六十九条："从事高度危险作业造成他人损害的，应当承担侵权责任。"第七十条："民用核设施发生核事故造成他人损害的，民用核设施的经营者应当承担侵权责任，但能够证明损害是因战争等情形或者受害人故意造成的，不承担责任。"第七十三条："从事高空、高压、地下挖掘活动或者使用高速轨道运输工具造成他人损害的，经营者应当承担侵权责任，但能够证明损害是因受害人故意或者不可抗力造成的，不承担责任。被侵权人对损害的发生有过失的，可以减轻经营者的责任。"

此外，《侵权责任法》第十一章还以"推定过错"为一般原则，规定了与

建筑施工密切相关的“物件损害责任”：

“第八十五条　建筑物、构筑物或者其他设施及其搁置物、悬挂物发生脱落、坠落造成他人损害，所有人、管理人或者使用人不能证明自己没有过错的，应当承担侵权责任。所有人、管理人或者使用人赔偿后，有其他责任人的，有权向其他责任人追偿。

第八十六条　建筑物、构筑物或者其他设施倒塌造成他人损害的，由建设单位与施工单位承担连带责任。建设单位、施工单位赔偿后，有其他责任人的，有权向其他责任人追偿。

第八十七条　从建筑物中抛掷物品或者从建筑物上坠落的物品造成他人损害，难以确定具体侵权人的，除能够证明自己不是侵权人的外，由可能加害的建筑物使用人给予补偿。

第八十八条　堆放物倒塌造成他人损害，堆放人不能证明自己没有过错的，应当承担侵权责任。

第八十九条　在公共道路上堆放、倾倒、遗撒妨碍通行的物品造成他人损害的，有关单位或者个人应当承担侵权责任。

第九十一条　在公共场所或者道路上挖坑、修缮安装地下设施等，没有设置明显标志和采取安全措施造成他人损害的，施工人应当承担侵权责任。

窨井等地下设施造成他人损害，管理人不能证明尽到管理职责的，应当承担侵权责任。”

第十章
工程项目风险评估（一）

第一节
深基础工程

一、深基础工程及特点

在土木建筑工程中，首先需要解决的问题是建筑物的基础问题，即寻找或者建立建筑物的持力层。通常，大多数地基浅层土质不能满足建筑物对地基承载力和变形的要求，而且采取地基处理措施又不适宜，这样就需要选择以深层坚实土层或者岩层作为持力层的深基础方案。

基础工程的特点：一是施工的环境为地下作业，施工环境较为特殊。尽管经过了地质勘察，但是，勘察一般无法全面反映地下地质的情况，施工中往往还会遇到一些意外的情况，如地质情况异常，遇到地下管线等。二是施工工艺较为复杂，在施工过程中经常会遇到地下水的处理问题、土层的稳定问题。三是在施工过程中通常需要应用大量的施工机具，在这些施工机具的使用过程中也容易产生各种事故。四是在进行基础工程的施工过程中，必然会对原来土层的平衡造成破坏，容易对周围的建筑物和表土造成影响，引发第三者责任。

二、深基础工程的种类

深基础工程的种类主要有桩基础、沉井和地下连续墙等，其中桩基础的历

史最长，应用范围最广。

桩基础，亦称桩基，一般由承台和桩组成。桩基础可以由单根桩构成，称为一柱一桩的单桩基础。但是，大多数情况下是由多根桩组成的群桩基础，在多根桩的顶部通过一个承台将它们连接，上部建筑物的荷载通过承台传递给各个桩，再由桩传递到地基中去。桩实质上是埋置于土中的受力杆件，一般用来承受轴向压力（见图 10－1）。

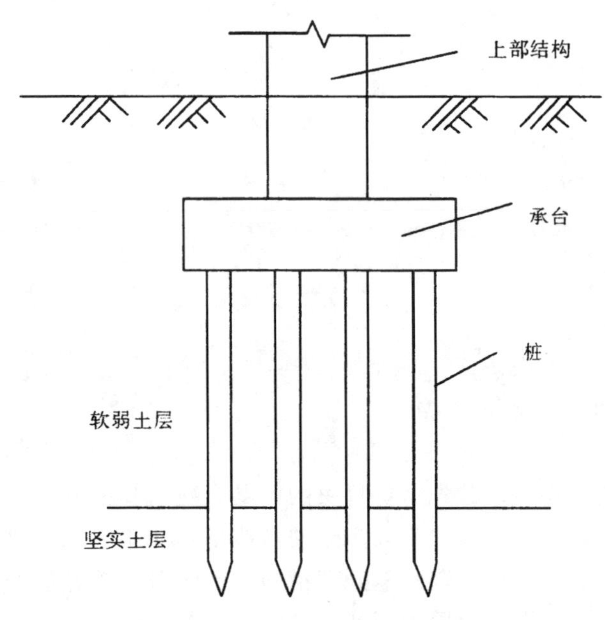

图 10－1 桩基础

桩的分类一般可以根据桩身的材料、桩径大小、使用功能、桩径变化、桩径截面形状、承载性状、设置效应、施工方法等进行划分。

从评估风险的角度，主要应当了解以下几种分类：

（一）根据桩身的材料划分

可分为钢桩、木桩、混凝土桩和钢筋混凝土桩。

（二）根据桩径的大小划分

可分为小桩（D≤250mm）、中直径桩（250mm < D < 800mm）和大直径桩（D≥800mm）。

（三）根据设置效应划分

可分为挤土桩、部分挤土桩和非挤土桩。

(四) 根据施工方法划分

可分为预制桩和灌注桩。

1. 预制桩是在工厂或者工地预先把桩制做好，然后通过打桩设备用锤击、振动或静压将桩压入土中的各种桩。预制桩除了钢桩、木桩外，通常采用的是钢筋混凝土桩和预应力钢筋混凝土预制桩。

2. 灌注桩是在现场开孔并放进钢筋笼，然后向孔内浇灌混凝土而成型的。灌注桩有几十个种类，常见的有钻孔灌注桩（见图 10－2）、沉管灌注桩（见图 10－3）和挖孔灌注桩。

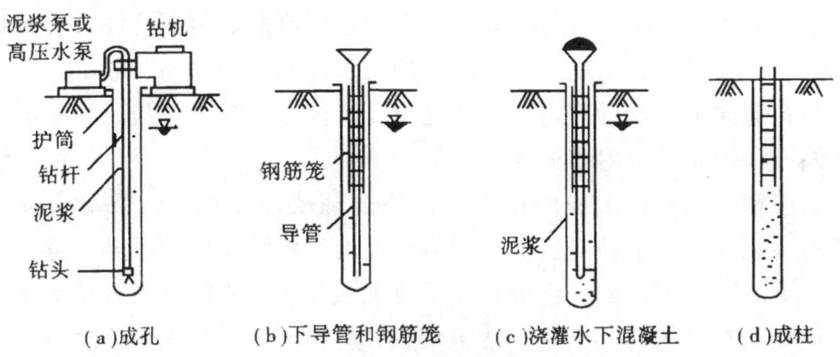

图 10－2　钻孔灌注桩

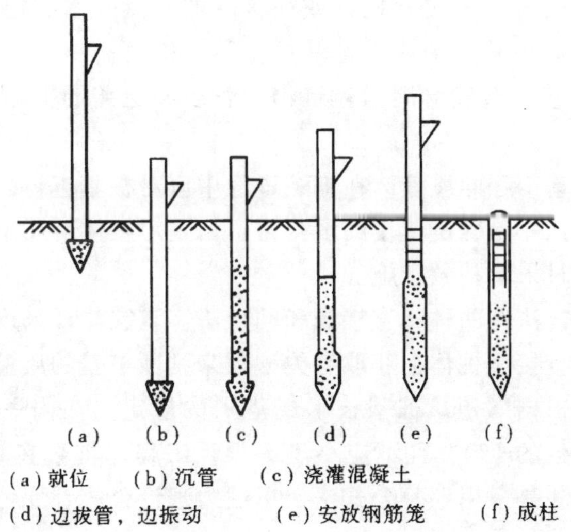

图 10－3　沉管灌注桩

三、桩基的质量与检测

由于基础工程在整个项目建设中的重要性，所以，桩基的质量问题也成为工程质量的关键部分。导致桩基质量问题的原因有许多，绝大多数是施工的管理和技术问题，不属于保险责任。但是，由于投保人或者被保险人对于工程保险认识的局限性，往往会就桩基的质量损失向保险人提出索赔。因此，保险人应当对桩基的质量以及判断有一个全面的了解，以便能够解释并说服被保险人。导致桩基质量问题的原因较为复杂，而且不同的施工工艺的情况也不相同，应当分类进行分析。

灌注桩的质量问题通常与其成孔、成桩工艺有关。如沉管灌注桩因挤土引起的土体隆起和侧移；混凝土桩身的各种质量缺陷，如缩颈、断桩、空洞、漏筋等。钻孔灌注桩的质量问题是可能发生孔底虚土，或者沉渣过厚；混凝土强度等级偏低；桩身桩壁附着泥皮太厚等。

钢筋混凝土预制桩因桩的接头构造不合理或焊接不良、混凝土强度等级低、锤击次数过多造成桩身折断、开裂，或者因对地层结构了解不够，锤击能量偏小与贯入阻力不匹配，把桩打坏了也无法贯穿硬夹层或贯入持力层足够深度，致使相当数量桩的入土深度达不到设计标高。

在桩基施工过程中，由于对相邻工序处理不当，造成基桩大量侧移。如边打桩，边在邻近进行基坑开挖，或在桩基的一侧降水、挖土，使土体向一侧产生过大的侧向位移，造成大量基桩位移，桩身倾斜。沉桩挤土引起大范围土体隆起和侧移，造成对周围建筑物、管线、道路的损坏，在软土地区尤为突出。

为了确保桩基工程的质量，在施工过程中应对桩基进行必要的检测。桩基检测的主要目的：一是确定单桩的承载力；二是对桩体的质量进行检测，以便对有缺陷的桩及时采取补救措施。

桩基的检测方法有两种：直接法和间接法。直接法是采用静荷载试验、桩的动测方法等，直接从桩体上获取有关参数来判断桩基的质量。直接法通常采用抽样的方式，根据《建筑桩基技术规范》的规定，在同一条件下的试桩数量不宜小于总桩数的1%，且不应小于3根，工程总桩数在50根以内时不应小于2根。间接法是采用经验公式法、承载力理论公式、原位测试等方法判断桩基的质量。

四、深基础工程的主要风险以及控制

采用预制桩的施工方法时，风险主要集中在桩的制作、桩在施工现场的吊装和打桩的过程。其中，桩在施工现场的吊装往往是风险最集中的时点，因为这些预制桩的长度一般在25～30m之间，最短的也在12m左右，无论是从长度，还是从重量上看，要在狭小的作业现场进行吊装均是技术难度较大的工作，这要求机械手和指挥人员有着较好的技术和经验。在复杂的地质条件下，进行打桩工作同样要求机械手具有丰富的经验和娴熟的技术，否则很容易出现断桩。采用灌注桩的施工方法时，风险主要集中在成孔过程。根据地质条件的不同采用钻、冲、抓、挖等不同形式，有的需要使用专用的施工机械，有的则采用人工挖孔的方式。采用人工挖孔方式属于高风险作业，主要风险为：高处坠落物、触电、机械伤害、缺氧、气体中毒、流砂、塌方、气体爆炸、地下涌水等，控制这类风险的主要手段是加强管理，督促施工单位建立并严格执行各项安全生产的规章制度。在灌注桩施工过程中的另一个风险是压浆风险，压浆风险属于施工工艺质量方面的风险，但压浆事故往往容易产生一系列的连锁反应，造成其他财产的损失，因此，对于压浆风险应当予以必要的关注。

深基础工程具有的共性特征的风险是第三者责任风险，这种风险主要表现为：一是施工对周边地区，特别是建筑物的影响，包括震动、地面下沉导致建筑物出现裂缝、倾斜甚至倒塌；二是施工致使地下管线损坏，由于这些地下管线大多属于公共设施，容易产生较大的影响和间接损失。

防止和控制第三者责任风险的主要途径：一是在开工之前，应当仔细了解工地的地质状况，充分评估施工工艺可能造成的影响，采用相应的科学施工管理模式，有效控制施工可能造成的影响。二是应当建立必要的监控制度，对于施工影响进行系统的跟踪和及时的评估，及早发现问题，及时控制影响。三是尽可能地调查了解工地地下管线的情况，必要时应调整施工方案，避免损失发生。四是在施工之前对工地周边地区进行考察，对可能造成影响的对象，特别是本身具有安全隐患的建筑物进行必要的勘察与记录，这样，日后一旦发生损失，便于分清责任，防止损失的人为扩大。

第二节
道　　路

一、道路工程及特点

道路工程的特点是路线长、施工面广、施工时间长、工程量大、可能涉及隧道和特大桥梁一类大型复杂的结构物建设，通过的地带类型多，技术条件复杂，设计施工受地形、气候和水文地质条件影响很大。

从施工的地理环境看，道路可能通过平原、丘陵、山岭、河川、沼泽、岩石、冰雪、永冻层、沙漠和盐碱地等各种地理环境，施工的环境和对象均具有较大的差异性和难度。

从施工的气候环境看，由于道路工程的工期一般较长，工程的一些施工项目受气候环境因素影响较大。如在桥梁施工中，水工工程受到洪水季节的影响较大，雨季对道路工程的影响较大。

从施工的技术方面看，除了通常的工艺技术外，还要考虑软土压实、桩基、边坡稳定、挡土墙和其他人工治理结构物，特别是一些大型结构物如隧道和桥梁，这些结构物的施工技术要求高，难度大。此外，在路基工程中的土石方数量大，运距有时很长，劳动力和机械投入大。

从施工的社会环境看，道路工程一般需要通过一些城市、乡镇和农村居住区，征地拆迁是道路建设过程中的一个难点，工程往往由于拆迁的问题导致工期延误，甚至发生纠纷和损失。另外，在通过这些地区时，经常遇到大量的地下隐蔽工程，如自来水管道、污水管道、煤气管道、电缆等，一旦疏忽就可能造成损失，影响工程进度。

近年来，在我国工程保险业务的发展过程中，道路项目工程保险一直扮演着重要的角色，为促进业务的发展起到了积极的推动作用。根据某保险公司的数据统计，2000 ~ 2002 年期间，道路项目工程保险业务在工程保险总保费收入中占比高居榜首，分别为 27.2%、32.4% 和 30.7%。但是，在道路工程保险业务快速发展的同时，存在的一个突出问题是经营情况日益恶化，大多数地区道路工程保险业务的经营处于亏损边缘，尤其是在我国南方山区和丘陵地带的项目，有的地区的赔付率甚至高达150%以上。例如，我国一家保险公司在承保安徽省高速公路项目过程中，共参与承保了7个项目，保险金额为人民币66.96亿元，保险费收入为人民币958万元，截至2005年初，保险责任尚未了结，但已决赔款已经高达人民币1 128万元。

二、我国道路建设的基本情况

随着我国经济建设的发展和人民生活水平的提高，对作为重要基础设施——道路的需求呈现快速增长的趋势，尤其是从20世纪90年代开始，我国的公路建设进入了一个快速发展的时期。1998年国家实施积极的财政政策以来，我国公路建设投资数量之大、开工项目之多举世瞩目。为了应对金融风暴对我国经济的负面影响，2008年底国家确定了扩大内需、促进经济增长的十项措施，其中之一就是“加快铁路、公路和机场等重大基础设施建设，并明确到2010年底将投资1.8万亿元。重点建设一批客运专线、煤运通道项目和西部干线铁路”，该项措施将把我国道路建设引入又一个快速发展时期。

从投资总额看，据统计资料显示，1990~2003年的14年间，我国公路建设累计投资近2万亿元人民币。在2000~2009年期间，我国交通固定资产投资额逐年增加，10年间累计投资近6万亿元人民币，其中全社会完成公路投资额为51 370亿元人民币（见图10-4）。

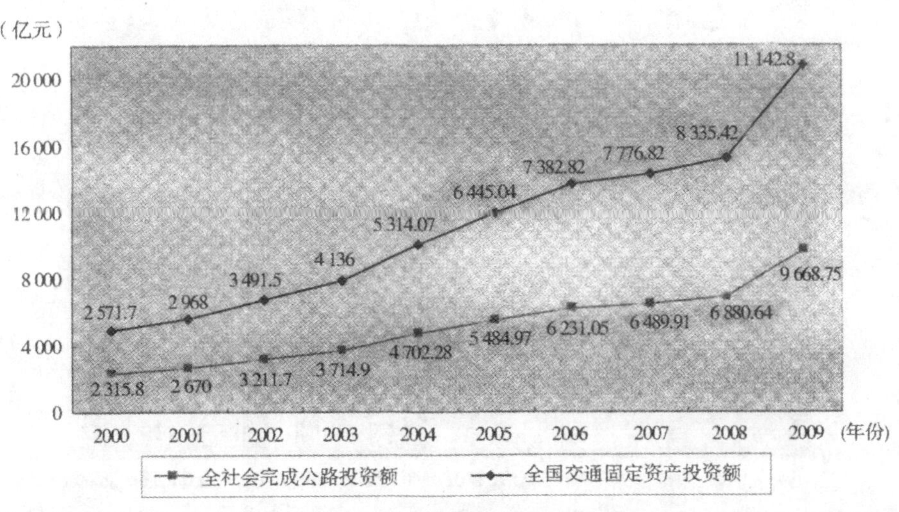

图10-4　我国交通固定资产投资额

从建设项目情况看，从2003年开始，无论是施工项目，还是新开工项目均呈现井喷式增长，到2008年新开工项目达到了16 001个，是2001年的近7倍（见表10－1）。

表10－1　　2001～2008年建设项目数

年份	施工项目（个）	新开工项目（个）
2001	3 749	2 343
2002	3 966	2 563
2003	8 065	5 591
2004	13 387	9 289
2005	17 094	12 356
2006	16 874	11 590
2007	20 086	15 092
2008	22 326	16 001

从公路里程看，截至2009年底，我国公路通车总里程达386.1万公里，是1980年的4.4倍；居世界第二位，其中半数以上是近5年内兴建的（见图10－5）。尤其值得一提的是，我国高速公路从20世纪80年代末的零起步，20多年间快速发展，到2007年底通车总里程达5.39万公里，位居世界第二位，仅次于美国。

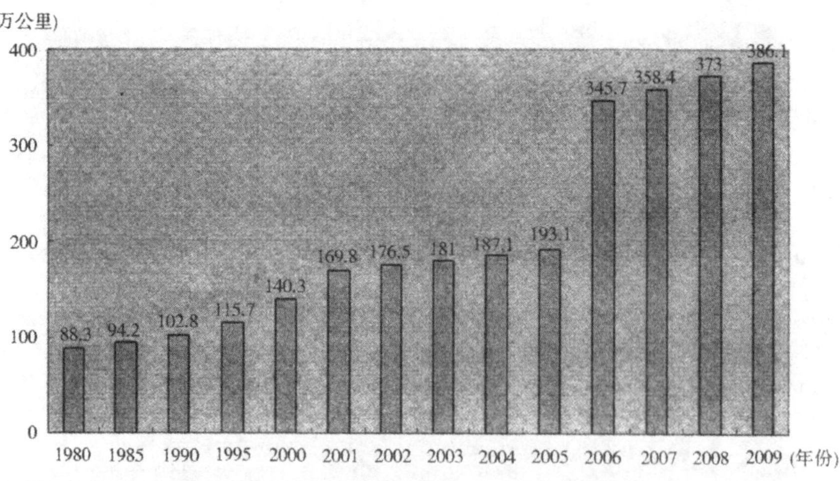

图10－5　1980～2009年我国公路通车里程

为了更好地规划和发展我国的高速公路建设，国家从2001年起开始研究制定《国家高速公路网规划》，并于2004年12月17日经国务院审议通过。规划明确从2005年起到2030年，国家将斥资20 000亿元，新建5.1万公里高速公路。这一规划的出台标志着我国高速公路发展进入了新的历史阶段，将指导中国今后20~30年内高速公路的建设和发展，其中国家高速公路网将在整合“五纵七横”国道主干线及8条西部大通道等国家干线路网的基础上，形成“首都连接省会、省会彼此相通、连接主要地市、覆盖主要县市”的全国性公路主骨架网络，将连接全国绝大多数大中城市、国家和区域性经济中心、交通枢纽、重要对外口岸等。按照总体规划，交通部提出了8.1万公里国家重点公路建设规划，计划到2020年完成，并与目前的国道主干线共同构成国家骨架公路网。届时，我国的高速公路将达到7万公里。

三、道路的种类

根据我国对道路的分类，按照所处的位置、交通性质和使用特点，道路可以分为公路、城市道路、厂矿道路和林业道路。工程保险中主要涉及的是公路和城市道路，其中又以公路为主。

（一）公路

按国家1997年颁布的《公路工程技术标准》（JTJ001－97），将公路按照年平均昼夜交通量（车辆数）分为5类：高速公路、一级公路、二级公路、三级公路、四级公路。

1. 高速公路。高速公路为具有特别重要政治和经济意义，专门供汽车分向、分车道行驶、全封闭并全部控制进出的干线公路。高速公路根据规模可以分为：4车道高速公路（年平均昼夜交通量为25 000~55 000辆）、6车道高速公路（年平均昼夜交通量为45 000~80 000辆）和8车道高速公路（年平均昼夜交通量为60 000~100 000辆）。

2. 一级公路。一级公路为供汽车分向、分车道行驶的公路，设计的年平均昼夜交通量为15 000~30 000辆。

3. 二级公路。二级公路为设计的年平均昼夜交通量为3 000~7 500辆的公路。

4. 三级公路。三级公路为设计的年平均昼夜交通量为1 000~4 000辆的公路。

5. 四级公路。四级公路为设计的年平均昼夜交通量为双车道1 500辆以下、单车道为200辆以下的公路。

（二）城市道路

按国家1991年颁布的《城市道路设计规范》（CJJ37－90），将城市道路根据其在道路系统中的地位、交通功能、对沿线建筑物的服务功能以及车辆行人进出的频度分为4类：快速路、主干路、次干路和支路。

1. 快速路。快速路为大型城市中大流量、长距离的道路，通常是为城市各主要功能分区以及过境交通服务。快速路由于车速高、流量大，采用分向、分车道、全立交和控制进出的管理模式。

2. 主干路。主干路为联系城市中各功能分区的干路，以交通功能为主，是城市客运和货运的主要通道。

3. 次干路。次干路为城市道路中数量较多的一般交通道路，与主干路组合成道路网，起到集散交通的作用。

4. 支路。支路为城市道路中数量较多的一般交通道路，支路是次干路与生活区、街坊路的连接线，主要是解决局部区域的交通。

四、公路的基本组成

从建筑学的角度，公路是由线形和结构两部分组成的。公路的线形是指公路中线的空间几何形状和尺寸；公路的结构是公路承受荷载和自然因素影响的结构物。工程保险主要关注公路的结构部分。

公路结构部分的组成可以分为路基、路面、排水结构物和公路特殊结构物。

（一）路基

路基是行车部分的基础，它是由土、石按照一定尺寸、结构要求建筑成的带状土工结构物。路基必须具有一定的力学强度和稳定性，又要经济合理，以保证行车部分的稳定性和防止自然破坏力的损害。公路路基的横断面组成有：行车道、路肩、路缘带、边坡、截水沟、边沟和碎落台等（见图10－6）。

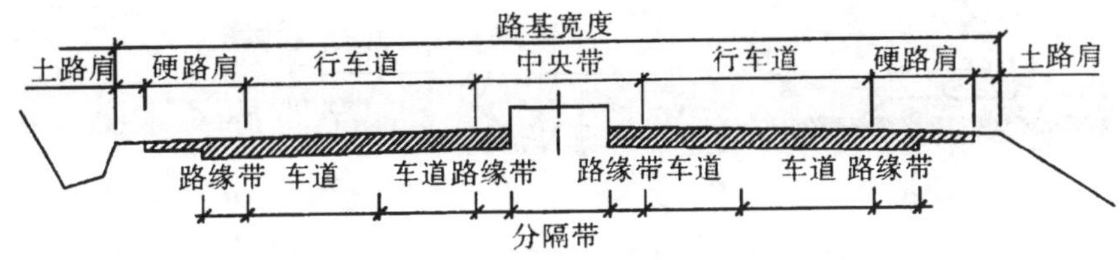

图 10-6 公路横断面组成

(二) 路面

路面是用各种坚硬材料分层铺筑于路基顶面的结构物，以供车辆安全、迅速和舒适行驶。路面应具有足够的力学强度和良好的稳定性，表面平整并具有良好的抗滑性能。路面按其力学性质分为柔性路面和刚性路面两种。路面的常用材料有：沥青、水泥、碎石、黏土、砾石、砂、石灰以及其他工业废料等。

(三) 排水结构物

排水结构物是为了使路基免受地面水和地下水的侵害，确保路基稳定，修建的专门的排水设施。地面水的排除设施系统按其排水方向的不同分为纵向排水和横向排水。纵向排水结构物有：边沟、截水沟和排水沟。横向排水结构物有：桥梁、涵洞、路拱、过水路面、透水路堤和渡水槽等。

(四) 公路特殊结构物

公路特殊结构物是指为了适应特殊的地理环境、地质条件和特别的功能而建设的结构物。包括隧道、悬出路台、挡土墙、防石廊、防护工程等。

五、路基工程的主要风险及控制

(一) 路基

路基是行车部分的基础，它是由土、石按照一定尺寸、结构要求建筑成的带状土工结构物。通常根据不同的地形条件采用不同路基横断面的形式。一般将路基根据其横断面形式归纳为四种类型：路堤、路堑、填挖结合和不填不挖。

1. 路堤。路堤按其填土高度可以分为矮路堤、一般路堤和高路堤，填土高度低于1.0~1.5m者，属于矮路堤；填土高度大于规范规定的数值［填方总高度超过18m（土质）或20m（石质）］，属于高路堤；介于两者之间的为一般路堤。路堤的几种常用断面形式如图10-7所示。

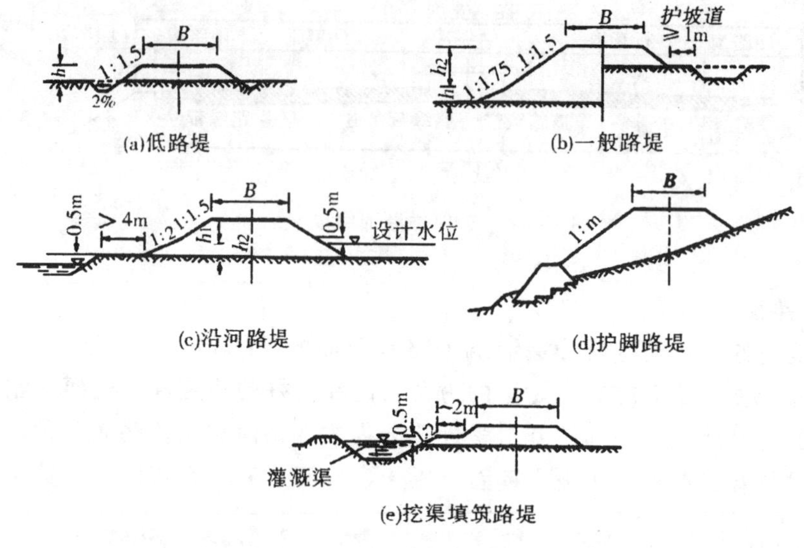

图 10－7　路堤典型断面图

2. 路堑。路堑横断面的基本形式有：全挖式路基、台口式路基和半山洞路基（见图 3－8）。

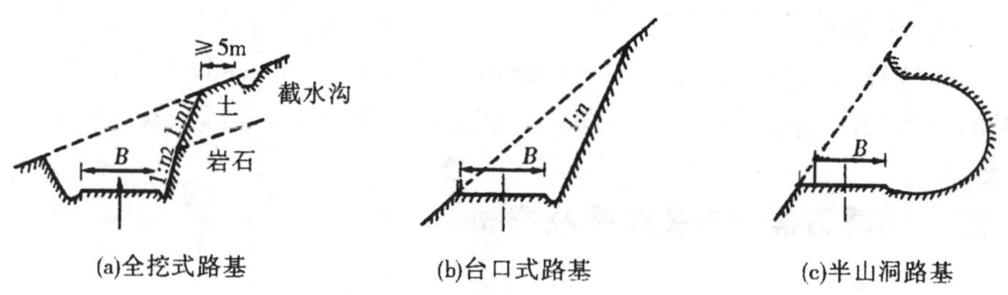

图 10－8　路堑的典型断面图

3. 填挖结合路基。填挖结合路基是路堤和路堑的结合形式，其基本形式如图 10－9 所示。

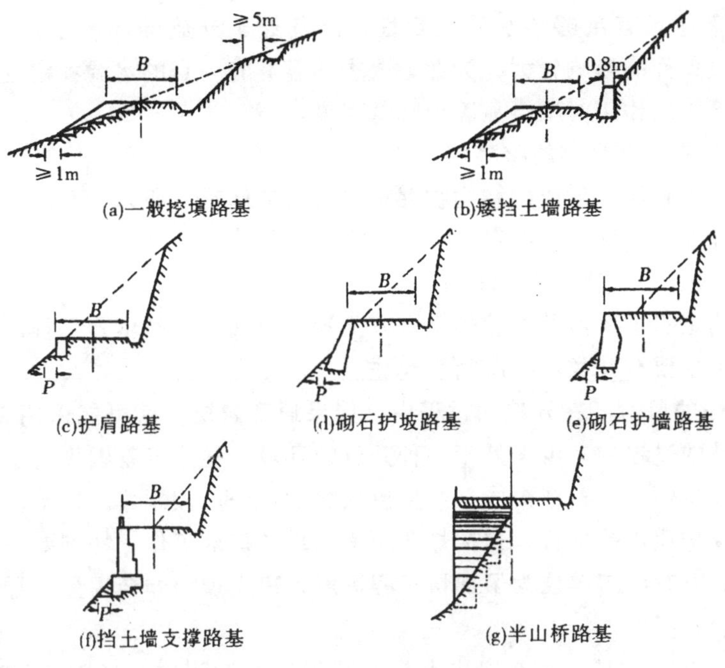

图 10－9　填挖结合路基典型断面图

4. 不填不挖路基。不填不挖路基是指地面与路基标高相同构成不填不挖的路基横断面形式（见图 10－10）。

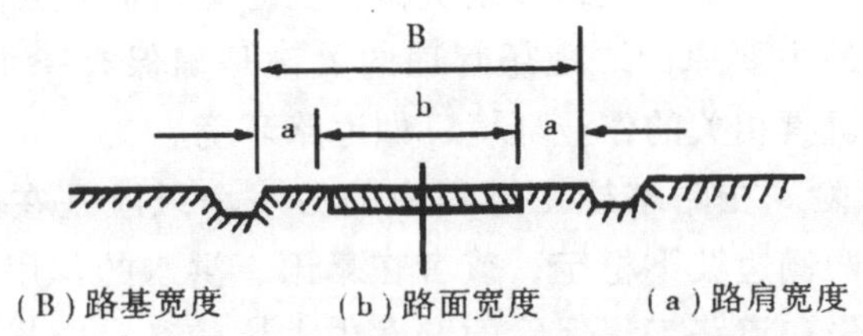

图 10－10　不填不挖路基断面图

（二）路基工程的关键

路基工程的技术要求和控制的关键点有三个方面。

1. 路基应具有足够的强度。路基的主要功能是承重，包括路基本身、路面和行车荷载，所以，路基应具有一定的抵抗变形的能力，确保在一定的荷载作用下不会出现超过设计许可范围的变形。

2. 路基应具有足够的水温稳定性，路基处于开放的环境条件，受大气、水文和地质条件的影响较大，为此，要求路基具有一定的水温稳定性，即在地面水和地下水的作用时不会显著地降低强度。

3. 路基应具有足够的整体稳定性，在路基的施工过程中必然对于地面原有的平衡产生破坏，形成的结构物存在着失稳的问题，所以，有时必须采用一定的措施确保路基整体的稳定。

（三）施工的主要风险及控制

路基的施工主要涉及大量的土石方工程，包括挖方和填方工程。在挖、填方的过程中主要有几类风险应当引起注意。

1. 爆破的风险。在开挖的过程中，如果遇到岩层，就可能采用爆破工艺，在实施爆破的过程中，由于处于一种开放的环境，往往容易因飞石造成工地周围居民的人身伤亡和财产损失，产生侵权赔偿责任。控制爆破风险的主要手段是严格按照作业规范进行，包括炸药用量和现场疏散工作，特别要注意爆破的炸药用量。有时施工单位为了加快工程进度，违规加大炸药用量，导致爆炸效果失控，造成损失。

2. 施工机具的风险。在完成土石方工程量的过程中，经常会运用到大量的施工机具，尤其是存在一定运距的情况下。这些施工机具在施工现场作业过程中经常会因为作业面狭小、道路状况差、机械手技术不善等因素，导致施工机具的倾覆、碰撞等损失。对于这类风险，控制的关键是要求施工单位加强对施工人员以及现场的管理，施工人员管理的关键是防止机械手超时工作。有的工程项目为了赶工期，加班加点，导致机械手长时间超负荷工作，疲劳作业是产生施工机具损失的主要原因。现场管理的关键是确保有一个良好的施工环境，特别是与施工机具相关的作业环境，如道路环境。

3. 边坡滑坡风险。在路基施工过程中的另一个风险是在路基形成之后，由于路基一侧或者两侧边坡不稳定，或者在暴雨、洪水的作用下产生的滑坡，这类风险导致的损失在道路工程保险的赔案中占比较高，应当引起高度重视。解决边坡滑坡问题的关键是控制并稳定土体，在施工过程中应采用各种措施，确保边坡土体的稳定，必要时应进行维护和加固。关于维护土体问题，请参阅本节“挡土墙工程的主要风险及控制”。

六、路面工程的主要风险及控制

路面施工的主要风险表现为施工质量风险，原因是在高等级的道路施工过

程中，往往对路面的施工标准有较高的要求，包括材料的配比、施工工艺、施工环境等，而质量风险通常不属于工程保险的责任范围。工程保险针对的主要风险为施工机具风险，原因是在路面施工过程中，往往需要应用大量的施工机具，如路面材料的运送车辆和摊铺施工机具。在这些施工机具的作业过程中，由于施工作业面较小，需要交叉作业，容易发生碰撞、倾覆等事故。控制这类风险的关键是确保作业现场有一个良好的秩序和统一的指挥协调，同时，机械手的技术、经验和精力也是确保安全施工的关键。

七、挡土墙工程的主要风险及控制

（一）挡土墙

挡土墙是一种较为常见的土建工程技术，主要运用于稳定土体。挡土墙在道路工程施工中应用十分广泛，既可以作为永久性建筑，也可以作为临时性建筑。在道路建设过程中，挡土墙的作用主要是承受支挡土体的侧压力，稳定边坡，防止滑坡，防止路堤冲刷，并可以节省路基土方数量。

按照在路基工程中所设置的位置，挡土墙分为路肩墙、路堤墙和路堑墙等（见图 10－11）。按照挡土墙的结构形式与特点，可分为重力式、薄壁式、锚固式、垛式、加筋土式等（见图 10－12）。

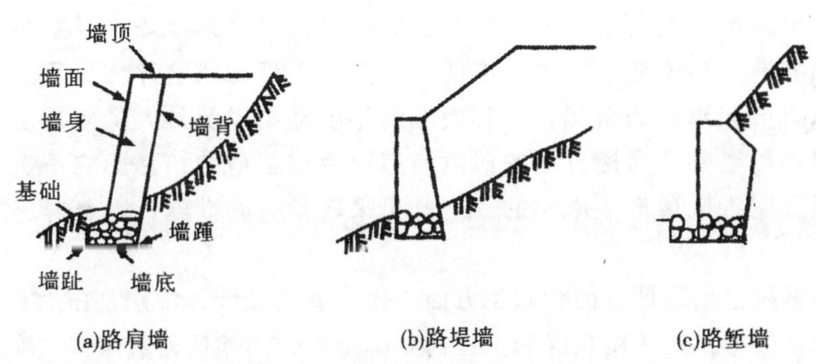

图 10－11　挡土墙的设置位置分类

（二）施工的主要风险及控制

在道路施工过程中，挡土墙的出险几率较高，属于高风险项目。挡土墙的出险原因主要有两类：自然灾害与人为事故。

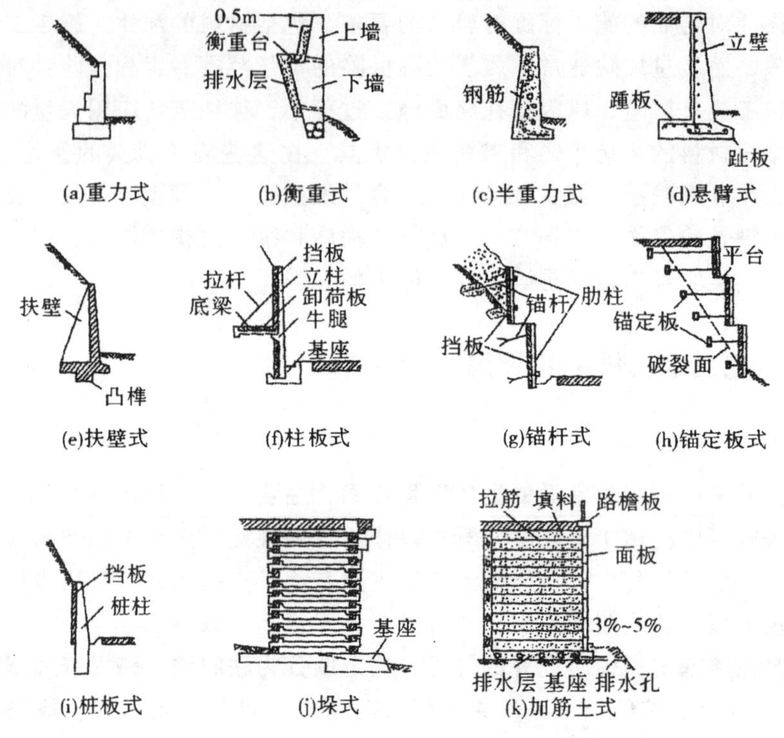

图 10-12　挡土墙的类型

自然灾害风险主要是台风、暴雨、长时间大雨等异常降水导致洪水、泥石流、塌方造成挡土墙的损失。因此，在公路工程的风险评估过程中，应当注意台风季节和雨季的情况，了解当地的年度降雨以及最大降雨情况，通过对工地现场的勘察，掌握自然的泄洪通道以及与工地的相互影响情况。可能对工地以及附近区域产生影响的，应及早采取相应的措施，避免对施工产生不利影响。

人为事故包括设计方面和施工方面。挡土墙的设计，特别是压力和稳定性的计算均是根据工地地质状况和工程需要确定的，而地质勘察结果与实际情况可能会有差异，导致设计的合理性存在问题。因此，应当在施工过程中注意验证设计的合理性，及时地进行必要的调整。否则，就可能由于设计缺陷导致损失事故的发生。施工方面的问题是导致挡土墙发生损失事故的重要原因，其表现形式主要有“偷工”和“减料”两种。“偷工”指施工没有按照规范标准进行；“减料”指施工单位没有按照标准使用材料，而这些规范往往是施工安全和质量的基本保证。控制人为事故，特别是施工方面的人为事故的途径之一是加强对工地现场的检查，及时发现并纠正在施工过程中可能存在的“偷工”和“减料”现象。

在挡土墙发生损失事故时，保险公司的人员要注意分析导致损失的近因。有些事故从表面上看是由于保险风险，即自然灾害造成的，但仔细分析就不难发现导致损失发生的近因有的是设计方面的问题，即设计单位的设计存在问题，往往是设计与工地的实际地质情况存在冲突；也有的是施工方面的问题，即施工单位没有按照规范进行施工，是偷工减料导致工程缺乏本应有的基本抵御风险的能力。

八、我国道路工程事故数据分析

近年来，在我国社会和经济发展的整体拉动下，道路项目建设呈现井喷式发展的态势，与此同时，道路工程事故频繁发生。国家安全生产监督管理总局的事故统计情况显示，2001～2010 年 8 月，我国共发生道路（含铁路）工程事故 176 起，伤亡 1 284 人，平均伤亡 7.3 人/起。道路工程年均发生事故 19 起，伤亡 135.2 人。

（一）按道路工程结构分析

从道路工程结构来看，2001～2010 年 8 月，事故发生次数和累计伤亡人数从高到低依次是排水结构、特殊结构、路基、路面的施工（见图 10－13）。

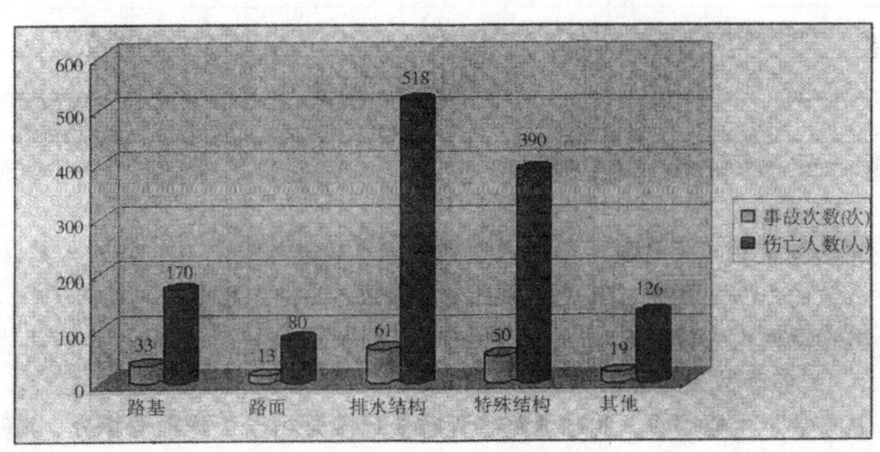

资料来源：国家安全生产监督管理总局。

图 10－13　我国道路工程事故按道路结构统计情况

其中，排水结构施工累计发生事故占道路工程事故总次数的35%，伤亡人数占总伤亡人数的40%。排水结构中桥梁发生施工事故更为频繁（见表10－2）。

表10－2　　我国道路排水结构工程事故统计情况

排水结构	事故次数（次）	占比（%）
桥梁	47	77
涵洞	4	6.6
其他	10	16.4
合计	61	100

资料来源：国家安全生产监督管理总局。

特殊结构施工累计发生事故占道路工程事故总数的28%，伤亡人数占总伤亡人数的30%。特殊结构施工中隧道施工和挡土墙施工事故较多（见表10－3）。

表10－3　　我国道路特殊结构工程事故统计情况

特殊结构	事故次数（次）	占比（%）
隧道	43	86
挡土墙	3	6
护眉、护坡	2	4
其他	2	4
合计	50	100

资料来源：国家安全生产监督管理总局。

路基施工9年累计发生事故占道路工程事故总数的19%，伤亡人数占总伤亡人数的13%；路面施工9年累计发生事故占道路工程事故总数的7%，伤亡人数占总伤亡人数的6%。

（二）按事故发生原因分析

从事故发生原因看，我国道路工程首要风险是由于工作面的塌方、滑坡、断裂等引起的事故，其次是由施工机具倒塌、倾覆、断裂等引起的事故，由这两个原因造成的事故累计133起，占道路工程事故总数的74.3%。各种原因引起的事故次数和伤亡人数见表10－4。

表 10-4　　我国道路工程按事故原因统计情况

事故原因	事故次数（次）	伤亡人数（人）
工作面塌方、坍塌、垮塌、滑坡、冒顶、断裂等	102	723
施工机具倒塌、倾覆、倾倒、断裂等	31	240
车祸	10	48
火灾、爆炸	10	142
透水、水（砂）涌	5	37
缺氧、中毒	6	26
触电	4	24
龙卷风、山洪	6	43
其他	6	25
合计	179	1 308

资料来源：国家安全生产监督管理总局。

从事故人员伤亡看，由工作面塌方、滑坡、断裂等原因引起的事故伤亡人数最多，占比 55.3%；其次是由于施工机具倒塌、倾覆、断裂等原因引起的事故伤亡，占比 18.3%；最后是由于火灾、爆炸造成的人员伤亡，占比 10.9%。三者合计造成的人员伤亡占道路工程事故人员伤亡总人数的比例达到 84.5%。各种原因造成人员伤亡占比如图 10-14 所示。

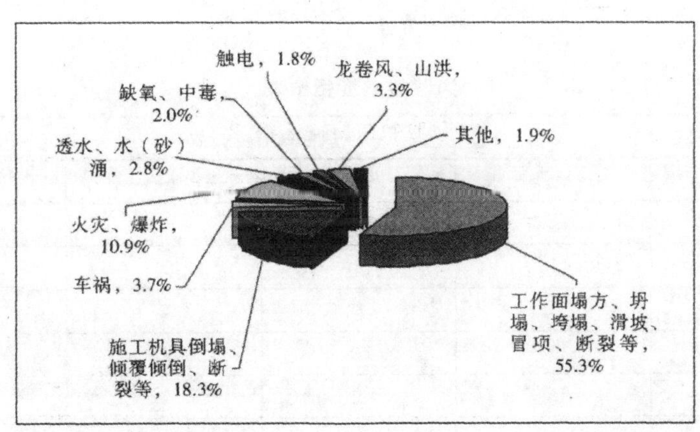

资料来源：国家安全生产监督管理总局。

图 10-14　我国道路工程事故按原因伤亡人数情况

九、道路（铁路）工程的PML分析

在对道路（铁路）工程风险进行量化分析过程中，需要考虑的因素有很多，其中主要有五个方面。

（一）地理和地质状况

可以分为：沿海地区、沙漠地区、内陆/乡村地区、城市地区、丘陵地区、山区、常规土质地区、具有塌陷和滑坡地区、斜坡/防波堤地区。

（二）道路类型

可以分为：高速道路、常规道路、城市道路、山区道路。

（三）设计和建筑方式

可以分为：A——有路基、路面，为水泥或者沥青道路；B——有路基、路面，为鹅卵石道路；C——没有路基道路；D——磁悬浮列车道；E——有路基铁路；F——岩石或者混凝土基础的铁路。

（四）自然灾害风险

主要有：地震、台风、风暴、海啸、洪水、邻近水道和湖泊、山崩、泥石流、山区的岩石坠落、霜冻、高温等。

（五）项目参与者的经验

工程建设参与各方的经验和技术是进行风险量化分析的一个重要因素。

不同的设计和建筑方式对于各种风险的敏感度是不同的（见表10－5）。

表10－5　　风险敏感度指数表

设计和建筑方式	风险敏感度指数			
	地震	洪水	坠石	火灾
A	1	3	1	1
B	2	2	2	1
C	2	3	2	2
D	3	3	2	3
E	3	3	2	1
F	2	2	2	2

其中：1＝低；2＝中等；3＝高。

在具体评估道路工程的 PML 时，主要考虑的因素是开工点数量和每米的造价。在道路工程中，开工点是评估风险的一个重要指标，因为，同样是 200 公里的项目，如果其中一个项目有 4 个开工点，而另外一个项目有 10 个开工点，显然后者的风险要大于前者，因此，作为控制风险的一个重要手段是限制开工点。确定 PML 的方法是将开工点的施工长度乘以每米的造价。另外，在评估 PML 的过程中，还需要根据保单的具体内容考虑以下因素：(1) 工地内既有的财产和建筑物；(2) 土方量；(3) 维持原有交通能力的费用；(4) 施工机具价值；(5) 工地临时设施费用；(6) 建筑材料的存储费用。

十、道路工程的承保风险控制技术

近年来，我国的道路工程保险出现了重大事故不断、赔付率居高不下、经营效益严重下滑的问题，究其原因，有市场竞争方面的因素，更有承保风险控制方面的因素。许多项目出现问题的原因是由于保险公司在承保时，对于道路工程及其风险特点认识不足，设计的保险方案缺乏针对性，难以有效地管理和控制风险，导致经营情况恶化，有些保险公司已经开始退出道路工程保险领域。

针对这种现象，笔者认为出现问题的原因主要是经营理念和模式仍为粗犷式，从风险评估、保险方案设计到定价均没有针对道路工程的特点。因此，解决问题的根本出路在于将承保风险控制技术导入道路工程保险领域。

(一) 风险特殊性

应当认识到道路工程与其他工程不同，具有其显著的风险特殊性，尤其是在南方一些施工环境和条件相对差的项目，同时，边坡的地质问题也是需要特别重视的，所以，应当有针对性地进行风险评估工作，力求做到对风险的实际情况心中有数。

(二) 使用限制性和规定性条款

在保险方案的设计过程中，对道路工程风险和施工的特殊性应当有足够的认识，结合施工单位的具体情况，使用一些专用的限制性和规定性条款，通过这些条款的使用能够有效地控制风险。如对于一些简易库房、工棚等容易受损项目明确不予以承保，或者明确约定对于存放在这些地点的建筑材料因暴风、暴雨和洪水导致的损失不负责赔偿。

(三) 控制开工点

在控制道路工程风险的过程中，应当注意开工点问题，因为开工点越多，

风险暴露越大。有些项目出于种种原因，将项目划分为较多的标段，这样势必造成多点施工，也有一些项目即使是标段相对较少，但是安排的施工点较多，同样存在风险点相对多的问题。针对这个问题，采用的一项重要技术就是在保险合同中明确限制开工点。

（四）专项限额

对于一些难以控制的风险，可以采用专项限额的方式，有针对性地控制这些风险。如对边坡、隧道塌方的清理费用确定每次事故的赔偿限额为 10 万～20 万元，保险期限内累计赔偿限额为 200 万～300 万元。

（五）增加免赔额

对一些属于施工单位的管理风险，可以采用增加免赔额的方式，通过免赔额的方式可以调动被保险人安全生产和控制风险的主观能动性。

第三节 隧　道

一、隧道工程及特点

隧道是指用作地下通道的工程建筑物，一般分为主体建筑物和附属建筑物。主体建筑物包括洞身衬砌和洞门，附属建筑物包括通风、照明、防排水、安全设备等。隧道工程可以作为一个单独的项目，也可以是一个项目的一部分。但在大部分情况下，隧道工程是作为一个项目的一部分出现的，如铁路、地铁、高速公路、水电站等。在这些项目中，隧道的地位较为特殊，原因是隧道在这些项目中所占的分量重，而且存在施工难度较大、施工工期相对较长的特点，成为制约整个项目的关键，有时也是“瓶颈”因素。

隧道工程的最大特点是施工难度大。隧道工程属于地下施工，施工受到地质环境、施工场地等条件的限制，与其他项目相比，具有许多特殊的不安全因素，如地质不稳定、塌方、爆破、地下水、有害气体，因此，隧道工程是土木建筑行业中事故率和伤亡率较高的一个领域。在控制隧道工程风险的过程中，应当重点关注两个方面：一是地质风险及控制；二是施工管理风险及控制。大多数的隧道工程事故与这两个方面的原因有关。

近年来，在铁路、地铁、高速公路、水电站项目的工程保险经营过程中，隧道事故损失往往是影响经营稳定的重要因素之一。隧道事故的特点是出险几率高、突发性强、损失金额大、善后处理工艺复杂等，这使得隧道风险及其导致的重大损失也越来越引起人们的高度重视。根据 IMIA 的资料显示，隧道工程属于所有工程保险项目中风险最高的项目，承保人应当予以高度重视。根据慕尼黑再保险公司的资料显示，在 1994～2004 年的 11 年间，15 起隧道工程事故已经导致了超过 5 亿美元的损失（见表10－6）。

表 10－6　　1994～2004 年隧道工程事故损失

年　份	项目名称	损失原因	损失金额（万美元）
1994	丹麦 Great Belt Link	火灾	3 300
1994	德国慕尼黑地铁	塌方	400
1994	英国希斯罗机场快运线	塌方	14 100
1994	中国台北地铁	塌方	1 200
1995	美国洛杉矶地铁	塌方	900
1995	中国台北地铁	塌方	2 900
1999	英国赫尔约克郡隧道	塌方	5 500
1999	意大利博洛尼亚—佛罗伦萨高速铁路	塌方	900
1999	土耳其安那托利亚高速公路	地震	11 500
2000	韩国大邱地铁	塌方	2 400
2000	意大利博洛尼亚—佛罗伦萨高速铁路	塌方	1 200
2002	中国台湾高速铁路	塌方	3 000
2002	法国巴黎 SOCATOP	火灾	800
2003	中国上海地铁 4 号线	塌方	待定
2004	新加坡环线	塌方	待定

我国在过去的 10 年间，在公路、铁路和城市轨道交通项目的带动下，隧道工程呈现快速发展的态势，与此同时，隧道工程事故出现了上升趋势，表10－7为 2001～2010 年我国发生的重大人身伤亡的隧道工程事故情况。

表 10－7　　2001～2010 年我国隧道工程事故情况

时　间	原　因	伤亡/人	项目名称
2010 年 7 月 11 日	塌方	9	广西南宁市宾阳县南黎铁路 LN－4 标宾阳段那适 2#隧道
2010 年 5 月 29 日	坍塌	6	四川达（州）陕（西）高速公路工程 D3 合同段大巴山隧道
2010 年 4 月 21 日	爆炸	4	江西上武高速公路 S9 标段，鹅湖隧道
2010 年 3 月 19 日	塌方	10	中铁十二局第五项目部 3 线、4 线铁路施工隧道
2010 年 1 月 16 日	泥石流	10	广东云浮市云安县，六都镇南广高铁白云隧道
2009 年 11 月 22 日	塌方	11	湖北十堰至甘肃天水高速公路 A－18 标段隧道
2009 年 8 月 8 日	塌方	7	贵州黔东南州榕江县厦蓉高速公路 AT23 标段黄蒙隧道右洞
2009 年 8 月 1 日	塌方	3	广西桂林湘桂铁路扩能改造工程梅子坳隧道
2009 年 6 月 4 日	塌方	6	海南三亚市绕城公路迎宾隧道 YK4＋740 处
2009 年 3 月 15 日	冒顶	7	江苏连云港市东疏港高速公路后云台山隧道
2008 年 11 月 1 日	爆炸	31	重庆垫江县垫忠高速公路垫江段明月山隧道
2008 年 8 月 29 日	冒顶	11	青海西格二线克土隧道 1 号斜井
2008 年 8 月 28 日	坍塌	6	马梧高速公路 L8 标段项目河尾冲隧道
2008 年 4 月 11 日	透水	5	湖北宜万铁路马鹿箐隧道
2008 年 3 月 25 日	塌方	4	包西铁路通道 BSSC4 标段活沙兔隧道
2007 年 11 月 20 日	垮塌	35	湖北恩施宜万铁路木龙河段高阳寨隧道
2007 年 9 月 30 日	塌方	8	甘肃兰青铁路二线八盘峡 2 号隧道
2007 年 9 月 2 日	塌方	5	江苏南京合宁铁路亭子山 2 号隧道
2007 年 8 月 5 日	透水	0	湖北恩施宜万铁路野山关隧道
2007 年 4 月 30 日	塌方	5	陕西太中银铁路吴堡隧道
2007 年 3 月 28 日	塌方	6	北京地铁 10 号线 2 标段
2007 年 2 月 22 日	塌方	7	哈尔滨绕城高速公路天恒山隧道
2007 年 1 月 18 日	滑坡	8	江西亭子里武吉 A2 标段隧道
2006 年 12 月 27 日	坍塌	3	陕西西安市陇海铁路
2006 年 12 月 10 日	爆炸	7	广西贺州洛湛铁路隧道
2006 年 11 月 12 日	冒顶	4	云南大丽铁路第六标段施工隧道
2006 年 9 月 13 日	坍塌	4	重庆垫恩高速公路石柱段竹林坪隧道
2006 年 9 月 13 日	坍塌	3	湖北襄樊武康铁路系家山隧道
2006 年 6 月 6 日	台车倾倒	3	云南大丽铁路北松坪 1 号隧道
2006 年 5 月 16 日	坍塌	6	云南大丽铁路第九标段隧道
2006 年 2 月 28 日	爆炸	4	福建福州温福铁路洎头岭隧道

续表

时　间	原　因	伤亡/人	项目名称
2006年2月21日	坍塌	4	四川凉山州冕宁县扯羊隧道
2006年1月21日	透水	11	湖北恩施马鹿箐隧道
2005年12月22日	爆炸	55	陕西都汶高速公路董家山隧道
2005年11月26日	坍塌	5	陕西襄渝铁路二线白石河2号隧道
2005年10月12日	塌方	4	昆明诸永高速公路三标段白鹤隧道
2005年9月3日	塌方	3	陕西西康高速公路终南山隧道
2005年3月17日	坍塌	6	湖北沪蓉高速公路第九标段金龙隧道
2004年9月18日	坠落	8	吉林通化五女峰隧道
2004年9月13日	围岩冒落	5	湖南怀化怀新高速公路龙马田隧道
2004年8月8日	坍塌	4	陕西汉中西汉高速公路左线隧道
2004年3月9日	垮塌	6	重庆彭水马峰3号隧道鹿角端隧道
2004年2月22日	涌水	6	重庆开县通渝隧道
2003年10月8日	钢筋歪倒	4	北京地铁5号线
2003年10月5日	坍塌	3	北京西三环热力外线工程隧道

资料来源：国家安全生产监督管理总局。

从隧道的损失原因分析，最大的风险因素是由于对施工地段的地质情况缺乏足够的了解，或者是采用的施工工艺方法与地质情况不匹配。针对隧道工程和事故的特点，保险人在承保包含隧道工程的项目时，应将隧道作为风险评估和风险控制的关键点，特别是对于地质状况的调查和分析。隧道工程看似复杂，且风险较大，但是，保险人如果能够注意掌握隧道工程的基本知识，并详细地了解和研究相关资料，对于隧道施工管理进行必要的跟踪和监督，及时和有针对性地提出风险控制和改进意见，就能够有效地防范和改善经营风险。为了更好地规范隧道风险管理，严格控制隧道施工风险，英国保险人协会与英国隧道组织联合编写了《英国隧道工程风险管理作业守则》（The Joint Code of Practice for Risk Management of Tunnel Works in the UK）。

二、隧道的种类

隧道的种类是根据隧道穿越地层的不同情况和施工方法划分的，而隧道的施工方法是根据工程地质和水文地质条件，并结合隧道断面尺寸、长度、衬砌类型、隧道的使用功能和施工技术水平等因素确定的。

根据隧道穿越地层的不同情况和目前隧道施工方法的发展，其施工方法按照隧道类型的不同可以分为三类：山岭隧道、浅埋及软土隧道和水底隧道。

三、山岭隧道工程的主要风险及控制

（一）山岭隧道施工方法

山岭隧道施工方法分为：传统矿山法、新奥法和掘进机法。山岭隧道施工的基本工序均为：开挖——出渣——临时支护——防水处理——永久衬砌。

开挖的方法则有人工开挖、爆破开挖、机械开挖等，临时支护的方法有直接支护（木、钢和钢木构件）喷射混凝土和锚杆支撑。

1. 传统矿山法。矿山法是一种较为原始的隧道施工方法，即采用人工、爆破或者机械的方式进行开挖，然后用木、钢或者钢木构件作为临时支撑，待隧道开挖形成之后，逐步用整体式厚衬砌作为永久性支护将临时支撑替换的施工方法。这种施工方法由于施工工艺繁琐且不安全，已经很少采用了，尤其是采用木支撑的方式。目前这种施工方法主要应用于一些不宜采用其他方法进行施工的情况下；另外，这种方法被广泛应用在处理塌方施工过程中。

2. 新奥法。新奥法即奥地利隧道施工新方法（New Austrian Tunnelling Method，NATM），它与矿山法的主要区别在于支护方法的不同。矿山法是采用木、钢或者钢木构件进行实际的支撑，而新奥法采用的是稳定围岩的办法，即以喷射混凝土和锚杆作为主要支撑手段，充分利用和发挥围岩自承能力的施工方法（见图 10-15）。新奥法作为一种新的施工方法，出现之后很快就得到了认同，并在全世界被广泛应用。目前，在隧道施工中，新奥法是应用最广的一种施工方法。

图 10-15　新奥法施工示意图

3. 掘进机法。掘进机法的特点是其采用大型的掘进机进行开挖，具有快速、连续作业、机械化程度高、安全、劳动强度小、对地层扰动小、衬砌支护质量好、通风条件好、减少辅助工程等优点（见图10-16）。但是，掘进机法对于地质条件的依赖性较强，设备的型号一旦决定，开挖断面的尺寸无法改变，一次性投资大等。

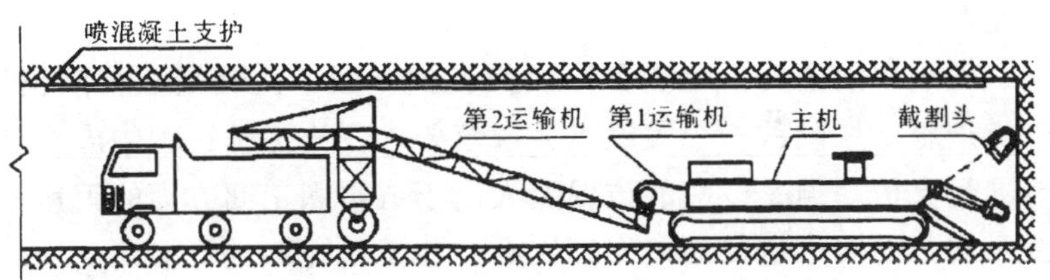

图10-16　悬臂式掘进机施工模式

（二）施工的主要风险及控制

山岭隧道工程的主要风险集中于对施工进度的控制方面，大部分事故往往不是由于技术方面的原因，而是管理方面的原因，尤其是对施工进度的管理和成本管理方面。事故较为集中在开挖和临时支护阶段。在开挖阶段，施工单位为了赶工期，降低成本，采用大药量爆破等违反规范的手段，结果导致塌方事故。在支护阶段，施工单位为了节省成本，采用降低初期支护标准，甚至不进行初期支护的做法，导致塌方事故。对此，在这两个阶段应加强对施工情况的监控，防止发生塌方事故，具体的措施有：

1. 开挖阶段风险控制。开挖是隧道施工的第一道工序，也是关键工序。开挖施工安全的一个重要原则是尽量保持坑道围岩的稳定，减少对围岩的扰动，包括减少扰动次数、扰动强度、扰动范围和扰动持续的时间。因此要求在开挖的过程中，能用机械开挖的就不用钻爆法开挖。采用钻爆法开挖时，应根据围岩地质条件及其变化情况，严格按照规范的要求进行控制爆破。但是，有些承包商为了赶工期、节省成本，采用一些违反规范的施工方法进行爆破，其中最为常见的是加大炮眼临界直径和密度的方式，其结果是由于对围岩扰动过大，导致出现大面积塌方甚至冒顶的重大恶性事故。在承保隧道工程时应注意对开挖施工的风险管理，首先是对承包商的实际情况进行了解，对那些缺乏实际资质的中、小承包商和承包金额偏低的项目应特别注意这方面的风险。其次是对施工现场的勘察，经常到工地进行走访就能够了解和掌握实际情况，走访的主要目的是落实和督促被保险人按照施工技术规范进行施工。

2. 支护阶段风险控制。在山岭隧道的施工过程中面临的主要问题就是解决围岩的稳定，除了围岩完全能够自稳而无须支护外，大部分隧道均需要进行支护。隧道的支护分为初期（临时）支护和二次（永久）支护两种。初期支护是为了解决在施工期间的围岩稳定和施工安全的工程措施；二次支护则是为了保证隧道永久稳定和安全，作为安全储备的工程措施。初期支护加二次支护，构成复合式衬砌。

隧道工程事故发生的一个主要原因是支护不当，尤其是在初期支护阶段。作为控制隧道施工风险的一个关键点，规范要求在施工的过程中应严格按照标准及时地进行支护。但是，有的被保险人出于成本和工期方面的因素考虑，没有严格按照规范的要求进行初期支护，有的甚至干脆不进行初期支护。这些承包商往往抱着一种侥幸的心理，认为围岩较为稳定，可以不进行初期支护，这样不仅可以节省初期支护的大量费用，还可以加快施工进度。这样做的后果是加大了塌方尤其是大面积塌方的可能性。

对于初期支护风险管理的方法较为简单：了解设计和施工技术规范对初期支护的要求，经常到施工现场进行勘察，了解和落实被保险人是否按照设计和规范的要求进行施工。对于被保险人没有按照设计和规范进行施工的应及时向其指出，必要时应向其发出书面通知。

3. 地下水处理风险控制。在隧道施工过程中，地下水是必然会出现的问题，地下水不仅是影响正常施工的因素之一，也是施工风险的主要因素。由于地下水的作用不仅会降低围岩的稳定性，致使开挖工作难度加大，而且还会增加支护的难度和费用。此外，在对地下水的处理过程中，如果方法不当，则可能造成更大的损失。但是，地下水对隧道工程的危害却是可以避免和减少的。

对地下水的处理可以采用截、堵、排相结合的对策。“截”是指在隧道以外将地表水和地下水疏导截流，使之不能进入隧道工程范围。“堵”是指以衬砌混凝土为基本防水层，以其他防水材料为辅助防水层，隔阻地下水，使之无法进入隧道工程范围。“排”是指人为设置排水系统，将地下水排出隧道。

在承保隧道项目过程中应特别关注地下水问题，因为地下水不仅本身是一个风险因素，而且在处理地下水的过程中容易产生新的风险。所以，一方面，要注意了解和督促被保险人对地下水采用科学合理的方法进行必要的处理，防止由于地下水导致事故。通常在遇到地下水时，在施工上是采用“遇水降级”的方法，即遇水则适当提高施工工艺的做法。另一方面，在处理地下水的过程中应综合考虑各种因素，选择适当的处理方法，避免因地下水处理不当而引发第三者责任。

4. 施工机具风险控制。在开挖和出渣时将应用大量的施工机具；包括开挖用的风动凿岩机、液压凿岩机和凿岩台车，装渣用的扒渣机和装渣机，运输用的自卸车、翻斗车和矿车。由于隧道施工存在岩层情况复杂、作业面小、通道狭窄等特点，这类机具容易发生各类事故。在承保这类施工机具时，应针对隧道施工的特点进行风险评估，尤其是应了解被保险人管理水平和机械手技术水平，不少事故是由于机械手连续作业，过度疲劳所致。

在采用掘进机进行施工时，使用的掘进机可以分为全断面（TBM）和悬臂式两类，掘进机一般由刀盘、护盾、驱动系统和出渣系统等组成（见图10-17)。由于掘进机的价值较高，其对施工的环境和技术要求较高，在采用掘进机法进行施工时，掘进机本身就是主要的风险之一。常见的掘进机事故有开挖面大规模塌方造成机件被埋没，洞壁围岩变形卡住机体，突发的大量涌水淹没机体和工作面挤出迫使机体后移等。造成这些事故的主要原因是事先地质勘察不足，施工过程中地质预报不及时。控制掘进机风险的手段是事先对地质报告的质量进行确定，评估在该地质环境条件下采用掘进机施工的可行性，同时，应注意被保险人对施工地质进行超前预报工作的情况。

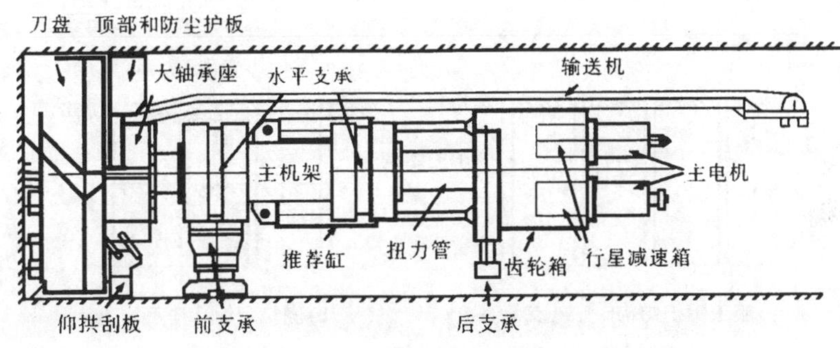

图10-17　全断面掘进机TBM

四、软土隧道工程的主要风险及控制

(一) 软土隧道施工方法

软土隧道又称为浅埋隧道，其施工方法有：明挖法、地下连续墙法、盖挖法、浅埋暗挖法和盾构法。

1. 明挖法。明挖法是指开挖地面，由上向下开挖土石方至设计标高后，自基底由下向上进行施工，完成隧道主体结构，最后回填基坑或者恢复地面的施工方法。在采用明挖法的过程中，需要特别关注的是围护结构问题，不同的环境采用不同的围护结构，对于施工的要求也不同。

2. 地下连续墙法。地下连续墙法是指在地下构建分段的混凝土地下墙，然后将这些分段的地下墙连接成连续的地下墙，起到挡土、承重、防水的围护作用的施工方法。地下连续墙分为现浇地下连续墙、预制地下连续墙、排桩地下连续墙。地下连续墙法由于墙体刚度大、防渗性能好、能适应软土地质条件、施工对周围环境影响小、施工振动小、噪音低而被广泛应用。

3. 盖挖法。盖挖法是先盖后挖，即由地面向下开挖至一定深度之后，将顶部封闭，维持地面交通畅通，其余的下部的工程在封闭的顶盖下进行施工的方法。盖挖法施工的优点是：结构的水平位移小，结构板作为基坑开挖的支撑，节省了临时支撑，缩短占道时间，减少对地面的干扰，受外界气候条件影响小。缺点是：出土不方便，需要进行防水处理，工效低，工程进度慢等。盖挖法的施工方式有：盖挖顺作法、盖挖逆作法（见图 10 - 18）、盖挖半逆作法、盖挖顺作法与盖挖逆作法的组合、盖挖法与暗挖法组合、盖挖法与盾构法组合。

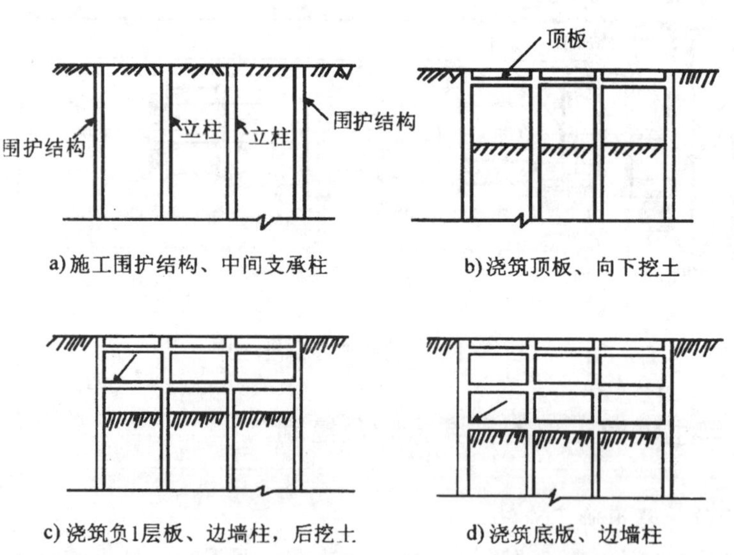

图 10 - 18 盖挖逆作法施工程序图

4. 浅埋暗挖法。在一些地段修建浅埋隧道，但因周围环境条件的限制，必须采用暗挖法，因此，在参考新奥法的基本原理基础上，提出了浅埋暗挖法。它是指在特定的条件下，不开挖地面，全部在地下进行开挖和修筑衬砌结构的隧道施工方法。

5. 盾构法。盾构法是指利用盾构这种施工机械在地面以下暗挖隧道的一种施工方法。盾构（Shield）是一个既可以支承地层压力，又可以在地层中推进的活动钢筒结构。钢筒的前端设置有支撑和开挖土体的装置，开挖的方式有手工挖掘式、半机械挖掘式和全机械挖掘式；钢筒的中段安装有顶进所需的千斤顶；钢筒的尾部可以拼装预制或者现浇隧道衬砌环。盾构施工前应先修建一个竖井，在竖井处吊入盾构并安装，盾构开挖出的土体也由竖井通道送出地面（见图 10－19）。

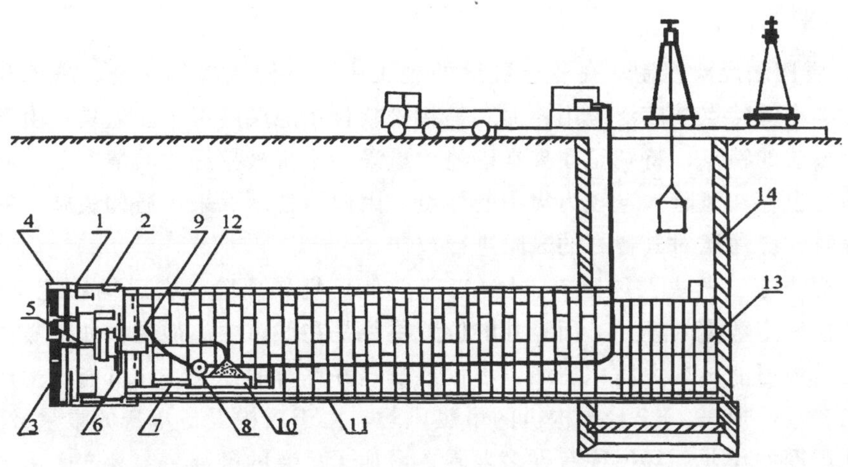

1. 盾构；2. 盾构千斤顶；3. 盾构正面网格；4. 出土转盘；5. 出土皮带运输车；6. 管片拼装机；7. 管片；8. 压浆泵；9. 压浆孔；10. 出土机；11. 管片衬砌；12. 盾尾空隙中的压浆；13. 后盾管片；14. 竖井

图 10－19　盾构法施工示意图

（二）施工的主要风险及控制

1. 土体稳定风险控制。由于软土隧道施工条件的特点是土体的稳定性较差，为此，软土隧道施工的主要风险和控制点就集中在土体的稳定方面。解决土体稳定就是对已经开挖出的工程进行围护，防止由于土体侧压的作用导致坍塌。通常使用的围护方法有支撑、锚杆、桩、连续墙、盾构和衬砌等。

在软土隧道施工中较为常见的损失之一是由于围护不当导致的损失，而其中又以支撑、锚杆和连续墙的损失居多。在软土隧道的各类施工方法中均不同程度地应用支撑、锚杆和连续墙围护技术，而在应用这些技术的过程中往往由于技术、经验和管理的原因，出现没有按照规范的要求进行施工；更有甚者，有的施工单位为了降低成本、赶工期而有意降低标准，导致发生坍塌事故。在承保软土隧道工程中，应注意整个设计对于土体稳定的考虑和采用的技术，同时，通过对施工现场的勘察，了解施工单位执行设计要求和规范标准的实际情况，尤其要注意施工单位可能出现的为了某种目的有意降低标准的现象。

2. 地下水处理风险控制。在软土隧道的施工过程中，地下水也是主要的风险因素之一，在施工过程中应将对地下水的控制放在重要的地位。

关于地下水处理风险控制问题详见“山岭隧道工程的主要风险及控制”部分。

3. 盾构法风险控制。在软土隧道的施工中，盾构法以其安全、高效和对地面影响小等特点被广泛应用，尤其是在松软含水地层施工中。但是，由于盾构施工方法的特点，特别是在现在已经大量采用全机械挖掘法的情况下，盾构法的施工也存在风险大且较为集中的特点。因此，在承保采用盾构法施工的隧道过程时，应注意对其特有的风险进行控制。

盾构法施工的主要风险有：（1）竖井侧压坍塌风险。在盾构法施工时，需要开挖一定数量的竖井，而竖井的位置往往是在城市中心地带，如果竖井围护不当，极可能出现大面积坍塌，不仅造成竖井本身的损失，还可能产生严重的第三者责任损失。（2）盾构机的吊装风险。由于盾构设备本身的重量较大，而竖井周围的作业现场往往有许多限制，增加了吊装的难度，容易产生吊装事故，导致损失。（3）地质勘察和设计风险。由于盾构设备适应的工作环境条件具有一定的限制，一旦实际地质情况与勘察设计出现很大差异，就可能导致盾构设备损坏，盾构无法继续进行的后果。这种后果的损失是毁灭性的，因为根据盾构法施工的原理，盾构设备具有“只能进行，不能后退”的特点，一旦无法继续施工，就意味着已经完成的工程以及盾构机均面临报废的命运。

五、水底隧道工程的主要风险及控制

（一）水底隧道施工方法

水底隧道的施工方法主要有沉管法，又称沉埋法。沉管法是指先在隧址附近寻找或者修建临时干坞，在干坞中预制管段，将预制的管段用临时隔墙封闭起来，然后将这些管段运到设计隧址位置，此时已于隧址处预先清理或者挖出一个水底基槽。待预制管段定位之后，通常采用灌水的方式，将其下到设计的位置，然后将相邻的管段在水下连接起来，经过基础处理并回填，抽掉管中的水后就成为水底隧道（见图 10－20）。

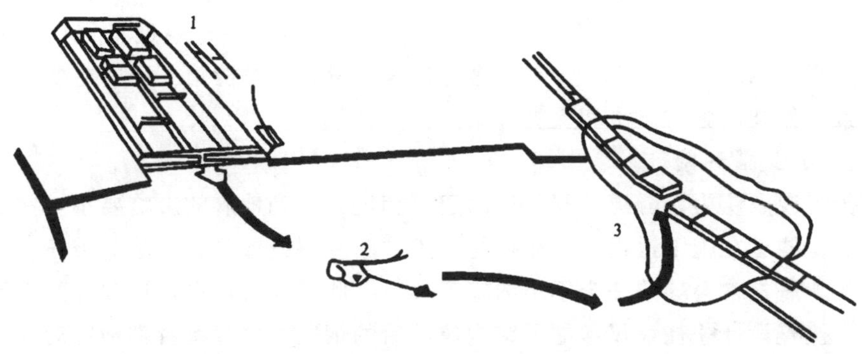

1. 管段制作；2. 浮运；3. 沉没

图 10－20　沉管隧道

（二）施工的主要风险及控制

在采用沉管法进行水底隧道的施工过程中，由于主要的结构件是在干坞中预制，然后再运至隧址进行安装，这些管段无论是重量还是尺寸，通常均属于超大件，而且在水上进行起吊作业过程中均受到作业环境和设备的限制，为此，管段在干坞和现场起吊时的风险较为集中。

在承保沉管法隧道时，应注意对吊装风险的控制，而吊装风险主要是设备的风险和吊装组织及技术风险。设备风险是由于吊装设备的限制，导致不得不采用一些次优方案，这些方案将大大降低吊装的安全性和可靠性，增加吊装风险。组织和技术风险是指施工单位对大型构件吊装的经验和调度能力，同时，还包括机械手的经验和技术。另外，吊装作业的天气情况也是一个需要控制的风险因素，因为在水上作业，无论是运输船舶，还是吊装作业船舶，均受到水上环境的影响，尤其是在海上作业过程中，因此，务必要确保施工气候属于良好。

六、隧道工程的 PML 分析

根据 IMIA 的资料显示，隧道工程在所有工程保险项目中属于相对风险较高，甚至是风险最高的项目，因此，要求承保人在承保隧道项目时应当高度重视风险评估工作，特别是对 PML 值的评估。从技术的角度看，在确定隧道项目的 PML 过程中，应当从两个维度考虑风险的影响：一是隧道工程主要外在风险因素，如地震、洪水、火灾、爆炸以及坍塌；二是隧道工程的主要内在风险因素，如开挖施工方法和支护方法。

（一）地震风险

传统观点认为，隧道工程与地面建筑相比，受到地震的影响要小一些。其实不然，隧道在施工过程中，往往经受不住断裂裂缝或临近缺陷的破坏，一个不大的地震常常会导致一个不小的施工事故。此外，我们在隧道项目的设计过程中，抗震设计往往仅仅考虑了结构建成后的情况，而没有特别地针对在施工过程中的抗震分析，更大的困难在于分析在施工阶段的地震破坏时要考虑工程实施计划范围。

（二）洪水风险

隧道工程往往位于地下，因此，对于隧道工程而言，水患主要来自两个方面：一是地面水问题。如果项目地点处于易遭洪水风险的区域，一旦洪水泛滥，势必导致已经开挖的隧道进水，从而引起损失。二是地下水问题。如果开挖的隧道在地下水位线以下且顶上没有不透水层的保护，就必须要考虑大量的地下水渗透出来导致损失的危险。

（三）火灾、爆炸风险

隧道项目的火灾、爆炸风险主要与使用地下机械设备有关，在这些大型设备的使用过程中往往容易导致火灾、爆炸风险。特别是使用压缩空气施工法过程中，发生火灾的可能性很大。如果隧道施工设备和材料不是专用于压缩空气施工法的，其火灾、爆炸危险更大，必须特别加以关注，火灾的发生也可能是其他风险的次生风险。

在隧道施工过程中，危险材料的应用也是火灾、爆炸风险因素之一，因此，对这些材料的使用和储备应进行严格的规定，以降低施工中的火灾、爆炸风险。同时，地下管线也是导致火灾、爆炸损失的一个重要原因，所以，当隧道接近煤气管道、下水道时或者其他危险的地下设施（特别是比较陈旧的设施），或者施工地段存在瓦斯等易爆气体时，施工中应特别注意控制火灾、爆炸风险。

(四) 坍塌风险

在隧道施工过程中最经常发生的事故是坍塌，坍塌往往不仅导致损失，而且还会给施工造成困难。导致坍塌的原因有很多，如地质异常、自然力的作用、地下水、岸边海浪的水压作用、风沙作用、有机质土或者泥炭作用、隧道顶上层土内的树根、未灌浆、灌浆不饱满、接缝失效等，而坍塌事故往往不是由一个原因导致的，是多种因素综合作用的结果。同时，坍塌可能发生在开挖期间，也可能发生在安装衬砌之后。

IMIA 将隧道施工方法划分为 12 种，同时，按照不同风险因素，如地震、洪水、火灾、爆炸以及坍塌对不同的施工方法影响程度进行分析，确定这些施工方法的风险敏感程度（见表 10 - 8）。

表 10 - 8　　各种施工方法的风险敏感程度

施工方法	敏感因子*					
	地震	洪水 (external)	洪水 (at face)	火灾	爆炸	断面坍塌，缺乏处理紧急情况的合理措施
1. 传统方法	3	2	3	2	2	3
2. 人工开挖	3	1	3	2	2	3
3. 钻爆法	3	1	3	2	1	3
4. 明挖法	2	2	2	1	1	2
5. 开放式盾构	3	2	3	2	2	3
6. 气压式盾构	3	2	2	2	2	2
7. 泥水式盾构	3	2	1	2	3	2
8. 土压式盾构	3	2	1	2	2	2
9. 硬岩全断面 TBM 开挖—无盾构	3	2	3	2	2	3
10. 混合盾构	3	2	3	2	2	2
11. 微型隧道	3	2	3	3	3	3
12. 水下挖掘	3	3	—	2	2	3

注：敏感因子即严重性因子，其中 0 表示对施工方法没有影响；1 表示对施工方法有轻微影响，只要降低风险，就可继续开挖；2 表示开挖面发生较大的故障，可通过改变挖掘方法继续施工；3 表示开挖面发生严重事故，可能放弃挖掘施工。

IMIA 将隧道支护方法划分为 9 种，并按照不同风险因素对不同的支护方法影响程度进行分析，确定这些支护方法的风险敏感程度（见表10-9）。

表10-9　　各种支护方法的风险敏感程度

隧道支撑及衬砌系统（完全安装）	敏感因子*				
	地震	洪水	火灾	爆炸	断面坍塌，缺乏处理紧急情况的合理措施
1. 预制管片衬砌	2	2	1	2	3
2. 顶推混凝土管	2	2	1	2	3
3. 钢肋及格栅拱（新奥法）	2	1	1	2	3
4. 岩石锚栓（新奥法）	2	0	0	0	3
5. 喷射混凝土（同新奥法）	3	1	2	2	3
6. 现浇混凝土衬砌（含新奥法）	3	1	1	2	3
7. 压缩空气（开挖面支护）	2	2	3	3	3
8. 肋及顶撑	2	2	3	3	3
9. 连续桩（明挖）	2	0	0	0	2

注：敏感因子即严重性因子，其中0表示衬砌或支撑系统不会遭受危险；1表示对衬砌或支撑系统有轻微损坏，可修复；2表示对衬砌或支撑系统有较大损坏，修补时需要改变施工方法；3表示隧道严重破坏，可能放弃。

在进行PML的评估过程中，应当注意的另外一个问题是隧道开挖施工方法的控制标准将会同时影响潜在风险发生的可能性及其严重性。其他的影响因素则与工程规模、用途、开挖深度、计划及成本限制、主要地质条件及水文条件，以及现有建（构）筑物从地表和地下传来的压力等有关。因此，可能性和严重性的分析是非常复杂的，选择合理的PML计算原理需要非常细心。

七、隧道工程的承保风险控制技术

在工程保险中隧道属于高风险项目，在这类项目的承保过程中，承保人员应当对项目的隧道工程及其风险性质有一个充分和清醒的认识，在此基础上认真地做好风险评估和保险方案设计工作。在隧道风险评估时，应当着重评估三个方面：（1）承包商、工地环境和施工方法。承包商方面，包括资质、经验、管理水平、财务状况等，特别要注意承包商是否具有隧道施工方面的经验。（2）工地环境方面，包括地质状况、地下管线情况、工地周边情况等。（3）施工方法方面，包括主工法、辅助工法，特别是隧道断面规格、工程进度等。按照不同的施工方法，风险的影响程度如表 10－10 所示。

表 10－10　施工方法与风险程度

风险 / 施工方法	自然灾害	地质塌方	火灾	设计	人为错误	施工机械	工期延误	第三者责任
明挖覆盖法	高	高	一般	高	高	一般	高	很高
喷射混凝土	一般	很高	高	很高	很高	高	很高	高
硬岩隧道掘进机	一般	高	很高	高	高	很高	高	高
软土隧道掘进机	一般	很高	很高	很高	高	很高	很高	高

资料来源：慕尼黑再保险公司。

在设计隧道保险方案时，应当根据隧道工程的特点选择使用一些限制性和规定性特别条款，对一些容易出现争议的问题，最好在保险方案中予以明确和规定，如地下水的问题、塌方处理费用的问题等。

第四节
桥　　梁

一、桥梁工程及特点

桥梁工程是土木工程中的一个重要组成部分，也是土木工程中设计和施工工艺技术较高的一种。桥梁的主要功能是为满足道路交通需要而跨越河流、峡谷、海域等天然障碍，或者是建立一个立体交通网络。桥梁在大多数情况下是作为一个独立的项目出现的，但是，它也可以是一个项目的一部分，如铁路、地铁、高速公路、机场、水电站等。与隧道工程情况相似的是，在这些项目中，桥梁工程的地位较为特殊，原因是桥梁在这些项目中所占的比重（造价）较大，施工难度较大，施工的工期相对较长，且受到一定的条件限制等，成为制约整个项目的“瓶颈”。为此，在承保铁路和高速公路的过程中，承保人往往将风险评估的重点集中在桥梁，特别是一些特大桥梁项目上。

桥梁工程，尤其是一些特大桥梁工程的另一个特点是从勘察、设计到施工的整个过程均包含了创造性的劳动。因为尽管从技术的角度，有许多理论作为桥梁设计的基础，从施工的角度，有许多经验作为桥梁施工的指导，但是，从严格的意义上讲，没有一座桥梁是完全相同的，或者说可以完全照搬以往设计和施工经验进行建设的。每一座桥梁的建设均是一次全新的创作，而且这种创作贯穿和体现在桥梁建设的整个过程中，这就是人们常常将桥梁比作艺术品的原因。认识到桥梁工程的这个特点，在承保桥梁工程时就应当注意：对于桥梁工程的风险评估不仅仅是在工程开始之前，而应当重视在承保的全过程动态地跟踪和评估风险，尤其是工程的设计和施工出现大的变更时。

二、桥梁的基本组成

桥梁通常可以划分为上部结构和下部结构（见图 10－21）。

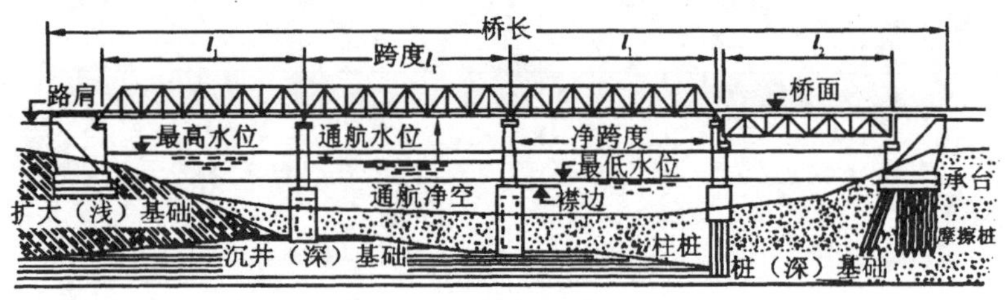

图 10－21　桥梁上、下部结构的组成部分示意图

（一）上部结构

上部结构（也称桥跨结构）是指桥梁结构中直接承受车辆和其他荷载，并跨越各种障碍物的结构部分。一般包括桥面构造（行车道、人行道、栏杆等）、桥梁跨越部分的承载结构和桥梁支座。

（二）下部结构

下部结构是指桥梁结构中设置在地基上用以支承桥跨结构，将其荷载传递至地基的结构部分。一般包括桥墩、桥台及墩台基础。

1. 桥墩。桥墩是多跨桥梁中处于相邻桥跨之间并支承上部结构的构造物。
2. 桥台。桥台是位于桥梁两端与路基相连并支承上部结构的构造物。
3. 墩台基础。墩台基础是桥梁墩台底部与地基相接触的结构部分。

三、桥梁的种类

桥梁的分类方法有许多。按照使用功能可以分为公路桥、铁路桥、公路铁路两用桥、城市桥、人行桥、水渠桥、管线桥。按照建造的材料可以分为木桥、圬工桥（包括砖、石、混凝土桥)、钢筋混凝土桥、各种金属材料桥、各种混合材料桥等。按照桥梁的全长和跨径可以分为特殊大桥、大桥、中桥和小桥。根据我国《公路工程技术标准》（JTJ001－97）的规定，特大桥、大桥、中桥和小桥的划分标准如表10－11所示。

表10－11　　桥梁分类标准

桥梁分类	小桥	中桥	大桥	特殊大桥
单孔跨径（m）	$5\leq l<20$	$20\leq l<40$	$40\leq l<100$	$l\geq 100$
多孔桥全长（m）	$8\leq L\leq 30$	$30<L<100$	$100\leq L<500$	$L\geq 500$

按照上部结构的行车道位置，桥梁可以分为上承式桥梁、下承式桥梁和中承式桥梁。按照结构体系受力特点的不同，桥梁可以分为梁式桥梁、拱式桥梁、斜拉桥梁、悬索桥梁和组合式桥梁等，这也是最常见的桥梁分类方式。

四、梁式桥梁工程的主要风险及控制

（一）梁式桥梁

梁式桥梁是指用梁作为桥身主要承重结构的桥梁，在桥梁建设中占主导地位，是应用最广的一种桥梁。梁式桥梁的种类从桥面材料上可以分为钢桥和混凝土两种。从施工工艺上，混凝土桥面可以分为现浇法和预制法。在梁式桥梁的技术发展过程中，一个主要特点是主梁横截面形式改进与发展。早期的梁式桥梁大多数采用实心板梁，以后出现了空心板梁、T形梁和工字形梁，这种变化导致梁的自重大大降低。现在广泛应用的箱形梁桥，采用金属腹板或者桁架式腹板结构，使得梁式桥梁的用材经济，而且桥体显得轻盈美观（见图10－22)。

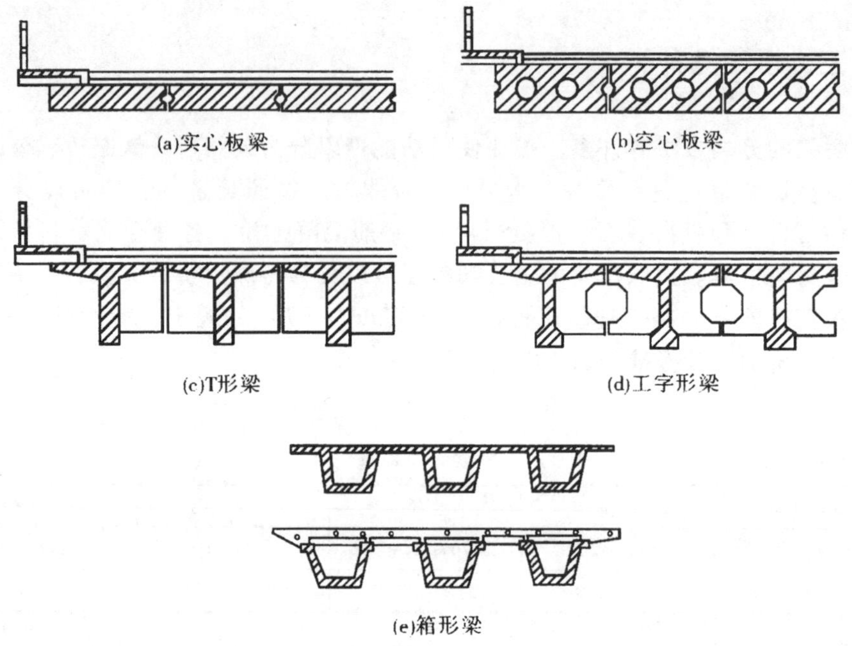

图 10－22　梁式桥梁分类

（二）施工的主要风险及控制

1. 桥墩施工风险。桥墩是梁式桥梁的主要结构之一，也是桥梁的承重结构，因此桥墩的设计和工艺要求较高。桥墩一般可以分为在陆地施工的桥墩和在水下施工的桥墩，在陆地施工的桥墩的风险与基础工程中桩基的风险类似［应注意分析可能出现施工缺陷桩（如二类桩）的问题］。

在水下施工的桥墩的风险相对较大，一方面，水下施工受到施工环境和条件的限制；另一方面，水下施工受到季节的影响较大，如只能在有限的枯水季节进行施工。为此，在承保此类桥梁工程时，应注意分析工程进度表，确认其是否避开一些恶劣的季节，如洪水季节和台风季节。

2. 桥面吊装/顶推施工风险。在采用钢结构桥面或者是预制混凝土桥面的梁式桥梁的施工过程中，桥面的安装是主要风险。目前采用较多的安装工艺是吊装法和顶推法（见图10－23），由于钢结构的桥面和预制混凝土桥面通常是超大件，而且桥面吊装的施工环境往往还会受到一定的环境限制，因此，在吊装过程中对设备、技术、经验和管理的要求较高。在桥梁承保的损失记录中，吊装风险是主要的风险因素之一。为此，在承保桥梁工程时，一定要注意对桥面吊装环节的风险控制，整个吊装过程，尤其应注意控制吊装件的绑扎和吊装的角度。

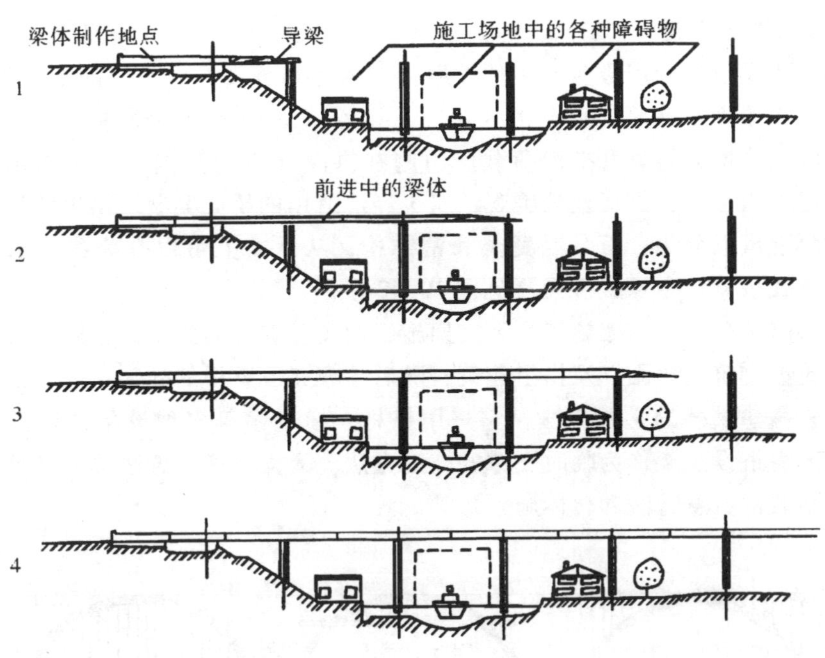

图 10－23　顶推法架梁施工步骤示意图

在顶推过程中，同样存在较大的作业风险。原因是施工作业面较小，顶推的技术难度较大，而在顶推的过程中，技术特别是控制速度的技术往往是成功的关键因素。

3. 桥面浇捣施工风险。桥面采用浇捣工艺的，最为常见的事故是脚手架的整体坍塌。由于桥面的重量较大，如果脚手架不能承受桥面的重量就会导致倒塌事故。导致脚手架整体坍塌的原因主要有两种：一是脚手架的基础处理不当。桥面在浇捣过程中，其重量主要是依靠脚手架的基础承受的，而工地的基础往往存在土质不稳的问题，容易造成基础不均匀沉降。二是脚手架搭架施工工艺存在缺陷。脚手架能够起到支撑作用的关键是应当确保它们的连接垂直并稳定，而一些施工人员在施工过程中，出于种种原因导致脚手架总体的稳定性存在严重问题，所以，一旦受力，或者地基出现不均匀沉降，就十分容易出现整体倒塌事故。

五、拱式桥梁的主要风险及控制

（一）拱式桥梁

拱式桥梁也是应用最多的一种类型，它的主要承重结构是拱圈或者拱肋。拱桥的工作原理是在竖向荷载的作用下，桥墩或者桥台将承受水平推力，同时，这种水平推力将显著抵消荷载所引起在拱圈（拱肋）内的弯矩作用。拱桥的跨越能力很大，外形也较美观，属于经济适用的桥梁类型。拱桥的类型从建筑材料上可以分为：石、混凝土和钢结构；从承式上可以分为：上承式桥梁、下承式桥梁和中承式桥梁（见图 10－24）。

拱桥施工分为有支架施工和无支架施工两类。有支架施工是在施工拱架上现场浇筑或砌筑主拱圈以及拱上建筑，随后落架完成整桥的施工；无支架施工是近年来修建拱桥的主要方法，它是用扒杆、缆索吊等多种设备进行拱桥施工，而不需搭设拱架作为临时支撑的施工方法。无支架施工方法具体又可划分成缆索吊装法、悬臂法和转体施工法等。

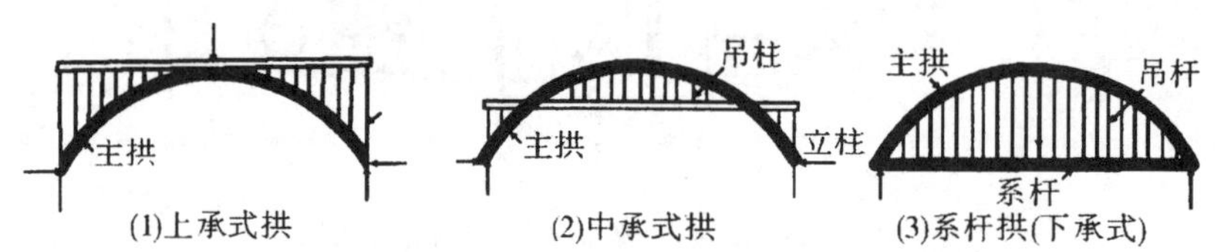

图 10－24　拱式桥梁的承式

（二）施工方法及风险控制

拱式桥梁在桥梁工程中应用较为广泛，其中应用最多的是普通型钢筋混凝土拱桥。在普通型钢筋混凝土拱桥的施工中，最为关键的是主拱圈施工。目前广泛采用的施工方法是无支架的缆索吊装法、转体施工法、悬臂施工法。

缆索吊装施工法（见图 10－25）是通过设置吊运天线来完成预制拱段的纵向与竖向运输，从而完成拱圈拼装。其拼装施工的关键在于吊运系统（包括锚碇、塔架、天线）的可靠性以及吊装与扣挂的安全以及工段位置的确定。

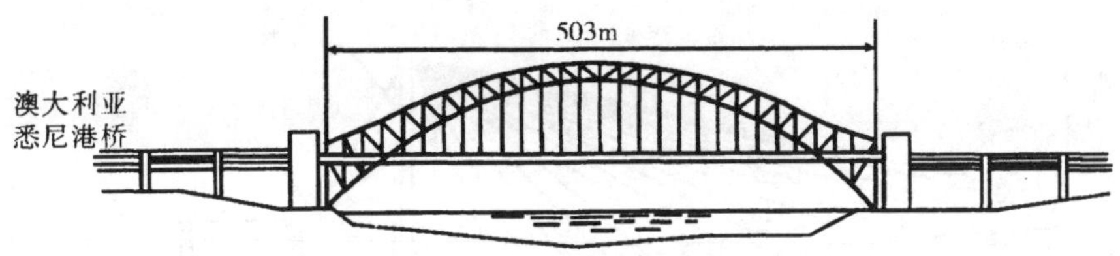

图 10－25　缆索吊装施工法

转体施工法（见图 10－26）的成败在于转运系统的可靠性和转动过程中悬扣系统、拱圈等的受力、稳定是否在安全范围内。

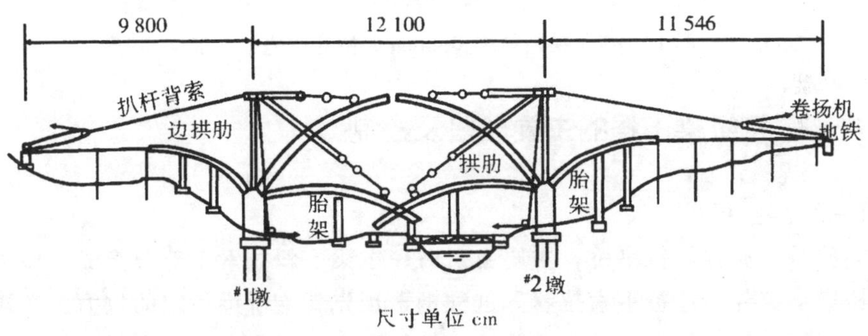

图 10－26　转体施工拱桥示意图

悬臂施工（见图 10－27）主要有两种方法：一是塔架斜拉扣挂方式，即在拱桥墩台处设立临时塔架，用斜拉索系吊已通过挂篮浇成的拱圈段，逐段浇筑系吊，直至合龙。二是桁架式，即借用专用挂篮，结合使用斜吊钢筋将拱圈、拱上立柱和预应力混凝土桥面板齐头并进，边浇筑拱圈边构成桁架，直至合龙。前者施工时，需特别注意斜拉索力、拱圈受力、标高的变化；后者施工时，鉴于其属于自架设施工方式，除需注意施工中结构的受力、稳定外，特别要加强施工标高的控制。

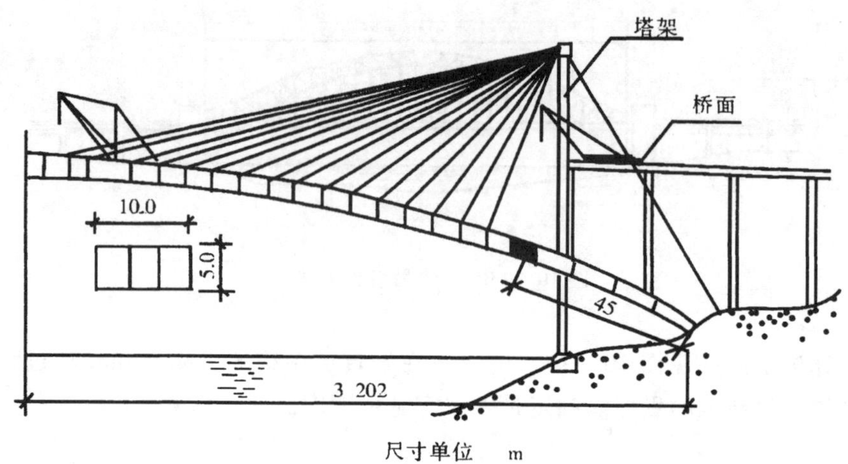

尺寸单位 m

图 10－27 南斯拉夫 Dubrovnik 桥悬臂施工方案

六、斜拉桥梁工程的主要风险及控制

（一）斜拉桥梁

斜拉桥，亦称斜拉吊桥，主要由索塔、主梁、斜拉索三部分组成。桥梁除了有桥墩支撑外，还被钢索拉着。这种钢索预先就给桥梁一定的拉力，车辆通过后，桥梁的受力就大大减小。因此，经过调整钢索中的预拉力，可使桥梁受力均匀合理，而桥梁的高度降低，自重减轻。斜拉桥作为一种拉索体系，比梁式桥的跨越能力更大，特别是在 200～600 米范围内具有明显的技术优势，是大跨度桥梁的最主要桥型（见图 10－28）。

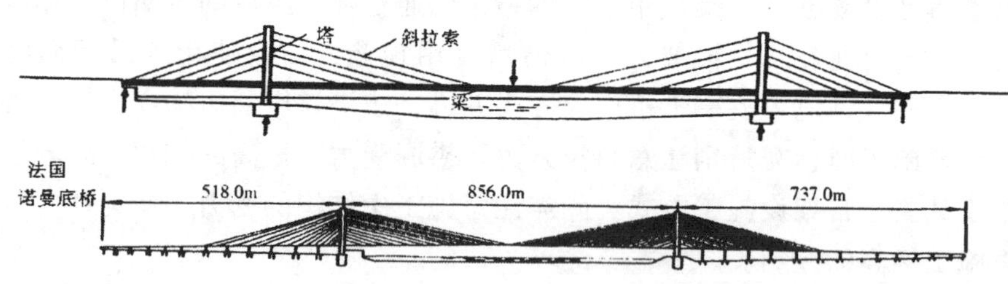

图 10－28 斜拉桥梁示意图

在众多的桥梁结构中，在造型和构造上最富于变化的当属斜拉桥。按照立面布置的不同，斜拉桥可以分为独塔结构、双塔结构和多塔结构。索塔形式又可以分为A形、倒Y形、H形和独柱，其材料有钢和混凝土。斜拉索布置有（a）单索面、（b）平行双索面、（c）斜索面等（见图10－29）。主梁断面可以分为箱形梁、双主梁以及板梁等。

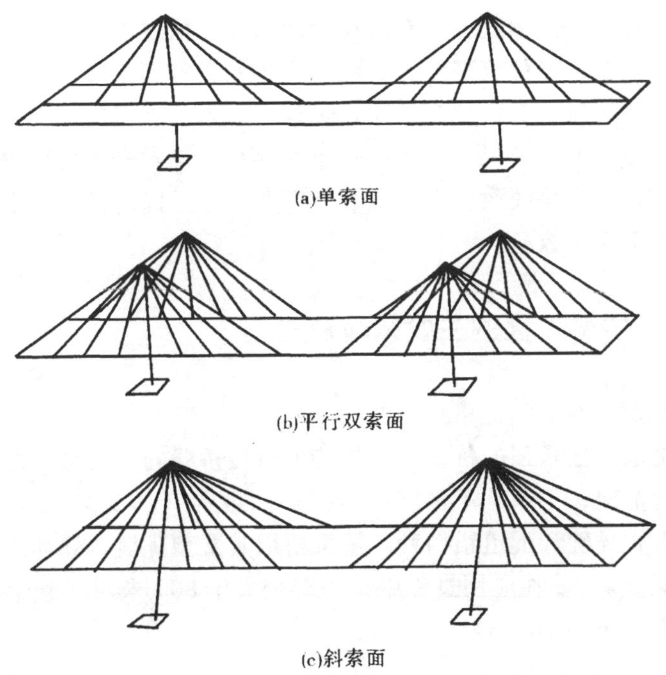

(a)单索面

(b)平行双索面

(c)斜索面

图10－29　拉索的横向布置形式

现代斜拉桥的建造历史可以追溯到1956年瑞典建成的主跨为182.6米的斯特伦松德桥。历经半个多世纪，斜拉桥技术得到空前发展。目前，世界上已建成的主跨在200米以上的斜拉桥有200余座，其中跨径大于400米的有40余座。我国已成为拥有斜拉桥最多的国家，在世界10大著名斜拉桥排名榜上，中国有6座；跨度在600米以上的斜拉桥世界上仅有6座，中国占了4座。

（二）施工的主要风险及控制

斜拉桥的施工包括墩塔施工、主梁施工、斜拉索制作与安装三大部分。斜拉桥的主梁施工一般采用支架法、顶推法、转体法、悬臂浇筑法、悬臂拼装法。在混凝土斜拉桥施工中大都采用悬臂浇筑法，而在结合斜拉桥和钢斜拉桥中则采用悬臂拼装法居多。常见的悬臂浇筑法是在塔柱两侧用挂篮对称逐段浇筑主梁混凝土，直至合龙。

由于斜拉桥结构较为复杂，特别是主梁较柔，抗弯能力差，因此，对施工工艺要求较高，施工技术难度大，属于具有较大施工风险的项目。在以往的斜拉桥施工事故中，大多与施工的管理与控制有关，如我国四川达县洲河斜拉桥在合龙前的垮塌事故。从工程保险的角度看，最大的风险是承包商对施工的管理水平、技术和经验。因此，在对斜拉桥的风险评估过程中，应当重点考察承包商对承建同类型桥梁的管理能力、经验和技术，特别是应当注意了解施工控制体系的建立及运作。在斜拉桥的建设过程中，为了确保施工安全，需要对主梁的变形、应力、温度情况，主塔的变形情况和斜拉索张力情况等建立一套完善的监控系统，在桥梁建设的全过程进行实时监控，以确保及时发现存在的问题，防止发生重大事故。

七、悬索桥梁工程的主要风险及控制

（一）悬索桥梁

悬索桥是适应性最强的桥型，也是特大跨径桥梁的主要形式之一。一般由悬索桥索塔、锚碇、主缆、吊索（或吊杆）和主梁（加劲梁）5 大部分组成。锚碇分为重力式锚碇和隧道锚两种。悬索桥因其造型优美，规模宏伟，常被人们称为“桥梁皇后”。在应用过程中，当跨径大于 800 米时，悬索桥方案具有很大的竞争力（见图 10 – 30）。

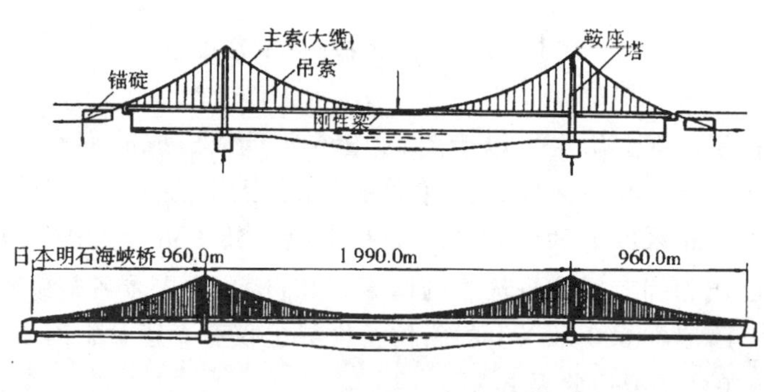

图 10 – 30　悬索桥梁示意图

现代悬索桥从 1883 年美国建成布鲁克林桥（主跨 486 米）开始，至今已有 120 年历史。20 世纪 80 年代末，世界上修建悬索桥进入了鼎盛时期，建成跨径大于 1 000 米的悬索桥 17 座。在此期间，我国相继建成了名列世界第四、第五的江阴长江大桥（主跨 1 385 米）和香港青马大桥（主跨 1 377 米，公铁两用）。日本于 1998 年建成了世界最大跨度的明石海峡大桥（主跨 1 990 米），将悬索桥跨径从 20 世纪 30 年代的 1 000 米提高到将近 2 000 米，是世界悬索桥建设史上的一座丰碑。

（二）施工的主要风险及控制

悬索桥的施工包括索塔、锚碇施工、猫道架设、索鞍安装、主缆架设、整形索夹及吊索安装、加劲梁吊装、桥面系及防护施工等。

锚碇（特别是重力式锚）一般为大体积混凝土结构，施工按常规的方法进行；混凝土索塔通常采用滑模、爬模、翻模并配以塔吊或泵送浇筑；钢索塔一般为吊装施工；主缆架设主要有空中纺丝法（AS 法）和预制平行索股法（PPWS 法）两种。AS 法是指以卷在卷筒上的单根通长钢丝为原料，采用移动纺丝轮在空中来回架设钢丝（纺丝）形成索股，进而形成主缆。PPWS 法是指对主缆中的索股进行预制，然后逐根进行架设索股；加劲梁的架设方法因加劲梁的构造形式不同而异。对桁架式加劲梁可采用单根杆件、桁架片或桁架段（节段）架设法，对箱形加劲梁或混凝土箱（板）加劲梁则采用节段预制吊装法。加劲梁架设顺序有两种，即从主塔开始向两侧推进以及从中跨跨中和边跨桥墩（台）开始向主塔推进。

悬索桥的施工按照施工场地的不同，通常分为工厂预制和工地现场的浇筑、拼装和架设。工厂预制是指一些钢结构部分，如鞍座、组成主缆的索股、索夹、吊杆、加劲梁段（钢悬索桥）在工厂按无应力尺寸下料预制，然后运到工地上拼装、架设。工地现场浇筑是指混凝土部分，如锚碇、主塔、加劲梁（混凝土悬索桥）、桥面等是在工地现场浇筑的。

与其他桥梁项目相比，悬索桥的施工工艺和技术要求相对较高，一方面是整个施工过程相当复杂，需要相应的技术支持；另一方面是其工序间顺序性很强，并相互关联，需要强有力的管理与执行能力。从工程保险的角度看，与斜拉桥一样，悬索桥最大的风险是承包商对施工的管理水平、技术和经验。因此，应当重点考察承包商对于承建同类型桥梁的管理能力、经验和技术，特别是应当注意了解施工控制体系的建立及运作。施工风险方面，首先是气象风险。悬索桥的施工对于气象条件，尤其是风向和风力有一定的要求，在风力较大，且属于横向风的气象条件下，要特别注意控制风险。其次是吊装风险。悬索桥的施工过程涉及大量的大件钢结构的吊装作业，要注意确保吊装安全。最后是火灾风险。在主缆施工过程中，常见的事故之一是火灾，因此，应当注意防范火灾风险。

八、桥梁工程的 PML 分析

在桥梁工程的 PML 分析过程中，通常从两个方面考虑风险因素的影响：一是技术方面的因素，即按照桥梁不同的类型，分为梁式、钢架式、拱式、悬索桥、斜拉式，然后考虑它们对于不同风险的敏感程度；二是组成部分的因素，即按照桥梁不同的组成部分，考虑它们对不同风险的敏感程度（见表10－12）。

表 10－12　　桥梁工程对不同风险的敏感程度

技术部分	敏感因子*				
桥的类型	自然灾害	外部	倒塌	火灾	施工/设计
梁式	1	1	1	1	1
钢架式	1	1	1	1	1
拱式	2	2	3	2	2
悬索	2	2	2	2	2
斜拉式	2	2	2	2	2
组成部分					
基础/桥墩	1	1	1	1	3
脚手架	1	1	1	1（钢材）3（木材）	2
模板	2	2	3	1（钢材）3（木材）	2
桥面板	1	2	2	1	2
悬臂	2	2	2	2	2
塔门	2	2	2	2	2
悬索	1	2	2	1	3
沉箱	1	1	1	1	2

注：敏感因子即严重性因子，其中 0 表示影响程度基本可以忽视，项目不大可能受到风险的影响和导致损失；1 表示影响程度较低，可能导致的损失较小，而且属于能够修复的损失；2 表示影响程度中等，可能导致的损失较大，需要其他替代的方法进行修复；3 表示影响程度很高，将导致灾难式的损失，如桥梁整体倒塌等。

为了能够更加直观地理解桥梁工程的 PML 实际评估，下面以梁式桥梁和悬索桥为例介绍具体的方法。

例 1：梁式桥梁工程的 PML 评估。

项目的基本情况：一个在水面上方铺有双轨铁路的多跨混凝土梁式桥梁在施工期间承受水运交通。

技术数据：桥梁总长度：330 米。10 个单跨部分采用桩支撑，每个跨度部分都是 33 米。

建设周期：将近 30 个月。

PML 估计：大型货运船可能对桩支撑产生影响，因为桥面板正处于最紧要的阶段，此时支撑没有被保护，桥梁结构的全部静荷载还没有稳定。

PML 计算：

施工要素	PML，对永久工件的损害（%）
1. 桩	20
2. 残物清理	100
3. 桥面	20
4. 桥梁	20

其他风险情况的 PML 估计：

水灾——气象部门的统计资料显示，在过去 50 年中，最大的降水量比一般年份要高出 69 厘米。因此发生水灾的风险估计比较低。

地震——地震区域值 =0（慕尼黑再保险自然灾害地图），因此该风险很低。

航空飞行——附近主要机场没有商用飞机路线接近现场。因此这种风险不明显。

人为破坏、盗窃——工程遭受破坏看起来是一个风险。现场通常由周围的围墙保护，一般说来民用工程施工现场不是非常安全，有可能通过小船进入现场。然而对这些风险进行保险的经验表明，这些重型的土木工程项目一般不会成为遭受人为破坏的对象，这些风险更加可能是导致额外的保险费用，而不是被当作一个 PML 的事件。

动力车辆交通——现场没有和公共交通直接相连。道路车辆造成的潜在损失应该非常有限，因此发生的风险比较低。

例 2：悬索桥工程的 PML 评估。

项目的基本情况：一个采用应力混凝土建造的现代化悬索桥，跨越一条主要的河道。在施工期间，一些重型的运货船需要通过现场。

技术数据：建成于 1997 年，离河面的净空为 40 米。塔门在河面以上 189 米，桥梁跨度为 1 210 米。

建设周期：20 个月（外加两年的保修期）。

PML 估计：在桥梁部件完全拼装在一起之前的一段危险时期发生暴风雨。桥板开始摆动并最终完全倒塌。

PML 计算：

施工要素	PML，对永久工件的损害（%）
1. 残物清理	100
2. 额外成本	100
3. 钢材/混凝土工程	67
4. 悬索系统	10

其他风险情况的 PML 估计：

水灾——发生水灾的可能性为：0/很低。

地震——地震区域值 = 0（慕尼黑再保险自然灾害地图），因此该风险很低。

航空飞行——没有航线接近现场。一架飞机在桥梁建设完工前对塔台造成影响将会产生重大损失。但是这种估计通常不属于 PML 的定义中。

人为破坏、被窃——工程遭受人为破坏看起来是一个风险。现场（地面工程）通常由周围的围墙保护，一般说来民用工程施工现场不是非常安全，有可能通过小船进入现场。然而对这些风险进行保险的经验表明，这些重型的土木工程项目一般不会成为遭受人为破坏的对象，这些风险更加可能导致额外的保险费用，而不是被当作一个 PML 的事件。

动力车辆交通——现场没有和公共交通直接相连。道路车辆造成的潜在损失应该非常有限，因此发生的风险比较低。

法国再保险公司提供的桥梁 PML 评估的技术则较为简单，针对不同类型的桥梁，其物质损失的 PML 计算公式如下：

（1）对于单跨，且跨度较大的桥梁：

PML = 桥墩（Deck）等结构物价值的 100% + 钢缆价值的 100% + 其他部分价值的 10% ~50%

（2）对于多跨的桥梁：

PML = 合同金额的 30%

九、桥梁工程的主要风险及其控制

尽管不同类型桥梁的施工风险有所不同，但对于所有桥梁而言，其施工风险的控制也有一些共性问题，其中地质、水文、气候等属于环境方面的风险，而技术、工期、设备、承包商经验则属于施工方面的风险。从桥梁工程的特点看，施工技术上也存在着一些具有共性特征的风险，如几何（变形）控制、应力控制和稳定控制，因此，在承保桥梁工程保险过程中，应当予以必要的关注。

（一）几何（变形）控制

无论采用什么方法施工，桥梁结构在施工过程中总是要产生变形（挠曲）的，且结构的变形将受到诸多因素的影响，极易使桥梁结构在施工过程中的实际位置（立面标高/水平位置）状态偏离预期状态，使桥梁难以顺利合龙，或者成桥线形形状不符合设计要求。因此，应当对桥梁的施工进行几何控制，确保其结构在施工过程中的实际位置形状与预期形状之间的误差在允许范围内，而且成桥线形状态符合设计要求。

（二）应力控制

在桥梁施工过程中，应当高度重视应力控制工作。原因是：一方面，如果应力控制不力，将会给结构造成严重危害，更有甚者将导致结构破坏事故；另一方面，应力存在的问题不容易发现，需要借助专门的仪器和技术。所以，对于桥梁结构在施工过程中以及在成桥状态下的受力情况应当予以高度关注，应当建立和完善结构应力的监测体系，通过监测了解实际应力状态，及时发现并解决问题。

（三）稳定控制

桥梁结构的稳定性关系到桥梁结构的安全，它与桥梁的强度具有同等甚至更重要的意义。在以往的一些桥梁工程重大事故中，有不少由于失稳导致全桥损毁的案例。因此，在桥梁的施工过程中，不仅要严格控制变形和应力，而且要严格控制各个阶段结构构件局部和整体的稳定。为此，应当建立一套完整的稳定监控系统，通过稳定分析计算，并结合结构应力、变形情况来综合评定、控制其稳定性。另外，除了桥梁结构本身的稳定外，施工过程所使用的支架、挂篮、缆索吊装系统等施工设施的各项稳定系数也应当满足要求。

在桥梁工程的施工过程中，第三者责任问题也是一个需要重视的问题，由于所处的水域情况不同，这个问题的结论也不同。应当特别指出的是，如果是在繁忙和立体的交通网环境中进行桥梁施工，则需要对第三者责任风险进行充分评估，并采取必要的防范措施。

第五节
码　　头

一、码头工程及其特点

码头是供船舶系靠、停泊、进行货物装卸作业和旅客上下等使用的港口设施，是港口的主要建筑物之一（见图10－31）。

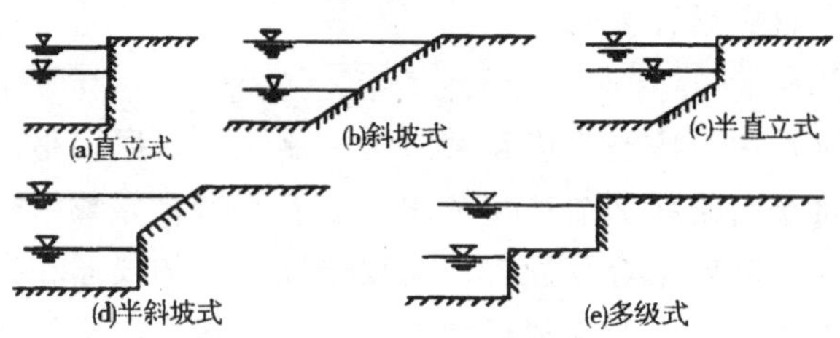

图10－31　码头断面形式图

码头工程的特点：首先，施工环境相对较差，工程的大部分属于水工工程，必须在水下进行施工，而且还要受到潮汐和水流的影响，施工环境处于一种极不稳定的状态。因此，对于施工工艺、设备和技术均提出了较高的要求。其次，工程的设计和质量标准相对较高，码头的用途决定了其应具有较高的强度和稳定性，以承受船舶、海浪的冲击。同时，还要求码头具有良好的抗地震能力和地面使用荷载。最后，由于码头工程的特点，码头工程的承包商应当具有专门的资质。因此，我国的码头工程大多数是由交通部所属的建设单位完成的。

二、码头的种类

码头的种类按照用途进行划分有：货运码头、客运码头、工作船码头、渔业码头、军用码头、修船码头、舾装码头和通用码头。货运码头按照货物种类还可以分为：杂货码头、散货码头、木材码头、石油码头、集装箱码头、煤码头、粮食码头和其他专业码头等。

与工程保险有着密切关系的码头分类是按照建筑物结构形式进行的分类，可以分为重力式码头、板桩式码头、高桩式码头和混合式码头。

码头的种类还可以按照平面分布分为顺岸码头、突堤码头和墩式码头(见图 10－32)。按照建筑物断面形式分为直立式码头、斜坡式码头、半直立式码头、半斜坡式码头和多级式码头等。

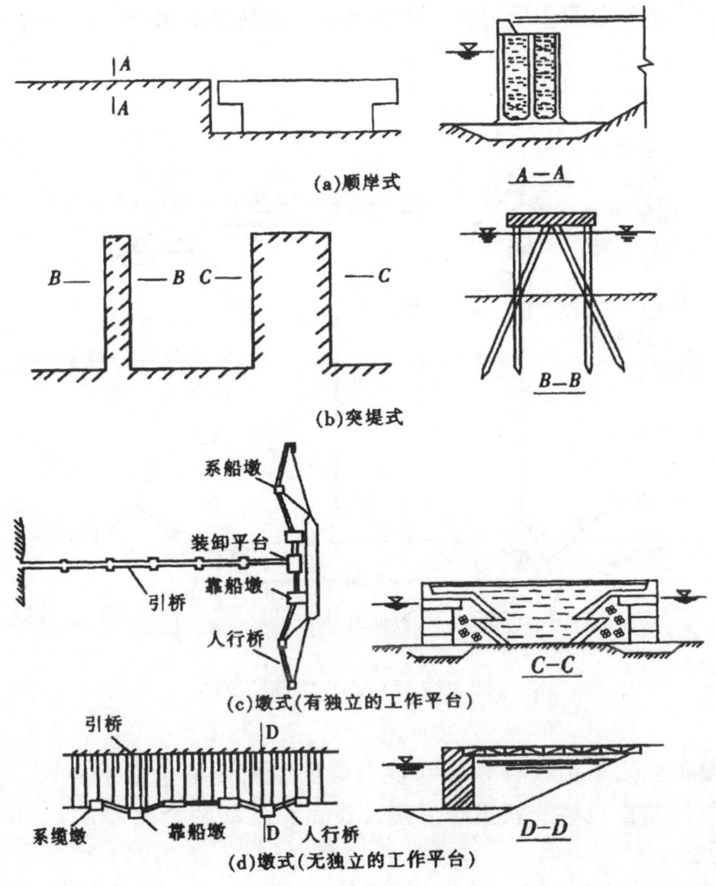

图 10－32　码头平面布置形式

三、码头工程的基本组成

码头工程包括码头建筑物主体结构和码头设备，有的码头工程还包括防波堤。

主体结构通常包括上部结构、下部结构和基础。上部结构是将下部结构的构件连成整体，直接承受船舶作用力和地面使用荷载，并将其传给下部结构，同时，上部结构还供作安装码头附属设备。下部结构是使码头形成一个直立墙身，并将作用在上部结构和自身的作用力传递到基础。基础是码头建筑物的底座，承受下部结构传递下来的作用力，并扩散到较大范围的地基上（见图 10 – 33）。

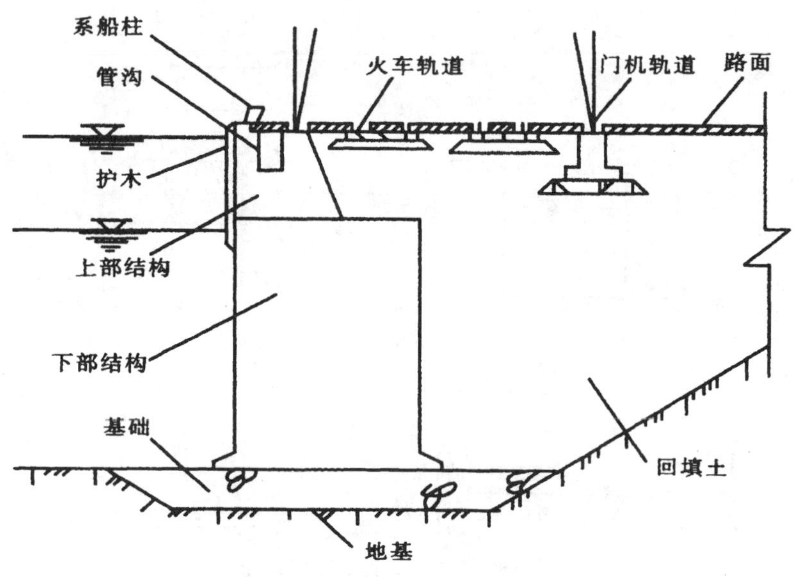

图 10 – 33　码头组成部分

码头设备包括系泊设备和装卸设备等。系泊设备包括系船柱、系船环等。装卸设备包括起重设备、轨道等。缓冲设备包括橡胶护舷。

四、码头建筑物

在码头的建设过程中，主要是根据当地的地质情况、水文、建筑材料、码头用途和施工条件选择码头建筑物的种类，有时也采用多种形式的混合结构。较为常见的码头建筑物种类有：重力式码头、板桩式码头和高桩式码头等（见图10－34）。

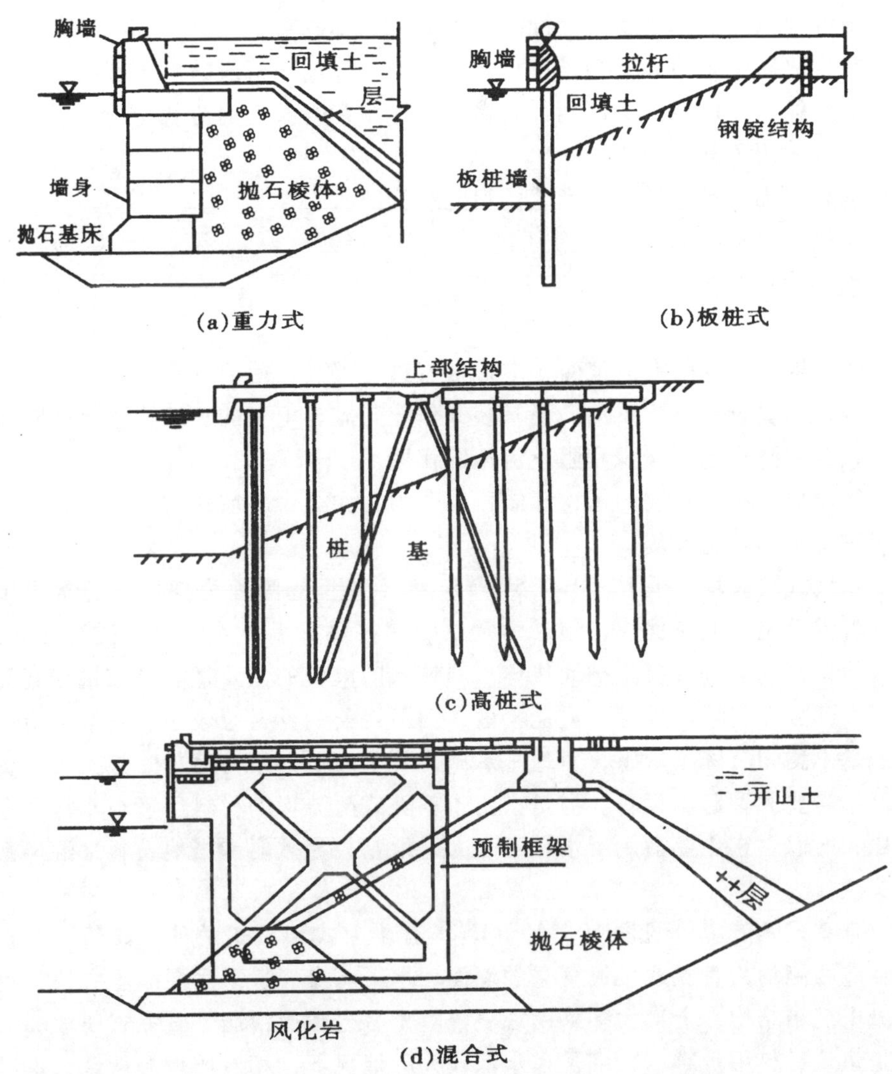

图10－34　码头的结构形式

重力式码头是依靠码头结构自身重量保证其滑动和倾倒稳定性的挡土建筑

物。因重力式码头的自重大，所以适用于土质较好的地基，而且由于墙体多为实体结构，所以耐久性能好。

板桩式码头是靠打入地基中一系列连续的板桩形成板的桩墙体来挡土，所以要受到较大的土压力。由于板桩墙是薄壁结构，且承受较大的土压力，因此，板桩式码头适用于墙身高度不太大的中、小码头。

高桩式码头是由一系列基础桩和其上的上部结构组成的。上部结构把基础桩连成整体，并构成码头地面，直接承受作用在码头上的荷载与外力。高桩式码头一般适用于软土地基。

混合式码头是各种不同形式的混合结构。

五、防波堤

防波堤是一种防御波浪对于港口区域进行侵袭，使港内水域平稳，确保船舶在港口内安全停靠、系泊、正常装卸作业与旅客上下的建筑物。有的防波堤还可以起到防止港口淤积和阻止流冰的作用。

防波堤按照建筑物的结构形式可以分为三大类：斜坡式防波堤、直立式防波堤和特种形式防波堤。

斜坡式防波堤［见图 10－35（a）和（c）］的断面为梯形，通常采用块石或者混凝土块抛筑而成，但最为常见的是在块石堤心外面护以抗浪性能强、消波效果好的各种混凝土护面块体。斜坡式防波堤的主要优点是波浪遇到斜坡后，大部分在斜坡上破碎，波能消散，因而堤前的反射波较小。斜坡式防波堤对地基不均匀沉降不敏感，对地基承载力要求较低。结构简单，施工工艺要求低，不需要大型起重设备。但是，由于斜坡式防波堤的材料用量与水深平方成正比，所以，它主要适用于水深不太大、地基较为软弱和当地石料来源丰富的码头项目。

直立式防波堤［见图 10－35（b）］有重力式和桩式两种。其断面在临海和临港两侧均为直立或接近直立的墙面。水下墙身一般采用混凝土方块或钢筋混凝土沉箱结构，上部大多采用现浇混凝土平台和封浪墙。直立式防波堤的优点是建筑材料用量小，特别是在水深较大的情况下，相对质量有保证，不需要经常维修，堤内还可以兼作码头。但是，其消波性能相对差，同时，直立式防波堤对于基础要求较高，通常用于水深较大的码头项目。

特种形式防波堤的种类繁多，设计的思路主要是针对降低海浪的波能展开的。由于海水的波动主要是发生在水体的上层，因此，波浪的能量大部分集中在水体表层，研究表明，在表层 2～3 倍波高的水层厚度内集中了大约 90%～98% 的波能。特种形式防波堤是采用各种方法，消除或者抑制水体表层的波能。通常有透空式防波堤［见图 10－35（d）］、浮式防波堤［见图（10－35（e）］、喷气式防波堤［见图（10－35（f）］和喷水式防波堤［见图 10－35（g）］。

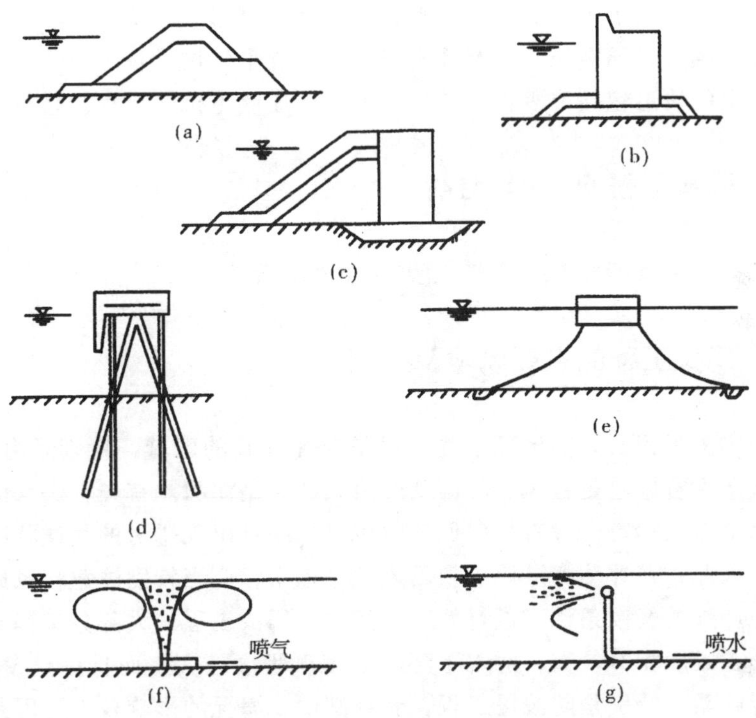

图 10－35　防波堤的结构形式

六、码头设备

码头设备是为了保证船舶安全系靠、码头装卸作业以及船舶供给，而在码头建筑物上设置的各种有关的附属设备。

码头设备包括缓冲设备、系船设备、装卸设备、轨道、供水供电系统等。

缓冲设备通常是设置在码头前沿，通过对碰撞能量的吸收，解决船舶在靠、离码头和系泊进行装卸作业过程中，船体会对码头建筑物产生的冲撞、挤压和摩擦，确保船体和码头的安全。缓冲设备包括护木、橡胶缓冲装置、防撞桩、液压式缓冲设备和重力式缓冲设备等。

系船设备是设置在码头上的专门设施，供船舶在停靠码头时，将船缆系泊在码头时使用。系船设备包括系船柱和系船环等。

装卸设备是用于装卸货物的设备，主要包括集装箱装卸桥和门座起重机。在散装货物码头，通常还有与装卸机械配套的皮带传输设备。

码头上的轨道包括集装箱装卸桥轨道、门座起重机轨道和铁路轨道。

七、码头工程的 PML 分析

参见第十一章第九节“海洋工程”的 PML 分析。

八、码头工程的主要风险及控制

由于码头工程所处的地理位置一般是较为开阔的区域，特别是海港码头，其主要自然灾害风险是台风、暴雨及海浪，甚至是海啸。首先，码头的施工往往处于完全露天状态，没有任何保护，所以，一旦出现恶劣的气候状况极易导致损失。因此，在评估海港码头项目风险过程中，应当特别注意台风风险，严格控制在特殊的气候条件下进行施工。其次，码头工程的大部分工程属于水下施工，施工难度相对较大，对水下环境的依赖程度较大，而且一旦发生损失，难以进行施救。特别是防波堤工程，受到潮汐、海况的影响较大。因此，在进行水工作业过程中，应当充分了解和掌握水文状况，特别是潮汐情况，确保施工环境条件符合要求。最后，在码头工程的施工过程中涉及大量的吊装作业，包括抛石过程、打桩过程和码头设备安装过程。在进行这些吊装作业过程中，由于场地的限制，往往难以满足设备对工作环境条件的要求，增加作业的难度和发生损失的几率。在吊装过程中，应当严格遵守安全操作规程，同时，选派技术强、经验丰富的机械手进行操作。

第十一章
工程项目风险评估（二）

第一节
水电站

一、水电站项目及其特点

（一）水电站项目

水电站工作的基本原理是筑坝或者闸拦截水流，形成水库，抬高上游水位，集中落差形成水头，然后在坝后修建水电站，利用压力水管将水流引入水轮机，使水轮机转动，将水能转换成机械能，通过水轮机带动发电机，将机械能转换成电能。水力发电以不消耗水量、没有污染、清洁、运行成本低等优点，成为各国优先考虑发展的能源。

随着我国经济建设的发展，对于能源的需求将不断加大，特别是电力资源，在目前的能源结构中，仍然是煤炭和石油占据主导地位，水电的占比不足10%。但由于全球石油短缺，人们开始更多地关注水力这一能源。1990 年，我国水力发电的装机容量为 36 000 兆瓦（MW），同时以平均每年增长 4 000 兆瓦（MW）的速度发展，到 2000 年已经达到了 79 300 兆瓦（MW），而这仅仅是我国可开发水力资源的 20% 左右。预计到 2020 年，我国水力发电的装机容量可以达到 27 000 兆瓦（MW）。由此可见，我国水力资源开发的潜力巨大。

（二）水电工程的特点

水电站工程的特点有：

1. 项目施工的作业面较广，施工难度大，涉及大量的土石方工程和混凝土浇捣作业。

2. 工程建设的工期较长。水电站的建设工期一般需要 4 ~5 年，一些大型的水电站需要 7 ~8 年，而特大型水电站则可能需要 10 年以上。在如此长的施工过程中，各种环境均会发生很大的变化，因此具有许多不确定的风险因素。

3. 对工程的质量要求高。水电站是永久性的工程，特别是大坝在完工后一旦有缺陷是难以弥补的。大坝一旦出现质量问题，其后果是不堪设想的。所以，在水电站的建设过程中对工程质量，尤其是对大坝的质量要求特别高。

二、水电站的种类

水电站的分类方式有许多，较为常见的一种是根据其集中落差的方式将水电站分为坝式水电站和引水式水电站。另外，还有两种较为常见的水电站是潮汐水电站和抽水蓄能电站（见图 11 -1）。在我国的水电站建设项目中，绝大多数的水电站类型均属于坝式水电站和引水式水电站，为此，本书则以这两种水电站为对象进行介绍。

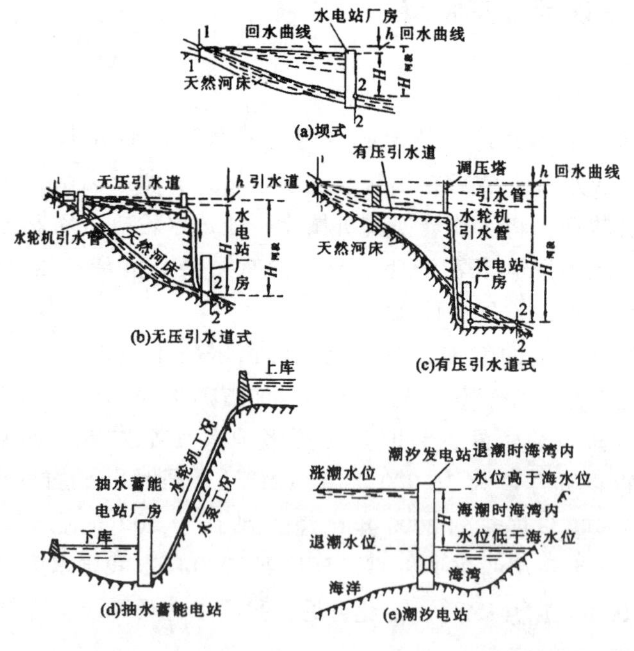

图 11 -1 水电站类型

（一）坝式水电站

坝式水电站是通过建设大坝的方式提高水位，形成落差，用水落差的势能进行发电。按照大坝与厂房的相对位置不同，又可以分为河床式水电站和坝后式水电站。

1. 河床式水电站。河床式水电站一般建在河流的中、下游河道纵向坡度较为平缓的河段上，其特点是厂房与坝体是合二为一的，没有专门的水轮机管道，水流由上游进入厂房，驱动水轮机后泄回下游（见图 11－2）。如浙江的富春江和湖北葛洲坝均属于河床式水电站。

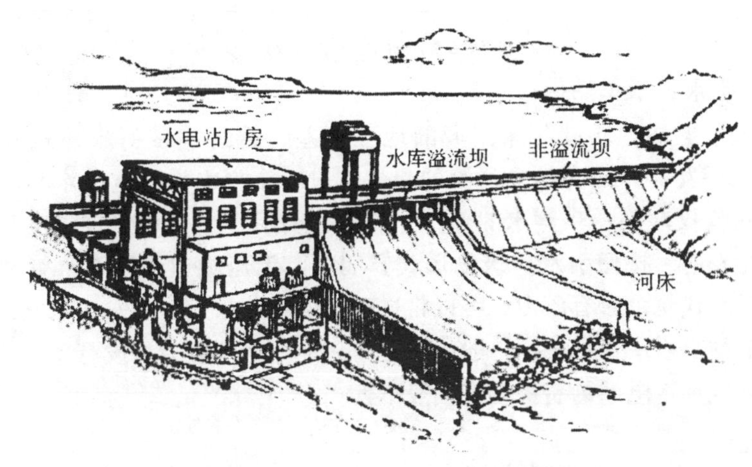

图 11－2　河床式水电站

2. 坝后式水电站。坝后式水电站一般建在河流的中、上游，在这些地方通常河水的落差较大，拦河大坝集中的水头较大，对于大坝的压力很大，这样厂房就不能承受上游水的压力。所以，设计上由大坝承受全部的水压力，而将厂房建在坝后，也有的水电站将厂房建在河流的一侧岸边。大坝拦住的水通过坝身的取水口和引水管道推动水轮机，然后由泄水孔排出（见图 11－3）。青海龙羊峡水电站和福建水口水电站均属于坝后式水电站。

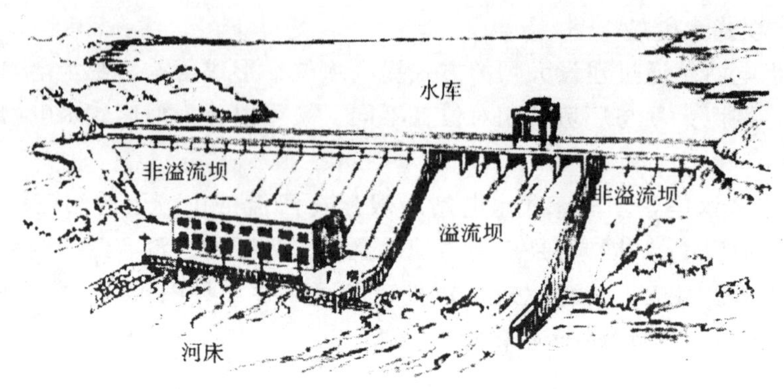

图 11－3　坝后式水电站

（二）引水式水电站

引水式水电站是通过河床流域的地理落差，通过建设引水建筑来集中落差，然后进行发电。通常是在河流的上游建设一个拦水坝，这种水坝的高度一般不高，它仅仅起到一个壅水的作用，然后，利用一个引水建筑将水引向下游的厂房进行发电。按照引水建筑物形式有明渠、无压隧道、压力水管和压力隧道；根据引水建筑是否有压力，可以将这类水电站分为无压引水式水电站和有压引水式水电站。引水式水电站一般运用在河床地理落差较大、没有条件建水库的地区，而且这种水电站的装机容量一般不大。

三、水电站工程的基本组成

水电站工程项目通常包括两个基本组成部分。一是以各种水工建筑物组成的综合体，亦称水利枢纽，一般包括挡水建筑物、进水建筑物、引水建筑物、泄水建筑物、平水建筑物以及水电站厂房等。二是由各种发电、变电、配电等机械和电气设备组成。

挡水建筑物用于截断河流，壅高上游水位，以形成水库集中落差，如各种大坝和闸。挡水建筑物是水电站水利枢纽中的主要水工建筑物。

进水建筑物是按照发电要求从水库或河道取水，是引水道的入口，亦称水电站的进水口。

引水建筑物是将从进水口引进的水输送到水轮发电机组的引水道。如明渠、隧洞和管道等。

泄水建筑物用来宣泄水库、渠道、前池中多余的水量，防止洪水漫顶，确保水库和其他建筑物的运行安全，如溢流坝、河岸溢洪道、坝下泻水管和隧道。泄水建筑物是水库中必不可少的水工建筑物。

平水建筑物是在水电站负荷变化时平稳引水建筑物的水压和流量。如有压引水道上的调压室和无压引水道上的压力前池。

水电站厂房等指安装发电设备和运行控制设备的厂房、安装升压变压器的变电站、安装高压开关等设备的开关站。

在水电站的水利枢纽中，还有一些水工建筑物虽然与发电过程没有直接关系，但是在水电站的水利枢纽中占有重要的地位。这些水工建筑物主要有船闸或升船机、筏道、鱼道以及为灌溉或城市供水而设的取水设施等。

另外，在水电站的施工过程中，为了完成永久性水工建筑物，往往还需要建设一些临时性的建筑物，如临时围堰、导流明渠等。

(一) 大坝

大坝是水电站建设中的一个主要项目。大坝的种类较多，按照大坝的填充材料可以分为土石坝和混凝土坝，其中混凝土坝按照结构的不同可以分为重力坝、中空重力坝和拱坝。

在现代水电站的建设过程中大量采用的是混凝土大坝，具体采用何种结构，主要取决于坝址的地形和岩石的情况。大多数采用的是重力坝和拱坝。重力坝施工工艺相对简单，施工条件要求低，同时，重力坝的稳定性较好。拱坝无论是对于地质勘探、设计和施工均有相对较高的标准和要求。

在混凝土大坝的施工过程中，地基的处理是关键。重力坝的地基处理包括坝基础的开挖和清理、坝基的固结灌浆、坝基帷幕灌浆、坝基排水和断层破碎带的处理。拱坝的地基处理包括坝基开挖、固结灌浆和接触灌浆、帷幕灌浆、坝基排水和断层破碎带的处理。

水电站施工质量的关键是大坝，原因是大坝是水电站主要的结构物，同时，大坝的施工周期较长，一般要2~4年，有的工程可能更长。另外，在混凝土的浇捣过程中对施工环境要求较高，而大坝一般属于露天施工。在混凝土施工过程中，温度控制是一个关键因素，一旦温度控制出现问题，就容易产生坝体裂缝。对温度的控制可以采用减少混凝土发热、降低混凝土的入仓温度、加速混凝土热量散发和防止气温的不利影响等手段。对坝体裂缝控制问题，除了通过加强对温度的控制以外，加强混凝土的抗裂强度，采用合理的分块、分缝方式均是有效的控制手段。

(二) 导流工程

导流工程的用途是将工地内的水排干，以便进行大坝的施工。导流工程包

括临时截流坝、截流围堰、导流明渠和导流隧道等。导流工程属于水电站的临时工程，是配合大坝施工而建设的。

（三）船闸工程

船闸工程属于通航建筑物，目的是解决在原有航道被大坝截断之后的通航问题。船闸的种类有很多，通常按照船闸的级数可以分为单级船闸与多级船闸。多级船闸的级数一般取决于水头，如水口水电站的水头为 59 米，设计了三级船闸；而长江三峡的水头为 113 米，船闸为五级。按照船闸的线数还可以分为单线船闸和多线船闸，线数主要考虑航道通航的情况以及建设条件。船闸一般由闸首、闸室和引航道三个部分组成；此外，船闸还包括输水系统、导航建筑物、靠航建筑物等。

船闸通常布置在顺直稳定的河段，上下游引航道口门应尽量避开容易淤积地段。船闸一般布置在河岸的一侧，船闸的上闸首坎最好是能够坐落在基岩上，这样有利于闸首的稳定。而整个船闸也常常选择合适的靠岸山体开挖，多级船闸更应这样。船闸要与泻水建筑物保持一定距离，特别是在下游，为了确保船舶安全，往往要在坝下建一段很长的隔流堤将航道与主河道分隔开。

（四）水电站厂房

水电站厂房由专门建筑物、机械设备、电气设备组成。建筑物一般包括主厂房、副厂房、变压器场和高压开关站等。厂房的机械、电气设备大致可以分为 5 个系统。

1. 水流系统。包括压力钢管、蝴蝶阀、蜗壳、水轮机、尾水管、尾水闸门等。

2. 电流系统，即电气一次回路系统。包括发电机、发电机出线、发电机电压配电设备、主变压器、高压开关站及各种电缆、母线等。

3. 电气控制设备系统。包括机旁盘、励磁设备、中央控制室、各种互感器、表计、继电器、控制电缆、自动及远动装置、通讯及调度设备等。

4. 机械控制设备。包括水轮机调速设备、蝴蝶阀的操作控制设备、其他各种阀门、减压阀、拦污栅等。

5. 辅助设备系统。包括厂用电系统、油水气系统、起重设备、电气和机械修理车间、机械室、工具室、通风采暖设备等。

（五）水轮机

水轮机是将水的势能转换为机械能，然后带动发电机将机械能转换为电能。水轮机可以是单独存在的，也可以是和发电机组合在一起的，后者称为水轮发电机组。

水轮机按照水流对转轮的作用方式可以分为反击式和冲击式。反击式水轮机的工作原理是先将所有水流通道内都充满水，水流连续地流过水轮机的转轮，推动水轮机旋转。与此同时，转轮叶片给水流以反作用力，使水流的速度、方向均发生变化。反击式水轮机可以分为混流式、轴流式、斜流式和贯流式。冲击式水轮机的工作原理是利用喷嘴把具有高压能的水流变为具有动能的自由射流，射流冲击转轮，使水流动转化为机械能。冲击式水轮机可以分为水斗式、双击式和斜击式。

作为水轮机的配套设备，水轮机的调速设备的作用是通过调节水轮机的流量和出力来改变发电机的出力，以适应负荷变化，保持转速稳定。调速器可以分为机械液压调速器、电气液压调速器和射流调速器。调速器由测速系统、动力系统、放大系统、反馈系统和辅助调节系统组成。

（六）水轮发电机及主要电气设备

水轮发电机是将水轮机产生的机械能转变为电能，完成整个水电站的生产过程。

水轮发电机可以分为卧式和立式两种。卧式水轮发电机主要用于中小型水电站；立式水轮发电机大多用于大中型水电站。

立式水轮发电机的主要部件有：转子、定子、励磁机、永磁机、制动闸、空气冷却器。立式水轮发电机可以分为悬吊式和伞式。

四、水电站工程的 PML 分析

在水电站工程的 PML 评估过程中，重点是考虑大坝问题，包括水坝本身、进水建筑物、溢洪道、引水渠或引水隧道、发电站或供水设施、通道、导流工程，并根据水电站施工面临的主要风险，包括地震、洪水/漫溢、上浮、管涌、地基失稳等进行评估。每一组成部分必须单独进行风险评估，风险产生的最严重的情况则是对整个项目而言的。所选定的风险，如洪水，可能会影响到项目几个组成部分。水电站不同类型的大坝和特殊结构的风险敏感因子分析见表 11－1。

表 11 - 1　　大坝类型与风险敏感程度

大坝类型	敏感因子				
	地震	洪水/漫溢	上浮	管涌	地基失稳
碾压混凝土坝	1	1	2*	—	—
土石坝	1	3	—	3*	—
拱坝	2	1	1*	—	3*
		特殊结构/工程			
溢洪道	1	—	2*	—	—
导流工程（围堰）	2	3	—	2	1

注：(1) * 主要发生在第一次蓄水期间。

(2) 敏感因子即严重性因子，其中 1 表示影响的程度相对较小；2 表示影响的程度属于中等；3 表示影响程度较大。

国际大坝委员会（International Commission on Large Dams）公布的水坝事故的统计资料显示：(1) 不考虑水坝的类型、服务时间以及位置时，水坝发生事故的概率是 2×10^{-5} 次/年；(2) 水坝在进行第一次蓄水时，是其发生事故的最危险时期：对于土石坝，2/3 的事故发生在这个时期；对于混凝土坝，则是 1/2；(3) 影响土石坝的大多数事故（75%）是由于表面和内部的冲蚀，也就是洪水和管涌；(4) 混凝土坝的安全性是土石坝的两倍。影响混凝土坝的大多数（75%）事故是由于地基失稳。而事故发生之前常常出现一些征兆（比如裂缝等），这允许采用紧急措施。

根据以上统计资料分析，最合理的 PML 情形应该是：(1) 土石坝。建设期间的洪水以及第一次蓄水时的内部冲蚀，导致坝体的整体破坏（除非是建造在一个宽阔的河谷时，破坏部分可能会限制在河谷的宽度）。(2) 混凝土坝。地震和在第一次蓄水期间的地基失稳，导致水坝的大范围破坏。常常把水坝造价的 25% ~50% 作为必要的维修费用（灌浆）。然而，可能最大损失应为水坝的全部造价。

五、水电站工程的主要风险及控制

（一）水电站工程的主要风险

在水电站建设项目中，最主要的风险有洪水和暴雨、施工工艺不善、火灾等。

1. 围堰过水。在水电站的施工过程中，作为导流工程重要组成的围堰，在其本身的建设和执行导流任务过程中，由于洪水水位超过围堰高度，导致河水漫过围堰，造成损失，损失包括围堰本身的损坏和导致建设中大坝的损失。

2. 大坝垮塌。大坝，通常指土石坝在施工过程中，由于洪水或暴雨因素导致建设中的坝体垮塌。

3. 边坡垮塌。在施工过程中，由于洪水或暴雨因素导致边坡垮塌。

4. 施工道路损坏。在水电站建设过程中，需要修建大量的施工道路，这些道路均属于简易道路，经常由于洪水、暴雨、泥石流、塌方等因素导致道路损坏。

5. 隧道损失。在水电站的导流工程中经常应用隧道技术，而隧道属于相对高风险项目，事故损失率较高。

6. 施工机具损失。大多数水电站均有大量的土石方工程，需要应用大量的施工机具，特别是一些大型进口的机具，而这些施工机具的作业环境相对恶劣，对机械手的技术和经验要求较高，且修理费用昂贵，如果管理不当，非常容易造成损失，有些水电站工程的施工机具损失大大超过其他损失。

7. 设备吊装损失。在水电站的建设过程中涉及大量的设备吊装作业，其中不少是大型和超大型设备，由于受到吊装作业环境条件的影响，给吊装增加了一定的难度，一旦操作不当，容易导致设备损失。

8. 在设备安装过程中的火灾风险。由于在水电站的设备安装过程中，有大量的电焊等明火施工，而且，水电站的厂房通常处于地下相对狭小的密闭空间，通风环境较差，容易导致火灾，同时，一旦发生火灾，施救的条件受到一定限制。

（二）风险评估的主要因素

在水电站的风险评估过程中，主要应当考虑以下风险因素：

1. 工地的地形。水电站建设一般是利用一定的地形条件建设的，因此，工地的地形条件将在一定程度上影响项目建设的风险状况。

2. 当地的洪水情况。洪水是水电站建设的最主要的风险，水电站项目的大多数损失均与洪水有关，所以，在风险评估过程中应当特别关注洪水因素。评估洪水风险的关键指标是设计高程的洪水重现周期，同时，还应当注意：通常讲的设计高程是指水电站或者大坝建设完成之后的情况，但工程保险更多的是面对在水电站建设过程中的情况，因此，不能将设计高程指标作为唯一的参数，而应当结合施工进度以及对应的洪水季节，考虑可能产生的影响。

3. 工地地质情况与大坝的类型。大坝的选型取决于工地地形和地质环境条件，而不同的大坝类型采用的工艺不同，将面临的风险也大不相同。因此，在评估风险的过程中应当将这两个因素结合起来考虑。不同的大坝类型对于地质条件的要求是不同的，但大坝的选型是从工地地质的整体情况考虑的，对于局部的情况不可能面面俱到，所以，要注意工地地质的实际情况，结合大坝的类型和施工工艺进行风险评估。

4. 导流方案选择及工期安排。导流工程是水电站建设过程中的关键项目，同时导流工程属于挡水工程，与河道和洪水情况关系密切，所以，导流方案的选择将直接影响到项目的建设难度和风险。同时，导流工程的工地安排也是控制风险的关键，应当与流域的洪水期相互错开，对处于相对下游的水电站，应当充分考虑上游流域可能出现的洪峰叠加的情况。

5. 施工方案的施工方法、设计等级及安全系数。如今水电站建设技术高度发达，一方面有大量成熟的技术和工艺，另一方面又需要进行新技术和新工艺的探索，在设计和施工过程中采用不同的方法将直接影响施工风险，因此，在进行风险评估的过程中，应当特别关注新技术和新工艺的采用，这些新技术和新工艺往往是风险点，尤其是承包商的经验和能力不足时，更是如此。所以，考虑这方面的风险时关键要把握两个问题：一是技术和工艺的成熟与可靠；二是承包商的能力和经验。

6. 工地布置情况，材料仓库的位置等。水电站项目的工地大多数处于施工条件相对恶劣的环境，工地布置的环境条件十分有限，包括许多材料堆放在临时料场，一些建筑材料的仓库也属于简易仓库，抵御风险的能力有限，而一旦发生洪水、暴雨、滑坡、泥石流等风险，就很容易导致损失。因此，在水电站的风险评估过程中，应当注意工地的环境以及布局情况，特别是要注意材料堆场和仓库的情况。

7. 承包商的相关经验。在各种风险因素中，人是最关键的因素，而在人这个因素中，承包商又是重中之重。在水电站的风险评估过程中，应当结合水电站工程特点以及项目的施工技术与工艺要求，对承包商的经验、管理、技术等方面进行全面和综合的评估。

（三）风险控制的主要手段

水电站工程风险控制的关键：一是气候，二是管理。

1. 气候风险。重点是控制施工进度和应急预案。由于水电站工程是在原有河道上进行施工，而一般河水具有季节性变化特点，因此，施工进度与河水的季节性变化的相对关系就显得尤为重要，特别是一些挡水工程的施工进度。通常情况下，在进行设计和制定施工计划时已经充分考虑了这些因素，出现问题的原因往往是施工单位由于各种原因，没能按照施工计划进行，常常是施工进度落后。保险人应定期对工地以及施工情况进行了解，对于一些大型项目，必要时还可以委托保险公估公司进行定期现场检验，特别是在洪水季节前夕，一旦发现问题，应督促被保险人抓紧解决。此外，对于气候风险控制的主要手段之一是制订科学的应急预案。尽管设计时已经对施工期间可能出现的气候情况予以了充分的考虑，但仍然可能出现一些预想不到的情况，如出现百年不遇的特大洪水，所以，制订一个科学、有效的应急预案就显得十分重要，包括对于天气变化情况的密切跟踪和关注，采取一些临时防护措施，及早撤离人员和重要物资等。

2. 管理风险。重点是对于承包商资质和施工现场的管理。承包商资质管理是风险控制的关键，与其他工程一样，承包商的资质对施工质量至关重要，保险人应当高度关注业主对承包商的选择与管理，尤其是应当注意分包商的管理，必要时应向被保险人及时提出整改意见。由于水电站的施工现场范围较广，参与的承包商数量较多，存在大量交叉和立体作业，因此，施工现场的管理就显得十分重要，保险人应注意督促业主的现场工程师与总承包商合作，协调承包商、分包商、供应商等各个方面，确保施工现场的有序与规范。

第二节
火电厂

一、火电厂项目及特点

火力发电厂是指通过化石燃料的燃烧将化学能转化为热能，再用动力机械转换为机械能驱动发电机发电的技术。一般是应用蒸汽动力发电技术，即利用燃料在锅炉中燃烧释放的热能产生具有一定压力和温度的蒸汽，蒸汽热能在气轮机中转换成机械能，再通过发电机转换为电能的发电方式。

不同项目火力发电厂工程的基本原理相似，但不同项目的规模、技术、施工工艺要求可能存在较大差异。火力发电厂项目的特点：一是主要设备起到关键影响。这些设备包括锅炉、气轮机、发电机，这些设备的订货和生产周期较长，一旦发生意外，特别是在联动试车期间发生意外将影响整个工程进度。二是有大量大件、甚至是超大件吊装作业。在这些吊装作业过程中，作业场地受到限制，对吊装技术和经验要求较高。三是风险相对集中在试车期。在试车，特别是热试过程是整个安装缺陷的集中暴露显现期，容易发生损失。四是工期一般不长，最短的只需要几个月，一般在1～2年。

二、火电厂的种类

火电厂的分类方式主要是按燃料划分，即可以分为燃煤发电厂（以煤炭为燃料）、燃油发电厂（以原油、重油、柴油等石油制品为燃料）、燃气发电厂（以天然气、液化天然气、煤层气以及用煤炭转换的各种煤气为燃料）和核电厂，另外还有将燃气轮机与余热锅炉结合在一起的燃气联合循环发电厂。火电厂分类的另外一个重要指标是装机容量，包括单机容量和总装机容量。大机组一般是指200MW及以上的机组，大型发电厂一般是指装机容量在1 000MW及以上。电压也是发电厂的一个指标，超高压一般是指330KV及以上的电压。

由于煤炭的资源相对丰富，而且成本相对较低，大多数的火电厂采用燃煤技术，本书以燃煤发电厂作为火电厂的代表进行介绍。

三、火电厂工程的基本组成

火电厂工程项目通常包括三个基本组成部分。一是燃料系统。以煤为燃料的火电厂，燃料系统包括卸煤装置、带式输送机系统、储煤场及其设备、混煤设施等。以油为燃料的火电厂，燃料系统包括储油罐、输油管和泵房。二是发电三大设备，即锅炉、气轮机和发电机。三是辅助系统。火电厂的发电辅助系统通常包括除灰渣系统、水处理设备系统、采暖、通风和空调系统、消防系统、环境保护系统等。

（一）码头工程

由于在火电厂的生产过程中需要大量的燃料供应，因此，大多数火电厂在选址中均将运输问题作为首要的考虑因素，尤其是燃煤电厂。在所有运输方式中，水运以其运量大、运费低成为最经济的方式。所以，火电厂大多均采用依水而建的方式，同时，建设一个专用的码头作为配套设施，确保燃料的供应。所以，码头也就成为火电厂项目中的一个重要组成部分。

码头工程建设由于涉及大量的水工专业，无论是技术还是风险，都具有较强的特殊性，在风险评估过程中应当予以特别关注。关于码头工程的风险评估问题，详见第十章第五节“码头”。作为火电厂的专用码头，通常具有一套卸货能力较强的卸煤装置和带式输送机系统。

（二）烟囱工程

在火电厂项目中，烟囱功能是形成自然的抽力将烟气排出，使有害物质的浓度符合有关环境保护标准的要求。烟囱一般是火电厂中最高的建筑物，也是较为特殊的工程。烟囱的设计高度取决于发电机组的容量大小、环境保护要求以及航空限制等因素，通常有120米、150米、180米、210米、240米不等。为了满足环境保护的需要，火电厂的烟囱有越建越高的趋势，美国已经出现了368米高的烟囱。

烟囱一般为钢筋混凝土结构，由地下基础、筒身和筒首组成，还有信号平台、接地装置、避雷装置和航空标识等。

由于火力发电厂烟囱出口温度仍能达到摄氏100以上，所以，烟囱内壁设计有耐火砖内衬，有的在下半部烟温较高区段涂刷耐火涂料。

钢筋混凝土烟囱采用的施工方法有两种，即滑动模板（滑模）施工法和翻动模板施工法。滑模施工法是一种相对先进的施工方法，它的特点是工程质量好，而且施工进度快，因此，被大多数烟囱工程采用。

（三）锅炉

在火电厂的生产过程中，锅炉的任务是将燃料转换为热能，因此，锅炉在整个发电过程中处于初始和基础环节。

1. 锅炉的分类方式有很多，按照主蒸汽出口压力可以分为低压锅炉、中压锅炉、高压锅炉、超高压锅炉、亚临界压力锅炉和超临界压力锅炉。按照燃烧方式可以分为四角切圆燃烧方式、对冲燃烧方式和W型火焰燃烧方式。按照循环方式可以分为自然循环、控制循环和纯直流方式。按照锅炉炉型结构可以分为倒U形布置、塔形布置和W型火焰形布置。

2. 锅炉本体设备一般包括汽包、水冷壁、过热器、再热器、省煤器、炉膛、燃烧器、点火装置和炉墙构架。

3. 锅炉安装的方法有单件散装安装法、组合安装法和大型组合安装法。

4. 锅炉安装工作的主要内容包括：（1）锅炉构架和受热面的组合、吊装、找正、连接、焊接；（2）燃烧器安装；（3）空气预热器和烟风道的安装。

5. 锅炉安装的基本程序分为运输、设备复查、组合、吊装（组合吊装/单件吊装）。锅炉安装通常是发电厂安装吨位最大的项目，因此，锅炉吊装是发电厂建设中难度较大、风险相对集中的环节。

（四）气轮机

气轮机是将水蒸气这种热能转变为机械能的外燃高速旋转式原动机，在火电厂的生产过程中，它处于中间环节，起到“承上启下”的作用，即利用锅炉或余热锅炉产生的水蒸气形成机械能，利用机械能驱动发电机。

气轮机的分类方式有很多。按照工作原理可以分为冲动式气轮机、反动式气轮机和冲动反动联合气轮机。按照热力特征可以分为凝汽式气轮机、背压式气轮机、调节抽汽式气轮机和中间再热式气轮机。按照蒸汽参数可以分为低压气轮机、中压气轮机、高压气轮机、超高压气轮机、亚临界压力气轮机和超临界压力气轮机。按照蒸汽的流动方向可以分为轴向式气轮机和辐向式气轮机。气轮机本体设备通常分为静止部分和转动部分。静止部分包括汽缸、喷嘴室、隔板、隔板套、静叶栅、汽封、轴承、轴承座、滑销系统及有关紧固件等。转动部分包括主轴、叶轮（或鼓轮）、动叶栅、联轴器及其紧固件等。

气轮机的安装方式有圆筒形组合法和汽缸水平组合法。圆筒形组合法是将各段上、下半汽缸组合后，再将各段汽缸按结构要求进行组合。汽缸水平组合法是将下汽缸各段先组合在一起，然后在已经组合好的下汽缸上组合各段上汽缸，这种安装方式一般是在汽缸基础台板上进行的。

（五）燃气轮机

燃气轮机是以气体作为工质、内燃、连续回转的、叶轮式热能动力机械，它主要由压气机（Compressor）、燃烧室（Combustion）和燃气涡轮机（Turbine）三大部件构成。与一般燃煤火电厂不同，燃料是在燃气轮机内部直接燃烧后推动透平带动压气机和外负荷转子形成机械能。

发电用燃气轮机一般分为两类，一类是工业型，一类是航机改装型。按热力循环特点可分为简单循环、间冷循环、再热循环和回热循环；按园子结构可分为单轴和双轴（或三轴）结构。

（六）发电机

发电机是将气轮机/燃气轮机产生的机械能转变为电能，最终将电能送入电网，完成整个电力生产过程的关键设备。

发电机的分类方式有很多。按照原动机的不同可以分为水轮发电机、汽轮发电机和柴油发电机等；按照转子形式不同可以分为凸极式发电机和隐极式发电机；按照冷却介质和冷却方式不同分为空气冷却（空冷）发电机、氢气冷却发电机、水冷却发电机以及混合冷却发电机等。

发电机本体设备一般包括定子机座、端盖、定子铁芯、定子绕组、出线装配、转子本体、励磁绕组、阻尼系统、风扇、护环和中心环等。

（七）送变电设备

在火电厂项目中，送变电设备也是重要的组成部分，送变电设备一般包括变压器、互感器、断路器和送电线路等。

在送变电设备中，变压器是最重要的。在电源端，利用升压变压器可以提升电压减小电流，降低在电力输送过程中的线路损耗；在受电端，利用变压器可以调整电压，使其满足不同用户的需要。

变压器的分类方式有很多。按照用途不同可以分为升压变压器、降压变压器、联络变压器和配电变压器等；按照相数不同可以分为单相变压器和三相变压器；按照绕组及其结构形式不同可以分为双绕组变压器、三绕组变压器、自耦变压器和分裂变压器等；按照铁芯和绕组的组合结构不同可以分为芯式变压器和壳式变压器；按照调压方式不同可以分为有载调压变压器和无励磁调压变压器；按照绝缘介质不同可以分为油浸式变压器和干式变压器；按照中性点绝缘水平不同可以分为全绝缘变压器和半绝缘变压器；按照冷却方式不同可以分为油浸自冷变压器、油浸风冷变压器、强迫油循环风冷变压器和强迫油循环水冷变压器；按照绕组材料不同可以分为铝绕组变压器和铜绕组变压器。

变压器本体设备一般包括铁芯、油箱、冷却装置、绕组、套管、变压器油、调压装置、储油柜、吸湿器、安全气道、净油器、气体继电器和测温装置等。

主变压器安装的基本程序分为：(1) 安装前检查；(2) 就位；(3) 器身检查；(4) 附件安装；(5) 油处理；(6) 变压器干燥；(7) 密封检查；(8) 试验；(9) 变压器油漆。

四、火电厂工程的主要风险及控制

火电厂工程的主要风险是安装风险，特别是吊装作业。在火电厂项目的建设过程中，涉及大量的机器设备安装工作，而在安装之前是设备的吊装到位。由于这些设备无论是外观规格、还是重量，均属于大件、甚至是特大件，有的设备对于吊装还有特殊的要求；同时，在火电厂的吊装作业过程中，往往受到场地的限制，大型起吊设备的工作环境条件往往不好，因此，吊装应当作为风险控制的重要环节。在控制吊装风险过程中，应当特别注意吊装作业单位的资质问题。由于大型设备的吊装是一项特殊的作业项目，作业单位的技术、设备条件、经验和管理显得尤为重要。此外，设备和作业环境条件、周密细致的作业计划和方案也是确保吊装安全的重要因素。

火电厂项目涉及码头工程的，码头工程应当作为一个主要的风险控制点，

因为码头工程由于其自身的特点决定了其在施工过程中风险相对较大。

第三节
风力发电厂

一、风电厂项目及发展前景

风力发电是指通过风力发电机，将自然界的风能转换成旋转的机械能，进而通过发电机转换成电能的技术。

世界风能资源储量十分丰富。美国斯坦福大学国家气象数据中心和预警系统实验室利用 1998～2002 年的风速和温度数据，对 7 753 个地面和 446 个（其中 414 个位于距地面高度为 80 ±20 米）空间观测点两种不同类型的数据进行比较，采用最小平方原理对全球风能资源进行了统计和计算后发现，按在 80 米高度处 6.9 米/秒的风速来计算，全球风能可利用资源量为 72 万亿千瓦。即使只成功利用了其中的 20%，依然相当于世界能源消费量的总和。在能源日益紧缺的背景下，风能发电行业孕育着广阔的前景。

中国幅员辽阔，地形复杂，风能资源储备相当丰富。中国风能仅次于俄罗斯和美国，居世界第三位。根据中国气象局 2004～2005 年对中国陆地 10 米高度层风能资源的理论值统计，陆上技术可开发量为 2.97 亿千瓦，海上技术可开发量为 6 亿～10 亿千瓦，海上可开发风电资源总量一般是陆地的 3～5 倍，陆海共计可开发风电资源总量达 8 亿～12 亿千瓦。2003～2005 年联合国环境规划署组织国际研究机构，得出中国陆地上离地面 50 米高度层风能资源技术可开发量可以达到 14 亿千瓦的结论。而截至 2008 年底，中国的总装机容量为近 8 亿千瓦。

从我国风能资源的分布来看，主要集中于内陆地区的“三北”（东北、西北和华北）等近 200 公里宽的地域（风功率密度约为 200～300w/m^2），以及东南部沿海地区，如江苏、福建、山东和广东、广西等沿海近 10 公里宽的地域（见图 11－4）。

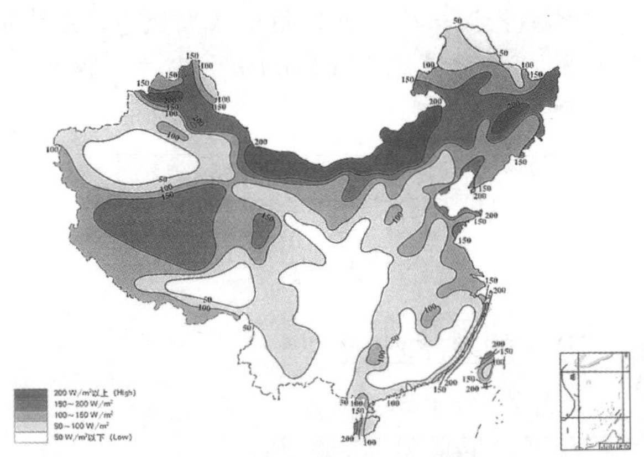

图 11-4　中国有效风功率密度图

从中国风能资源的季节性考虑，中国风能资源具有春、秋、冬丰富，夏季贫乏的特征，与中国水电冬春季枯水特征形成优势互补。

从中国风能资源的地理性考虑，中国风能资源离电力负荷远，电网建设落后，技术经济性有待改善。

从2004年起，我国风电装机容量CAGR（年复合增长率,%）达到了66.74%，较全球装机容量CAGR的18.62%高出近48个百分点，风电产业发展的速度惊人，令世界瞩目。

按照我国《可再生能源中长期发展规划》，风电装机规模将从2005年的126万千瓦提高至2010年的500万千瓦、2020年的3 000万千瓦；而2008年3月发布的《可再生能源发展“十一五”规划》，将2010年预测风电装机容量从550万千瓦上调到1 000万千瓦，这主要源于2007年我国风电总装机容量超预测的发展速度，2006~2010年，预计风电装机容量的年均复合增长率达到58.49%。保守估计，中国风电装机容量到2020年底可达到5 000万千瓦。

二、风电厂的种类

（一）按地域分

按地域来分，风电厂分为陆上风电厂与海上风电厂。陆地上所有地形几乎都可以建设风力发电厂，不过碍于法令与飞行安全的限制，部分地区虽风能强劲，但是不能发展（例如机场附近）。建设海上风力发电厂（又称离岸式风力发电厂）是未来的发展趋势。由于世界各国相继大力发展风力发电，已致陆地上可建设风电地点快速减少，所以目前大型风电厂的发展大多是以海上为主。如英国将兴建的“伦敦阵列”（London Array）；除此之外，丹麦、瑞典、德国亦有海上风电厂。

（二）按风机种类分

按风机种类来分，风电厂分为水平轴风机电厂与垂直轴风机电厂。目前大多数风电厂均采用水平轴风机，垂直轴风机极为少见。

三、风电厂工程的基本组成

风电厂工程的基本组成如图 11－5 所示。

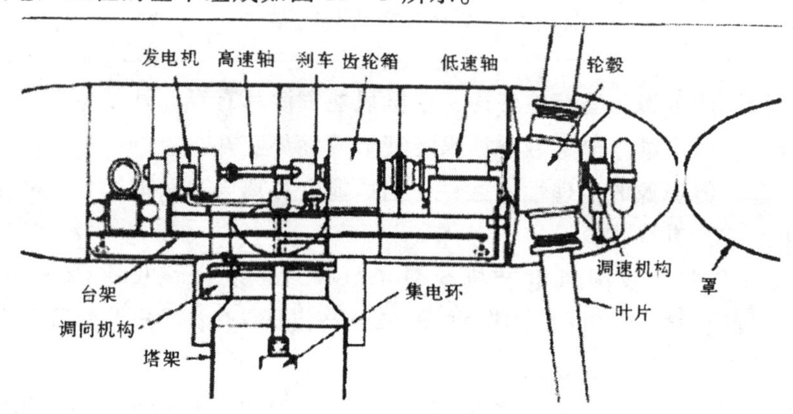

图 11－5　风电厂工程的基本组成

（一）风力发电机

风力发电机的构成如图 11－6 所示。

1. 失速型定桨定速机型。

优点：电机价格便宜，技术成熟，运行维护经验相对丰富，设备性能和产能比较稳定。缺点：风电的转换效率和并网性能不佳。适用于中小功率风电机组。

2. 双馈式变桨变速机型。

优点：技术已成熟，气动效率高，功率波动小，支撑结构轻，并网性能稳定，属风电行业主流的相对先进技术，是目前大部分企业所采用的风电技术。缺点：功率对电压较敏感，维护量高，对齿轮箱和轴承的要求较高。相对直驱式效率低，油耗大，噪音高。适用于中高功率风电机组。

(1) 叶片;(2) 轮毂;(3) 变桨距部分;(4) 制动系统;(5) 主轴;(6) 齿轮箱;(7) 发电机;(8) 控制系统;(9) 测风系统;(10) 风向仪;(11) 机舱;(12) 电机轴;(13) 偏航驱动;(14) 偏航马达;(15) 塔架。

图 11－6 风电发电机示意图

3. 直驱永磁式变桨变速机型。

优点:转换效率高,维护量低,机舱重量减轻,气动及并网性能良好,运行稳定,变速范围大,取消了沉重的增速齿轮箱,发电机轴直接连接到风机轴上,转子的转速随风速而改变,其交流电的频率也随之变化,经置于地面的大功率电力电子变换器,将频率不定的交流电整流成直流电,再逆变成与电网同频率的交流电输出,是未来风电技术的发展方向。缺点:近几年才发展起来的先进技术,退磁现象无法解决,成熟性略差于双馈式变桨变速机型,部件大,重量大,价格高。适用于高功率风电机组。

(二) 塔架

塔架在风力发电机中起主要的支撑作用,同时吸收机组振动。塔架主要分为圆筒式和桁架式。

(三) 地基

由于风力发电机的上部结构重量较重,而且是受水平风力集中的部位,因此要使风力发电机正常工作,一个稳定的地基是必不可少的。塔架通过地脚螺栓或地基环固定在地基上。

(四) 叶片

叶片是风力发电机组中的重要组成部分,它一般采用非金属材料(玻璃钢、木材等)。风力发电机的叶片不像火力发电厂的汽轮机叶片放置在密封的壳体内,它要面对的外部自然环境远为恶劣,它要承受高温、暴风雨、雷电、盐雾、台（飓）风、严寒、沙尘暴等的袭击，而且在高空运转中会受到重力变化、地形引起的气流扰动影响，因此，叶片上的受力极其复杂，也较易受损。

（五）齿轮箱

齿轮箱是风轮与发电机之间增加转速的装置，因为风力发电机风轮的转速大多在 20～30 转/分钟，而发电机要求的转速一般要到 1 500 转/分钟，这就需要通过齿轮箱把转速提高。直驱永磁式变桨变速机型就不需要此设备。

（六）蓄能装置

由于风能是随机性能源，不能存储，因此即使在风能丰富的地区，也应配备适当的蓄能装置，在风力强劲时，不仅将电能提供给用电负荷，同时也将多余的风能转换为其他形式的能量储存起来，在风力不足时，将储存的能量转换成电能，再提供给用电负荷使用，以保证电力供给的稳定性。当前风力发电系统中常见的蓄能方式有：蓄电池蓄能、飞轮蓄能、抽水蓄能、压缩空气蓄能、电解水制氢蓄能。

（七）控制系统

由于风机的主要设备处于离地几十米高的空中，而且内部空间较小，不可能就近安装操作设备，所以必须使用控制系统。控制系统的功能是通过测试风机内部各部件的状态和数据，来判断系统是否正常运行，同时通过显示和数据远传，将机组的各类信息报告给运行人员，实现远方控制。

四、风电厂工程的 PML 分析

（一）地震、海啸风险

在我国陆上风电场往往处于西部、北部地区，这些地区的地震风险等级较高，但因为风电场建设时均考虑到此类问题，同时由于风电厂工程时间较短，多为 1 年，在安装期内发生地震、海啸的几率较小，而在吊装期间发生的几率就更小了，但是一旦发生，由于风电设备价值较高的部分都处于塔架之上，一旦地基、地脚螺栓或地基环受损，造成上部结构中的设备坠落，产生的损失将是巨大的。

（二）洪水风险

由于风电场的选址大多会考虑在洪水不易发生地带，基本上洪水对风电场的影响较小。

（三）火灾风险

由于风力发电机组目前技术还在不断发展中，风电产品本身也较复杂、安装的地域环境各不相同，因此产品本身的设计、质量及安装工艺可能都存在一些不足，使风力发电机组的火灾事故时有发生。由于风力发电机组一般处于高处，一般的消防水枪根本就不可能进行扑救，因此发生火灾后，只有等火自行熄灭。这样造成的损失是很大的。如果保单扩展了设计师责任后，即使是设计问题，最后可能也是由保险公司赔付。

（四）雷击风险

风力发电机的叶片是最易受到雷击的部件，一旦受到雷击，轻则需要修理，重则需要整体更换。

五、风电工程的主要风险与控制

按照美国风能协会的统计，风电主要事故原因有：设计和原材料缺陷引起的事故占27%；雷击占24%；风暴占20%；短路占8%；火灾占7%；其他原因占14%。

根据我国这几年风电工程的主要赔付情况来看，最经常的事故为雷击事故，而火灾与短路虽然会造成重大损失，但因为出现这种事故往往是由于产品本身的质量问题，而风力发电设备一般都有质保期，而且原因较易查清，因而往往由厂家进行赔偿。

第四节
核电站

一、核电站项目及特点

随着社会的进步与发展，人们对于能源的依赖程度越来越深，煤、石油、天然气等常规能源却存在无法再生、储量有限、日益枯竭的情况，能源已经成为现代社会人类面临的一个十分严峻的问题。为此，人们开始寻求新的能源，并于20世纪发现了一种新的能源——核能。在这以前，人类利用的能源只涉

及物理变化和化学变化。1942 年 12 月 2 日，著名科学家费米领导几十位科学家，在美国芝加哥大学成功启动了世界上第一座核反应堆，一种通过原子核变化而产生的新能源从此诞生，核能开始进入人们的生产和生活，标志着人类从此进入了核能时代。自从 1954 年 6 月前苏联建造了世界第一座具有商业意义的核电站以来，美国、法国、比利时、德国、英国、日本、加拿大等发达国家相继建造了大量核电站，截至 2010 年 8 月 1 日，全世界已经有 31 个国家和地区建造的 440 座核反应堆在运行，另外还有 59 座处于建设之中。核电站发出的电量占世界总发电量的 14%，其中法国核电站的发电量已占到该国总发电量的 75%。在这些国家，核电的发电成本已经低于煤电。表 11－2 是截至 2009 年 8 月 1 日各国核电站的基本情况。

表 11－2　　各国核电站情况

国家	在役反应堆		在建反应堆		2009 年核电供应	
	机组数目	总装机容量 MWe	机组数目	总装机容量 MWe	TWh	份额（%）
阿根廷	2	935	1	692	7.6	7.0
亚美尼亚	1	376	—	—	2.3	45
比利时	7	5 943	—	—	45	51.7
巴西	2	1 901	1	1 270	12.2	3.0
保加利亚	6	3 538	—	—	14.2	35.9
加拿大	18	12 679	—	—	85.3	14.8
中国	12	9 624	24	26 550	65.7	1.9
捷克	6	3 686	0	0	25.7	33.8
芬兰	4	2 721	1	1 600	22.6	32.9
法国	58	63 236	1	1 630	391.7	75.2
德国	17	20 339	—	—	127.7	26.1
匈牙利	4	1 880	—	—	14.3	43
印度	19	4 183	4	2 572	14.8	2.2
伊朗	—	—	1	915	—	—
日本	55	47 348	2	2 756	263.1	28.9
韩国	20	17 716	6	6 700	141.1	34.8
立陶宛	0	0	—	—	10	73.11
墨西哥	2	1 310	—	—	10.1	4.8

续表

国家	在役反应堆		在建反应堆		2009 年核电供应	
	机组数目	总装机容量 MWe	机组数目	总装机容量 MWe	TWh	份额（%）
荷兰	1	485	—	—	4.0	3.7
巴基斯坦	2	400	1	300	2.6	2.7
罗马尼亚	2	1 310	0	0	10.8	20.6
俄罗斯	32	23 084	10	8 960	152.8	17.8
斯洛伐克	6	2 408	2	776	13.1	53.5
斯洛文尼亚	1	696	—	—	5.5	37.9
南非	2	1 842	—	—	11.6	4.8
西班牙	8	7 448	—	—	50.6	17.5
瑞典	11	9 432	—	—	50.0	34.7
瑞士	5	3 252	—	—	26.3	39.5
英国	19	11 035	—	—	62.9	17.9
乌克兰	15	13 168	0	0	77.9	48.6
美国	104	101 216	1	1 180	698.7	20.2
合　计*	440	375 805	59	60 065	2 560	14

*“合计”中包括中国台湾地区的 6 台在役机组，装机容量为 4 927MWe，1999 年核电产出为 39.9TWh，占台湾地区电力总产出的 20.7%；2 台在建机组（2 600MWe）。

资料来源：www.world－nuclear.org，截至 2009 年 8 月 1 日。

核电之所以能成为重要的能源支柱之一，是由它的安全、运行稳定、寿期长和对环境的影响小等优点所决定的。大部分核电发达国家的核能发电比常规能源发电更为经济。核电在我国也具有较强的潜在经济竞争力，目前它的经济性已可以与引进的脱硫煤电厂相比较。国际经验证明，核电是一种经济、安全可靠、清洁的新能源。据研究分析，我国煤电燃料链温室气体的排放系数约为 1 302.3 等效 CO_2 克/千瓦时，水电燃料链为 107.6 等效 CO_2 克/千瓦时。核电站自身不排放温室气体，考虑到它在建造和运行中所用的材料，其燃料链温室气体的排放系数约为 13.7 等效 CO_2 克/千瓦时。可见，核电站向环境释放的温室气体，只是同等规模煤电厂的 1%。

二、我国核电站建设的基本情况

我国是世界上少数几个拥有比较完整核工业体系的国家之一。为推进核能的和平利用，20 世纪 70 年代，国务院作出了发展核电的决定。经过 30 多年的努力，我国核电从无到有，得到了很大的发展。我国是世界上第 7 个能够自行设计、建造核电站的国家。自 1983 年确定压水堆核电技术路线以来，目前在压水堆核电站设计、设备制造、工程建设和运行管理等方面已经初步形成了一定的能力，为实现规模化发展奠定了基础。截至 2010 年 8 月 1 日，我国已经建设成并发电的核电机组有 12 台，正在进行主体工程建设的核电机组有 24 台。

我国大陆第一座商用核电站——秦山核电站于 1985 年开工，1991 年 12 月 15 日并网发电。由于经济技术方面的种种限制，国家一度强调“适度发展”核电产业。1985 ~ 1994 年 10 年间，我国只开工建设了秦山一期和大亚湾 2 座核电站共 3 台核电机组。

1995 ~ 2004 年 10 年间，我国核电建设速度有所提高。秦山二期、秦山三期、岭澳、田湾 4 座核电站共 8 台核电机组相继开工，逐步形成浙江秦山、广东大亚湾和江苏田湾等核电基地。

我国大陆第一座核电站——秦山一期核电站是我国自主设计和建设的 30 万千瓦原型压水堆核电站，20 世纪 80 年代，我国开始引进核电技术。大亚湾核电站的建设即选用了法国法玛通公司 M310 堆型。90 年代，国家相继引进了加拿大 CANDU 技术和俄罗斯 VVER 技术，分别在秦山三期核电站和田湾核电站应用。

“十一五”期间，国家将通过三代核电自主化依托工程的建设，全面掌握先进压水堆核电技术，培育国产化能力，力争尽快形成较大规模批量化建设中国品牌核电站的能力。与此同时，为使核电建设不停步，在三代核电技术完全消化吸收掌握之前，以现有二代改进型核电技术为基础，通过设计改进和研发，仍将自主建设适当规模的压水堆核电站。国内现有二代改进型核电技术以法国技术为参考基础发展而来。红沿河、宁德、福清、方家山、阳江、防城港等电站均采用该项核电技术。

目前我国已经实践应用三代核电技术，包括美国的 AP1000 和法国的 EPR 技术。2006 年 12 月 16 日，中美两国政府签署《关于在中国合作建设先进压水堆核电项目及相关技术转让的谅解备忘录》，中国将引进美国西屋公司的 AP1000 技术，建设浙江三门、山东海阳共计 4 台全国首批 AP1000 核电机组。2009 年 4 月，采用 AP1000 技术的三门核电站开工建设。这是我国第一个三代核电项目，也是世界上第一座采用 AP1000 技术建造的核电站。2009 年 12 月，同样采用 AP1000 技术的海阳核电站在山东烟台兴建；采用法国 EPR 技术的广东台山核电站同期进入主体工程建设阶段。我国近年将要开工建设的内陆核电站将以AP1000技术为主。AP1000作为一种新的堆型，在设计上与传统的压水堆差异比较大，建造上大量采用新的技术，其成熟性、完善性还有待进一步验证。AP1000核电站建设风险具有较强的特殊性，需要引起保险人的特别关注。

考虑到国家安全、能源安全、环境安全等问题，近年来我国逐渐放宽核电发展政策，向“积极发展”战略迈进。2005～2010年8月这5年多时间里，我国开工建设了岭东、秦山二期扩建、红沿河、宁德、福清、阳江、方家山、三门、海阳、台山、防城港、昌江等12座核电站，批准开工建设的机组数目达到30台，超过之前20年建设机组数量的总和。

目前，我国在役核电机组共计12台，总装机容量为962.4万千瓦。2009年，核电占全国电力装机总容量的1.1%，核电年发电量657亿千瓦时，占全国总发电量的1.9%（世界平均水平为14%），与世界第二大经济体的身份极不相称。近年来，为了缓解我国生产和生活用电紧张的局面，国家决定大力发展核电，并将其作为国家能源战略的重要组成部分。2007年10月，国务院正式批准了国家发展和改革委员会上报的《国家核电发展专题规划（2005－2020年）》（以下简称《规划》），这标志着我国核电发展进入了新的阶段。《规划》提出，核电中长期发展的目标是：到2020年，在运行核电装机容量4 000万千瓦；在建核电装机容量1 800万千瓦。

2008年初发生的雨雪冰冻灾害对常规电力系统造成巨大影响，核电再次受到世人关注；2008年下半年，国内外经济形势突变，核电建设成为落实中央扩大内需，促进经济平稳较快增长的举措之一。2009年底，在哥本哈根举行的联合国气候大会上，我国提出到2020年GDP碳强度与2005年相比下降40%～45%的承诺。而核电则是全世界公认的应对气候变化和国际能源危机的解决方案之一。根据国家发展和改革委员会的有关信息，我国核电建设步伐有可能进一步提速，到2020年我国核电运行装机容量可能调整为7 000万千瓦，在建3 000万千瓦。近年来，安徽芜湖、湖北咸宁、湖南松花江、江西彭泽等多个核电站正在积极规划之中。中国未来核电机组将接近百台，核电发电的空间清晰可见。

三、核能原理

世界上一切物质都是由原子构成的。任何原子都由带正电的原子核和绕原

子核旋转的带负电的电子构成。原子核一般是由质子和中子构成的，最简单的氢原子核只有一个质子，原子核中的质子数（即原子序数）决定了这个原子属于何种元素，质子数和中子数之和称为该原子的质量数。

同一种元素原子具有相同的化学性质。它们原子核中的质子数相同，但是中子数可能不同。原子核中质子数相同而中子数不同的原子属于这种元素不同的同位素，因在元素周期表中占有同一位置而得名。

在 50 多年前，科学家发现铀 -235 原子核在吸收一个中子以后能分裂，同时放出 2~3 个中子和大量的能，放出的能量比化学反应中放的能量大得多，这就是核裂变能，也就是我们所说的核能。

核能分为核裂变能和核聚变能两种。核裂变能是通过一些重原子核发生“链式裂变反应”释放出的能量，核聚变能是由两个氢原子核结合在一起释放出的能量。迄今达到工业应用规模的核能只有核裂变能。

裂变反应是由中子引起的，而反应结果又产生了新的中子。如果能用新的中子引起新的核裂变，裂变反应就能连续不断地进行下去，同时不断产生能量。人们找到了实现这种产生连续反应的条件，这种反应就叫链式裂变反应。

铀是自然界中原子序数最大的元素。它是一种钢灰色金属，在地壳中含量为四百万分之一。天然铀由 3 种同位素构成：除了 0.17% 的铀 -235（235 是质量数）、微量铀 -234 外，其余全是铀 -238。铀 -235 原子核完全裂变放出的能量是同量煤完全燃烧放出能量的 270 万倍。

四、核电站的基本原理与结构

核电站就是利用核反应堆将核燃料裂变产生的能量转变为电能的发电厂（见图 11-7）。核电站大体上可分为两部分：一部分是利用核能产生蒸汽的核岛，核岛主要包括反应堆、蒸汽发生器和一回路系统；另一部分是利用蒸汽发电的常规岛，常规岛主要包括汽轮机、发电机和配套设施。

核电站与一般电厂的区别主要在于前一部分，即核岛部分，后一部分则与普通火电厂大同小异。

核电站使用的燃料称为“核燃料”。核燃料含有易裂变物质铀 -235。一座 100 万千瓦的核电站每年只需要补充 30 吨左右的核燃料，而同样规模的烧煤电厂每年要烧煤 300 万吨。

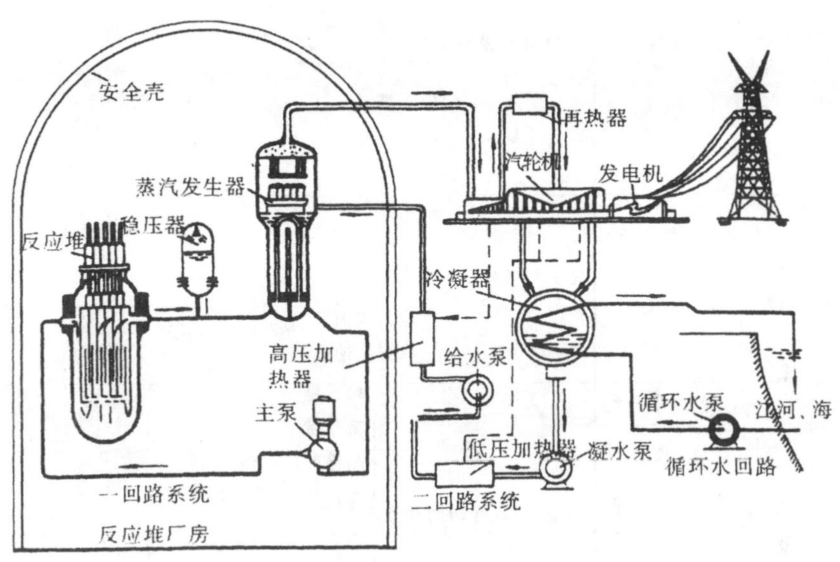

图 11－7　压水堆核电站流程示意图

五、核电站的种类

随着核电技术的发展，核电站的种类呈现多样化的趋势，目前核电站的分类大多按照反应堆的类型进行划分，而反应堆的分类则是按照燃料布置型式、中子能量、燃料及转化材料种类、慢化剂和冷却剂种类、用途等进行的（见图 11－8），具体分类如下：

核电站的分类通常是根据反应堆使用的慢化剂和冷却剂来划分。慢化剂是将铀－235 裂变产生的快中子的速度减慢，以便增加中子引发铀－235 裂变的几率。冷却剂是将核燃料裂变产生的热量在反应堆外加以利用，同时冷却核燃料，将它的温度保持在允许的范围之内。

核电站使用的反应堆较为常见的有：压水反应堆（PWR）、沸水反应堆（BWR）、石墨气冷（二氧化碳）堆（AGR）、重水反应堆（CANDU）和石墨水冷反应堆，此外还有钠冷反应堆、熔盐反应堆、高温气冷（氦冷）反应堆、有机反应堆等。我国目前主要采用的是压水反应堆，唯有秦山三期核电站采用了重水反应堆。

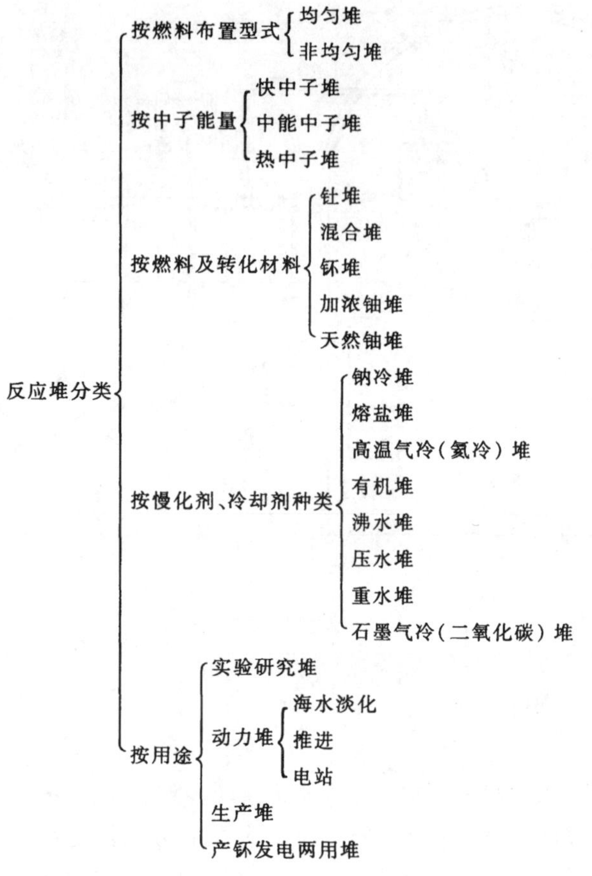

图 11－8　反应堆类型

六、一回路系统（核岛）

压水堆核电站的一回路系统包括反应堆、蒸汽发生器、冷却剂主循环泵、稳压器及主管道（见图 11－9）。由于一回路系统是在高温、高压和带放射性条件下工作，因此对一回路设备的设计、制造和维修均有较高的要求，这些设备都属于核电站的关键设备。

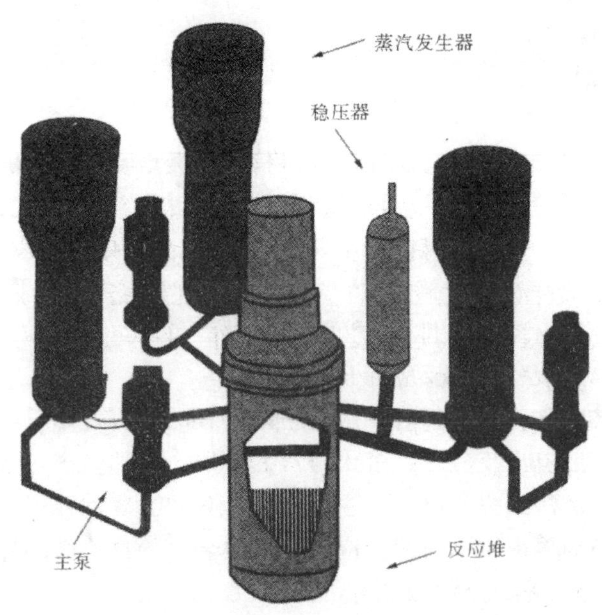

图 11－9　压水堆核电站一回路系统示意图

蒸汽发生器是一回路冷却剂把从反应堆中获得的热能传给二回路系统使其变成蒸汽的热交换设备。压水堆核电站的蒸汽发生器有两种类型，即直流式蒸汽发生器和带汽水分离器的饱和蒸汽发生器。

反应堆冷却剂泵用于唧送高温高压的反应堆冷却剂，使其强迫循环流动，连续不断地把反应堆中产生的热能传送到蒸汽发生器，以保证一回路系统组成工作。反应堆冷却剂泵是核动力装置的重要设备之一，也是一回路系统中唯一高速旋转的设备。反应堆冷却剂泵有两种类型：屏蔽泵和轴封泵，早期大多采用屏蔽泵，而现在已广泛使用轴封泵。

稳压器是用于稳定和调节一回路主系统冷却剂的工作压力，避免一回路主系统压力过高或过低，以防止一回路主系统及设备超压或反应堆内冷却剂压力过低而出现容积沸腾现象，避免发生堆芯燃料元件棒过热烧毁的事故。现代大功率压水堆核电站大多采用电热式稳压器。

一回路除了有一些主要的设备和系统外，还有一些辅助系统，包括化学和容积控制系统、主循环泵轴密封水系统、硼回收系统、补给水系统、取样系统及分析室、设备冷却水系统、停堆冷却系统、安全注射系统、安全壳喷淋系统、去污清洗系统。

七、反应堆

反应堆是通过受控的链式裂变反应将核能缓慢地释放出来的装置，是和平利用核能的最主要的设施。反应堆是核电站的关键设备，链式裂变反应就在其中进行。反应堆种类很多，核电站中使用得最多的是压水反应堆。

压水反应堆中首先要有核燃料。核燃料是把小指头大的烧结二氧化铀芯块，装到锆合金管组装在一起，成为燃料组件。每个组件中有一束控制棒，控制着链式反应的急缓程度和反应的开始与终止。

压水反应堆以水作为冷却剂。水在主泵的推动下流过燃料组件，吸收了裂变产生的热能以后流出反应堆，进入蒸汽发生器，在那里把热量传给二次侧的水，使它们变成蒸汽送去发电，而主冷却剂本身的温度就降低了。从蒸汽发生器出来的主冷却剂再由主泵送回反应堆去加热。水的这一循环称为一回路，一回路的高压由稳压器来维持和调节。

八、安全壳

安全壳是包容反应堆、蒸汽发生器及主冷却剂系统的建筑，它是防止放射性物质外逸的重要屏障。通常压水堆均采用预应力混凝土的干式密封安全壳。安全壳能够承受反应堆发生失水事故时一回路全部喷放所产生的高压和高温，以及地震、台风、飞机坠落撞击等各种静态和动态载荷而不丧失其保护功能。安全壳通常需要有一定的容积来缓解失水事故时壳内压力的升高，因此，压水堆的安全壳体积一般较大，造价也比较高，它是核电站投资的一个重要组成部分。一个1 000MW（电功率）压水堆，安全壳的直径一般为40米，高度为60米，预应力钢筋混凝土的厚度大约为1米。安全壳的设计压力约为0.4～0.5MPa，运行过程中要定期进行泄漏率试验，在设计压力下24小时的泄漏量不得超过壳内自由容积的0.1%～0.5%。

安全壳顶部设有自动喷淋系统，一旦发生事故时会自动启动，通过喷水将蒸汽冷凝，从而降低壳内的压力和温度，并冲洗掉放射性颗粒。在喷淋水中加入氢氧化钠（NaOH）可以除去气体裂变产物，减少释放到环境中的放射性碘的数量。安全壳内还设有通风净化系统，在反应堆正常工作时保持壳内空气和温度恒定，不断消除气载放射性碘和活化的颗粒，以满足工作人员进入安全壳内的卫生条件。通风系统还可以兼有事故工况下排出热量、抑制压力上升和去除放射性气体的功能。

九、二回路系统（常规岛）

压水堆核电站的二回路系统是将蒸汽的热能转化为电能的装置，核电站的二回路与常规火电厂的原理和设计基本相同。二回路系统包括：饱和蒸汽汽轮机、发电机、冷凝器、凝结水泵、低压加热器、除氧器、给水泵、高压加热器、中间汽水分离再热器和相应的阀门、管道等。

二回路系统工作流程为：在蒸汽发生器内由一回路高温高压水加热二回路系统的给水，使其蒸发而成饱和蒸汽，蒸汽推动气轮机转动，带动发电机发电。做功后的乏汽排入冷凝器，被循环水冷却而凝结成为水，凝结水经除盐处理后，经冷凝给水泵唧送进入低压加热器加热，到除氧器加热除去水中的氧气，再经过给水泵提高压力送到高压加热器再加热，提高温度后，重新返回蒸汽发生器，作为蒸汽发生器的给水再进行循环。

根据核电站建造地区的环境和水源条件，冷凝器的循环冷却水可分为用江水、海水直接冷却或用冷却塔、喷水池循环冷却两种。

二回路系统除了有一些主要的设备和系统外，还有一些辅助系统，包括：主蒸汽排放系统、蒸汽再热及抽汽系统、凝结水给水系统、事故给水系统、蒸汽发生器排污系统、润滑油系统、循环冷却水系统。

十、核电站工程的特点

在承保核电站工程保险过程中，除了要看到其与普通火电厂工程有许多相似之处外，还要对核电站工程所具有的特殊性予以充分的认识，通常认为核电站工程均具有“三高”的特点，即技术难度高、设备价值高、施工风险高，如一座核电站的造价一般达几十亿美元。因此，在承保核电站的过程中，应当对工程的特殊性予以充分的认识，这些特殊性具体表现为以下几点：

（一）核安全与环境保护要求高

核安全是指对于核能的利用要保证工作人员和公众不受到过量的辐照危害，环境不受污染。为此，核设施应执行两个原则：辐射防护原则，保证工作人员和公众所受的辐照合理并尽量低；技术安全原则，保证在总体上防止事故的发生，有严重放射性后果的发生概率应极低。

（二）技术复杂性强

核电站工程是一个多种学科、多种专业的综合项目。它所包括的专业和学科非常广，不仅有常规工程涉及的水文、地质、气象、生态等学科，还有与核工程相关的核物理、放射化学等学科；不仅涉及常规的机电设备和技术，还涉及核设备、仪器控制以及各种新技术。这些均形成了核电站在建造过程技术上的复杂性。同时，这种多学科、多工种的复杂情况，形成了核电站工程的项目接口多、协调难度大、进度控制难的特点。

（三）工程规模大

核电站工程的一个重要特点是规模大，具体表现为：投资规模大，一个核电站项目的投资一般为几十亿元，甚至几百亿元；参建单位多，在核电站项目的建设过程中参与地质勘察、设计、制造、土建、安装、调试的单位多达几百家；施工内容复杂，通常核电站的建设涉及几十个专业和工种，参与的人员可达几千人，甚至上万人；投入材料多，在核电站建设过程中使用的钢材、设备达数万吨，浇筑钢筋混凝土数十万方。表 11 - 3 是核电站的一组典型数据，通过这些数据可以对核电站的规模概念有一个基本认识。

表 11 - 3　　核电站数据

功　率	$0.3\times10^6\sim1.2\times10^6$ 千瓦
基本建设费用	$0.7\times10^9\sim3.5\times10^9$ 美元
建造周期	5 ~ 8 年
工程设计	不超过 3×10^6 小时
厂房混凝土	不超过 4×10^5 立方米
设备、钢材	$3\times10^4\sim7\times10^4$ 吨
书面文件	$1\times10^6\sim5\times10^6$ 页

（四）建设周期长

核电站的建设周期一般为 5 ~ 8 年，而广义的建设周期概念包括选址、设计、采购、制造、建造、调试直至投入使用，这种广义的周期则可能长达 10 年，甚至更长。核电站建设周期长的特点导致了核电站在建设过程中具有很大的不确定性，包括自然、社会、政治、经济、技术等各个方面。这些不确定性将直接增加工程建设的风险，给施工质量、进度、成本控制均带来巨大的难度和压力。尤其是在市场经济条件下，周期长给资金成本形成的压力很大，需要运用一系列技术和手段控制这方面的风险。

（五）管理标准严

由于核电站涉及核安全，因此，核电站工程的质量管理更强调安全第一，标准要求比常规工程严格。这种严格体现在设计、制造、施工和试验的技术标准和规范方面，这些技术标准和规范较其他工程要高，通过高标准保证高质量。仅仅有标准是不够的，还需要确保执行的质量。为了确保核电站的工程质量，必须针对建设的各个环节制定质量保证和质量控制计划、程序，实施特殊和严格的管理体系。

十一、核电站工程建设的主要环节

在承保核电站工程保险的过程中，应当对工程建设全过程的工作内容以及主要环节有全面的了解和认识，特别是对一些关键时点的掌握。就一般情况而言，主供应合同全面执行（ATP）是一个坐标性质的时点，各项工作的时间要求均是依据这个时点展开的（见表 11－4）。

表 11－4　　各项工作的时间要求

序　　号	关键活动	ATP（月）
1	核岛、常规岛设备招标开始	－30
2	核岛、常规岛设备合同签字	－12
3	核岛、常规岛设备合同生效	－6
4	主供应合同全面执行	0
5	初步安全分析报告	1
6	设计阶段环境影响报告	4
7	第一罐混凝土	10
8	核岛安装开始日期	30.5
9	常规岛安装开始日期	33
10	安全壳穹顶吊装	33.5
11	反应堆厂房环吊可用	38.5
12	反应堆压力壳发货	38.5
13	汽轮机发货	38.5

续表

序 号	关键活动	ATP（月）
14	发电机发货	44
15	最终安全分析报告和环境影响报告送审	53
16	核岛主回路冷试	57.5
17	核岛主回路热试	62.5
18	核燃料组件运到现场	63.5
19	装料	65
20	核临界	67.5
21	第一次并网	69
22	性能试验结束	72
23	商业运行	72

在这些时点中，有几个是与工程保险关系最为密切的：

（一）主供应合同全面执行

这个时点标志着核电站的建设进入了实质性阶段，因此，它是作为整个核电站建设时间坐标的“0”点的，一般从这个时点开始设备的启运，设备的运输险保障开始生效。

（二）第一罐混凝土

这个时点为工程保险合同的起点，从这个时点保险合同开始生效。

（三）安全壳穹顶吊装

穹顶吊装对于施工技术和工艺要求较高，也是风险相对较为集中的时点。

（四）核岛主回路热试

从安装工程的角度看，试车，特别是热试是一个问题集中暴露的时期，因此，通常认为安装项目风险的70%会集中在试车期。

（五）核燃料组件运到现场

核燃料组件运到现场则意味着工地开始成为一个核风险区，在此之前它与一般项目并无本质区别。

（六）装料

装料是指将核燃料放入反应堆，使其成为一个名副其实的核反应堆。通常自装料开始，项目的核风险将由核物质损失保险负责。

十二、核电站工程的主要风险及控制

在核电站工程的风险评估过程中，应当注意把握好两个边界：一是空间边界，即核岛与常规岛的边界；二是时间边界，即核燃料装料时点的边界。在这两个边界中，时间边界是决定因素。在核燃料进入之前，整个核电站的建设风险与常规电站并无本质上的区别，只是在设备和施工工艺上略有不同。但在核燃料进入之后，核电站就成为真正意义上的核电站，此后，空间边界问题应当引起人们的高度重视。

从工程保险的角度看，通常将核电站的工程保险分为两段，即常规建设期（前期）和核电站试车期（后期）。应当特别注意的是，核电站的工程保险对于核风险是严格除外的，因此，核电站工程保险从机组装料后便不再保障带核风险的标的，业主必须及时安排专门的核物质损失保险。这种核物质损失保险通常是以第一危险方式承保，并由专门的机构，如核共体（POOL）提供的。关于对接口问题的规定是：机组装料后，工程保险便不再承保机组高辐射区，包括压力容器、压力容器内的核燃料及压力容器内部组件内的任何风险，高辐射区以外的其他财产因核风险、火灾、雷电、爆炸、风暴等一系列列明风险导致的损失也不在工程保险的保障范围。换句话说，工程保险不承保核风险，也不承保任何可能与核风险同时发生的风险。

在常规建设期，核电站的主要风险有：土建风险、安装风险、焊接风险和调试风险。

（一）土建风险

与常规火电站相比，核电站的土建工程具有一定的特殊性，具体表现为：

1. 土石方工程量大。从安全的角度出发，通常要求核电站主要建筑物的基础应设置在基岩上，因此，土石方开挖量往往较大。由于受工作面限制，加上对建筑物基础的结构负挖，施工周期较长，一般需要两年左右的时间，在此期间工程受各种自然灾害的影响较大，尤其是在台风多发地区的项目。

2. 涉及海上工程风险。大型核电站大多采用海水冷却方式，均在海边选址，为抵御海浪，需要修建防波堤。同时，为保证冷却水提取的需要，需要修建海水取水头和引水渠，根据不同的海岸地质条件，有时取水头需要延伸出海岸几公里之外。为了大型设备的运输，还需要修建自备码头。

3. 核电站建筑物的几何形状和结构复杂，在较短的时间内要完成大量模

板装设、钢筋绑扎、混凝土浇灌和嵌入件安装工作，对工件的精度和施工质量要求均较高。

（二）安装风险

核电站的安装工作分为机械设备安装和仪表电气及控制设备的安装两大部分。前者包括压力容器、蒸汽发生器、主管道、汽轮发电机等重型设备和一般设备的安装，后者包括电缆托架安装、电缆的铺设和端接、电气设备和控制仪表测量仪表等一些辅助设备的安装。核电站的安装工作与常规电站相比也有所不同，具体有：一是安全要求高，对操作的要求严格。例如，对管通支架螺丝的拧紧不仅有力矩的要求，连螺帽露出螺丝端头都有明确的规定。二是厂房结构几何形状复杂，在规定的时间内完成大量设备安装工作，使用的安装机具较多，许多大型部件如何在厂房形状不规则的情况下，及时顺利运入就位，需要事先把施工组织设计安排得很周密。三是与土建交叉施工的时间多。由于核电站施工复杂，出于对工期的考虑，土建承包商向安装承包商的工程移交，往往不是按建筑物移交，而是按房间移交。因此与土建施工的进度配合很重要。

在安装过程中，吊装风险，尤其是核岛的大型设备吊装风险应当予以特别关注。核岛内一回路设备，包括反应堆压力容器、蒸汽发生器、稳压器和主冷却剂泵等，无论是重量还是规格均属于超大件，同时，在安全壳内进行吊装施工时，由于空间狭小，吊装环境相对差，起吊跨度大，难度相对大，对于施工要求高。因此，在吊装之前，应当对吊装方案进行认真的研究、论证和准备。以压力容器的吊装过程为例：压力容器不包括顶盖的重量约为450吨，在运输过程中，压力容器壳体处于水平卧置于专用运输托架上，到施工现场后，需要将它翻转竖立并吊装就位。选用安全可靠的翻转竖立吊装方式，保护下部球型封头上的中子通量监测管不受任何损坏，是压力容器翻转吊装的关键。在控制吊装风险过程中，最关键的是施工单位的资质，包括技术、设备、经验和管理等方面。此外，在重要设备吊装作业时，保险公司应当尽可能派人或委请专业机构人员到现场监督作业。

（三）焊接风险

核电站工程的一个突出特点是焊接工程量较大，就一台百万千瓦级核电机组而言，所有焊缝总长将达50 000米左右，所以，焊接工程的质量对核电站的安全至关重要。在核电站的三道安全屏障中有两道屏障，即一回路压力边界和安全壳的钢衬里，都是在建造期间主要通过焊接施工来完成的。以一回路为例，其主要设备都是在高温高压下工作，压水堆核电站一回路冷却剂的工作压力一般在15.5MPa左右，工作温度在300摄氏度左右，加上一回路的放射性，系统的密封性要求很高。国内某核电站就曾因为在压力容器役前复检时发现管端的一条焊缝存在超标缺陷，导致整个机组工期拖延了32个月。

对焊接风险的控制手段包括：

1. 对焊接工艺的选择。一种焊接工艺通常只适用于一种或几种已知特性、形式和尺寸的金属，采用适当的焊接工艺，是确保焊接施工符合规定质量标准的前提。

2. 焊工技能的要求。对一般结构件焊接的焊工，要求有资格证书，按资格焊接相应的焊缝，对重要设备的焊接，要求按特定的焊接工艺对焊工进行专门培训和考核。

3. 焊前检查。在施工之前应当对焊接工艺、焊工技能和焊接设备进行认真的检查和确认，准备好必要的焊接文件，确认坡口形式、尺寸、粗糙度、焊前装配、对口错边量和根部间隙符合规定的要求。

4. 焊接过程控制及焊后检查。必须在焊接过程中和焊接后对已完成的焊接部件以及有关文件进行检查，以验证焊接质量符合规定的要求。

（四）调试风险

核电站的调试，或称调试启动，目的是使安装好的系统和部件联合运转，以检验其综合性能是否达到设计要求。调试是对核电站整个设计建造工作的综合检验。核电站的调试工作较常规火电站更为复杂，所需时间更长，有的需要1年以上。调试阶段的风险相对集中，在这一阶段，机器设备首次运转，加上调试人员对操作数据不熟悉，缺乏经验，容易发生火灾、爆炸、飞车等事故。核电站调试分为三个主阶段和若干个分阶段：（1）预运行试验阶段，包括冷态功能试验和热态功能试验；（2）装料、初次临界和低功率试验阶段，包括装料和次临界试验、初次临界试验、低功率试验；（3）功率试验阶段，包括并网发电、提升功率和满功率运行三个分阶段。

调试阶段是工程建设的最后一个阶段，通过调试工作能够把设计、制造和施工中尚未发现的缺陷或问题都暴露出来，以便进行修理、调整和磨合。做好调试工作的关键是抓好计划和组织准备工作。准备工作的内容包括：把有关的规范标准、设计和加工单位的建议、设计要求和过去的工作经验等整理成全套参考文件备用；认真研究各个设备和系统的性能特点，制定调试大纲，调试大纲必须经国家核安全局批准；编写组织手册和行政程序，制定调试启动工作进度等等。为缩短核电站的工期，有时在安装工作尚未最后完成时，就开始穿插进行调试工作，这样不可避免地会产生一些相互影响，需要做好协调工作，保证调试工作的安全进行。

核电站调试期间的风险主要集中在核燃料装料后的阶段，对于调试风险的评估主要应当从两个方面考虑：一是调试人员的资质。核电站不同于其他施工项目，其特殊性不仅体现在某一个环节，而需要一种系统的支持，包括技术、管理和经验，因此，调试人员的资质是关键。二是确保按照有关规则作业。由于核风险的特殊性，有关方面对于核风险问题予以了高度关注，制定了一系列的规则，如果完全按照这些规则去作业是能够保证安全的，而大多数事故发生的直接原因是没有严格按照规则行事。所以，严格和规范地执行规则是安全的前提和保证。

十三、AP1000 项目风险介绍

大量采用模块是贯穿 AP1000 设计与建造的最主要特点，由此带来了施工技术、施工计划安排与施工组织等一系列的巨大变化。模块的范围覆盖了传统的土建与安装领域，同一模块里同时具有传统土建和安装的物项，使土建和安装的接口增多，相互协作要求更加紧密，因而淡化了土建与安装的界限。西屋公司根据设计和工程的实体功能，将 AP1000 模块划分为设备模块和结构模块两大类。

表 11－5 为 AP1000 模块数量和分布统计情况（根据西屋公司提供的 AP1000现有资料）。

表 11－5　　AP1000 模块数量和分布统计情况

序号	厂房名称	设备模块	结构模块	小计	备注
1	反应堆厂房	15	55	70	单堆计
2	辅助厂房	48	43	91	
3	附属厂房	—	10	10	
4	汽轮机厂房	7	—	7	
5	合计	70	108	178	

除设备模块与结构模块之外，AP1000 设计中还把部分物项集成为组件，加大了预制的深度，如管道组件、标准服务组件以及其他组件。

模块施工采用车间预制、现场组装和整体吊装的方法。模块化建造技术使建造活动处于容易控制的环境中，在制作车间即可进行检查，经验反馈和吸取教训更加容易。平行进行的各个模块建造大量减少了现场人员和施工活动。通过与前期工程平行开展的按模块进行混凝土施工、设备安装的建造方法，AP1000 的建设周期大大缩短，其中从浇筑第一罐混凝土到装料发电最快只需要 36 个月。

模块化施工对管理信息化程度的要求比传统的核电建设更高。因为大量的预制工作可能会分散到各个工厂车间，而每项预制工作又对整个核岛的建设有不同程度的影响，加上设计、采购等方面的因素，给管理带来了极大的难度，也是对信息化管理水平的一次挑战。

模块化施工要求在施工现场内的运输与安装需要多台大型吊车与运输设备，并且在建造周期内长期使用。根据目前 AP1000 的信息资料，AP1000 钢制安全壳（CV）、大型设备和模块的尺寸与重量均较大，结构模块最大的为 CA01 和 CA20，分别重 450 吨和 700 吨。关键重大件的吊装具有起吊重量大、半径远和高度高的特点，因此只有 2 000 吨级以上的特大型吊车才能满足 AP1000的吊装要求。以山东海阳核电项目为例，该项目专门为 AP1000S 核电站建设所采购的 CC8800－1 型大吊车最大起吊能力为 3 200 吨，是目前世界上起重量最大的履带式起重机，目前全球仅生产了两台，总造价及各项进口税费合计超过 3 亿元人民币。同时为了缓解特大型吊车的使用频率和减少在现场的来回移动次数，AP1000 建设过程中也采用 150 吨、300 吨、800 吨等多台大型起重机。施工需要更多、更大、更频繁地使用大型吊装与运输设备，对吊装作业的管理提出了更高的要求。

十四、我国核电站工程风险经营模式

（一）我国主要核电经营企业及其核电保险安排模式

中国核工业集团公司（简称“中核集团”）是我国核电站的主要投资方和业主，在大多数的核电项目中都拥有股份。2008 年，中核集团改变各核电站自行安排保险的模式，将其核电站工程保险采购权统一集中至集团公司，由中核财务有限责任公司具体实施办理。同年 10 月，中核集团集团化保险采购模式的第一个项目——福清核电项目建安工程保险顺利安排。

中国广东核电集团有限公司是在建核电机组数量和容量双双全球第一的清洁能源企业。目前，其下属的中广核工程有限公司负责核电站工程保险的安排工作，但集团公司正在探索进一步集中保险采购的可能性。

中国电力投资集团公司是重要的国有核电投资和经营企业。其第一个独立控股建设的核电项目——山东海阳核电站工程保险即由集团公司直接负责安排。

（二）核保险共同体

目前世界上大部分核电厂的运营期风险都是通过核保险共同体（简称“核共体”）来承保和分散的。大部分的核电国家都有核共体，主要的核电国家如美国、英国、法国、德国、日本等的核共体成立于20世纪五六十年代，至今已运行50多年。核共体是一国范围内众多保险公司的联合体，通过将各保险公司有限的核保险承保能力集中起来共同为核电厂提供保险保障。过去50多年的实践表明，核共体这种方式适应了核电厂运营期风险的特点，是核电行业和保险行业共同选择的结果。

中国核共体由中国再保险公司、中国人民财产保险公司（以下简称“中国人保”）、中国太平洋财产保险公司（以下简称“中国太保”）和中国平安财产保险公司（以下简称“中国平安”）共同发起成立于1999年9月2日，集中了国内绝大部分的核风险承保能力，建立了与国际核共体体系相适应的核风险保障机制，提高了在国际市场中的地位，摆脱了国内核保险严重依赖国际市场的被动局面，为核电客户提供了更经济、更广泛的保险保障。

（三）我国核电站工程保险的市场格局

中国人保、中国平安和中国太保是核电站工程保险的主要竞争主体。截至2010年8月1日，国内共有30台机组正处于工程保险保障阶段，其中20台由中国人保首席承保，8台由中国平安首席承保，4台由中国太保首席承保（其中2台与中国人保联合首席）。中国人保不仅是国内第一家出具核电站工程保险单的保险公司，2008年，又成为国内首家出单承保三代核电项目的保险公司。

2007年以来，国内核电站工程保险日渐形成“小份额、大共保”的格局，除了上述3家保险公司外，一些中、小型规模的保险公司开始以共保人的身份介入核电站工程保险领域。

第五节
机　场

一、机场工程及特点

机场是指供民用航空器起飞、降落、滑行、停放以及进行其他活动使用的划定区域，包括附属的建筑物、装置和设施。按照规模和功能，机场可以细分为枢纽机场、干线机场和支线机场。

机场工程的特点：一是工程的规模和造价巨大，工期相对较长，整个施工作业面较大，开挖的土方量和混凝土浇捣量均较大；二是机场项目对于工程的质量要求较高，特别是一些重要设施；三是施工的环境相对较差，通常机场的选址需要远离城市。

二、机场工程的基本组成

机场工程通常分为两个部分：地面部分和空中部分。机场工程保险主要针对地面部分。地面部分按功能可以划分为三个部分：飞行区、航站区和进出机场的地面交通系统（见图11－10）。

（一）飞行区

机场工程的空中部分主要是指与飞行有直接关系的部分，包括以下几个部分：

1. 飞行区工程。包括联络滑行道、滑行道、跑道、桥梁、围场路。

2. 航管工程。包括航气、塔台楼内各种设备、航管一二次雷达工程/甚高频系统和监视雷达。

3. 导航工程。包括精密近进仪表着陆系统和相应导航台、全向信标/测距仪、监控系统、助航灯光系统、卫星地面台站设施。

4. 气象工程。包括自动观测系统、多普勒气象雷达、气象信息处理工程、卫星接收。

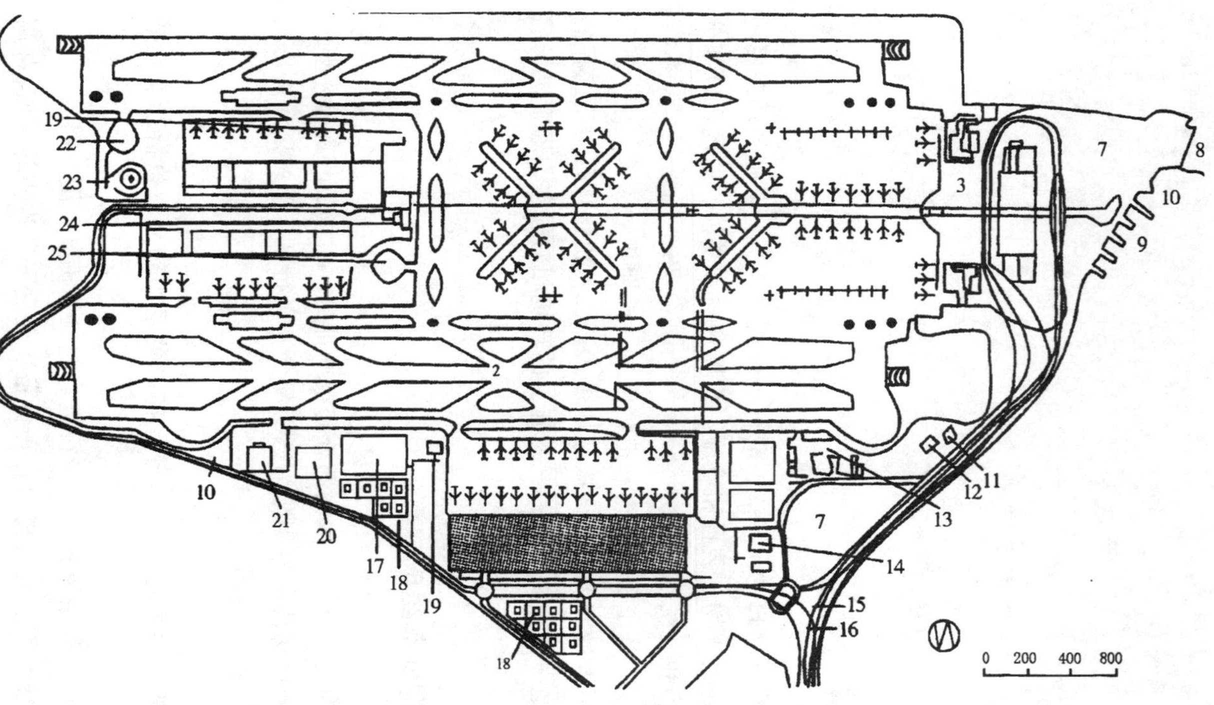

1.北跑道；2.南跑道；3.旅客航站楼；4.货运航站楼；5.飞机维修；6.机上供应；7.商业区；8.燃油码头；9.渡轮站；10.海上救援；11.救火站；12.警察所；13.通用航空/直升机场；14.邮政中心；15.高速公路；16.机场铁路；17.地面设备维护；18.航空燃油贮罐；19.救援和救火；20.机场维修；21.飞行服务部门；22.隔离的飞机停放位；23.救火训练设施；24.空中交通控制台；25.罗盘标定坪。

图11-10　机场总平面图

5. 油料供应设施。包括航空燃料储存、注油设备及输油管网铺设。

(二) 航站区

机场工程的地面部分主要是指与飞行没有直接关系的部分，包括以下几个部分：

1. 航站楼。包括登机桥、服务设施、高架桥、停车楼（场）。

2. 货运大楼。包括货运仓库、货运设备、相关配套业务用房。

3. 消防救援工程。包括飞行区站坪、消防专用管线、泵房水池、救援建筑物及设施。

4. 供电工程。包括变电站、开关房、站场道路照明、场内外高低压线路架（铺）设。

5. 场内外供水工程。包括供给水、输水管铺设，吸水井，蓄水井，泵房。

6. 场内外污水、污物处理工程。包括污水、雨水管网铺设，河道整修，污水提升泵房，垃圾处理，焚烧站。

7. 行政、生活设施及场务设施。包括办公楼、生活服务设施、航空配餐、宿舍、食堂、宾馆、综合仓库。

8. 有线通信工程。包括机房、电话站设备、线路架（铺）设。

9. 杂项工程。包括机场大门、围界、标志、绿化。

(三) 跑道

跑道是机场内供飞机起飞和着陆的一块划定的场地，是机场工程的主体。跑道的性能决定了机场的等级标准，称为飞行区等级。不同的飞机机型对于机场飞行区的等级要求不同，或者说不同机场的飞行区等级能够满足不同飞机起降的需要。飞行区等级分类通常用一个阿拉伯数字和一个英文字母表示，其含义如表 11 -5 所示。

表 11 -5　　飞行区等级分类

第一位数字		第二位字母		
数字	飞行场地长度	字母	翼展	轮距
1	小于 800 米	A	小于 5 米	小于 4.5 米
2	800 ~ 1 200 米	B	5 ~ 24 米	4.5 ~ 6 米
3	1 200 ~ 1 800 米	C	24 ~ 36 米	6 ~ 9 米
4	1 800 米以上	D	36 ~ 52 米	9 ~ 14 米
		E	52 ~ 60 米	9 ~ 14 米

跑道分为道面与道肩。道面主要有水泥混凝土和沥青混凝土两种，这两种道面均属于高级道面。同时，水泥混凝土道面为刚性道面，沥青混凝土道面为柔性道面。

跑道的道面需要承受飞机的机轮荷载、高温高速喷气流以及冷热、干湿、冻融等自然因素的作用，因此，要求跑道必须具有足够的强度和刚度，有良好的气候稳定性和耐久性，道面平整，表层抗滑性符合要求。在这样的要求下，对于跑道工程的施工，无论是基础还是道面，均提出了较高的质量标准。所以，机场跑道工程中施工质量是最为关键的。

（四）其他设施

地面部分除了三个主要功能区外，机场区域内的主要设施还有：

1. 机场空中交通管理设施。包括通信导航、指挥塔台、空中交通管制、航行情报、航空气象等设施。

2. 应急消防救援设施。包括应急指挥中心、救援及医疗中心、消防站、消防供水系统等设施。

3. 机场保安设施。包括飞行区的保安设施、航站楼的保安设施、货运区的保安设施、监控与报警系统、保安与安检人员的业务和培训场所。

4. 动力与通信系统。包括供水、供电、供气、供暖、供冷及通信等设施。

5. 供油设施。包括卸油站、中转油库区、机场使用油库区、航空加油站、机坪管线加油系统、地面汽车加油站等，卸油站和中转油库区一般位于机场边界之外。

6. 货运区。包括货运仓库、货物集散地、办公设施和货机坪。

7. 机场环境保障设施。包括防汛抗洪及雨水排放系统、污水处理与排放系统、垃圾处理设施、噪音测量及防治措施、鸟害及鼠害防治措施、绿化工程。

8. 基地航空公司。包括航空公司基地机场的停机坪、机库、维修车间和航材库等。

9. 机务维修设施以及地面服务设施。

10. 旅客服务设施。包括航空食品公司、配套宾馆、休息场所、商店、餐饮、娱乐、游览、会务等设施。

11. 驻场单位区。包括海关、边防、商检、卫生及动植物检疫、公安、银行、邮局、旅行社等。

12. 机场办公室值班宿舍。

对机场设施的另外一种划分方法是将其分为空侧与陆侧两个部分。空侧（也称为对空面或向空面）是受机场当局控制的区域，包括飞行区、停机坪及相邻地区和建筑物（或其中的一部分），进入该区域是受到管制的。陆侧是为航空运输提供客运、货运及邮运服务的区域，非旅行的公众能够自由进出区域的场所和建筑物。

三、机场工程的 PML 分析

在对机场工程风险进行量化分析过程中，需要考虑的因素主要有五个方面：(1) 确定相关的风险因素，如风暴、火灾、洪水。(2) 确定可能影响的建筑物，如候机场、防波堤、隧道、桥梁、高速公路。(3) 工期影响因素，如不同标段完工时间、灾害季节高风险工程项目施工情况。(4) 气象因素，如整个工期中雨季数和台风季节数，工程施工过程中受气象影响的程度。(5) 风险累积因素。确定关键性的相关风险因素，如台风。还要考虑其他相关项目的累积问题。

将各个标段的保险金额变化情况与工期中关键性的相关风险因素（台风季节）进行时间坐标的对应，同时，确定不同时期的 PML 的比例，这样就能够得到各个台风季节的 PML 值，并从中找到它们的最大值（见图11 - 11）。

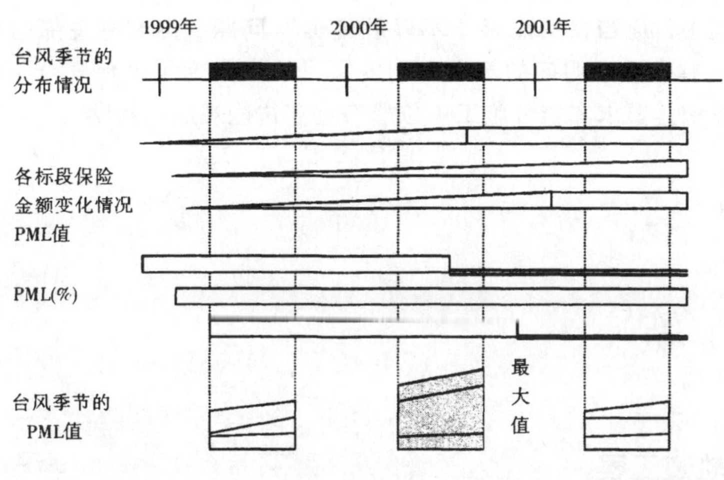

图 11 - 11　台风季节的 PML 值

四、机场工程的主要风险及控制

机场工程与其他相类似工程，如道路、建筑物等没有明显的区别。机场工

程的主要风险是开挖风险、安装风险和装修风险。机场项目的一个特点是土方工程量大，尤其是跑道工程部分一般要涉及大量的土方工程，在开挖工程中需要大面积爆破、机械作业等。这些作业均属于高风险作业，应当予以高度重视，并通过严格的施工管理防止事故的发生。机场工程中对于跑道铺设的要求具有一定的特殊性，主要是要能够满足飞机起降的要求。因此，在跑道的浇捣过程中，对施工工艺要求较高，质量控制尤其重要。机场工程往往有大量的精密设备的安装，同时，作为机场主体项目之一，航站楼也有大量的安装工程，有的还涉及一些大跨度的顶棚吊装作业，在这些设备安装或吊装过程中，经常会出现一些人为事故，导致损失。控制这类风险的办法之一是要求供应商提供安装服务或者提供现场专业指导，这样能较好地降低和转移风险。另外，在航站楼的内部装修施工过程中，特别是多个承包商在航站楼内同时进行立体、交叉施工过程中，最容易发生火灾。解决这个问题的方法之一是建立统一的工地安全生产管理制度，指派专门的安全生产监督员统一负责整个工地的安全检查和督促工作。

由于我国的民航运输业发展很快，对于机场的需要越来越大，在机场项目中除了有新建机场外，还有一些属于改扩建项目。这些改扩建项目涉及交叉作业，因此，施工风险相对大得多，应当引起高度重视。在机场改扩建项目的风险管理过程中，应当特别注意“不停航施工”问题，国家有关部门对于“不停航施工”有一系列明确的规定和制度，目的就是为了确保安全，因此，控制风险的关键是要求和监督施工单位严格遵守这些规定和制度。

第六节 轨道工程

一、轨道工程

城市轨道交通是指以电能为动力，采取轮轨运转方式的快速大运量公共交通之总称，具体包括地铁交通、轻轨交通、有轨电车交通、磁悬浮列车、各种索道/缆车等。

地铁是指由电气牵引、轮轨导向、车辆编组运行在全封闭的地下隧道内，

或根据城市的具体条件，运行在地面或高架线路上的大容量快速轨道交通系统。地铁路网的基本形式有：单线式、单环线式、多线式、蛛网式。每一条地铁线路都是由区间隧道（地面上为地面线路或高架线路）、车站及附属建筑物组成。地铁具有在地下运行、运量大、造价高的特点。采用大载客量车厢，能适应远期单向高峰小时客流量为3.0万~6.0万人次，比较适合在大城市的中心区客流密集度极高的路段建设。地铁的建设成本一般较高，每公里投资在3亿~6亿元。

轻轨是指在轨道上的荷载相对于铁路和地铁的荷载较轻的一种交通系统，是一种使用电力牵引，介于标准有轨电车和快运交通系统（包括地铁和城市铁路），用于城市旅客运输的轨道交通系统。轻轨的特点是施工简便，建设工期较短，且造价相对较低，每公里投资在0.6亿~1.8亿元，但由于是采用中等载客量车厢，能适应远期单向最大高峰小时客流量相对小，一般为1.5万~3.0万人次。轻轨交通建设标准也低于地铁，因而其国产化进程容易推进。轻轨是适合我国大、中城市、特别是中等城市的轨道交通方式。

全球第一条磁浮列车在上海建设并投入使用，标志着这一技术的实际应用拉开了序幕，磁悬浮列车将成为未来城市轨道交通的新成员，并引起人们越来越多的关注。磁悬浮列车是根据电磁学原理，利用电磁铁产生的电磁力将列车浮起，并推动列车前进的高速交通工具。由于它运行时悬浮于轨道之上，因而没有轮轨的摩擦，突破了轮轨粘着极限速度的限制，成为人们理想的现代化高速交通工具。磁浮列车分为常导型、超导型和永磁悬浮三大类。常导型也称常导磁吸型，以德国高速常导磁浮列车为代表，它是利用普通直流电磁铁电磁吸力的原理将列车悬起，悬浮的气隙较小，一般为10毫米左右。常导型高速磁悬浮列车的速度可达每小时400~500公里，适合于城市间的中长距离快速运输。而超导型磁悬浮列车也称超导磁斥型，以日本MAGLEV为代表。它是利用超导磁体产生的强磁场，列车运行时与布置在地面上的线圈相互作用，产生电动斥力将列车悬起，悬浮气隙较大，一般为100毫米左右，速度可达每小时500公里以上。这两种磁悬浮列车各有优缺点和不同的经济技术指标，德国集中精力研制常导高速磁悬浮技术；而日本则全力投入高速超导磁悬浮技术之中。

在工程保险项目中涉及轨道工程项目以地铁居多，且地铁项目的工程特点具有一定的代表性，基本上能够覆盖轻轨等其他轨道项目的风险特征，为此，本书以地铁作为轨道工程的代表进行介绍。

二、地铁工程及特点

从人类社会发展的进程看，城市化是一个重要标志。伴随着城市化的趋势，城市人口的快速增加，给城市的交通形成巨大的压力。车辆增多、交通拥挤、环境污染与能源危机等已成为所有大城市面临的共同难题。为了解决城市交通问题、发展城市公共交通、特别是地铁，已经成为全球的共识与选择。地铁与城市中其他交通工具相比，除了能避免城市地面拥挤和充分利用空间外，还有很多优点。一是运量大。地铁的运输能力要比地面公共汽车大 7～10 倍，是任何城市交通工具所不能比拟的。二是速度快。地铁列车在地下隧道内风驰电掣地行进，行驶的时速可超过 100 公里。三是无污染。地铁列车以电力作为动力，不存在空气污染问题，因此，受到各国政府的青睐。

自 1863 年伦敦建成世界上第一条地铁以来，目前已有 30 多个国家和地区的 100 多座城市建成地铁并投入了使用。几乎所有的世界著名城市，如伦敦、纽约、柏林、巴黎、莫斯科、东京、新加坡、中国香港等都先后建成并形成地铁网络。根据国外发展城市交通的经验，人口超过 100 万人的城市一般应发展地铁以解决城区交通。从我国的情况看，我国城市化水平已从建国初的 7.3% 提高到 2008 年底的 45.68%，到 2007 年底，我国城市数量为 655 个，其中人口超过 100 万人的有 119 个。根据国外发展轨道交通的经验，如按人均 6～10 厘米规划，预测未来 30 年，我国 100 多个市区人口超百万城市需建 4 万公里轨道交通，而“十二五”期间应力争完成 5 000 公里。

虽然，我国城市轨道交通的历史可以追溯到 1965 年的北京地铁 1 号线的建设，但在之后相当长的时期，基本属于停顿状态，直至改革开放。从 20 世纪 90 年代开始，在社会和经济发展的共同推动下，城市交通需求剧增，使得我国轨道交通进入高速发展期。截至 2009 年，已有北京、天津、上海、广州、大连、长春、武汉、重庆、深圳、南京 10 座城市建成了城市轨道交通，沈阳、西安、杭州、成都、哈尔滨、苏州、无锡、宁波、郑州、合肥等城市均已开建轨道交通，其中，北京、上海 2 座城市建成的城市轨道交通线路里程居世界前 10 位；在建城市数量、在建里程、规划里程、投资规模和发展速度均居世界之首。全国的轨道交通除了里程增加外，形式也由原先的地铁一种向多样化方向发展，如上海的磁悬浮列车、广州的直线电机列车、重庆的单轨列车等。

截至目前，我国有 10 个城市开通了 31 条城市轨道交通线，运营里程仅为 835.5 公里。2009 年在北京召开的国际城市轨道交通展览会上，中国各城市轨道交通发展规划显示，至2016年我国将新建轨道交通线路89条，总建设里程为2 500公里，投资规模达9 937.3亿元。2009年底，国务院又批复了22个城市的地铁建设规划，总投资达8 820.03亿元。由此可见，我国的城市轨道交通发展空间巨大。

我国的地铁建设与经营管理体制基本采用四种模式。第一种是“北京模式”，即由政府作为业主，负责项目的筹资和经营，工程设计、项目建设与运营管理分别由不同机构负责，设计和施工一般是通过招标方式，竣工之后交付给国有企业“北京市地铁运营有限公司”负责运营管理。第二种是“上海模式”，即通过设立一家独立的公司——上海申通地铁集团有限公司作为业主，政府通过参股的方式介入，具体由这家公司负责城市轨道交通投资、建设和运营管理。第三种是深圳四号线采用的“BDOT”（建设—开发—运营—移交）项目融资模式，即政府将整个项目的30年运营权和沿线的250万平方米土地开发权作为代价，由一家独立的项目公司以资本金投入、银行贷款、轨道交通运营收入及土地开发的增值收益等作为建设和运营资金来源，并负责建设、开发、运营前30年，30年之后，项目将归还政府。第四种模式是广州的“一体化经营”模式，即由政府设立一家国有企业“广州市地下铁道总公司”，全面负责城市地铁的建设、运营、资源开发。其特点是能高效地整合各类资源，发挥协同效应，形成强有力的建设组织协调能力和资源整合集成能力，提高工作效率，缩短建设工期，降低工程投资，成为国内地铁建设的典范之一。

三、工程的基本组成

地铁工程的基本组成通常包括车站、区间、通风井和联络通道、车辆基地、变电站等。车站又可以分为地面车站、高架车站和地下车站；区间分为高架线、地下线。

（一）车站工程

地铁车站的组成可以分为两类：一是与客流有直接关系的公共区域，如站厅层、站台层和出入通道；二是涉及车站运营的技术设备用房与管理用房，这些用房一般分布在站厅和站台的两端。

地铁车站工程的类型较多，从线路走向上可以分为侧式站台候车与岛式站台候车（见图11－12）；从结构上可以分为矩形箱式地下建筑与圆形或椭圆形的隧道式建筑；从建筑布局上可以分为浅埋式与深埋式。

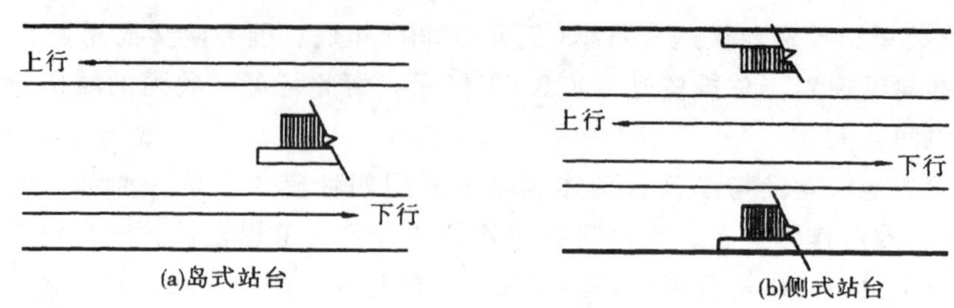

图 11－12　岛式站台和侧式站台

从施工的角度看，矩形箱式车站大都采用地下连续墙后大开挖的现浇钢筋混凝土结构，这种方式在施工时对周边的环境影响较大，土方量大，对于地面交通产生一定的影响，施工过程的风险较大。圆形或者椭圆形的隧道或暗挖车站建筑，大多数采用盾构掘进的方式，土方量少，对周边环境的影响也较小，施工的风险相对较小。

（二）区间工程

区间工程是指连接两个地铁车站之间的轨道工程，这类工程大多数为地下的隧道工程，也有地面上的轨道工程。

地铁区间隧道结构包括行车隧道、渡线、折返线、地下存车线、联络线以及其他附属建筑物。

关于隧道工程风险评估问题，详见本书第十章第三节“隧道”。

四、地铁工程保险损失情况

地铁工程的特点是工程投资金额巨大，工期较长，施工环境条件复杂，施工难度较大。在以往的地铁项目建设过程中，发生过一系列的重大事故，慕尼黑再保险公司资料显示自 2000 年以来的重大事故有：英国希斯罗机场快运线事故、慕尼黑地铁 U2 线事故、中国台北地铁事故、英国赫尔下水管道隧道事故、土耳其博卢隧道事故、韩国大邱地铁事故、中国香港地铁将军澳线事故、法国巴黎 A86 公路事故和新加坡地铁环线事故等。

由于地铁建设中重大事故频繁发生，导致保险公司和再保险公司在经营地铁项目工程保险的过程中损失惨重。一些地铁事故的保险损失少则几百万美元，多则几千万美元，1994 年英国希斯罗机场快运线事故损失达到 1.41

亿美元。从我国台湾地区著名的地铁项目——捷运的工程保险情况看，尽管平均费率已经达到了0.56%，但损失率却仍然高达238.64%，具体详见表11－6。

表11－6　　中国台湾地铁工程保险情况

路线名称	理赔金额（美元）	保险费（美元）（包括展延及结算保费）	理赔金额占已缴保险费比率（%）
	(1)	(2)	(1) ÷ (2)
木栅线	128 396 837	8 954 1399	143.39
淡水线	218 818 021	222 065 389	98.54
新店线	439 800 139	209 680 875	209.7
南港线	173 590 517	350 861 252	49.48
板桥线	118 770 9507	65 550 878	1 811.89
中和线	310 623 786	92 703 041	335.07
总　计	2 458 938 807	1 030 402 834	238.64

其中，以台北地铁为例，截至1995年的总损失率已经高达390%，具体详见表11－7。

表11－7　　中国台北地铁保险损失率

	索赔（美元）	损失率（%）
第一期工程	7 200 000	132
第二期工程	30 300 000	435
第四期工程	1 500 000	37
第五期工程	31 100 000	1 402
总　计	70 100 000	390

资料来源：慕尼黑再保险公司。

我国近年来由于地铁项目发展很快，而施工技术和项目管理相对滞后，工程事故发生相对频繁，如上海地铁4号线、北京10号线、杭州1号线等特大事故。同时，由于市场竞争等因素，我国工程保险的费率大大低于国际市场水平，特别是“纯风险损失表”发布前，费率条件在0.218%～0.858%之间，且大部分在0.5%以下（见表11－8），而同期的国际市场的费率水平维持在0.8%～1.0%，且免赔额均在400万元人民币以上。工程保险的经营形势不容乐观，根据中国财产再保险股份有限公司的统计数据，截至2006年底，全国已承保地铁及类似项目保费收入共计约人民币3.5亿元，其中75%的项目还在责任期内，赔款支付已经超过人民币8亿元（含上海4号线事故）。如按照已到期责任计算，赔付率高达1 000%，即使扣除上海地铁4号线，赔付率也超过了60%。

表11－8　　我国地铁保险情况

项目名称	承保年度	主险费率（%）	物质损失免赔额（万元）	第三者责任免赔额（万元）
上海地铁明珠二线	2000年12月	0.305	47.5	10.0
深圳地铁一期	2001年6月	0.218	50.0	50.0
南京地铁南北线	2001年7月	0.305	20.0	100.0
广州地铁三号线	2001年12月	0.320	30.0	10.0
上海轨道交通一期	2002年1月	0.350	45.0	10.0
北京地铁五号线	2003年7月	0.250	20.0	10.0
北京地铁十号线	2004年1月	0.500	50.0	50.0
北京地铁四号线	2004年1月	0.500	50.0	50.0
武汉长江隧道	2004年4月	0.246	5 000.0	1.0
天津地铁2、3号线	2005年4月	0.600	100.0	50.0
北京地铁奥运支线	2005年8月	0.500	100.0	100.0
上海地铁7号线	2005年9月	0.841	50.0	10.0
南京地铁二号线标段A	2006年	0.135	15.0	5.0
南京地铁二号线标段B	2006年	0.246	315.0	305.0
南京地铁二号线标段C	2006年	0.080	40 135.0	0.0
沈阳地铁一号线	2006年	0.530	50.0	30.0
北京机场线	2006年	0.365	30.0	30.0

资料来源：中国财产再保险股份有限公司。

五、我国地铁工程保险重大事故情况

（一）上海地铁4号线事故

1. 事故。2005年7月1日凌晨4时许，上海轨道交通4号线——浦东南路至南浦大桥区间隧道，在采用“冻结法”进行上、下行隧道的联络通道施工时，突然出现渗水。瞬时大量流沙涌入隧道，内外压力失衡导致隧道部分塌陷，地面也随之出现10 000多平方米的“漏斗型”沉降。事故还导致工地旁的一幢8层楼房裙房坍塌，临近黄浦江的30米防汛墙沉陷开裂并倒塌，事故现场附近20多层的临江花园大楼也出现沉降。但由于报警及时，所有施工人员均及时撤离现场，故无人员伤亡。

2. 承保条件。该项目由中国平安、中国太保、中国人保和大众4家公司共保，中国平安为首席承保人，份额为40%。保单的基本条件为：(1) 物质损失部分保险金额为人民币56.45亿元。(2) 第三者责任限额部分为每次事故人民币5 000万元，无累计责任。(3) 物质损失部分免赔额：自然灾害为人民币47.5万元；意外事故为人民币10万元或10%，以高者为准；试车风险：人民币5万元或10%；其他：土建人民币10万元或10%，机械损失人民币5万元或8%。(4) 第三者责任部分免赔额：震动、移动或减弱支撑为人民币10万元或损失的10%，以高者为准；其他原因为财产损失人民币8万元，人身伤亡部分无免赔。(5) 主险费率为0.305%。该事故为我国工程保险历史上最大的单一事故，被保险人的索赔金额为人民币12亿元，最终赔付金额为人民币7亿元。

(二) 北京地铁10号线事故

1. 事故。由于施工环境复杂，北京地铁10号线在施工工程中，事故频发，先后发生了5起较大的事故。(1) 2005年11月30日下午，由于污水管老化引起渗漏，导致亚运村熊猫环岛中央的地铁10号线22标段工程基坑出现倒塌，大约400平方米范围的基坑塌陷10余米，所幸现场没有人员伤亡。(2) 2006年1月4日凌晨，东三环路京广桥东南角辅路污水管线发生漏水事故，污水灌入地铁10号线施工区间段，导致三环路南向北方向部分主辅路塌陷，施工人员安全撤离，未造成人员伤亡。(3) 2006年2月27日，地铁10号线10标段太阳宫至三元桥折返线工地“固定式葫芦式起重机设备”在使用中钢丝绳绷断，导致吊斗坠落，将正在井下施工的3名工人当场砸死。(4) 2006年6月27日，海淀南路正在施工的地铁十号线3标段发生坍塌，两名正在作业的工人被掩埋，挖出后已死亡。(5) 2007年3月28日上午，地铁10号线苏州桥标段出入口处，由于施工单位对复杂的地质情况不清，当施工断面发生局部塌方和导洞拱部产生环向裂缝的险情时，未制定并采取保护抢险人员的安全技术措施，指挥作业人员实施抢险，发生二次塌方，造成6人死亡。

2. 承保条件。该项目的基本条件为：（1）物质损失部分保险金额为人民币85.45亿元，每次事故限额为人民币10亿元。（2）第三者责任部分为每次事故赔偿限额人民币2 000万元；人身伤亡每人每次赔偿限额人民币20万元；累计赔偿限额为人民币1亿元。（3）物质损失部分免赔额：自然灾害和意外事故为人民币50万元或损失的10%，以高者为准；试车期为人民币50万元或损失的15%，以高者为准。（4）第三者责任部分免赔额：震动、移动或减弱支撑为人民币50万元或损失的10%，以高者为准；其他第三者责任财产损失为人民币10万元或损失的10%，以高者为准；人身伤亡无免赔额。（5）主险费率为0.5%。

（三）杭州地铁1号线事故。

1. 事故。2008年11月15日下午，杭州地铁1号线北2基坑施工工地突然发生路面大面积塌陷事故，导致萧山湘湖风情大道75米路面坍塌，并下陷15米。正在路面行驶的多辆车陷入深坑，造成21人死亡，24人受伤，直接经济损失4 961万元。事故直接原因是施工单位违规施工、冒险作业、基坑严重超挖；支撑体系存在严重缺陷且钢管支撑架设不及时；垫层未及时浇筑。监测单位施工监测失效，没有采取有效补救措施。

2. 承保条件。该项目的基本条件为：（1）建筑安装工程一切险及第三者责任险总保额达人民币137亿元。（2）主险费率为0.65%。（3）中国人保财险为项目首席承保人，领衔40%的份额，中国平安产险与中国太保产险各分得20%份额，大地保险分得10%，永诚财险与天安产险各分得5%。

六、地铁工程的PML分析

参见隧道工程的PML分析。

七、地铁工程的主要风险及控制

无论是从设计的角度，还是从施工的角度看，地铁工程均属于风险相对较大的项目，其最大的特点是施工环境复杂且承受能力差。大多数地铁项目是在城市中心施工的，这些地方从地面到地下的情况都十分复杂，一旦发生意外情况，容易导致连锁反应和巨额损失，同时，地铁项目由于是地下施工，发生意外之后，施救工作往往不易展开。因此，在进行地铁项目的风险评估过程中，应当充分认识到评估的难度。

在地铁施工过程中，可能面临的主要风险有自然灾害、意外事故以及第三者责任风险。从世界地铁发展100多年历史的损失情况看，在地铁灾害（包括建设期与运营期）中发生频率最高、造成损失最大的原因是火灾。而建设期的情况则是自然灾害居首位。根据慕尼黑再保险公司的统计：1982~1996年期间的612个损失金额大于10万美元的保险赔偿案件中，火灾事故为18%，自然灾害事故为50%，施工方法为20%，设计事故为9%，其他为3%。根据中国财产再保险股份有限公司的统计数据显示，暴雨、地质水文和施工操作是导致地铁工程事故的主要原因（见图11-13）。

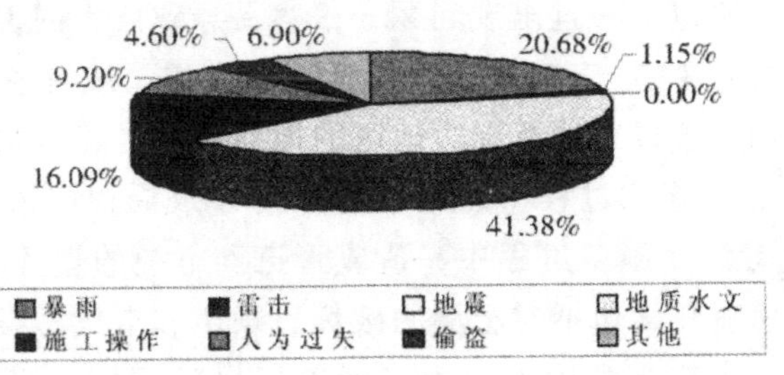

图11-13　引起地铁事故的各种原因

实践证明：水灾、火灾和第三者责任是地铁施工过程中最需要关注的风险，也是地铁风险评估和控制的重点。

水是地铁施工过程中的一个最主要的风险，地铁工程的特点是形成一个庞大的地下结构或者空间，所以，如果控制不当，就可能导致大量的水灌人，或者积留在这些空间并造成损失。导致水损的主要原因是暴雨、洪水、地下水和排水系统故障。首先，是暴雨和洪水问题。控制风险的主要手段是确保各种防护设施到位和有效，尤其是在台风和洪水季节，应当密切关注大气和水情变化情况，制订相应的预案。必要时，应当及时转移处于低洼地段的贵重物资和设备。其次，是地下水问题。地下水的存在是地铁施工过程中的正常现象，或者说是一种“常态”，关键是对地下水的监测、控制与处理。在地铁的设计和施工方案中已经充分考虑了地下水的控制问题，针对地下水的工程控制手段有很多，包括集水井技术等。在施工过程中应当动态监控地下水位的变化情况，确保地下水能够控制在工程许可的范围内，实现这个目标的手段是排水系统。一旦发现异常情况，应尽快分析并查找出问题的原因，及时采取应对措施，通常是排水系统出了问题，导致地下水失控造成损失，因此，应当经常检查排水系统，确保其处于良好的工作状况。

在地铁施工过程中，火灾也是一个重要的风险因素。火灾风险的主要分布区域为盾构机、车站、车场和工地外储存等，导致火灾的原因主要有热工、润滑油、液压油、明火、消防管理、清洁工作等。火灾风险更多地体现为一种管理风险，体现为对于施工现场的管理，因此，控制火灾风险的关键是建立一套行之有效的制度，严格进行现场管理，特别是对于明火作业的管理，同时，对于施工机具的管理，特别是对盾构机的施工现场管理尤为重要，许多地铁火灾事故是由盾构机造成的。

大多数地铁工程是在城市地区施工的，有的施工需要在城市繁华商业和人口密集地段进行，所以，一旦出现问题，很容易导致巨大的责任风险。第三者责任的主要风险有：（1）土壤扰动，或者减弱支撑，或者覆盖板碎裂，导致土地承载力受影响，造成工地及周边地区的地面塌陷、建筑物和道路损坏以及人身伤亡。（2）爆破施工过程中，爆破物降落导致周边的人身伤亡和财产损失。（3）地下或者海底施工过程中，造成管道和电缆的损坏。（4）施工过程中可能产生的环境责任，包括对土壤的破坏、噪声和空气污染等。为此，在地铁的施工设计过程中应当高度重视第三者责任风险问题，采取定期检查等方式，防止事故隐患出现。

从施工的角度看，塌方是主要的风险或损失表现形式，而导致塌方的原因往往是综合和复杂的，有客观原因，如地下水、暴雨、洪水等，也有主观原因，如支撑不足、二次衬砌不及时、施工作业面防护不当等。但主观因素是关键和决定的因素，因此，在分析和控制风险的过程中，应当抓住重要因素，从主观因素入手，加强施工管理，特别是加强对于施工质量和进度的管理，确保有效地控制塌方风险。现代地铁隧道大都采用盾构技术，所以，隧道挖掘风险主要是盾构机施工风险。盾构机的主要风险除了火灾风险外，开挖的起点和结束点的塌方、操作失误、盾构机放弃也是主要风险。在盾构机的吊装过程中，由于大多数是由专业人士进行，且较为重视，所以，发生事故的几率反而不大。

第七节
高层建筑

一、高层建筑及特点

高层建筑是指超过一定高度和层数的多层建筑。1972 年召开的国际高层建筑会议将高层建筑分为四类：第一类为 9～16 层（最高 50 米），第二类为 17～25 层（最高 75 米），第三类为 26～40 层（最高 100 米），第四类为 40 层以上（高于 100 米）。我国从 1982 年起规定，超过 10 层的住宅建筑和超过 24 米高的其他民用建筑为高层建筑。

现代高层建筑兴起于美国。第一幢高层办公楼是 1885 年在芝加哥建成的高 12 层的“住宅保险大楼”，在随后 100 多年的历史里，特别是在第二次世界大战之后，出现了世界范围的高层建筑繁荣时期，人们出于种种原因，不断挑战极限，创造出一个又一个奇迹，其中不乏中国建筑的记录，包括上海金茂大厦（381 米）和重庆大厦（457 米）。而日本人在兴建高 800 米的“千年塔”基础上，更是提出了要建一座高 2 004 米的“TRY 2004”项目。

在高层建筑的建设呈现越建越高、投资越来越大的形势下，高层建筑所带来的各种问题也逐渐引起人们的重视，其中最为突出的是安全问题和经济问题。近年来在高层建筑建设和使用过程中的各种事故不断，特别是“9·11”事件之后，高层建筑的安全问题成为人们关注的焦点。同时，高层建筑项目面临的另外一个问题就是经济问题，由于高层建筑项目投资金额大，投资期限长，建设与运营的技术要求高，往往由于各种原因导致项目建设出现巨大的经济危机，世界上不乏有高层建筑项目失败的案例。

从技术的角度解决安全问题是一项基础性工作，各个国家力求通过建立和完善高层建筑建设的技术规范来解决安全问题。这些技术规范主要从四个方面规范和控制风险：（1）防火与运营安全；（2）建筑物的稳定性；（3）预防自然灾害；（4）社会和环境保护。目前，我国的高层建筑技术规范有《高层建筑混凝土结构技术规程》。

二、高层建筑的基本组成

高层建筑的基本组成包括地基、支撑结构（承重部分、外墙面和屋顶）、内部装修、供排系统等。在高层建筑的基本组成中，地基和支撑结构是工程保险需要关注的焦点。另外，在高层建筑施工过程中，垂直运输设备又是关键的组成，应当予以必要的关注。

（一）地基

高层建筑的地基与其他建筑物相比有很大的不同，由于高层建筑的高度大、重量大、倾覆力矩大、剪力大，因此对地基的要求相对较高。具体体现为：（1）要求有承载力大、沉降量小、相对稳定的地基；（2）要求有稳定的、刚度大而变形小的基础；（3）要防止倾覆和滑移，也要尽量避免由地基不均匀沉降引起的倾斜。所以，无论是从技术角度，还是从造价角度，地基都是高层建筑工程的重要组成部分，而一般基础费用大约占总造价的15%～25%。

高层建筑的地基形式有许多，通常应根据上部结构体系类别、荷载特点、工程地质条件、地下水位的高低、施工条件和经济指标等因素，综合比较权衡后确定。最为常见的是筏形基础、箱形基础和桩基础。在一些地基良好、荷载不大的情况下，也有用十字形（井格形）基础和条形基础的。同时，对于高层建筑的基础深度也有一定的要求，通常规定在天然地基上基础埋置深度不小于建筑物总高度的1/15，而采用桩基时，桩基承台的深度不宜小于建筑物高度的1/18。

（二）支撑结构

高层建筑的结构可以分为三大类：钢结构、钢筋混凝土结构和组合结构。钢结构的特点是强度高、韧性大、自重轻、抗震性好、工期短、用钢量大、造价高、耐火性能差等。钢筋混凝土结构的特点是造价低、自重大、构件强度低等。可见这两种结构类型均有不足。目前，更多的采用钢和钢筋混凝土材料的组合结构，这种结构能够实现两种结构的优势互补，而且表现出较好的经济性。以35～40层的高层建筑为例，组合结构的造价为钢筋混凝土结构的63%，为钢结构的54%。

从结构类型上又可以将钢结构类型细分为框架、框架—支撑（剪力墙）和各类筒体。钢筋混凝土结构类型可以细分为框架、框架—剪力墙和各类筒体。组合结构类型可以细分为钢框架—混凝土剪力墙、钢框架—混凝土芯筒和钢框筒—混凝土芯筒等。

（三）外墙面

在高层建筑项目中，外墙面也是重要的组成部分。从现代高层建筑的发展趋势看，外墙面无论是造型还是选材均呈现多样化的态势，特别是材料方面，从天然石材、各种玻璃到瓷砖、金属材料等，而且这些材料的科技含量不断提升，很好地解决了隔热、抗渗、防晒、密封、防噪声和防火等方面的问题。

由于高层建筑外墙面材料使用量大，而且预制程度很高，如框架、玻璃镶嵌、护墙板、遮阳、防眩装置、隔热、密封等都要在工厂一次完成，有的甚至可以根据设计进行一些异形处理以及预先铺设暖气片、排气口和电路管线等，因此，大多数的外墙面均是由专业的公司进行生产，然后到现场进行安装固定。

（四）内装修

从工艺的角度看，高层建筑项目的内部装修与其他建筑相比没有本质区别，但由于高层建筑自身的特点决定了其在风险管理方面存在一定的特殊性。主要表现为：

1. 高层建筑每个楼层的面积相对较小，耐火构件一般均集中在电梯、楼梯间、卫生间、设备通道和辅助间汇集的地方。

2. 空调、通风、照明和火警装置一般安装在承重的楼顶和悬挂的顶棚之间，在这个狭小的空间里需要铺设和连接大量的管线。

3. 在内装修的过程中需要应用大量的易燃材料，施工过程中存在不同工种、不同承包商的交叉作业，甚至是明火作业。

（五）垂直运输设备

1. 在高层建筑的施工过程中，垂直运输设备是关键因素之一。原因是：(1) 在高层建筑的施工过程中，垂直运输的运输量非常大；(2) 机械设备费用对于总造价的影响较大，机械设备费用一般为总造价的 4% ~9%；(3) 对工期有较大的影响，高层建筑的施工进度在一定程度上取决于垂直运输的速度。

2. 高层建筑施工的垂直运输设备主要有：塔式起重机、施工外用电梯、快速提升机、混凝土泵和其他垂直运输辅助设备。塔式起重机既能实现垂直运输，又能完成水平运输，是高层建筑施工的关键设备。塔式起重机的类型很多，有移动式和自升式，常用的自升式塔式起重机包括附着式和内爬式。

三、高层建筑的主要风险及控制

高层建筑的建设风险相对较大，主要表现为：（1）层数多，施工周期长；（2）技术复杂，工程量大；（3）高空作业多，垂直运输量大；（4）施工单位或种类多，且存在大量交叉作业。所以，高层建筑的风险首先是施工管理的风险，在这样一个多工种立体作业的施工现场，需要有一个统一和有效的管理。此外，高层建筑项目建设过程中面临的主要风险还有设计错误、火灾、风暴、地震、沉陷、水管泄漏等。

（一）设计风险

设计风险是高层建筑需要特别关注的风险，导致设计错误的原因有两类。

1. 违反或者没有遵守建筑和设计规范和法规。高层建筑的设计和施工是一个庞大、复杂和持久的过程，在这个过程中往往会遇到许多特殊和意外的情况，需要设计人员和施工人员不断地调整，甚至是突破。这些调整和突破均存在一定的风险，而有些风险并不会在当时反映出来，要到验收甚至以后使用过程中才会逐步反映出来。这些具有潜伏性的风险特别应当引起重视，因为日后处理这些风险往往需要付出巨大的代价。

2. 建筑材料选择错误、施工和工艺错误或不善。在高层建筑的建设过程中对材料和工艺的要求较高，要求在施工过程中必须严格按照设计的要求进行，否则就可能为此付出巨大的代价。如在供水系统中使用了劣质或者不当的材料或者接头，日后一旦出现水管爆裂，就可能引发较大的损失。另外，如果装修材料的质量不达标或者存在污染因素，也将给项目建设或者日后的使用带来损失。

（二）火灾风险

火灾是高层建筑的一个重要风险隐患，甚至是高层建筑的最大风险因素。20 世纪 90 年代以来，一批高层建筑在临近竣工之前发生火灾事故，导致了巨额损失。如 1990 年英国的百乐门火灾，导致了高达 3 600 万英镑的损失。1991 年 8 月伦敦保险中心火灾事故的修复费用更是达到了 1.1 亿英镑，为总造价的 75% 左右。泰国的梅莉狄恩总统大厦（Meridien President Tower）在工程扫尾阶段发生大火，造成了 2 500 万马克的损失。这一系列事故，使人们对高层建筑的火灾风险有了一个新的认识。但就高层建筑而言，防止火灾有一定的难度，原因是：

1. 高层建筑的施工需要立体作业，特别是在内部装修阶段，一方面还存在明火作业，工地有大量的电路等火源；另一方面在装修过程中有大量的易燃材料，所以，非常容易引发火灾。

2. 高层建筑的高层部分一般风力较大，一旦发生一些小的火灾，极容易借风势酿成大火，且难以控制。

3. 高层建筑一旦发生火灾，由于条件的限制等原因，难以开展灭火和施救工作，结果导致重大损失。

同时，我们也应当看到在所有火灾事故的背后均有一个共同的原因，就是人们对于工地火灾风险的防范和控制缺乏必要的重视，许多火灾的原因，与其说是技术缺陷造成的，不如说是施工人员的疏忽导致的，一些火灾的原因竟然是工人随便丢弃烟蒂，或者在工地用电炉做饭引发的。由此可见，高层建设项目的火灾事故防范的关键是加强项目、特别是工地现场的风险管理，包括制度建设、安全教育、检查监督等。

(三) 垂直运输设备

垂直运输设备也是高层建筑的一个风险点，其安全问题表现在两个层面。

1. 在垂直运输设备的安装和调试过程中，应当掌握和控制风险，避免发生恶性事故。

2. 在作业过程中，特别是在一些超大型设备和结构件的吊装过程中，必须严格按照操作规程，而且应尽可能使用有经验的机械手。

就高层建筑而言，施工对垂直运输设备的依赖程度较高，一旦这些设备发生损失，一方面这些设备恢复和重新购置的周期较长；另一方面工期将受到严重影响。因此，应当高度关注这些设备的安全。

第八节 管道工程

一、管道工程及特点

管道运输是现代液态和气态货物运输的重要方式，无论管道的用途如何，

管道工程通常由管道、辅助系统和操纵设施组成。辅助系统包括泵站、加压站、在管道两端的储存罐、远程中央遥控中心。管道工程的施工步骤一般包括：场地清理平整、管沟开挖、管道运输就位、焊接、管道包敷、吊放、回填和测试等。

我国的管道运输发展迅速，主要应用于原油和天然气的运输。目前，我国的管道运输网已经初步形成，其中包括华北、中部地区 1 847 公里的原油运输管道，东北地区 3 400 公里的原油运输管道，华东地区 2 718 公里的原油运输管道，西北地区 4 100 公里的原油运输管道，1 300 公里的陆上成品油运输管道，西北地区年输气能力为 33 亿立方米的输气管道。另外，我国现在仍有大批在建的管道运输工程项目，其中，最具代表性的是“西气东输”工程，该工程的总投资将超过 1 400 亿元人民币，主干管道全长 4 000 公里，是我国第一条大口径、长距离、高压力、多级加压、采用高级钢材并跨越长江的现代化、世界级的天然气干线运输管道。

管道工程的特点是项目投资金额巨大，项目除了有其经济意义外，往往还具有政治和战略意义。管道工程涉及的施工区域范围广泛，施工的周期较长，参与施工的关系方较多，施工环境较为恶劣，对于施工环境和条件具有较强的依赖性。同时，管道工程项目对供应商具有较大的依赖性。

二、管道的种类

在运输管道中主要有输油管道、输气管道、输浆管道和输水管道四种。

（一）输油管道

输油管道主要用于油田与港口、油田与炼油厂、港口与炼油厂、炼油厂与化工厂之间的原油运输，输油管道也是管道运输的主要类型。在输油管道的两端通常会建有储存和缓冲油罐，如果油储存的时间较长，就需要有一个油罐群来满足大量储存的需要。

管道的直径通常根据需要和设计决定，而长度则采用 12 ~ 20 米，原因是运输条件限制。

泵站是管道运输过程中不可少的重要设施，泵站通常是在一个建筑物内设置一组泵，在这些泵中有一个泵属于应急泵。

（二）输气管道

输气管道在气体运输过程中被广泛应用，因为利用管道进行气体运输是最经济的方式。

输气的管道直径通常要比输油管道大，最大的可以达到56英寸。但是，在市区内的一些低压运输中也有采用塑料管道的。同样，在应用钢材管道时，防腐是一个重要的问题。

与输油管道不同的是，输气管道对压力的要求较高，为此，在输气管道系统中需要设立一些增压站，利用涡轮增压器等来增加和维持压力。

在输气管道系统中还有进气站和配送站，配送站通常设在输气管道的终点，在配送站将对气体进行减压，并根据需要进行分配。

（三）输浆管道

输浆管道主要用于固体的运输，如煤炭、铁矿砂、矾土、磷酸盐、铜矿等。运输方式是将这些固体的物质与水混合成为浆状，利用浆状形态的流动性进行运输。

在输浆管道系统中，制浆是一个特殊过程，需要应用特殊的设备，通常是按照1:1的比例将需要运输的固体与水进行混合。确保这些浆状混合物在运输过程中能够保持每小时5公里的速度。

在输浆的过程中对泵的要求较高，因为，浆比油的运送要困难得多，需要更大的动力和压力加以推动。

（四）输水管道

输水管道主要用于淡水或者污水的长途输送，它的设施与输油和输气管道相似。与输油和输气管道不同的是除了采用钢管以外，在低压输水管道中大量采用混凝土管。

三、管材运输风险

管材运输风险是指在管材的运输以及吊装过程中的风险，管材的运输风险原则上属于一种常规风险。需要注意的是：（1）在一些大口径和超长的管材运输过程中对运输工具、吊装设备、绑扎均有一些特殊的要求，往往是由于对这些特殊要求缺乏应有的重视而导致损失，尤其是在吊装过程中，经常因为吊装设备和环境不善、机械手疏忽或者缺乏经验等导致损失。（2）由于管道建设的特点决定了在运输过程中，至少在接近施工现场的区域道路环境较差，有的甚至没有正规的道路，在这种环境下进行超重和超大件的管材运输过程，极容易产生倾覆、翻车等事故。

对于金属材料的管道，为了提高防腐蚀能力，需要对其进行包敷处理，一般采用的包敷材料为沥青、聚乙烯或者其他化学材料。这些包敷物大多具有易燃性特征，因此，在运输、储存和焊接施工过程中，火灾是其主要风险。

四、管道铺设风险

管道的铺设方式大多数采用掩埋式，即在地面按照设计的铺设线路开挖出沟状，然后铺设管道，最后是将土回填。采用掩埋式铺设方式的目的除了确保管道的安全外，首先是为了确保不破坏地面的植被环境和农业用途，为此，通常要求管道深埋在地面下 1 米以上。但是，在一些特殊区域，如常年冻土地区，则采用地面架设的方式。在采用掩埋式的铺设方式时，最主要的风险是在开挖和铺设过程中的暴雨和洪水。具体表现为在开挖完成之后，或者在铺设管道期间，由于暴雨或者洪水导致已经开挖完成的铺设沟被冲毁，已经铺设的管道位移，施工现场的管材被冲走和损坏。其次是在铺设管道过程中的吊装风险，由于管材一般超长、超大件，对吊装的要求较高，且一般管道施工现场的条件有限，为此，容易出现吊装事故。最后，由于管道施工工地均属于开放式，且施工线路较长，工地的管理存在一定的困难，因此，工地安全问题显得特别突出。在以往的项目中不少工地发生盗窃事故，特别是管材被盗事故。

近几年，水平定向钻穿越技术在管道穿越施工中得到了广泛应用，这种技术具有不开挖路面、不中断交通、不影响市容等优点。水平定向钻的工作过程是通过计算机控制进行导向和探测，先钻出一个与设计曲线相同的导向孔，然后再将导向孔扩大，把管线回拖到扩大了的导向孔中，完成管线穿越的施工过程。但这种施工方式对于各方面的要求较高，若设计不当，或施工管理组织不严密，都将导致钻进失败、回拖失败、地面隆起、道路损坏、损坏地下已有设施等风险。

在铺设线路遇水或者遇到跨越铁路和公路的情况下，通常可以采用两种方式：一是从水下或者路下通过的方式。从水下通过对于施工的技术和条件要求较高，同时，水下的管线定位也需要关注。从铁路和公路下通过的管道最重要的问题是解决对铁路和公路的施工干扰问题，同时，从铁路和公路下通过时，路面车辆通过的压力也需要关注。二是从水上或者路上通过的方式。这种通过方式通常是采用近似桥梁的结构。通过铁路和公路的方式较为简单，一般采用钢结构的高架跨越。通过水面的方式则应根据设计总体要求、跨距、施工条件等情况确定，一种是悬吊的方式，另一种则是传统的桥梁施工方式。在“过水”和“过路”施工过程中的风险原则上可以参照桥梁的施工风险，不同的是管道的“过水”和“过路”工程结构相对简单，同时应用的机械条件也有限，且施工环境较为特殊。另一个重要问题是，“过路”的施工属于立体和交叉作业，容易产生第三者责任风险。

海上管道铺设的施工技术及所处的自然环境比陆地管道铺设更复杂。自然环境方面，海浪和海流对施工作业影响很大，从铺管船上铺设管道下水时，稍有不慎会造成管道弯曲变形，甚至折断；管道铺到海底后，水流可能将海床掏空，造成管道大面积悬空，导致管道变形或断裂，这种情况在管道上岸的浅海地区最为常见。因此，保险人应督促被保险人定期对海上管道沿线进行检测，这是避免损失发生的一个重要手段。

五、测试风险

测试风险是指在管道铺设完成之后，对于管道进行密封性测试。测试通常是以 15 ~20 公里为一个测试单位，通过向管道里压水进行。测试水压一般是正常工作压强的 125% ~130%，加压测试的时间为 24 个小时。有的测试标准采用的是材料机械屈服点（Yielding Point），在采用屈服点的情况下，保险人一般会规定一个范围，如规定测试的最大压力为屈服点的 90%，否则过大的测试压力本身就是一种风险。测试的主要目的是确认管道的密封性，影响管道密封性的主要原因是施工过程中的管道焊接质量问题，也有管材本身的质量问题。从某种意义上讲，测试是对焊接工作质量的检验，所以，要确保测试顺利通过，关键是要加强对焊接工序的质量管理和控制。一旦通过测试发现管道存在密封性缺陷，就需要进一步确认缺陷所在并因此发生一定的费用。由于这种费用具有相当的不确定性，容易产生争议，在管道工程保险的方案制订过程中通常会对测试风险进行明确的约定，“埋管查漏费用特别条款”就是特别为这类风险制定的，具体可以参阅第四章第四节“规范性附加条款解释及应用”。

由于一些管线沿线地形错综复杂，有的地段高山峻岭，山区地形陡升陡降，形成大落差地段，例如我国新疆境内的库鄯输油管道，其大落差地段绵延 100 多公里，高差 1 620 米。大落差管线一方面会给管道试车运行时造成动压过大、汽液分离，产生水击和气蚀，导致管道和站场设备损坏；另一方面管道停运时，大落差又会造成静压过大，超过管道允许的承压能力，使管道破裂，影响管道的安全运行并造成污染。针对大落差问题，在管道设计上可采用设置减压站、变管径、增加管道壁厚等措施。因此，对大落差管线，在考虑试车风险时，除站场的机器损坏风险外，应重点考虑其风险的特殊性。

六、管道工程的 PML 分析

在进行管道工程的 PML 评估过程中，不同的施工方法受到不同风险因素的影响是不同的。施工方法主要有常规和掩埋式两种。主要考虑的风险有各种自然灾害和山体滑坡。

在各种自然灾害中，应当特别关注洪水风险。一些管道工地往往属于沙漠或者表层被沙子覆盖的地区，非常干燥的自然条件常常造成地表层不能渗透，而一旦突然发生强度特别大的洪水，这种状况则容易加剧突然到来的洪水的影响，以致造成开挖的沟渠完全坍塌。为了控制洪水风险可能造成的影响，建议：（1）必须采取特殊的保护措施防止洪水对现场的危害，行之有效的保障措施是确保已经开挖的沟渠保持最小的长度以及使暴露的时间尽可能缩短。（2）由于在沟渠被回填以后还会受到洪水退后的暴露，则意味着 PML 估计应该基于工程中开挖的最大长度，采用被标志部分已经完成的工程的全部损失（或者按照保险单中对开挖沟渠的规定）。（3）这些同样适用于在水下的沟渠。除了洪水外，暴雨、风暴、台风、飓风等也可能导致管道工程的巨大损失。

山体滑坡是管道工程另外一个重要的风险因素，特别是在容易发生山体滑坡的土体不稳固地区进行施工，或者在土体比较松散地区施工均可能突然发生山体滑坡的情况。泥石流将会对正在施工中的管道项目造成损失，甚至能够对已经完成的管道工程造成影响。对采用掩埋式施工方法来说，坍塌是最主要的损失因素。另外，一个需要考虑的问题是，坍塌不仅对已经开挖的部分造成损失，还可能导致管材的损失。

根据以上分析，我们可以通过表 11－9 描述不同施工方法对不同风险的敏感程度。

表 11－9　　不同施工方法对不同风险的敏感程度

施工方法	敏感因子		
	水灾/暴风雨	泥石流	坍塌
常规	3	2	1
掩埋	0	0	2

注：敏感因子即严重性因子，其中 0 表示影响或者损失程度有限；1 表示影响或者损失程度一般；2 表示影响或者损失程度较大；3 表示影响或者损失程度很大。

七、管道工程的主要风险及控制

与其他工程保险不同，根据统计，在管道建设的损失原因中，由于不可抗力，即自然灾害造成的损失占比较大（见图11－14）。

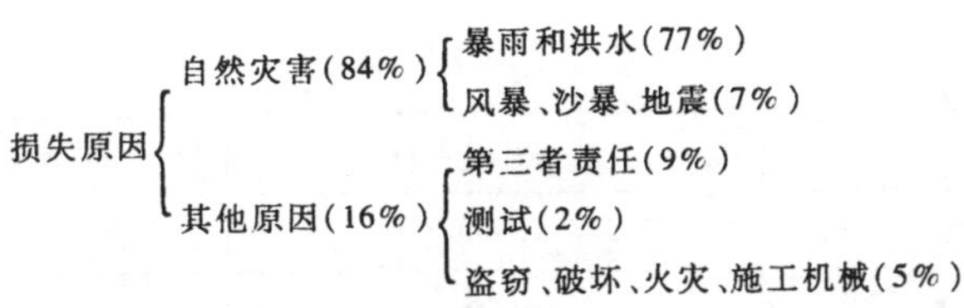

图11－14

从总体情况分析，管道工程的风险较大，尤其是海上管道工程。Marsh公司的资料显示：对1990～1997年期间19起海上管道工程保险重大事故的数据分析，在25万美元免赔额条件下，纯风险保险费率为0.7%～0.9%。

在管道工程的建设过程中，控制风险的关键环节有两个。一是从风险类型上分析，暴雨和洪水是主要风险，在评估和控制风险的过程中应当充分关注暴雨和洪水因素，从管道施工沿线的气象和水文情况进行分析，从沿线的地理地貌情况分析，应尽可能避免施工线路通过可能成为泻洪区域的地方。地质情况也是一个重要因素，在一些沙土质的地区，暴雨和洪水造成的损失可能远远大于那些黏土地区。二是从施工的方式上分析，开工点和开工点的作业长度是主要的风险因素。在进行管道施工过程中的损失往往是由于施工点开得过多，施工面拉得过大，一旦发生暴雨或者洪水则可能造成较大的损失。所以，在管道施工中，控制风险的关键是控制施工作业点和面，以确保能及时地回填和封口。对于这类风险在制订保险方案时，保险人通常会采用一个“铺设管道、电缆特别条款”明确保险人承担暴雨、洪水损失的前提条件是“每次开挖长度不得超过特别条款列明的公里数”。例如，通常规定每个施工作业面不超过5公里，总开挖施工作业面不超过10公里。但如果总长度小于50公里，则总开挖施工作业面不超过5公里。具体可以参阅第四章第四节“规范性附加条款解释及应用”。另外，在施工方式方面，是否及时回填也是一个主要的风险点。从承包商的角度看，通常希望在测试之后回填，这样可以避免一旦测试发现问题，修复时既费时又费工的情况。但是，保险人从控制风险的角度则要求先回填后测试。解决这个矛盾的方法是尽可能采用边开挖、铺设，边测试的办法，特别是在气候环境不好的情况下。

在承保管道工程过程中，通过保险条件，特别是免赔额的设计是控制风险的有效和必要手段，应当根据项目性质和承保风险的不同设计相应的免赔额（见表 11－10）。

表 11－10　　管理工程免赔额　　（单位：美元）

项　　目	陆上管道项目	海上管道项目
货物和包装	15 000	50 000
管道铺设	50 000	250 000
业主在工地既有的财产	25 000	100 000
测试和试车	25 000	250 000
设计错误	50 000	250 000
第三者责任	25 000	25 000
保证期	50 000	150 000

第九节
海 洋 工 程

一、海洋工程及其特点

海洋工程（Ocean Engineering）包括沿岸结构物（Coastal Structures）和近海结构物（Offshore Structures）。沿岸结构物的情况与码头工程的情况基本相似，因此不作为本节讨论的重点，本节重点研究近海结构物问题。近海结构物是指与海上石油勘探及生产有关的海上石油钻井平台、生产平台、储油罐、系泊系统等。海洋工程中近海结构物的特点：第一，其施工环境均在距离海岸有一定距离的海域，“Offshore”通常是指在水深 200 米以内的浅大陆架区域，施工是利用专业船独立完成，所以，无法直接依赖岸上的支持。第二，由于是离岸作业，受风、海浪、洋流的影响较大，施工环境相对较差。第三，工程中大量应用大型结构物，甚至超大型结构物，在海面上进行这些结构物的吊装对于作业环境、设备、技术和经验均有很高的要求。第四，海洋工程的造价一般较大，海上钻井的价值一般在 1 000 万 ~3 000 万美元之间，钻井船和深海石油铺管驳的价值均为几百万美元，这些钻井船和深海石油铺管驳每天的租金就在 20 万 ~50 万美元之间，因此，一旦发生事故，往往容易造成巨大的损失。第五，海洋工程的施工将受到一些特殊的规范限制，可能产生特殊的民事责任，如海事方面和海洋环境保护方面的法律法规。从以上分析可以看出，海洋工程的风险相对集中，环境相对恶劣，容易导致恶性事故。例如，2001 年 3 月在巴西发生的深海半潜式平台全损案，起初仅仅是其中的一个支架发生爆炸，继而引起储油罐起火和一系列的爆炸，加上强风以及恶劣的海上环境耽误了救援工作，最终导致平台沉没，3 人死亡，经济损失高达 5 亿 ~6 亿美元。

二、近海结构物的种类

近海结构物的种类按照用途进行划分有：钻探类结构物、生产类结构物、系泊类结构物、运送类结构物。按照可移动性进行划分有：钻探船、移动式平台、固定式平台，其中移动式平台又可以进一步划分为坐底式、自升式、船式和半潜式。在近海结构物中，钻探船和移动式平台的建造基本属于船舶建造的范畴，通常是在造船厂的船坞建造完成并下水后，通过自身动力或者拖轮定位在工作地点进行相关作业。工程保险主要针对近海结构物中的固定式平台建造问题，这类固定式平台的建设与其他工程项目，特别是港口等水工项目具有相似之处，但又有其自身的特点。除了钻探船、移动式平台和固定式平台外，近海结构物还包括海洋立管（Riser）和系泊设备。

固定式平台通常可以分为桩基式平台、重力式平台、牵索塔平台、张力腿平台和坐底式平台五大类，在生产平台中应用最多的是桩基式平台。

重力式平台和坐底式平台与移动式平台类似，基本是在岸上建造完成后，拖运到工作地点定位，故不在本节讨论。

（一）桩基式平台

桩基式平台通常是由导管架、桩基、上甲板和上层建筑模块四部分组成（见图 11 -15）。

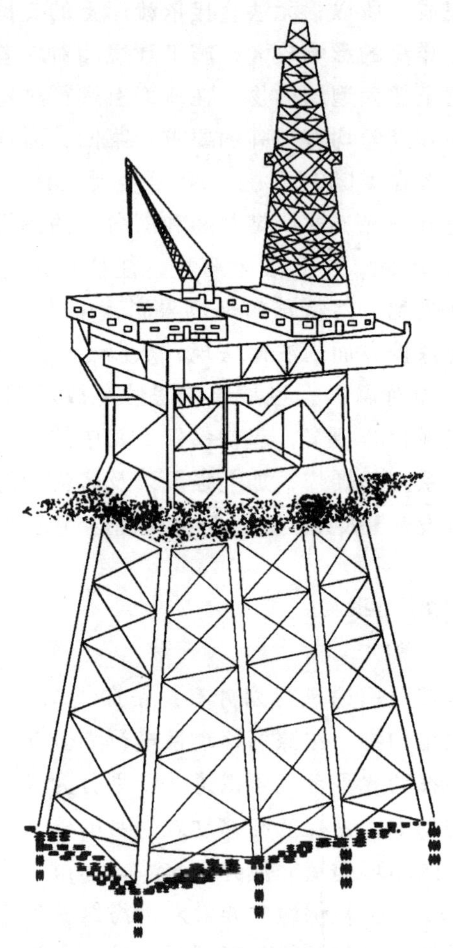

图 11－15　钢质桩基导管架平台

导管架是由若干竖立的钢管、横向和斜向的钢管焊接成的空间桁架结构。竖立的较大直径的圆形钢管称为腿柱，水平的钢管称为水平撑杆，斜向的钢管称为斜撑杆，管件相交形成管节点。

桩基是由许多经过导管架打入海底的桩组成的。桩基的作用是将平台有效地固定于海底。桩基除了承受平台的全部垂向载荷外，还要承受风、浪、流等产生的巨大的水平剪力，并将这些力传递给地基。

甲板结构是由桁架、支骨及甲板组成的位于导管架顶端的结构，通常设有两层工作平台，用以布置生产和生活设施。

桩基式平台的建造通常是在陆地上预制好导管架，然后拖运到海上安放就位，再进行桩基施工。桩基施工是顺着导管一节一节地打桩，当桩与海底充分连接之后，在桩与导管的间隙处灌入混凝土，使桩与导管连成一体固定于海底。导管架固定之后，在导管架的顶部架设平台，平台的高度应当根据当地的海况，特别是波高确定，通常要求高出作业波 4 ~ 5 米。

桩基式平台的设计与建造技术已较为成熟，因此，在生产性平台中得到较为广泛的应用，应用的经济水深在 300 米左右。但桩基式平台在运输、安装，特别是安装过程中对吊车、驳船和现场定位系泊等要求较高，安装期间的风险较为集中。

（二）重力式平台

重力式平台通常是由底部大型储油罐、单根或多根立柱、平台甲板和模块组成。平台将采油和储油功能合二为一。重力式平台一般采用钢筋混凝土结构，这样能够大大节约钢材，同时也提高了平台的抗腐蚀能力。重力式平台由于具有较大的自重，一般在数十万吨，能够与海底形成良好的连接，承受波浪和海流的能力较强，工作深度一般在 70 ~ 150 米。

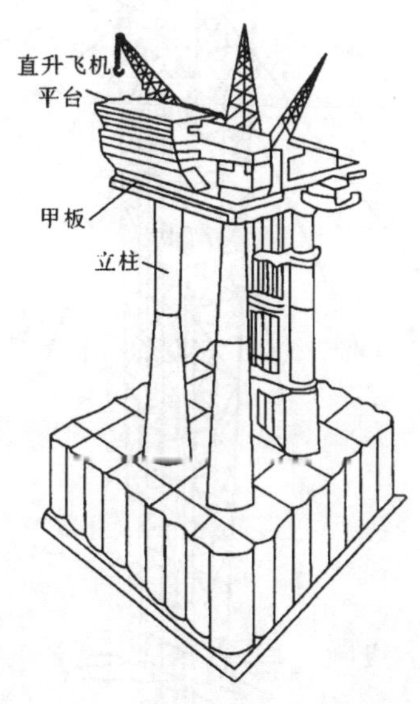

图 11 – 16　北海油田的重力式平台

重力式平台的建造通常是利用海岸的低洼地围堤排水，形成一个类似船坞的工地，在工地内建造若干个圆筒形储油罐，并将它们连接在一起形成平台底部，在全部建造完成后，向工地放水，让其依靠底部浮力自然起浮，并将其拖到海上工地，下沉就位。也可以在完成底部之后就拖到海面，然后一边建造，一边下沉（见图11－16）。这种平台施工的最大优点是使风险较大的海上吊装作业的工作量大大减少，缩短海上现场的施工期，避免海上恶劣气候可能对项目产生的影响。

（三）牵索塔平台

牵索塔平台通常由甲板、塔体、牵索系统组成。塔体是一个类似于导管架的空间钢架结构，并用对称布置的缆索将塔保持在正浮状态。塔是顺应式的，能够随着波浪力的响应稍微移动，其系泊系统能对塔提供足够的复原力，使它始终保持垂直状态，设计时通常允许塔的倾斜度在2°以内（见图11－17）。

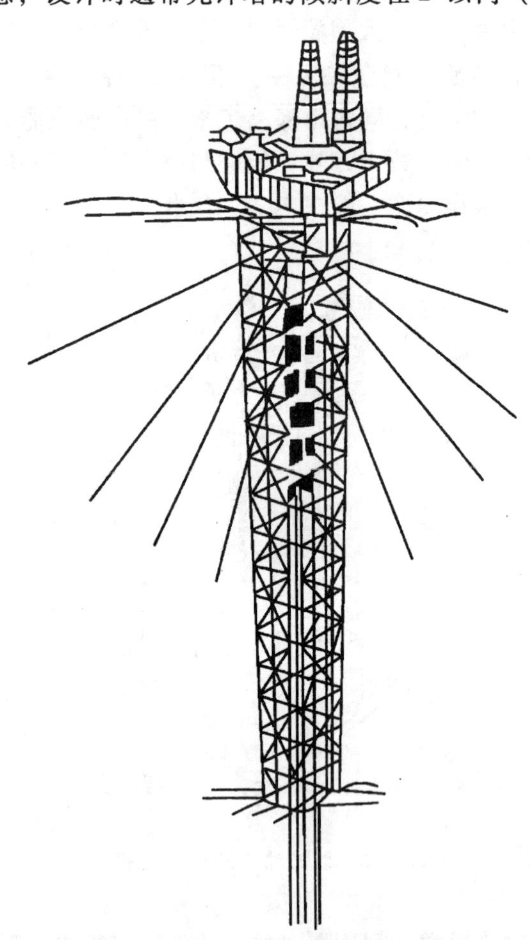

图11－17　牵索塔平台

这种平台的最大特点是结构简单，构件尺寸小，所以，可能受到风、浪、流的影响相对小。同时，造价相对低廉，这是其被广泛应用的一个重要原因。与桩基式平台和重力式平台相比，牵索塔平台更能够适应深水海域作业，一般工作深度为300~600米。

（四）张力腿平台

张力腿平台的设计原理是利用绷紧状态下的锚索产生的拉力与平台的剩余浮力相平衡来稳定和固定平台。与其他平台不同的是，张力腿平台的钢索与海底底部几乎是垂直的。张力腿平台造价相对高，主要应用在深海海域，一般认为这种平台要在水深超过460米以后才能够显示其经济性（见图11-18）。

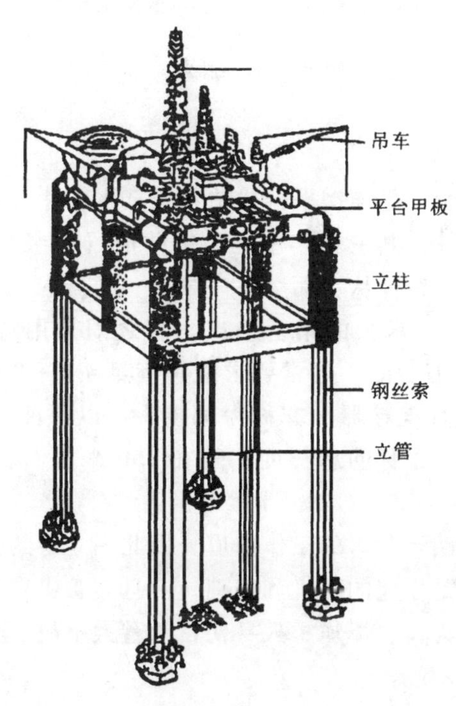

图11-18 张力腿平台

（五）坐底式平台

坐底式平台是直接坐在海底的平台，这种平台一般用于水深较浅的海域，其工作水深在60米以内。坐底式平台由于是直接接触海底，对于海底地形和土壤的要求较高，故适应性有限，在世界范围内的应用不是十分广泛。但我国的胜利油田、大港油田和辽河油田，由于地处渤海沿岸地区，属于浅海油田，海底平坦，淤泥层厚，含水量大，潮差大，特别适合坐底式平台的应用，所以，在这些油田，坐底式平台的应用较为广泛，如“胜利二号” （见图 11 – 19）。

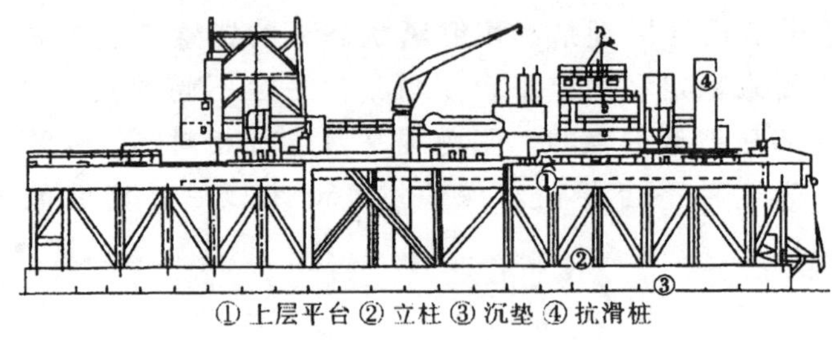

图 11 – 19 胜利二号

（六）立管

立管，亦称隔水管，是连接平台或钻井船至水下井口的钢质管状结构，是油气生产中的关键部件，其主要作用是为钻井液（泥浆）返回水面平台或船舶提供通道，同时，为钻杆从水面至井口导向。

立管一般由每根 15 米长的钢管组成，管之间采用特殊的接箍连接。立管应当具有一定的伸缩功能，通常要求能够满足 4.6 ~ 9.1 米的升沉。同时，立管的两端应采用挠性连接器，亦称为球接头，以保证立管能够在任何一个方向上转动 7° ~ 10°。立管的总长度一般在 350 米左右，也有配备到 900 米的（见图 11 – 20）。

立管是平台或船舶至井口的工作通道，因此，立管的强度、可靠性及完整性是十分重要的，它是作业的环境和基础，一旦立管出现问题，轻则导致停工停产，重则可能导致火灾、爆炸、人身伤亡等重大事故。

（七）单点系泊系统

单点系泊系统是指一种海上系泊船舶的装置并且是船舶完成石油、天然气管道传送装卸作业的终端，是海上油田的集输设备，也可以作为深水码头使用。

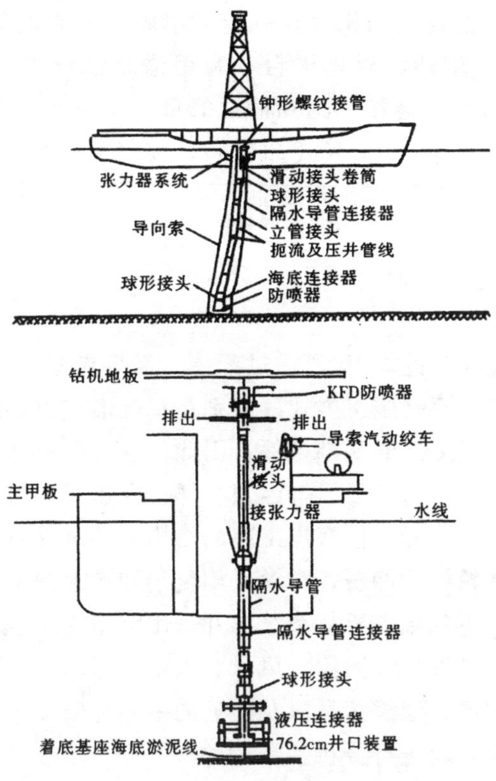

图 11－20　隔水管

单点系泊系统的型式较多，主要有：悬链式锚腿系泊系统（CALM）、暴露位置的单浮筒系泊系统（ELSBM）、桅杆浮筒单点系泊系统（SPAR）、固定塔式单点系泊系统、单锚腿系泊系统（SALM）、铰接装油塔和单锚腿储油系统等。在海洋工程中对单点系泊系统的选型过程中，考虑因素主要有作业海域的深度、海况、气候以及生产需要等（见图 11－21）。

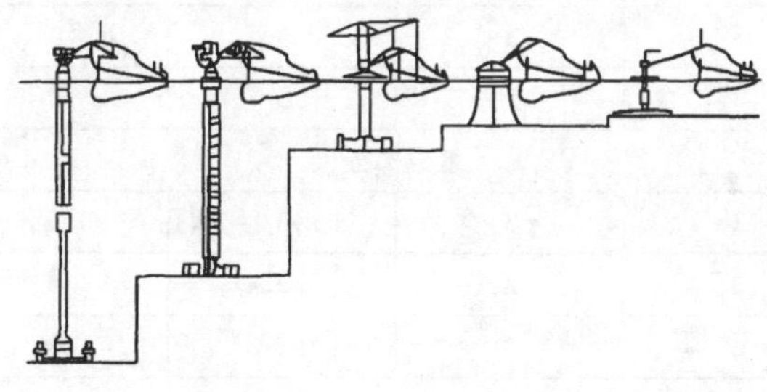

图 11－21　不同水深海域采用不同型式的单点系泊系统

单点系泊系统的设计与结构存在一定的不同，但原理基本相同。其主体是一个能够进行360°旋转的浮动平台，利用锚及锚链进行固定，用塑性管将油井口通过平台与油船连接，达到输油的目的。单点系泊最大的优点是允许所系泊的船舶在水平面上做360°的旋转，使气候和海况对船舶系泊荷载大大减少。

三、海洋工程的PML分析

在进行海洋工程项目的PML评估过程中，需要考虑的因素有内部因素和外部因素。内部因素主要是施工方式，特别是基础形式以及施工工艺，而施工方式以及工艺又取决于工地的基础条件，因此，基础的设计必须基于地质勘探报告。这些地质条件与风力及暴风等因素一样，在进行参数设计以及选择正确的施工方法时非常重要。为了使海洋工程的结构能够承受超重的荷载，以及满足抵御暴风的作用和轮船的冲击，常常采用复杂和扩大的基础形式，如采用沉井基础和桩基础，水下基础需要复杂结构并采用沉箱施工方法。外部因素主要是指气象信息，特别是洪水、潮汐、风暴、大雨、霜冻、冰冻、气温变化等异常气候；地质活动地区、地震信息以及附近的一些地质缺陷等也应考虑。所有这些信息必须在建设之前进行分析。

在海洋工程PML的评估过程中，必须将内部因素与外部因素结合起来考虑（见表11-11）。

表11-11　　海洋工程与敏感因素

技术部分	敏感因子*				
港口类型	自然灾害	外部	倒塌	火灾	施工/设计
顺岸码头 Quays	2	2	2	0	2
防波堤 Breakwaters	3	3	3	0	2
突出码头 Jetty	3	3	3	1	2
组成部分					
“露天”部分	3	3	3	1	3
基础	2	2	2	0	2
沉箱	2	3	3	0	2
脚手架	2	2	3	3	2

续表

技术部分	敏感因子*				
港口类型	自然灾害	外部	倒塌	火灾	施工/设计
打桩	2	2	2	0	2
支护	2	2	2	1	2
倾覆	2	2	3	1	1

注：敏感因子即严重性因子，其中0表示没有影响，不大可能受到损失；1表示影响程度较低，可能导致较小的损失，且能够被修复；2表示影响程度中等，可能导致较大的损失，需要其他替代的方法进行修复；3表示影响程度很高，可能导致毁灭式的损失，如严重倒塌等。

海洋工程PML评估实例。

项目基本情况：波罗的海某港口项目一条近850米长的防波堤工程建筑安装工程。防波堤在南面，西南面和西面承受长达500公里的浪区海浪距离。设计海浪为4.8米（50年）。防波堤由大约75 000吨重的巨石筑成，每块重量超过12吨。

工期：7个月。

PML评估：最关键阶段是作用于护堤石块之上的暴风及海浪，比如护堤石块还没有安装完成的地方。根据施工方案进行预测，防波堤的价值等于展开长度约200米部分的建设成本，否则保单中按照未受保护堤岸单位长度的价值计算。

其他可能PML估计：（1）地震。地震区域值=0（慕尼黑再保险自然灾害地图），因此该风险很低。（2）环境风险。估计该风险水平很低。（3）水上船只。由水上船只造成损坏的可能性是存在的，该风险损害程度少于因风暴和海浪的影响。（4）航空飞行。没有航线接近现场。（5）人为破坏、被窃。人为破坏的损害不容忽视。现场没有正式围墙围护，水上进入现场的通道也是敞开的。但从承保同类风险的经验来判断，同类工程遭受这种破坏的风险是较低的。（6）动力车辆交通。没有风险。

四、海洋工程的主要风险及控制

第一，在海洋工程的施工过程中，最主要的风险是海洋环境风险，特别是在我国沿海进行施工的项目风险更大。原因是我国近海的地质条件较差，海况受台风、洋流、季风、地震等影响，往往十分不利于海上作业。根据以往的损失记录分析显示，大多数的海洋工程事故与恶劣气候和海况有直接的关系。

第二，海洋工程的施工过程中将涉及大量的吊装作业，与其他吊装作业不同的是，海洋工程的吊装结构部件往往属于特殊规格，大件、特大件、异型件较多，这些结构部件的吊装需要一些特殊的工具和工艺；同时，进行这些吊装作业过程中，由于场地的限制，往往难以满足设备对于工作环境条件的要求，增加作业的难度和发生损失的几率。

第三，在海洋工程建造过程中，经常需要将一些已经预制好的大型部件拖运到海上工地，在进行海上拖带作业过程中，由于气候和海况的原因，施工作业的难度较大，需要各个部门的协调和配合，否则，就容易发生事故，特别是倾覆、断缆等事故。在 1956 ~ 1977 年期间，损失在 100 万美元以上的自升式装置的事故总共发生 44 起，其中 22 起与平台由一个地点向另一个地点移动有关。

第四，海洋工程有大量的水下施工，施工难度相对较大，对水下环境的依赖程度较大，而且一旦发生损失，难以施救。如水下切割、焊接、爆破工程，受到潮汐、海况的影响较大。因此，在进行水下作业过程中，应当充分了解和掌握水文状况，特别是潮汐情况，确保施工环境符合要求。

在评估和承保海洋工程的过程中，应当根据项目的特征将其分解为几个部分，因为，不同部分、不同阶段的风险以及处于风险中的价值均是不同的，将它们区别对待，有利于科学地评估风险，也有利于科学地确定费率。

第十二章
施工机具风险评估

第一节
施 工 机 具

一、施工机具的特点

在现代工程建设过程中，为了进一步提高劳动生产率、减轻劳动强度、保证工程质量、降低工程成本，施工机具广泛和大量应用已经成为一种趋势。同时，机械化程度和机械化水平也成为衡量一个国家建筑业水平和社会生产力发展的重要标志。

在施工机具大量应用的过程中，与施工机具相关的各种风险已逐步引起人们的重视。施工机具的风险主要有自然灾害、人为事故和第三者责任，其中以人为事故最为突出，主要表现为由于机械手的疏忽、经验不足、技术不完善等原因造成的损失。为此，在现代建设项目的工程保险中，施工机具保险已经成为一个重要的组成部分。

二、设备的类型

按照施工机具的基本功能进行分类，通常可以将施工机具分为挖掘机械、铲土运输机械、起重机械、压实机械、桩工机械、钢筋混凝土机械、路面机械和装修机械八大类。

按照施工机具的应用范围进行分类，通常可以将施工机具分为土方机械、起重机械、桩工机械、钢筋机械、混凝土机械和装修机械六大类。

第二节
施工机具分类

一、土方机械

土方机械主要包括推土机、铲土机、挖掘机、装载机和压实机械。

推土机按照行走机械，分为履带式推土机和轮胎式推土机。

铲土机按照运行方式，分为拖式铲土机和自行式铲土机。拖式铲土机通常由履带式拖拉机牵引。

挖掘机分为循环作业式和连续作业式两类，即单斗挖掘机和多斗挖掘机。单斗挖掘机是土方工程中的一种主要施工机械。

装载机按照工作装置作业形式的不同，分为单斗式、挖掘装载式和斗轮式；按照动臂形式的不同，分为全回转式、半回转式和非回转式；按照车身结构特点，分为刚性式和铰接式；按照行走机械特点，分为轮胎式和履带式。

压实机械按照压实的原理不同，分为冲击式、碾压式和振动夯实机械。冲击式压实机械有蛙式打夯机、内燃式打夯机；碾压式压实机械有光轮压路机、轮胎压路机和羊足碾。

土方机械的风险主要表现为机械的整体倾覆。原因是土方机械工作的环境大多数属于未夯实的软土地带，而土方机械的自重一般较大，在作业的过程中容易由于失衡导致倾覆。

二、起重机械

起重机械分为塔式起重机、汽车式起重机、轮胎式起重机、履带式起重机、桅杆起重机、绞索起重机、施工升降机和建筑卷扬机等8大类29种。

在建设施工中应用较多的有卷扬机、施工升降机、塔式起重机和汽车起重机。卷扬机是施工过程中的一种起重设备，通常是作为起重桅杆、门式升降机、井式升降机的配套设备。卷扬机的种类较多，按使用的动力分为手动卷扬机和机动卷扬机。机动卷扬机又可以分为电动、内燃机和蒸汽机。在机动卷扬机中，电动卷扬机占大多数。按照卷扬机钢丝绳的速度，分为快速（v = 30 ~ 50m/min）、慢速（v = 7 ~ 13m/min）和调速卷扬机。按照卷扬机的卷筒数，分为单筒、双筒和多筒卷扬机。

施工升降机按照构造，可以分为门式升降机、导架式升降机、井式升降机和外用施工电梯。

塔式起重机通常是按照行走方式、起重臂变幅方式、回转方式进行分类。按照行走方式，可以分为行走式塔式起重机和自升式塔式起重机，其中行走式塔式起重机又可以分为轨道式、轮胎式和履带式。按照起重臂变幅方式，可以分为动臂变幅塔式起重机和小车变幅塔式起重机。按照回转方式，可以分为上回转塔式起重机和下回转塔式起重机，其中上回转塔式起重机又可以分为塔帽式、转托式和转盘式。

起重机械是施工机具中风险相对较大的一类，在对起重机械的风险控制和事故分析过程中，应注意了解和掌握起重量、幅度、起升高度、工作速度和起重力矩等几个有关起重机械性能的参数。

起重量是指起重机起吊重物的质量，通常用 Q 表示，单位为 t。常用定额起重量表示，即基本臂处于最小幅度时能够安全起吊重物的最大质量。随着幅度的加大，起重量相应减少。

幅度是指起重机回转中心至吊钩中心的距离，通常用 R 表示，单位为 m。应当注意的是，起重机在不同的幅度状态下工作时，其起重量是不同的。幅度反映了起重机的实际工作能力。

起升高度是指自地面或者轨道到吊钩钩口中心的距离，通常用 H 表示，单位为 m。

工作速度包括起升、变幅、回转和行走速度。

起重力矩是指工作幅度与相应于此幅度下的起重量的乘积，通常用 M 表示，单位是 t/m。起重力矩是起重机综合起重能力的参数，也是起重机安全控制过程中的一个重要参数。

起重机械的风险主要表现为倾覆和吊物坠落。起重机械是施工机具中的高风险设备，所以，起重机械的安全问题应当引起充分的重视。在起重机械的风险中，日常检查、维护和保养是一个重要的因素，在以往的事故中大多数均是因为疏于检查、维护和保养，以致由于卷扬机失灵，或者钢丝绳断裂造成损失。同时，机械手的经验、技术、责任心也是重要因素之一。在机械手作业过程中，最为突出的事故是由于经验不足，甚至是鲁莽造成的。

三、桩工机械

桩工机械根据桩基的两种不同的施工方式，从大类上可以分为预制桩施工机械和灌注桩施工机械。

预制桩的施工方法分为打入法、振动法和静压法。不同的施工方法使用的桩工机械也不同。

打入法施工使用的桩工机械主要是打桩机，主要有自落式打桩机、柴油打桩机、蒸汽打桩机和液压桩锤。

振动法施工使用的桩工机械主要是振动打桩机。

静压法施工使用的桩工机械主要是全液压静力压桩机。

在预制桩的施工方法中应用的另一种桩工机械是桩架，桩架具有悬挂桩锤、吊桩和沉桩的导向作用。常见的桩架形式有两种，一种是沿轨道行驶的多能桩架，另一种是装在履带底盘上的打桩架。履带底盘式桩架又可以分为悬挂式履带打桩架和三点式履带打桩架。

灌注桩施工的关键工序是成孔。成孔的方法有两种：挤土成孔和取土成孔。

挤土成孔施工方法应用的主要施工机具有打桩锤和振动锤。

取土成孔施工方法应用的主要施工机具与方法有螺旋钻机成孔、钻扩机成孔、冲抓成孔、回转斗钻孔、冲击式钻孔、套管钻机成孔、潜水钻机成孔。

四、钢筋机械

钢筋机械按照用途的不同分为钢筋强化机械、钢筋成型机械和钢筋连接机械。

钢筋强化机械有钢筋冷拉机、钢筋冷拔机。

钢筋成型机械有钢筋调直切断机、钢筋切断机、钢筋弯曲机和钢筋镦粗机械。

钢筋连接机械有钢筋焊接机械、钢筋机械连接设备和钢筋网成型机。

另外，在钢筋机械中还有一种是预应力张拉机械，包括张拉锚具、夹具、液压式张拉机和机械式张拉机。

五、混凝土机械

混凝土机械按照工作的性质和用途可以分为混凝土搅拌机械、混凝土搅拌楼和搅拌站、混凝土泵、混凝土搅拌运输车、混凝土振动器等。

混凝土搅拌机械按照搅拌的原理、卸料方式、工作过程和结构特征，可以分为自落式混凝土搅拌机、锥形倾翻出料搅拌机、行星式搅拌机和卧轴式搅拌机。

混凝土搅拌楼和搅拌站亦称为混凝土工厂，按照生产能力的大小和结构形式的不同可以分为四种类型，包括固定式混凝土搅拌楼、固定式混凝土搅拌站、拆装式混凝土搅拌站和移动式混凝土搅拌站。

混凝土泵的种类较多，其分类方式通常是按照运输动力形式进行的，一般分为活塞式混凝土泵、挤压式混凝土泵和水压隔膜式混凝土泵。活塞式混凝土泵还可以按照传动方式、输送缸数量和行走方式等进行细分。

混凝土搅拌运输车应用的范围较广，种类繁多。其主要的分类方式有：按照底盘形式，分为自行式和拖式；按照驱动形式，分为集中驱动和单独驱动；按照传动形式，分为机械传动和液压—机械传动；按照多功能，分为带皮带输送机、带臂架和混凝土泵、带自行上料装置、带拌筒倾翻机械；按照搅拌筒布置，分为后端卸料、前端卸料和倾向卸料。

混凝土振动器按照作用方式可以分为两大类，即内部振动器和外部振动器。同时，内部振动器按照传动形式，可以分为电动软轴式和电机内装式；按照激振原理，可以分为偏心式和行星式。外部振动器可以分为附着式振动器和平板式振动器；按照振动特性，可以分为环向振动式和定向振动式。在混凝土振动器中，最为常见的是电动软轴行星插入式振动器、附着式振动器和平板式振动器。

六、装修机械

装修机械按照工作的性质和用途可以分为六大类：砂浆机械、砂浆运输机械、灰浆机械、喷浆机械、地坪修整机械和装修吊篮。

砂浆机械、砂浆运输机械、灰浆机械和喷浆机械又统称为灰浆制备及喷涂机械。这类机械按照功能分为灰浆或者砂浆搅拌机、灰浆或者砂浆运输机械和灰浆喷涂机械。

地坪修整机械包括地面抹光机、水磨石机、地板刨平机和地板磨光机。

装修吊篮分为手动装修吊篮和电动装修吊篮。装修吊篮是风险评估过程中一个应当特别注意的方面，因为吊篮的工作环境属于高空作业，一旦吊篮安全方面存在问题，不仅会造成吊篮本身的损失，还会导致其他财产损失和人身伤亡损失。

第三节

施工环境

施工环境对于施工机具而言是一个重要的风险因素。对施工环境风险的评估通常可以通过以下几个方面加以观察：一是施工机具对施工环境具有一定的适应性，特别是土方机械，通常属于重型机械，这些土方机械对工作环境均有一定的要求，特别是应当注意一些土质疏松、坡度较大的环境，容易发生倾覆事故。二是施工机具通常对作业工作面有一定的要求，特别是起重机械。在以往发生的大量起重机械事故中，大多数是由于作业工作面不能满足规范的标准，主要表现为起重力矩过大，导致起重机械翻倾。三是施工环境应尽可能保持封闭和井然有序的状态，良好的工地环境是施工机具安全的前提保证。应当通过加强对工地环境的管理，避免外部车辆和闲杂人员进入，避免出现混乱和交叉作业的情况。在工地发生的大量第三者责任案件中，大多数是因为施工环境不良造成的。

第四节

施工机具的管理

对施工机具的管理是评估施工机具风险的因素之一，这种管理条件和水平主要是指对施工机具日常维护与保养工作和施工机具停放场所的基本条件。

对施工机具的日常维护与保养是确保施工机具始终处于一种良好工作状态的基本保证。对施工机具日常维护与保养工作的实际情况可以通过几个方面加以观察：一是制度的建设，即是否有较为健全和完善的对施工机具定期检查和维护保养的制度。二是这些制度执行的情况，即这些制度是否得到有效执行，主要可以通过检查维护和保养记录来观察。三是维护保养的技术条件，即使用这些施工机具的单位是否具有维护和保养的技术力量，特别是大量应用进口施工机具的项目。

施工机具停放场所的基本条件也是评估风险的重要因素之一。施工机具停放场所风险的评估可以通过三个方面加以观察：一是停放场所的保安条件和状况，即停放场所是否具有良好的保安条件，如围墙、闭路电视监控系统、安全巡逻以及门卫、施工机具进出停放场所的管理制度等。同时，应当注意与保安有关的制度是否得到有效执行。二是地形、地势情况。由于施工机具的停放需要较大的场所，为此，许多施工工地往往是用一些临时填方地作为停放的场所，这些场所通常处于较为低洼的地带，一旦发生洪水、山体滑坡、泥石流等，容易发生损失。三是周边的治安情况，由于工地所处的区域不同，民风民俗和社会治安情况也有较大的差异，这些情况也会直接影响安全。

第五节 机械手

在施工机具风险的评估过程中，一个容易被忽视、但却是最重要的因素是机械手。机械手作为一个风险因素，包括自身因素和外部因素。自身因素主要是指机械手的技术水平、经验、责任心等，特别是大量运用进口施工机具的情况下，国内的机械手对于这些设备的正确使用是确保安全的一个重要因素。外部因素是指对机械手的管理，包括对机械手是否有严格的管理制度，同时，应注意制度的监督和落实情况。此外，从管理的角度，还要看是否存在为了赶工期，片面地强调经济激励，导致机械手为了完成任务和个人利益，超负荷地加班加点，因疲劳作业而引发事故的现象。

第六节
维修条件

维修条件是保险人在评估施工机具风险过程中尤其应当注意的一个因素，原因是施工机具的承保是按照重置价条件进行的。所以，零配件的价格和供应渠道、当地的维修技术和条件将直接影响到维修的费用水平。在评估维修条件时应当从三个方面进行：一是供应商对于维修的承诺；二是被保险人自身的维修力量；三是当地可能获得的其他维修力量。

在评估维修条件时，应当注意施工机具制造和供应商对于产品的售后服务情况和价格，特别是一些进口的施工机具。在以往的施工机具损失案件中，进口施工机具的零配件和维修价格是影响赔款的一个重要因素。为此，在评估施工机具风险的时候，应尽可能地了解这些施工机具购买合同中关于保修、维修技术支持、零配件供应渠道和价格等规定，了解当地可能获得的服务以及价格水平。

附　　录

附录一

保险单

中国人民财产保险股份有限公司
建筑工程一切险（2009版）保险单

保险单号码：******************

鉴于投保人已向本保险人投保建筑工程一切险（2009版），并按本保险合同约定交付保险费，保险人同意按照《中国人民财产保险股份有限公司建筑工程一切险条款（2009版）》及附加险条款（若投保附加险）的约定承担保险责任，特立本保险单为凭。

明　细　表

工程名称						
工程地址						
投保人	单位名称					
	通讯地址				邮编：	
	组织机构代码		联系人		联系电话	

续表

		名称和地址	组织机构代码	联系人及电话
被保险人	建设单位/所有人			
	承包人			
	其他关联方			

物质损失部分		
保险项目	保险金额/赔偿限额	每次事故免赔额（率）
1. 建筑工程（包括永久和临时工程及所用材料） （1）工程承包价 （2）工程所有人提供的材料或设备 2. 安装工程 （1）安装设备价 （2）安装费 3. 施工用机具及设备（详见所附清单） 4. 特约标的 （1）工程所有人或承包人在工地上的其他财产 （2）工地外储存财产 （3）其他 5. 附加费用 （1）清除残骸费用 （2）专业费用 （3）其他费用		
物质损失总保险金额：（大写 ）　　（小写）：		
特殊风险赔偿限额		
风险种类	赔偿限额	每次事故免赔额（率）
1. 地震，海啸 2. 洪水、风暴、暴雨		

续表

<table>
<tr><td colspan="3">第三者责任</td></tr>
<tr><td>保险项目</td><td>责任限额</td><td>每次事故免赔额（率）</td></tr>
<tr><td>1. 人身伤亡
每人
总额
2. 财产损失</td><td></td><td></td></tr>
<tr><td>每次事故责任限额</td><td colspan="2"></td></tr>
<tr><td>累计责任限额</td><td colspan="2"></td></tr>
<tr><td colspan="3">总保险费：人民币（大写）：　　　　　　　　（小写）：</td></tr>
<tr><td colspan="3">保险期间</td></tr>
<tr><td colspan="3">建筑、安装工程保险期间：自　　年　　月　　日至　　年　　月　　日止共　　个月
其中：试车期：自　　年　　月　　日至　　年　　月　　日止共　　天</td></tr>
<tr><td colspan="3">施工机器设备保险期间：自　　年　　月　　日至　　年　　月　　日止共　　个月</td></tr>
<tr><td colspan="3">司法管辖：本保险单受中华人民共和国（港、澳、台除外）司法管辖</td></tr>
<tr><td rowspan="2">保险合同争议解决方式</td><td colspan="2">□因履行本保险合同发生的争议，由双方协商解决，协商不成的，提交＿＿＿＿＿仲裁委员会仲裁</td></tr>
<tr><td colspan="2">□因履行本保险合同发生的争议，由双方协商解决，协商不成的，依法向人民法院提起诉讼</td></tr>
<tr><td>特别约定</td><td colspan="2"></td></tr>
</table>

保险人（盖章）

全国统一服务电话：95518　　　　年　　月　　日

保险人联系地址：　　　　邮政编码：　　　　传真：

核保：　　　　制单：　　　　经办：

尊敬的客户：您可通过本公司网站（www. e - picc. com. cn）、95518 客服电话或附近的营业网点查询保险单信息。若对查询结果有异议，请通过以上三种渠道联系本公司。

中国人民财产保险股份有限公司
工程保险免赔清单（2009 版）

本清单为工程险保险单的组成部分。

保险单号码：

被保险人：	
保险单号：	
工程名称：	
工程地址：	
保险标的或承保风险	免赔额/免赔率

全国统一服务电话：95518　　　　年　月　日

保险人联系地址：　　　　邮政编码：　　　　传真：

核保：　　　　制单：　　　　经办：

中国人民财产保险股份有限公司
工程保险施工机器、设备保险清单（2009版）

本清单为工程险保险单的有效组成部分。

保险单号码：　　　　　　　　　　　　共　页　第　页

<table>
<tr><td rowspan="5">被保险人</td><td>建设单位</td><td colspan="5"></td></tr>
<tr><td>承包人</td><td colspan="5"></td></tr>
<tr><td rowspan="3">其他关联方</td><td colspan="5"></td></tr>
<tr><td colspan="5"></td></tr>
<tr><td colspan="5"></td></tr>
<tr><td colspan="2">保险标的（序号、种类、生产厂家名称、性能）</td><td>数量</td><td>生产年份</td><td>保险金额</td><td>年费率</td><td>免赔额</td></tr>
<tr><td colspan="2"></td><td></td><td></td><td></td><td></td><td></td></tr>
<tr><td colspan="7">总保险金额：（大写）　　　　　　（小写）</td></tr>
</table>

保险人（盖章）

年　月　日

全国统一服务电话：95518

保险人联系地址：　　　　邮政编码：　　　　传真：

核保：　　　　制单：　　　　经办：

中国人民财产保险股份有限公司
工程保险附加险条款保险清单（2009 版）

本清单为工程险保险单的组成部分。

保险单号码：

1. 工程名称：　　　　　　　　　　　　　　地址：

2. 附加条款投保信息

序号	附加条款名称	保险金额/赔偿限额	每次事故免赔额/免赔率	备注
1				
2				
3				
4				
5				
6				
7				
8				
9				
10				
11				
12				
13				
14				
15				

注：对于需明确保险价值、每人赔偿限额、地域范围等信息的附加条款，请在“备注”栏内填写相关信息。

保险人（盖章）

全国统一服务电话：95518　　　　年　月　日

保险人联系地址：　　　　邮政编码：　　　　传真：

核保：　　　　制单：　　　　经办：

中国人民财产保险股份有限公司
工程保险被保险人清单（2009 版）

本清单为工程险保险单的组成部分。

保险单号码：　　　　　　　工程名称：　　　　　　　地址：

被保险人名称：	组织机构代码：
地址：	
电话：	传真：
邮政编码：	联系人：
备注	

被保险人名称：	组织机构代码：
地址：	
电话：	传真：
邮政编码：	联系人：
备注	

被保险人名称：	组织机构代码：
地址：	
电话：	传真：
邮政编码：	联系人：
备注	

续表

<table>
<tr><td colspan="2">被保险人名称：</td><td>组织机构代码：</td></tr>
<tr><td colspan="3">地址：</td></tr>
<tr><td colspan="2">电话：</td><td>传真：</td></tr>
<tr><td colspan="2">邮政编码：</td><td>联系人：</td></tr>
<tr><td>备注</td><td colspan="2"></td></tr>
</table>

<table>
<tr><td colspan="2">被保险人名称：</td><td>组织机构代码：</td></tr>
<tr><td colspan="3">地址：</td></tr>
<tr><td colspan="2">电话：</td><td>传真：</td></tr>
<tr><td colspan="2">邮政编码：</td><td>联系人：</td></tr>
<tr><td>备注</td><td colspan="2"></td></tr>
</table>

保险人（盖章）

全国统一服务电话：95518　　　　年　月　日

保险人联系地址：　　　　邮政编码：　　　　传真：

核保：　　　　制单：　　　　经办：

尊敬的客户：为保障您的利益，请在收到本保险单一周内拨打我们的 24 小时服务热线“95518”核实保险单资料。

附录二

保险条款（2009 版）

中国人民财产保险股份有限公司
建筑工程一切险条款（2009 版）

总 则

第一条 本保险合同由保险条款、投保单、保险单以及批单组成。凡涉及本保险合同的约定，均应采用书面形式。

第一部分 物质损失保险部分

保险标的

第二条 本保险合同的保险标的为：

本保险合同明细表中分项列明的在列明工地范围内的与实施工程合同相关的财产或费用，属于本保险合同的保险标的。

第三条 下列财产未经保险合同双方特别约定并在保险合同中载明保险金额的，不属于本保险合同的保险标的：

（一）施工用机具、设备、机械装置；

（二）在保险工程开始以前已经存在或形成的位于工地范围内或其周围的属于被保险人的财产；

（三）在本保险合同保险期间终止前，已经投入商业运行或业主已经接受、实际占有的财产或其中的任何一部分财产，或已经签发工程竣工证书或工程承包人已经正式提出申请验收并经业主代表验收合格的财产或其中任何一部分财产；

（四）清除残骸费用。该费用指发生保险事故后，被保险人为修复保险标的而清理施工现场所发生的必要、合理的费用。

第四条　下列财产不属于本保险合同的保险标的：

（一）文件、账册、图表、技术资料、计算机软件、计算机数据资料等无法鉴定价值的财产；

（二）便携式通讯装置、便携式计算机设备、便携式照相摄像器材以及其他便携式装置、设备；

（三）土地、海床、矿藏、水资源、动物、植物、农作物；

（四）领有公共运输行驶执照的，或已由其他保险予以保障的车辆、船舶、航空器；

（五）违章建筑、危险建筑、非法占用的财产。

保险责任

第五条　在保险期间内，本保险合同分项列明的保险财产在列明的工地范围内，因本保险合同责任免除以外的任何自然灾害或意外事故造成的物质损坏或灭失（以下简称“损失”），保险人按本保险合同的约定负责赔偿。

第六条　在保险期间内，由于第五条保险责任事故发生造成保险标的的损失所产生的以下费用，保险人按照本保险合同的约定负责赔偿：

（一）保险事故发生后，被保险人为防止或减少保险标的的损失所支付的必要的、合理的费用，保险人按照本保险合同的约定也负责赔偿；

（二）对经本保险合同列明的因发生上述损失所产生的其他有关费用，保险人按本保险合同约定负责赔偿。

责任免除

第七条　下列原因造成的损失、费用，保险人不负责赔偿：

（一）设计错误引起的损失和费用；

（二）自然磨损、内在或潜在缺陷、物质本身变化、自燃、自热、氧化、锈蚀、渗漏、鼠咬、虫蛀、大气（气候或气温）变化、正常水位变化或其他渐变原因造成的保险财产自身的损失和费用；

（三）因原材料缺陷或工艺不善引起的保险财产本身的损失以及为换置、修理或矫正这些缺点错误所支付的费用；

（四）非外力引起的机械或电气装置的本身损失，或施工用机具、设备、机械装置失灵造成的本身损失。

第八条　下列损失、费用，保险人也不负责赔偿：

（一）维修保养或正常检修的费用；

（二）档案、文件、账簿、票据、现金、各种有价证券、图表资料及包装物料的损失；

（三）盘点时发现的短缺；

（四）领有公共运输行驶执照的，或已由其他保险予以保障的车辆、船舶和飞机的损失；

（五）除非另有约定，在保险工程开始以前已经存在或形成的位于工地范围内或其周围的属于被保险人的财产的损失；

（六）除非另有约定，在本保险合同保险期间终止以前，保险财产中已由工程所有人签发完工验收证书或验收合格或实际占有或使用或接收部分的损失。

保险金额与免赔额（率）

第九条　（一）本保险合同中列明的保险金额应不低于：

1. 建筑工程——保险工程建筑完成时的总价值，包括原材料费用、设备费用、建造费、安装费、运保费、关税、其他税项和费用，以及由工程所有人提供的原材料和设备的费用；

2. 其他保险项目——由投保人与保险人商定的金额。

（二）若投保人是以保险工程合同规定的工程概算总造价投保，投保人或被保险人应：

1. 在本保险项下工程造价中包括的各项费用因涨价或升值原因而超出保险工程造价时，必须尽快以书面通知保险人，保险人据此调整保险金额；

2. 在保险期间内对相应的工程细节作出精确记录，并允许保险人在合理的时候对该项记录进行查验；

3. 若保险工程的建造期超过三年，必须从本保险合同生效日起每隔十二个月向保险人申报当时的工程实际投入金额及调整后的工程总造价，保险人将据此调整保险费；

4. 在本保险合同列明的保险期间届满后三个月内向保险人申报最终的工程总价值，保险人据此以多退少补的方式对预收保险费进行调整。

第十条　免赔额（率）由投保人与保险人在订立保险合同时协商确定，并在保险合同中载明。

赔偿处理

第十一条 对保险标的遭受的损失，保险人可选择以支付赔款或以修复、重置受损项目的方式予以赔偿，对保险标的在修复或替换过程中，被保险人进行的任何变更、性能增加或改进所产生的额外费用，保险人不负责赔偿。

第十二条 在发生本保险单项下的损失后，保险人按下列方式确定损失金额：

（一）可以修复的部分损失：以将保险财产修复至其基本恢复受损前状态的费用考虑本保险合同第四十六条约定的残值处理方式后确定的赔偿金额为准，但若修复费用等于或超过保险财产损失前的价值时，则按下列第（二）款的规定处理；

（二）全部损失或推定全损：以保险财产损失前的实际价值考虑本保险合同第四十六条约定的残值处理方式后确定的赔偿金额为准。

第十三条 保险标的发生保险责任范围内的损失，保险人按以下方式计算赔偿：

（一）保险金额等于或高于应保险金额时，按实际损失计算赔偿，最高不超过应保险金额；

（二）保险金额低于应保险金额时，按保险金额与应保险金额的比例乘以实际损失计算赔偿，最高不超过保险金额。

第十四条 每次事故保险人的赔偿金额为根据第十三条约定计算的金额扣除每次事故免赔额后的金额，或者为根据第十三条约定计算的金额扣除该金额与免赔率乘积后的金额。

保险标的在连续 72 小时内遭受暴雨、台风、洪水或其他连续发生的自然灾害所致损失视为一次单独事件，在计算赔偿时视为一次保险事故，并扣减一个相应的免赔额（率）。被保险人可自行决定 72 小时的起始时间，但若在连续数个 72 小时时间内发生损失，任何两个或两个以上 72 小时期限不得重叠。

第十五条 若本保险合同所列标的不止一项时，应分项计算赔偿，保险人对每一保险项目的赔偿责任均不得超过本保险合同明细表对应列明的分项保险金额，以及本保险合同特别条款或批单中规定的其他适用的赔偿限额。在任何情况下，保险人在本保险合同下承担的对物质损失的最高赔偿金额不得超过保险合同明细表中列明的总保险金额。

第十六条 保险标的的保险金额大于或等于其应保险金额时，被保险人为防止或减少保险标的的损失所支付的必要的、合理的费用，在保险标的损失赔偿金额之外另行计算，最高不超过被施救标的的应保险金额。

保险标的的保险金额小于其应保险金额时，上述费用按被施救标的的保险金额与其应保险金额的比例在保险标的损失赔偿金额之外另行计算，最高不超过被施救标的的保险金额。

被施救的财产中，含有本保险合同未承保财产的，按被施救保险标的的应保险金额与全部被施救财产价值的比例分摊施救费用。

第十七条　保险标的发生部分损失，保险人履行赔偿义务后，本保险合同的保险金额自损失发生之日起按保险人的赔偿金额相应减少，保险人不退还保险金额减少部分的保险费。如投保人请求恢复至原保险金额，应按原约定的保险费率另行支付恢复部分从投保人请求的恢复日期起至保险期间届满之日止按日比例计算的保险费。

第二部分　第三者责任保险部分

保险责任

第十八条　在保险期间内，因发生与本保险合同所承保工程直接相关的意外事故引起工地内及邻近区域的第三者人身伤亡、疾病或财产损失，依法应由被保险人承担的经济赔偿责任，保险人按照本保险合同约定负责赔偿。

第十九条　本项保险事故发生后，被保险人因保险事故而被提起仲裁或者诉讼的，对应由被保险人支付的仲裁或诉讼费用以及其他必要的、合理的费用（以下简称“法律费用”），经保险人书面同意，保险人按照本保险合同约定也负责赔偿。

责任免除

第二十条　下列原因造成的损失、费用，保险人不负责赔偿：

（一）由于震动、移动或减弱支撑而造成的任何财产、土地、建筑物的损失及由此造成的任何人身伤害和物质损失；

（二）领有公共运输行驶执照的车辆、船舶、航空器造成的事故。

第二十一条　下列损失、费用，保险人也不负责赔偿：

（一）本保险合同物质损失项下或本应在该项下予以负责的损失及各种费用；

（二）工程所有人、承包人或其他关系方或其所雇用的在工地现场从事与

工程有关工作的职员、工人及上述人员的家庭成员的人身伤亡或疾病；

（三）工程所有人、承包人或其他关系方或其所雇用的职员、工人所有的或由上述人员所照管、控制的财产发生的损失；

（四）被保险人应该承担的合同责任，但无合同存在时仍然应由被保险人承担的法律责任不在此限。

责任限额与免赔额（率）

第二十二条　责任限额包括每次事故责任限额、每人人身伤亡责任限额、累计责任限额，由投保人与保险人协商确定，并在保险合同中载明。

第二十三条　每次事故免赔额（率）由投保人与保险人在订立保险合同时协商确定，并在保险合同中载明。

赔偿处理

第二十四条　保险人的赔偿以下列方式之一确定的被保险人的赔偿责任为基础：

（一）被保险人和向其提出损害赔偿请求的索赔方协商并经保险人确认；

（二）仲裁机构裁决；

（三）人民法院判决；

（四）保险人认可的其他方式。

第二十五条　在保险期间内发生保险责任范围内的损失，保险人按以下方式计算赔偿：

（一）对于每次事故造成的损失，保险人在每次事故责任限额内计算赔偿，其中对每人人身伤亡的赔偿金额不得超过每人人身伤亡责任限额；

（二）1. 在依据本条第（一）项计算的基础上，保险人在扣除本保险合同载明的每次事故免赔额后进行赔偿，但对于人身伤亡的赔偿不扣除每次事故免赔额；

2. 在依据本条第（一）项计算的基础上，保险人在扣除按本保险合同载明的每次事故免赔率计算的每次事故免赔额后进行赔偿，但对于人身伤亡的赔偿不扣除每次事故免赔额；

（三）保险人对多次事故损失的累计赔偿金额不超过本保险合同列明的累计赔偿限额。

第二十六条　对每次事故法律费用的赔偿金额，保险人在第二十五条计算的赔偿金额以外按本保险合同的约定另行计算。

第二十七条　保险人对被保险人给第三者造成的损害，可以依照法律的规定或者本保险合同的约定，直接向该第三者赔偿保险金。

被保险人给第三者造成损害，被保险人对第三者应负的赔偿责任确定的，根据被保险人的请求，保险人应当直接向该第三者赔偿保险金。被保险人怠于请求的，第三者有权就其应获赔偿部分直接向保险人请求赔偿保险金。被保险人给第三者造成损害，被保险人未向该第三者赔偿的，保险人不得向被保险人赔偿保险金。

第三部分　通用条款

责任免除

第二十八条　下列原因造成的损失、费用，保险人不负责赔偿：

（一）战争、类似战争行为、敌对行为、武装冲突、恐怖活动、谋反、政变；

（二）行政行为或司法行为；

（三）罢工、暴动、民众骚乱；

（四）被保险人及其代表的故意行为或重大过失行为；

（五）核裂变、核聚变、核武器、核材料、核辐射、核爆炸、核污染及其他放射性污染；

（六）大气污染、土地污染、水污染及其他各种污染。

第二十九条　下列损失、费用，保险人也不负责赔偿：

（一）工程部分停工或全部停工引起的任何损失、费用和责任。

（二）罚金、延误、丧失合同及其他后果损失；

（三）1. 本保险合同中载明的免赔额；

2. 按本保险合同中载明的免赔率计算的免赔额。

保险期间

第三十条　本保险合同保险期间遵循如下约定：

（一）保险人的保险责任自保险工程在工地动工或用于保险工程的材料、设备运抵工地之时起始，至工程所有人对部分或全部工程签发完工验收证书或

验收合格，或工程所有人实际占有或使用或接收该部分或全部工程之时终止，以先发生者为准。但在任何情况下，建筑期保险责任的起始或终止不得超出本保险单载明的建筑保险期间范围。

（二）不论有关合同中对试车和考核期如何规定，保险人仅在本保险合同明细表中列明的试车和考核期间内对试车和考核所引发的损失、费用和责任负责赔偿；若保险设备本身是在本次安装前已被使用过的设备或转手设备，则自其试车之时起，保险人对该项设备的保险责任即行终止。

（三）上述保险期间的展延，投保人须事先获得保险人的书面同意，否则，从本保险合同明细表中列明的建筑期保险期间终止日之后发生的任何损失、费用和责任，保险人不负责赔偿。

保险人义务

第三十一条　订立保险合同时，采用保险人提供的格式条款的，保险人向投保人提供的投保单应当附格式条款，保险人应当向投保人说明保险合同的内容。对保险合同中免除保险人责任的条款，保险人在订立合同时应当在投保单、保险单或者批单上作出足以引起投保人注意的提示，并对该条款的内容以书面或者口头形式向投保人作出明确说明；未作提示或者明确说明的，该条款不产生效力。

第三十二条　本保险合同成立后，保险人应当及时向投保人签发保险单或批单。

第三十三条　保险人依据第三十七条所取得的保险合同解除权，自保险人知道有解除事由之日起，超过三十日不行使而消灭。自保险合同成立之日起超过二年的，保险人不得解除合同；发生保险事故的，保险人承担赔偿责任。

保险人在合同订立时已经知道投保人未如实告知的情况的，保险人不得解除合同；发生保险事故的，保险人应当承担赔偿责任。

第三十四条　保险人按照第四十三条的约定，认为被保险人提供的有关索赔的证明和资料不完整的，应当及时一次性通知投保人、被保险人补充提供。

第三十五条　保险人收到被保险人的赔偿保险金的请求后，应当及时作出是否属于保险责任的核定；情形复杂的，应当在三十日内作出核定，但保险合同另有约定的除外。

保险人应当将核定结果通知被保险人；对属于保险责任的，在与被保险人达成赔偿保险金的协议后十日内，履行赔偿保险金义务。保险合同对赔偿保险金的期限有约定的，保险人应当按照约定履行赔偿保险金的义务。保险人依照前款约定作出核定后，对不属于保险责任的，应当自作出核定之日起三日内向被保险人发出拒绝赔偿保险金通知书，并说明理由。

第三十六条　保险人自收到赔偿保险金的请求和有关证明、资料之日起六十日内，对其赔偿保险金的数额不能确定的，应当根据已有证明和资料可以确定的数额先予支付；保险人最终确定赔偿的数额后，应当支付相应的差额。

投保人、被保险人义务

第三十七条　订立保险合同，保险人就保险标的或者被保险人的有关情况提出询问的，投保人应当如实告知。

投保人故意或者因重大过失未履行前款规定的如实告知义务，足以影响保险人决定是否同意承保或者提高保险费率的，保险人有权解除保险合同。

投保人故意不履行如实告知义务的，保险人对于合同解除前发生的保险事故，不承担赔偿责任，并不退还保险费。

投保人因重大过失未履行如实告知义务，对保险事故的发生有严重影响的，保险人对于合同解除前发生的保险事故，不承担赔偿责任，但应当退还保险费。

第三十八条　投保人应按约定交付保险费。

约定一次性交付保险费的，投保人在约定交费日后交付保险费的，保险人对交费之前发生的保险事故不承担保险责任。

约定分期交付保险费的，保险人按照保险事故发生前保险人实际收取保险费总额与投保人应当交付的保险费的比例承担保险责任，投保人应当交付的保险费是指截至保险事故发生时投保人按约定分期应该缴纳的保费总额。

第三十九条　被保险人应当遵守国家有关消防、安全、生产操作等方面的相关法律、法规及规定，谨慎选用施工人员，遵守一切与施工有关的法规、技术规程和安全操作规程，维护保险标的的安全。

保险人及其代表有权在适当的时候对保险标的的风险情况进行现场查验。被保险人应提供一切便利及保险人要求的用以评估有关风险的详情和资料，但上述查验并不构成保险人对被保险人的任何承诺。保险人向投保人、被保险人提出消除不安全因素和隐患的书面建议，投保人、被保险人应该认真付诸实施。

投保人、被保险人未按照约定履行其对保险标的的安全应尽责任的，保险

人有权要求增加保险费或者解除合同。

第四十条 保险标的转让的，被保险人或者受让人应当及时通知保险人。

因保险标的转让导致危险程度显著增加的，保险人自收到前款规定的通知之日起三十日内，可以按照合同约定增加保险费或者解除合同。保险人解除合同的，应当将已收取的保险费，按照合同约定扣除自保险责任开始之日起至合同解除之日止应收的部分后，退还投保人。

被保险人、受让人未履行本条规定的通知义务的，因转让导致保险标的危险程度显著增加而发生的保险事故，保险人不承担赔偿责任。

第四十一条 在保险期间内，被保险人在工程设计、施工方式、工艺、技术手段等方面发生改变致使保险工程风险程度显著增加或其他足以影响保险人决定是否继续承保或是否增加保险费的保险合同重要事项变更，被保险人应及时书面通知保险人，保险人有权要求增加保险费或者解除合同。保险人解除合同的，应当将已收取的保险费，按照合同约定扣除自保险责任开始之日起至合同解除之日止应收的部分后，退还投保人。

被保险人未履行通知义务，因上述保险合同重要事项变更而导致保险事故发生的，保险人不承担赔偿责任。

第四十二条 投保人、被保险人知道保险事故发生后，被保险人应该：

（一）尽力采取必要、合理的措施，防止或减少损失，否则，对因此扩大的损失，保险人不承担赔偿责任；

（二）立即通知保险人，并书面说明事故发生的原因、经过和损失情况；故意或者因重大过失未及时通知，致使保险事故的性质、原因、损失程度等难以确定的，保险人对无法确定的部分，不承担赔偿责任，但保险人通过其他途径已经及时知道或者应当及时知道保险事故发生的除外；

（三）保护事故现场，允许并且协助保险人进行事故调查，对于拒绝或者妨碍保险人进行事故调查导致无法认定事故原因或核实损失情况的，保险人对无法核实的部分不承担赔偿责任；

（四）在保险财产遭受盗窃或恶意破坏时，立即向公安部门报案；

（五）在预知可能引起第三者责任险项下的诉讼时，立即以书面形式通知保险人，并在接到法院传票或其他法律文件后，立即将其送交保险人。

第四十三条 被保险人向保险人请求赔偿时，应向保险人提交保险单、索赔申请、财产损失清单、有关部门的损失证明以及其他投保人、被保险人所能提供的与确认保险事故的性质、原因、损失程度等有关的证明和资料。

投保人、被保险人未履行前款约定的索赔材料提供义务，导致保险人无法核实损失情况的，保险人对无法核实的部分不承担赔偿责任。

第四十四条　若在某一保险财产中发现的缺陷表明或预示类似缺陷亦存在于其他保险财产中时，被保险人应立即自付费用进行调查并纠正该缺陷。否则，由该缺陷或类似缺陷造成的损失保险人不承担赔偿责任。

赔偿处理

第四十五条　保险事故发生时，被保险人对保险标的不具有保险利益的，不得向保险人请求赔偿保险金。

第四十六条　保险标的遭受损失后，如果有残余价值，应由双方协商处理。若协商残值归被保险人所有，应在赔偿金额中扣减残值。

第四十七条　保险事故发生时，如果存在重复保险，保险人按照本保险合同的相应保险金额与其他保险合同及本保险合同相应保险金额总和的比例承担赔偿责任。

其他保险人应承担的赔偿金额，本保险人不负责垫付。若被保险人未如实告知导致保险人多支付赔偿金的，保险人有权向被保险人追回多支付的部分。

第四十八条　发生保险责任范围内的损失，应由有关责任方负责赔偿的，保险人自向被保险人赔偿保险金之日起，在赔偿金额范围内代位行使被保险人对有关责任方请求赔偿的权利，被保险人应当向保险人提供必要的文件和所知道的有关情况。

被保险人已经从有关责任方取得赔偿的，保险人赔偿保险金时，可以相应扣减被保险人已从有关责任方取得的赔偿金额。

保险事故发生后，在保险人未赔偿保险金之前，被保险人放弃对有关责任方请求赔偿权利的，保险人不承担赔偿责任；保险人向被保险人赔偿保险金后，被保险人未经保险人同意放弃对有关责任方请求赔偿权利的，该行为无效；由于被保险人故意或者因重大过失致使保险人不能行使代位请求赔偿的权利的，保险人可以扣减或者要求返还相应的保险金。

第四十九条　被保险人向保险人请求赔偿的诉讼时效期间为二年，自其知道或者应当知道保险事故发生之日起计算。

争议处理

第五十条　因履行本保险合同发生的争议，由当事人协商解决。协商不成

的，提交保险单载明的仲裁机构仲裁；保险单未载明仲裁机构且争议发生后未达成仲裁协议的，依法向人民法院起诉。

第五十一条　与本保险合同有关的以及履行本保险合同产生的一切争议，适用中华人民共和国法律（不包括港澳台地区法律）。

其他事项

第五十二条　保险标的发生部分损失的，自保险人赔偿之日起三十日内，投保人可以解除合同；除合同另有约定外，保险人也可以解除合同，但应当提前十五日通知投保人。

保险合同依据前款规定解除的，保险人应当将保险标的未受损失部分的保险费，按照合同约定扣除自保险责任开始之日起至合同解除之日止应收的部分后，退还投保人。

第五十三条　保险责任开始前，投保人要求解除保险合同的，应当按本保险合同的约定向保险人支付手续费，保险人应当退还保险费。保险人要求解除保险合同的，不得向投保人收取手续费并应退还已收取的保险费。

保险责任开始后，投保人要求解除保险合同的，自通知保险人之日起，保险合同解除，保险人按照保险责任开始之日起至合同解除之日止期间与保险期间的日比例计收保险费，并退还剩余部分保险费；保险人要求解除保险合同的，应提前十五日向投保人发出解约通知书，保险人按照保险责任开始之日起至合同解除之日止期间与保险期间的日比例计收保险费，并退还剩余部分保险费。

第五十四条　保险标的发生全部损失，属于保险责任的，保险人在履行赔偿义务后，本保险合同终止；不属于保险责任的，本保险合同终止，保险人按照保险责任开始之日起至合同解除之日止期间与保险期间的日比例计收保险费，并退还剩余部分保险费。

释　义

第五十五条　本保险合同涉及下列术语时，适用下列释义：

（一）自然灾害：指地震、海啸、雷击、暴雨、洪水、暴风、龙卷风、冰雹、台风、飓风、沙尘暴、暴雪、冰凌、突发性滑坡、崩塌、泥石流、地面突然下陷下沉及其他人力不可抗拒的破坏力强大的自然现象。

1. 地震：指地下岩石的构造活动或火山爆发产生的地面震动。由于地震的强度不同，其破坏力也存在很大的区别，一般保险针对的是破坏性地震，根据国家地震局的有关规定，震级在4.75级以上且烈度在6级以上的地震为破坏性地震。

2. 海啸：指由于地震或风暴而造成的海面巨大涨落现象，按成因分为地震海啸和风暴海啸两种。地震海啸是伴随地震而形成的，即海底地壳发生断裂，引起剧烈的震动，产生巨大的波浪。风暴海啸是强大低气压在通过时，海面异常升起的现象。

3. 雷击指由雷电造成的灾害。雷电为积雨云中、云间或云地之间产生的放电现象。雷击的破坏形式分直接雷击与感应雷击两种。

（1）直接雷击：由于雷电直接击中保险标的造成损失，属直接雷击责任。

（2）感应雷击：由于雷击产生的静电感应或电磁感应使屋内对地绝缘金属物体产生高电位放出火花引起的火灾，导致电器本身的损毁，或因雷电的高电压感应，致使电器部件的损毁，属感应雷击责任。

4. 暴雨：指每小时降雨量达16毫米以上，或连续12小时降雨量达30毫米以上，或连续24小时降雨量达50毫米以上的降雨。

5. 洪水：指山洪暴发、江河泛滥、潮水上岸及倒灌。但规律性的涨潮、自动灭火设施漏水以及在常年水位以下或地下渗水、水管暴裂不属于洪水责任。

6. 暴风：指风力达8级、风速在17.2米/秒以上的自然风。

7. 龙卷风：指一种范围小而时间短的猛烈旋风，陆地上平均最大风速在79米/秒～103米/秒，极端最大风速在100米/秒以上。

8. 冰雹：指从强烈对流的积雨云中降落到地面的冰块或冰球，直径大于5毫米，核心坚硬的固体降水。

9. 台风、飓风：台风指中心附近最大平均风力12级或以上，即风速在32.6米/秒以上的热带气旋；飓风是一种与台风性质相同、但出现的位置区域不同的热带气旋，台风出现在西北太平洋海域，而飓风出现在印度洋、大西洋海域。

10. 沙尘暴：指强风将地面大量尘沙吹起，使空气很混浊，水平能见度小于1公里的天气现象。

11. 暴雪：指连续12小时的降雪量大于或等于10毫米的降雪现象。

12. 冰凌：指春季江河解冻期时冰块飘浮遇阻，堆积成坝，堵塞江道，造成水位急剧上升，以致江水溢出江道，漫延成灾。

陆上有些地区，如山谷风口或酷寒致使雨雪在物体上结成冰块，成下垂形状，越结越厚，重量增加，由于下垂的拉力致使物体毁坏，也属冰凌责任。

13. 突发性滑坡：斜坡上不稳的岩土体或人为堆积物在重力作用下突然整体向下滑动的现象。

14. 崩塌：石崖、土崖、岩石受自然风化、雨蚀造成崩溃下塌，以及大量积雪在重力作用下从高处突然崩塌滚落。

15. 泥石流：由于雨水、冰雪融化等水源激发的、含有大量泥沙石块的特殊洪流。

16. 地面突然下陷下沉：地壳因为自然变异，地层收缩而发生突然塌陷。对于因海潮、河流、大雨侵蚀或在建筑房屋前没有掌握地层情况，地下有孔穴、矿穴，以致地面突然塌陷，也属地面突然下陷下沉。但未按建筑施工要求导致建筑地基下沉、裂缝、倒塌等，不在此列。

（二）意外事故：指不可预料的以及被保险人无法控制并造成物质损失或人身伤亡的突发性事件，包括火灾和爆炸。

1. 火灾：在时间或空间上失去控制的燃烧所造成的灾害。构成本保险的火灾责任必须同时具备以下三个条件：

（1）有燃烧现象，即有热有光有火焰；

（2）偶然、意外发生的燃烧；

（3）燃烧失去控制并有蔓延扩大的趋势。

因此，仅有燃烧现象并不等于构成本保险中的火灾责任。在生产、生活中有目的用火，如为了防疫而焚毁玷污的衣物，点火烧荒等属正常燃烧，不同于火灾责任。

因烘、烤、烫、烙造成焦糊变质等损失，既无燃烧现象，又无蔓延扩大趋势，也不属于火灾责任。

电机、电器、电气设备因使用过度、超电压、碰线、孤花、漏电、自身发热所造成的本身损毁，不属于火灾责任。但如果发生了燃烧并失去控制蔓延扩大，才构成火灾责任，并对电机、电器、电气设备本身的损失负责赔偿。

2. 爆炸：爆炸分物理性爆炸和化学性爆炸。

（1）物理性爆炸：由于液体变为蒸汽或气体膨胀，压力急剧增加并大大超过容器所能承受的极限压力，因而发生爆炸。如锅炉、空气压缩机、压缩气体钢瓶、液化气罐爆炸等。关于锅炉、压力容器爆炸的定义是：锅炉或区力容器在使用中或试压时发生破裂，使压力瞬时降到等于外界大气压力的事故，称为“爆炸事故”。

（2）化学性爆炸：物体在瞬息分解或燃烧时放出大量的热和气体，并以很大的压力向四周扩散的现象。如火药爆炸、可燃性粉尘纤维爆炸、可燃气体爆炸及各种化学物品的爆炸等。

因物体本身的瑕疵，使用损耗或产品质量低劣以及由于容器内部承受“负压”（内压比外压小）造成的损失，不属于爆炸责任。

（三）应保险金额：根据本保险合同第九条（一）、（二）款确定的保险金额。

中国人民财产保险股份有限公司
安装工程一切险条款（2009 版）

总　　则

第一条　本保险合同由保险条款、投保单、保险单以及批单组成。凡涉及本保险合同的约定，均应采用书面形式。

第一部分　物质损失保险部分

保险标的

第二条　本保险合同的保险标的为：

本保险合同明细表中分项列明的在列明工地范围内的与实施工程合同相关的财产或费用，属于本保险合同的保险标的。

第三条　下列财产未经保险合同双方特别约定并在保险合同中载明应保险金额的，不属于本保险合同的保险标的：

（一）施工用机具、设备、机械装置；

（二）在保险工程开始以前已经存在或形成的位于工地范围内或其周围的属于被保险人的财产；

（三）在本保险合同保险期间终止前，已经投入商业运行或业主已经接受、实际占有的财产或其中的任何一部分财产，或已经签发工程竣工证书或工程承包人已经正式提出申请验收并经业主代表验收合格的财产或其中任何一部分财产；

（四）清除残骸费用。该费用指发生保险事故后，被保险人为修复保险标的而清理施工现场所发生的必要、合理的费用。

第四条　下列财产不属于本保险合同的保险标的：

（一）文件、账册、图表、技术资料、计算机软件、计算机数据资料等无法鉴定价值的财产；

（二）便携式通讯装置、便携式计算机设备、便携式照相摄像器材以及其他便携式装置、设备；

（三）土地、海床、矿藏、水资源、动物、植物、农作物；

（四）领有公共运输行驶执照的，或已由其他保险予以保障的车辆、船舶、航空器；

（五）违章安装、危险安装、非法占用的财产。

保险责任

第五条　在保险期间内，本保险合同分项列明的保险财产在列明的工地范围内，因本保险合同责任免除以外的任何自然灾害或意外事故造成的物质损坏或灭失（以下简称“损失”），保险人按本保险合同的约定负责赔偿。

第六条　在保险期间内，由于第五条保险责任事故发生造成保险标的的损失所产生的以下费用，保险人按照本保险合同的约定负责赔偿：

（一）保险事故发生后，被保险人为防止或减少保险标的的损失所支付的必要的、合理的费用，保险人按照本保险合同的约定也负责赔偿。

（二）对经本保险合同列明的因发生上述损失所产生的其他有关费用，保险人按本保险合同约定负责赔偿。

责任免除

第七条　下列原因造成的损失、费用，保险人不负责赔偿：

（一）因设计错误、铸造或原材料缺陷或工艺不善引起的保险财产本身的损失以及为换置、修理或矫正这些缺点错误所支付的费用；

（二）自然磨损、内在或潜在缺陷、物质本身变化、自燃、自热、氧化、锈蚀、渗漏、鼠咬、虫蛀、大气（气候或气温）变化、正常水位变化或其他渐变原因造成的保险财产自身的损失和费用；

（三）由于超负荷、超电压、碰线、电弧、漏电、短路、大气放电及其他电气原因造成电气设备或电气用具本身的损失；

（四）施工用机具、设备、机械装置失灵造成的本身损失。

第八条　下列损失、费用，保险人也不负责赔偿：

（一）维修保养或正常检修的费用；

（二）档案、文件、账簿、票据、现金、各种有价证券、图表资料及包装物料的损失；

（三）盘点时发现的短缺；

（四）领有公共运输行驶执照的，或已由其他保险予以保障的车辆、船舶

和飞机的损失；

（五）除非另有约定，在保险工程开始以前已经存在或形成的位于工地范围内或其周围的属于被保险人的财产的损失；

（六）除非另有约定，在本保险合同保险期间终止以前，保险财产中已由工程所有人签发完工验收证书或验收合格或实际占有或使用或接收部分的损失。

保险金额与免赔额（率）

第九条（一）本保险合同中列明的保险金额应不低于：

1. 安装工程——保险工程安装完成时的总价值，包括设备费用、原材料费用、安装费、建造费、运输费和保险费、关税、其他税项和费用，以及由工程所有人提供的原材料和设备的费用；

2. 其他保险项目——由投保人与保险人商定的金额。

（二）若投保人是以保险工程合同规定的工程概算总造价投保，投保人或被保险人应：

1. 在本保险项下工程造价中包括的各项费用因涨价或升值原因而超出保险工程造价时，必须尽快以书面通知保险人，保险人据此调整保险金额；

2. 在保险期间内对相应的工程细节作出精确记录，并允许保险人在合理的时候对该项记录进行查验；

3. 若保险工程的安装期超过三年，必须从本保险合同生效日起每隔十二个月向保险人申报当时的工程实际投入金额及调整后的工程总造价，保险人将据此调整保险费；

4. 在本保险合同列明的保险期间届满后三个月内向保险人申报最终的工程总价值，保险人据此以多退少补的方式对预收保险费进行调整。

第十条 免赔额（率）由投保人与保险人在订立保险合同时协商确定，并在保险合同中载明。

赔偿处理

第十一条 对保险标的遭受的损失，保险人可选择以支付赔款或以修复、重置受损项目的方式予以赔偿，对保险标的在修复或替换过程中，被保险人进行的任何变更、性能增加或改进所产生的额外费用，保险人不负责赔偿。

第十二条　在发生本保险单项下的损失后，保险人按下列方式确定损失金额：

（一）可以修复的部分损失：以将保险财产修复至其基本恢复受损前状态的费用考虑本保险合同第四十五条约定的残值处理方式后确定的赔偿金额为准。但若修复费用等于或超过保险财产损失前的价值时，则按下列第（二）款的规定处理。

（二）全部损失或推定全损：以保险财产损失前的实际价值考虑本保险合同第四十五条约定的残值处理方式后确定的赔偿金额为准。

（三）任何属于成对或成套的设备项目，若发生损失，保险人的赔偿责任不超过该受损项目在所属整对或整套设备项目的保险金额中所占的比例。

第十三条　保险标的发生保险责任范围内的损失，保险人按以下方式计算赔偿：

（一）保险金额等于或高于应保险金额时，按实际损失计算赔偿，最高不超过应保险金额；

（二）保险金额低于应保险金额时，按保险金额与应保险金额的比例乘以实际损失计算赔偿，最高不超过保险金额。

第十四条　每次事故保险人的赔偿金额为根据第十三条约定计算的金额扣除每次事故免赔额后的金额，或者为根据第十三条约定计算的金额扣除该金额与免赔率乘积后的金额。

保险标的在连续 72 小时内遭受暴雨、台风、洪水或其他连续发生的自然灾害所致损失视为一次单独事件，在计算赔偿时视为一次保险事故，并扣减一个相应的免赔额（率）。被保险人可自行决定 72 小时的起始时间，但若在连续数个 72 小时时间内发生损失，任何两个或两个以上 72 小时期限不得重叠。

第十五条　若本保险合同所列标的不止一项时，应分项计算赔偿，保险人对每一保险项目的赔偿责任均不得超过本保险合同明细表对应列明的分项保险金额，以及本保险合同特别条款或批单中规定的其他适用的赔偿限额。在任何情况下，保险人在本保险合同下承担的对物质损失的最高赔偿金额不得超过保险合同明细表中列明的总保险金额。

第十六条　保险标的的保险金额大于或等于其应保险金额时，被保险人为防止或减少保险标的的损失所支付的必要的、合理的费用，在保险标的损失赔偿金额之外另行计算，最高不超过被施救标的的应保险金额。

保险标的的保险金额小于其应保险金额时，上述费用按被施救标的的保险金额与其应保险金额的比例在保险标的损失赔偿金额之外另行计算，最高不超

过被施救标的的保险金额。

被施救的财产中，含有本保险合同未承保财产的，按被施救保险标的的应保险金额与全部被施救财产价值的比例分摊施救费用。

第十七条　保险标的发生部分损失，保险人履行赔偿义务后，本保险合同的保险金额自损失发生之日起按保险人的赔偿金额相应减少，保险人不退还保险金额减少部分的保险费。如投保人请求恢复至原保险金额，应按原约定的保险费率另行支付恢复部分从投保人请求的恢复日期起至保险期间届满之日止按日比例计算的保险费。

第二部分　第三者责任保险部分

保险责任

第十八条　在保险期间内，因发生与本保险合同所承保工程直接相关的意外事故引起工地内及邻近区域的第三者人身伤亡、疾病或财产损失，依法应由被保险人承担的经济赔偿责任，保险人按照本保险合同约定负责赔偿。

第十九条　本项保险事故发生后，被保险人因保险事故而被提起仲裁或者诉讼的，对应由被保险人支付的仲裁或诉讼费用以及其他必要的、合理的费用（以下简称“法律费用”），经保险人书面同意，保险人按照本保险合同约定也负责赔偿。

责任免除

第二十条　下列损失、费用，保险人不负责赔偿：

（一）本保险合同物质损失项下或本应在该项下予以负责的损失及各种费用；

（二）工程所有人、承包人或其他关系方或其所雇用的在工地现场从事与工程有关工作的职员、工人及上述人员的家庭成员的人身伤亡或疾病；

（三）工程所有人、承包人或其他关系方或其所雇用的职员、工人所有的或由上述人员所照管、控制的财产发生的损失；

（四）领有公共运输行驶执照的车辆、船舶、航空器造成的事故；

（五）被保险人应该承担的合同责任，但无合同存在时仍然应由被保险人承担的法律责任不在此限。

责任限额与免赔额（率）

第二十一条 责任限额包括每次事故责任限额、每人人身伤亡责任限额、累计责任限额，由投保人与保险人协商确定，并在保险合同中载明。

第二十二条 每次事故免赔额（率）由投保人与保险人在订立保险合同时协商确定，并在保险合同中载明。

赔偿处理

第二十三条 保险人的赔偿以下列方式之一确定的被保险人的赔偿责任为基础：

（一）被保险人和向其提出损害赔偿请求的索赔方协商并经保险人确认；

（二）仲裁机构裁决；

（三）人民法院判决；

（四）保险人认可的其他方式。

第二十四条 在保险期间内发生保险责任范围内的损失，保险人按以下方式计算赔偿：

（一）对于每次事故造成的损失，保险人在每次事故责任限额内计算赔偿，其中对每人人身伤亡的赔偿金额不得超过每人人身伤亡责任限额；

（二）1. 在依据本条第（一）项计算的基础上，保险人在扣除本保险合同载明的每次事故免赔额后进行赔偿，但对于人身伤亡的赔偿不扣除每次事故免赔额；

2. 在依据本条第（一）项计算的基础上，保险人在扣除按本保险合同载明的每次事故免赔率计算的每次事故免赔额后进行赔偿，但对于人身伤亡的赔偿不扣除每次事故免赔额；

（三）保险人对多次事故损失的累计赔偿金额不超过本保险合同列明的累计赔偿限额。

第二十五条 对每次事故法律费用的赔偿金额，保险人在第二十四条计算的赔偿金额以外按本保险合同的约定另行计算。

第二十六条 保险人对被保险人给第三者造成的损害，可以依照法律的规定或者合同的约定，直接向该第三者赔偿保险金。

被保险人给第三者造成损害，被保险人对第三者应负的赔偿责任确定的，根据被保险人的请求，保险人应当直接向该第三者赔偿保险金。被保险人怠于

请求的，第三者有权就其应获赔偿部分直接向保险人请求赔偿保险金。被保险人给第三者造成损害，被保险人未向该第三者赔偿的，保险人不得向被保险人赔偿保险金。

第三部分 通用条款

责任免除

第二十七条 下列原因造成的损失、费用，保险人不负责赔偿：

（一）战争、类似战争行为、敌对行为、武装冲突、恐怖活动、谋反、政变；

（二）行政行为或司法行为；

（三）罢工、暴动、民众骚乱；

（四）被保险人及其代表的故意行为或重大过失行为；

（五）核裂变、核聚变、核武器、核材料、核辐射、核爆炸、核污染及其他放射性污染；

（六）大气污染、土地污染、水污染及其他各种污染。

第二十八条 下列损失、费用，保险人也不负责赔偿：

（一）工程部分停工或全部停工引起的任何损失、费用和责任；

（二）罚金、延误、丧失合同及其他后果损失；

（三）1. 本保险合同中载明的免赔额；

2. 按本保险合同中载明的免赔率计算的免赔额。

保险期间

第二十九条 本保险合同保险期间遵循如下约定：

（一）保险人的保险责任自保险工程在工地动工或用于保险工程的材料、设备运抵工地之时起始，至工程所有人对部分或全部工程签发完工验收证书或验收合格，或工程所有人实际占有或使用或接收该部分或全部工程之时终止，以先发生者为准。但在任何情况下，安工期保险责任的起始或终止不得超出本保险合同载明的安工保险期间范围。

（二）不论有关合同中对试车和考核期如何规定，保险人仅在本保险合同明细表中列明的试车和考核期间内对试车和考核所引发的损失、费用和责任负责赔偿；若保险设备本身是在本次安装前已被使用过的设备或转手设备，则自其试车之时起，保险人对该项设备的保险责任即行终止。

（三）上述保险期间的展延，投保人须事先获得保险人的书面同意，否则，从本保险合同明细表中列明的安工期保险期间终止日之后发生的任何损失、费用和责任，保险人不负责赔偿。

保险人义务

第三十条 订立保险合同时，采用保险人提供的格式条款的，保险人向投保人提供的投保单应当附格式条款，保险人应当向投保人说明保险合同的内容。对保险合同中免除保险人责任的条款，保险人在订立合同时应当在投保单、保险单或者批单上作出足以引起投保人注意的提示，并对该条款的内容以书面或者口头形式向投保人作出明确说明；未作提示或者明确说明的，该条款不产生效力。

第三十一条 本保险合同成立后，保险人应当及时向投保人签发保险单或批单。

第三十二条 保险人依据第三十六条所取得的保险合同解除权，自保险人知道有解除事由之日起，超过三十日不行使而消灭。自保险合同成立之日起超过二年的，保险人不得解除合同；发生保险事故的，保险人承担赔偿责任。

保险人在合同订立时已经知道投保人未如实告知的情况的，保险人不得解除合同；发生保险事故的，保险人应当承担赔偿责任。

第三十三条 保险人按照第四十二条的约定，认为被保险人提供的有关索赔的证明和资料不完整的，应当及时一次性通知投保人、被保险人补充提供。

第三十四条 保险人收到被保险人的赔偿保险金的请求后，应当及时作出是否属于保险责任的核定；情形复杂的，应当在三十日内作出核定，但保险合同另有约定的除外。

保险人应当将核定结果通知被保险人；对属于保险责任的，在与被保险人达成赔偿保险金的协议后十日内，履行赔偿保险金义务。保险合同对赔偿保险金的期限有约定的，保险人应当按照约定履行赔偿保险金的义务。保险人依照前款约定作出核定后，对不属于保险责任的，应当自作出核定之日起三日内向被保险人发出拒绝赔偿保险金通知书，并说明理由。

第三十五条 保险人自收到赔偿保险金的请求和有关证明、资料之日起六十日内，对其赔偿保险金的数额不能确定的，应当根据已有证明和资料可以确定的数额先予支付；保险人最终确定赔偿的数额后，应当支付相应的差额。

投保人、被保险人义务

第三十六条 订立保险合同，保险人就保险标的或者被保险人的有关情况提出询问的，投保人应当如实告知。

投保人故意或者因重大过失未履行前款规定的如实告知义务，足以影响保险人决定是否同意承保或者提高保险费率的，保险人有权解除保险合同。

投保人故意不履行如实告知义务的，保险人对于合同解除前发生的保险事故，不承担赔偿责任，并不退还保险费。

投保人因重大过失未履行如实告知义务，对保险事故的发生有严重影响的，保险人对于合同解除前发生的保险事故，不承担赔偿责任，但应当退还保险费。

第三十七条 投保人应按约定交付保险费。

约定一次性交付保险费的，投保人在约定交费日后交付保险费的，保险人对交费之前发生的保险事故不承担保险责任。

约定分期交付保险费的，保险人按照保险事故发生前保险人实际收取保险费总额与投保人应当交付的保险费的比例承担保险责任，投保人应当交付的保险费是指截至保险事故发生时投保人按约定分期应该缴纳的保费总额。

第三十八条 被保险人应当遵守国家有关消防、安全、生产操作等方面的相关法律、法规及规定，谨慎选用施工人员，遵守一切与施工有关的法规、技术规程和安全操作规程，维护保险标的的安全。

保险人及其代表有权在适当的时候对保险标的的风险情况进行现场查验。被保险人应提供一切便利及保险人要求的用以评估有关风险的详情和资料，但上述查验并不构成保险人对被保险人的任何承诺。保险人向投保人、被保险人提出消除不安全因素和隐患的书面建议，投保人、被保险人应该认真付诸实施。

投保人、被保险人未按照约定履行其对保险标的的安全应尽责任的，保险人有权要求增加保险费或者解除合同。

第三十九条 保险标的转让的，被保险人或者受让人应当及时通知保险人。

因保险标的转让导致危险程度显著增加的，保险人自收到前款规定的通知之日起三十日内，可以按照合同约定增加保险费或者解除合同。保险人解除合同的，应当将已收取的保险费，按照合同约定扣除自保险责任开始之日起至合同解除之日止应收的部分后，退还投保人。

被保险人、受让人未履行本条规定的通知义务的，因转让导致保险标的危险程度显著增加而发生的保险事故，保险人不承担赔偿责任。

第四十条　在保险期间内，被保险人在工程设计、施工方式、工艺、技术手段等方面发生改变致使保险工程风险程度显著增加或其他足以影响保险人决定是否继续承保或是否增加保险费的保险合同重要事项变更，被保险人应及时书面通知保险人，保险人有权要求增加保险费或者解除合同。保险人解除合同的，应当将已收取的保险费，按照合同约定扣除自保险责任开始之日起至合同解除之日止应收的部分后，退还投保人。

被保险人未履行通知义务，因上述保险合同重要事项变更而导致保险事故发生的，保险人不承担赔偿责任。

第四十一条　投保人、被保险人知道保险事故发生后，应当立即通知保险人，被保险人应该：

（一）尽力采取必要、合理的措施，防止或减少损失，否则，对因此扩大的损失，保险人不承担赔偿责任。

（二）立即通知保险人，并书面说明事故发生的原因、经过和损失情况；故意或者因重大过失未及时通知，致使保险事故的性质、原因、损失程度等难以确定的，保险人对无法确定的部分，不承担赔偿责任，但保险人通过其他途径已经及时知道或者应当及时知道保险事故发生的除外。

（三）保护事故现场，允许并且协助保险人进行事故调查；对于拒绝或者妨碍保险人进行事故调查导致无法认定事故原因或核实损失情况的，保险人对无法核实的部分不承担赔偿责任。

（四）在保险财产遭受盗窃或恶意破坏时，立即向公安部门报案。

（五）在预知可能引起第三者责任险项下的诉讼时，立即以书面形式通知保险人，并在接到法院传票或其他法律文件后，立即将其送交保险人。

第四十二条　被保险人向保险人请求赔偿时，应向保险人提交保险单、索赔申请、财产损失清单、有关部门的损失证明以及其他投保人、被保险人所能提供的与确认保险事故的性质、原因、损失程度等有关的证明和资料。

投保人、被保险人未履行前款约定的索赔材料提供义务，导致保险人无法核实损失情况的，保险人对无法核实的部分不承担赔偿责任。

第四十三条　若在某一保险财产中发现的缺陷表明或预示类似缺陷亦存在于其他被保险财产中时，被保险人应立即自付费用进行调查并纠正该缺陷。否则，由该缺陷或类似缺陷造成的损失保险人不承担赔偿责任。

赔偿处理

第四十四条 保险事故发生时，被保险人对保险标的不具有保险利益的，不得向保险人请求赔偿保险金。

第四十五条 保险标的遭受损失后，如果有残余价值，应由双方协商处理。若协商残值归被保险人所有，应在赔偿金额中扣减残值。

第四十六条 保险事故发生时，如果存在重复保险，保险人按照本保险合同的相应保险金额与其他保险合同及本保险合同相应保险金额总和的比例承担赔偿责任。

其他保险人应承担的赔偿金额，本保险人不负责垫付。若被保险人未如实告知导致保险人多支付赔偿金的，保险人有权向被保险人追回多支付的部分。

第四十七条 发生保险责任范围内的损失，应由有关责任方负责赔偿的，保险人自向被保险人赔偿保险金之日起，在赔偿金额范围内代位行使被保险人对有关责任方请求赔偿的权利，被保险人应当向保险人提供必要的文件和所知道的有关情况。

被保险人已经从有关责任方取得赔偿的，保险人赔偿保险金时，可以相应扣减被保险人已从有关责任方取得的赔偿金额。

保险事故发生后，在保险人未赔偿保险金之前，被保险人放弃对有关责任方请求赔偿权利的，保险人不承担赔偿责任；保险人向被保险人赔偿保险金后，被保险人未经保险人同意放弃对有关责任方请求赔偿权利的，该行为无效；由于被保险人故意或者因重大过失致使保险人不能行使代位请求赔偿的权利的，保险人可以扣减或者要求返还相应的保险金。

第四十八条 被保险人向保险人请求赔偿的诉讼时效期间为二年，自其知道或者应当知道保险事故发生之日起计算。

争议处理

第四十九条 因履行本保险合同发生的争议，由当事人协商解决。协商不成的，提交保险单载明的仲裁机构仲裁；保险单未载明仲裁机构且争议发生后未达成仲裁协议的，依法向人民法院起诉。

第五十条 与本保险合同有关的以及履行本保险合同产生的一切争议，适用中华人民共和国法律（不包括港澳台地区法律）。

其他事项

第五十一条　保险标的发生部分损失的，自保险人赔偿之日起三十日内，投保人可以解除合同；除合同另有约定外，保险人也可以解除合同，但应当提前十五日通知投保人。

保险合同依据前款规定解除的，保险人应当将保险标的未受损失部分的保险费，按照合同约定扣除自保险责任开始之日起至合同解除之日止应收的部分后，退还投保人。

第五十二条　保险责任开始前，投保人要求解除保险合同的，应当按本保险合同的约定向保险人支付手续费，保险人应当退还保险费。保险人要求解除保险合同的，不得向投保人收取手续费并应退还已收取的保险费。

保险责任开始后，投保人要求解除保险合同的，自通知保险人之日起，保险合同解除，保险人按照保险责任开始之日起至合同解除之日止期间与保险期间的日比例计收保险费，并退还剩余部分保险费；保险人要求解除保险合同的，应提前十五日向投保人发出解约通知书，保险人按照保险责任开始之日起至合同解除之日止期间与保险期间的日比例计收保险费，并退还剩余部分保险费。

第五十三条　保险标的发生全部损失，属于保险责任的，保险人在履行赔偿义务后，本保险合同终止；不属于保险责任的，本保险合同终止，保险人按照保险责任开始之日起至合同解除之日止期间与保险期间的日比例计收保险费，并退还剩余部分保险费。

释　义

第五十四条　本保险合同涉及下列术语时，适用下列释义：

（一）自然灾害：指地震、海啸、雷击、暴雨、洪水、暴风、龙卷风、冰雹、台风、飓风、沙尘暴、暴雪、冰凌、突发性滑坡、崩塌、泥石流、地面突然下陷下沉及其他人力不可抗拒的破坏力强大的自然现象。

1. 地震：指地下岩石的构造活动或火山爆发产生的地面震动。由于地震的强度不同，其破坏力也存在很大的区别，一般保险针对的是破坏性地震，根据国家地震局的有关规定，震级在 4.75 级以上且烈度在 6 级以上的地震为破坏性地震。

2. 海啸：指由于地震或风暴而造成的海面巨大涨落现象，按成因分为地震海啸和风暴海啸两种。地震海啸是伴随地震而形成的，即海底地壳发生断裂，引起剧烈的震动，产生巨大的波浪。风暴海啸是强大低气压在通过时，海面异常升起的现象。

3. 雷击指由雷电造成的灾害。雷电为积雨云中、云间或云地之间产生的放电现象。雷击的破坏形式分直接雷击与感应雷击两种。

（1）直接雷击：由于雷电直接击中保险标的造成损失，属直接雷击责任。

（2）感应雷击：由于雷击产生的静电感应或电磁感应使屋内对地绝缘金属物体产生高电位放出火花引起的火灾，导致电器本身的损毁，或因雷电的高电压感应，致使电器部件的损毁，属感应雷击责任。

4. 暴雨：指每小时降雨量达 16 毫米以上，或连续 12 小时降雨量达 30 毫米以上，或连续 24 小时降雨量达 50 毫米以上的降雨。

5. 洪水：指山洪暴发、江河泛滥、潮水上岸及倒灌。但规律性的涨潮、自动灭火设施漏水以及在常年水位以下或地下渗水、水管暴裂不属于洪水责任。

6. 暴风：指风力达 8 级、风速在 17.2 米/秒以上的自然风。

7. 龙卷风：指一种范围小而时间短的猛烈旋风，陆地上平均最大风速在 79 米/秒 ~ 103 米/秒，极端最大风速在 100 米/秒以上。

8. 冰雹：指从强烈对流的积雨云中降落到地面的冰块或冰球，直径大于 5 毫米，核心坚硬的固体降水。

9. 台风、飓风：台风指中心附近最大平均风力 12 级或以上，即风速在 32.6 米/秒以上的热带气旋；飓风是一种与台风性质相同、但出现的位置区域不同的热带气旋，台风出现在西北太平洋海域，而飓风出现在印度洋、大西洋海域。

10. 沙尘暴：指强风将地面大量尘沙吹起，使空气很混浊，水平能见度小于 1 公里的天气现象。

11. 暴雪：指连续 12 小时的降雪量大于或等于 10 毫米的降雪现象。

12. 冰凌：指春季江河解冻期时冰块飘浮遇阻，堆积成坝，堵塞江道，造成水位急剧上升，以致江水溢出江道，漫延成灾。

陆上有些地区，如山谷风口或酷寒致使雨雪在物体上结成冰块，成下垂形状，越结越厚，重量增加，由于下垂的拉力致使物体毁坏，也属冰凌责任。

13. 突发性滑坡：斜坡上不稳的岩土体或人为堆积物在重力作用下突然整体向下滑动的现象。

14. 崩塌：石崖、土崖、岩石受自然风化、雨蚀造成崩溃下塌，以及大量积雪在重力作用下从高处突然崩塌滚落。

15. 泥石流：由于雨水、冰雪融化等水源激发的、含有大量泥沙石块的特殊洪流。

16. 地面突然下陷下沉：地壳因为自然变异，地层收缩而发生突然塌陷。对于因海潮、河流、大雨侵蚀或在建筑房屋前没有掌握地层情况，地下有孔穴、矿穴，以致地面突然塌陷，也属地面突然下陷下沉。但未按建筑施工要求导致建筑地基下沉、裂缝、倒塌等，不在此列。

（二）意外事故：指不可预料的以及被保险人无法控制并造成物质损失或人身伤亡的突发性事件，包括火灾和爆炸。

1. 火灾：在时间或空间上失去控制的燃烧所造成的灾害。构成本保险的火灾责任必须同时具备以下三个条件：

（1）有燃烧现象，即有热有光有火焰；

（2）偶然、意外发生的燃烧；

（3）燃烧失去控制并有蔓延扩大的趋势。

因此，仅有燃烧现象并不等于构成本保险中的火灾责任。在生产、生活中有目的用火，如为了防疫而焚毁玷污的衣物，点火烧荒等属正常燃烧，不同于火灾责任。

因烘、烤、烫、烙造成焦糊变质等损失，既无燃烧现象，又无蔓延扩大趋势，也不属于火灾责任。

电机、电器、电气设备因使用过度、超电压、碰线、孤花、漏电、自身发热所造成的本身损毁，不属于火灾责任。但如果发生了燃烧并失去控制蔓延扩大，才构成火灾责任，并对电机、电器、电气设备本身的损失负责赔偿。

2. 爆炸：爆炸分物理性爆炸和化学性爆炸。

（1）物理性爆炸：由于液体变为蒸汽或气体膨胀，压力急剧增加并大大超过容器所能承受的极限压力，因而发生爆炸。如锅炉、空气压缩机、压缩气体钢瓶、液化气罐爆炸等。关于锅炉、压力容器爆炸的定义是：锅炉或区力容器在使用中或试压时发生破裂，使压力瞬时降到等于外界大气压力的事故，称为“爆炸事故”。

（2）化学性爆炸：物体在瞬息分解或燃烧时放出大量的热和气体，并以很大的压力向四周扩散的现象。如火药爆炸、可燃性粉尘纤维爆炸、可燃气体爆炸及各种化学物品的爆炸等。

因物体本身的瑕疵，使用损耗或产品质量低劣以及由于容器内部承受

“负压”（内压比外压小）造成的损失，不属于爆炸责任。

（三）应保险金额：根据本保险合同第九条（一）、（二）款确定的保险金额。

中国人民财产保险股份有限公司
建筑、安装工程保险条款（2009 版）

总　　则

第一条　本保险合同由保险条款、投保单、保险合同以及批单组成。凡涉及本保险合同的约定，均应采用书面形式。

保险标的

第二条　本保险合同的保险标的为：

（一）工程合同所列明的工程项目；

（二）建设单位提供的物料，包括已运抵施工现场的建筑材料、结构件、在制品、属于工程预算内的应安装的机器设备、零配件等。

第三条　下列财产未经保险合同双方特别约定，并在保险合同中载明保险金额的，不属于本保险合同的保险标的：

（一）工地内原有的财产；

（二）属于工程造价范围之内，但在工地以外的财产；

（三）现场清理费用，该费用是指发生保险事故后，被保险人为修复保险标的而清理施工现场所发生的必要的、合理的费用。

第四条　下列财产不属于本保险合同的保险标的：

（一）施工用机器、装置和设备；

（二）领有公共运输执照的车辆、船舶和飞机；

（三）其他未在本保单中列明的财产。

保险责任

第五条　在保险期间内，在本保险合同中列明的建筑期或安装期间和施工场地内，由于下列自然灾害或意外事故原因造成保险标的的损失，保险人按照本保险合同的约定负责赔偿：

（一）火灾、爆炸；

（二）雷击、暴雨、洪水、暴风、龙卷风、冰雹、台风、飓风、暴雪、冰凌、突发性滑坡、崩塌、泥石流、地面突然下陷下沉、地震、海啸；

（三）空中运行物体的坠落；

（四）升降机、行车、吊车、脚手架的倒塌造成其他保险财产的损失；

（五）安装技术不善所引起的事故，并造成其他保险财产的损失；

（六）超负荷、超电压、电弧、短路和其他电气原因引起的事故，并造成其他保险财产的损失。

第六条　试车责任：经保险人与被保险人特别约定，并在保险合同中注明，保险人负责赔偿在保险合同中列明的试车期和施工场地内由于试车所造成的安装设备本身的损失。

第七条　保险事故发生后，被保险人为防止或减少保险标的的损失所支付的必要的、合理的费用，保险人按照本保险合同的约定也负责赔偿。

责任免除

第八条　由于下列原因造成保险标的的损失、费用和责任，保险人不负责赔偿：

（一）战争、军事行动、敌对行为、武装冲突、暴乱、罢工、没收征用及因政府命令或有关行政当局命令；

（二）核裂变、核聚变、核武器、核材料、核辐射及放射性污染；

（三）被保险人及其代表的故意或重大过失行为；

（四）盗窃、抢劫及恶意破坏。

第九条　下列各项损失、费用和责任，保险人不负责赔偿：

（一）全部停工或部分停工期间所发生的一切损失、费用和责任；

（二）堆放在露天的保险财产，用芦席、布、草、纸板、塑料布做棚顶的工棚，以及堆放在工棚内的保险财产，由于暴风、龙卷风、暴雨、雪灾、冰雹所造成的损失；

（三）自然磨损、内在或潜在缺陷、物质本身变化、自热、氧化、锈蚀、渗漏、鼠咬、虫蛀、大气（气候或气温）变化、正常水位变化或其他渐变原因造成保险财产的损失和费用。

第十条　下列各项损失和费用，保险人也不负责赔偿：

（一）建设单位已接管或已签发完工证书或已投入使用的财产的损失和费用；

（二）设计错误、缺陷或未按设计要求和技术规范施工所造成的损失和费用；

（三）因原材料缺陷或工艺不善引起的保险财产的任何损失以及为换置、修理或矫正这些缺陷或工艺不善所支付的费用；

（四）盘点时发现的短缺；

（五）罚款、任何延误、合同被撤销、解除、无效、终止及其他任何后果损失；

（六）超负荷、超电压、电弧、走电、短路、大气放电和其他电气原因造成保险财产本身的损失；

（七）本保险合同中载明的免赔额或根据本保险合同载明的免赔率计算的免赔额；

（八）其他不属于保险责任范围内的损失和费用。

保险金额与免赔额（率）

第十一条 建筑工程或安装工程的保险金额应是保险工程完成时的总价值，包括原材料费用、设备费用、建造费、安装费、运输费和保险费、关税、其他税项和费用，以及由建设单位提供的原材料和设备的费用。

其他保险项目的保险金额可由投保人与保险人协商确定。

第十二条 若投保人是以保险工程合同规定的工程概算总造价投保，投保人应：

（一）在本保险项下工程造价中包括的各项费用因涨价或升值原因而超出原保险工程造价时，必须尽快以书面通知保险人，保险人将根据投保人的意见调整保险金额；

（二）在保险期间内对相应的工程细节作出精确记录，并允许保险人在合理的时候对该项记录进行查验；

（三）在本保险合同列明的保险期间届满后三个月内向保险人申报最终的工程总价值，保险人据此以多退少补的方式对预收保险费进行调整。

第十三条 每次事故免赔额（率）由投保人与保险人在订立保险合同时协商确定，并在保险合同中载明。

保险期间

第十四条 本保险合同的保险期间为工程的建筑或安装期限，但以本保险

单列明的起止日为准。在保险单列明的终止期限前，若建设单位对部分或全部建筑或安装工程签发完验收证书或验收合格，或建设单位实际占有或使用或接收该部分或全部工程时，保险责任即告部分或全部终止。

若被保险设备本身是在本次安装前已被使用过的设备或转手设备，则自其试车之时起，保险人对该设备的保险责任即行终止。

第十五条 上述保险期间的展延，被保险人须事先获得保险人的书面同意，并交付相应的保险费。

保险人义务

第十六条 订立保险合同时，采用保险人提供的格式条款的，保险人向投保人提供的投保单应当附格式条款，保险人应当向投保人说明保险合同的内容。对保险合同中免除保险人责任的条款，保险人在订立合同时应当在投保单、保险合同或者其他保险凭证上作出足以引起投保人注意的提示，并对该条款的内容以书面或者口头形式向投保人作出明确说明；未作提示或者明确说明的，该条款不产生效力。

第十七条 本保险合同成立后，保险人应当及时向投保人签发保险合同或其他保险凭证。

第十八条 保险人依据第二十二条所取得的保险合同解除权，自保险人知道有解除事由之日起，超过三十日不行使而消灭。自保险合同成立之日起超过二年的，保险人不得解除合同；发生保险事故的，保险人承担赔偿责任。

保险人在合同订立时已经知道投保人未如实告知的情况的，保险人不得解除合同；发生保险事故的，保险人应当承担赔偿责任。

第十九条 保险人按照第二十八条的约定，认为被保险人提供的有关索赔的证明和资料不完整的，应当及时一次性通知投保人、被保险人补充提供。

第二十条 保险人收到被保险人的赔偿保险金的请求后，应当及时作出是否属于保险责任的核定；情形复杂的，应当在三十日内作出核定，但保险合同另有约定的除外。

保险人应当将核定结果通知被保险人；对属于保险责任的，在与被保险人达成赔偿保险金的协议后十日内，履行赔偿保险金义务。保险合同对赔偿保险金的期限有约定的，保险人应当按照约定履行赔偿保险金的义务。保险人依照前款约定作出核定后，对不属于保险责任的，应当自作出核定之日起三日内向被保险人发出拒绝赔偿保险金通知书，并说明理由。

第二十一条　保险人自收到赔偿保险金的请求和有关证明、资料之日起六十日内，对其赔偿保险金的数额不能确定的，应当根据已有证明和资料可以确定的数额先予支付；保险人最终确定赔偿的数额后，应当支付相应的差额。

投保人、被保险人义务

第二十二条　订立保险合同，保险人就保险标的或者被保险人的有关情况提出询问的，投保人应当如实告知。

投保人故意或者因重大过失未履行前款规定的如实告知义务，足以影响保险人决定是否同意承保或者提高保险费率的，保险人有权解除保险合同。

投保人故意不履行如实告知义务的，保险人对于合同解除前发生的保险事故，不承担赔偿责任，并不退还保险费。

投保人因重大过失未履行如实告知义务，对保险事故的发生有严重影响的，保险人对于合同解除前发生的保险事故，不承担赔偿责任，但应当退还保险费。

第二十三条　投保人应按约定交付保险费。

约定一次性交付保险费的，投保人在约定交费日后交付保险费的，保险人对交费之前发生的保险事故不承担保险责任。

约定分期交付保险费的，保险人按照保险事故发生前保险人实际收取保险费总额与投保人应当交付的保险费的比例承担保险责任，投保人应当交付的保险费是指截至保险事故发生时投保人按约定分期应该缴纳的保费总额。

第二十四条　被保险人应当遵守国家有关消防、安全、生产操作、劳动保护等方面的相关法律、法规及规定，谨慎选用施工人员，遵守一切与施工有关的法规、技术规程和安全操作规程。加强管理，采取合理的预防措施，尽力避免或减少责任事故的发生，维护保险标的的安全。

保险人可以对被保险人遵守前款约定的情况进行检查，向投保人、被保险人提出消除不安全因素和隐患的书面建议，投保人、被保险人应该认真付诸实施。

投保人、被保险人未按照约定履行其对保险标的的安全应尽责任的，保险人有权要求增加保险费或者解除合同。

第二十五条　保险标的转让的，被保险人或者受让人应当及时通知保险人。

因保险标的转让导致危险程度显著增加的，保险人自收到前款规定的通知

之日起三十日内，可以按照合同约定增加保险费或者解除合同。保险人解除合同的，应当将已收取的保险费，按照合同约定扣除自保险责任开始之日起至合同解除之日止应收的部分后，退还投保人。

被保险人、受让人未履行本条规定的通知义务的，因转让导致保险标的危险程度显著增加而发生的保险事故，保险人不承担赔偿责任。

第二十六条 在合同有效期内，被保险人在工程设计、施工方式、工艺、技术手段等方面发生改变致使保险工程的危险程度显著增加或其他足以影响保险人决定是否继续承保或是否增加保险费的保险合同重要事项变更，被保险人应当按照合同约定及时通知保险人，保险人可以按照合同约定增加保险费或者解除合同。保险人解除合同的，应当将已收取的保险费，按照合同约定扣除自保险责任开始之日起至合同解除之日止应收的部分后，退还投保人。

被保险人未履行前款约定的通知义务的，因保险标的的危险程度显著增加而发生的保险事故，保险人不承担赔偿责任。

第二十七条 知道保险事故发生后，被保险人应该：

（一）尽力采取必要、合理的措施，防止或减少损失，否则，对因此扩大的损失，保险人不承担赔偿责任；

（二）立即通知保险人，并书面报告提供事故发生的原因、经过和损失情况；故意或者因重大过失未及时通知，致使保险事故的性质、原因、损失程度等难以确定的，保险人对无法确定的部分，不承担赔偿责任，但保险人通过其他途径已经及时知道或者应当及时知道保险事故发生的除外；

（三）保护事故现场，允许并且协助保险人进行事故调查；

（四）在预知可能引起诉讼时，立即以书面形式通知保险人，并在接到法院传票或其他法律文件后，立即将其送交保险人。

第二十八条 被保险人向保险人请求赔偿时，应向保险人提交保险合同、索赔申请、财产损失清单、有关部门的损失证明以及其他投保人、被保险人所能提供的与确认保险事故的性质、原因、损失程度等有关的证明和资料。

投保人、被保险人未履行前款约定的索赔材料提供义务，导致保险人无法核实损失情况的，保险人对无法核实的部分不承担赔偿责任。

赔偿处理

第二十九条 保险事故发生时，被保险人对保险标的不具有保险利益的，不得向保险人请求赔偿保险金。

第三十条　对保险财产遭受的损失，保险人可选择以支付赔款或以修复、重置受损项目的方式予以赔偿，但对保险财产在修复或重置过程中发生的任何变更、性能增加或改进所产生的额外费用，保险人不负责赔偿。

第三十一条　保险标的遭受损失后，如果有残余价值，应由双方协商处理。如折归被保险人，由双方协商确定其价值，并在保险赔款中扣除。

第三十二条　在发生本保险合同项下的损失后，保险人按下列方式确定损失金额：

（一）可以修复的部分损失：以将保险财产修复至其基本恢复受损前状态的费用考虑本保险合同第三十一条约定的残值处理方式后确定的赔偿金额为准。但若修复费用等于或超过保险财产损失前的价值时，则按下列第（二）款的规定处理。

（二）全部损失或推定全损：按照保险财产损失前的实际价值考虑本保险合同第三十一条约定的残值处理方式后确定的赔偿金额为准。

第三十三条　保险标的发生保险责任范围内的损失，保险人按以下方式计算赔偿：

（一）保险金额等于或高于应保险金额时，按实际损失计算赔偿，最高不超过应保险金额；

（二）保险金额低于应保险金额时，按保险金额与应保险金额的比例乘以实际损失计算赔偿，最高不超过保险金额；

（三）若本保险合同所列标的不止一项时，应分项按照本条约定处理。

第三十四条　保险标的的保险金额大于或等于其应保险金额时，被保险人为防止或减少保险标的的损失所支付的必要的、合理的费用，在保险标的损失赔偿金额之外另行计算，最高不超过被施救保险标的的应保险金额。

保险标的的保险金额小于其应保险金额时，上述费用按被施救标的的保险金额与其应收保险金额的比例在保险标的损失赔偿金额之外另行计算，最高不超过被施救保险标的的保险金额。

被施救的财产中，含有本保险合同未承保财产的，按被施救保险标的的应保险金额与全部被施救财产价值的比例分摊施救费用。

第三十五条　每次事故保险人的赔偿金额为根据第三十三条约定计算的金额扣除每次事故免赔额后的金额，或为根据第三十三条约定计算的金额扣除该金额与免赔率乘积后的金额。

保险标的在连续72小时内遭受暴雨、台风、洪水或其他连续发生的自然灾害所致损失视为一次单独事件，在计算赔偿时视为一次保险事故，并扣减一

个相应的免赔额。被保险人可自行决定72小时的起始时间，但若在连续数个72小时时间内发生损失，任何两个或两个以上72小时期限不得重叠。

第三十六条 保险事故发生时，如果存在重复保险，保险人按照本保险合同的相应保险金额与其他保险合同及本保险合同相应保险金额总和的比例承担赔偿责任。

其他保险人应承担的赔偿金额，本保险人不负责垫付。被保险人在请求赔偿时应当如实向保险人说明与受损标的有关的其他保险合同的情况，对未如实说明导致保险人多支付保险金的，保险人有权向被保险人追回多支付的部分。

第三十七条 保险标的发生部分损失，保险人履行赔偿义务后，本保险合同的保险金额自损失发生之日起按保险人的赔偿金额相应减少，保险人不退还保险金额减少部分的保险费。如投保人请求恢复至原保险金额，应按原约定的保险费率另行支付恢复部分从投保人请求的恢复日期起至保险期间届满之日止按日比例计算的保险费。

第三十八条 发生保险责任范围内的损失，应由有关责任方负责赔偿的，保险人自向被保险人赔偿保险金之日起，在赔偿金额范围内代位行使被保险人对有关责任方请求赔偿的权利，被保险人应当向保险人提供必要的文件和所知道的有关情况。

被保险人已经从有关责任方取得赔偿的，保险人赔偿保险金时，可以相应扣减被保险人已从有关责任方取得的赔偿金额。

保险事故发生后，在保险人未赔偿保险金之前，被保险人放弃对有关责任方请求赔偿权利的，保险人不承担赔偿责任；保险人向被保险人赔偿保险金后，被保险人未经保险人同意放弃对有关责任方请求赔偿权利的，该行为无效；由于被保险人故意或者因重大过失致使保险人不能行使代位请求赔偿的权利的，保险人可以扣减或者要求返还相应的保险金。

第三十九条 被保险人向保险人请求赔偿保险金的诉讼时效期间为二年，自其知道或者应当知道保险事故发生之日起计算。

争议处理和法律适用

第四十条 因履行本保险合同发生的争议，由当事人协商解决。协商不成的，提交保险合同载明的仲裁机构仲裁；保险合同未载明仲裁机构且争议发生后未达成仲裁协议的，依法向人民法院起诉。

第四十一条　与本保险合同有关的以及履行本保险合同产生的一切争议，适用中华人民共和国法律（不包括港澳台地区法律）。

释　义

第四十二条　本保险合同涉及下列术语时，适用下列释义：

（一）火灾

在时间或空间上失去控制的燃烧所造成的灾害。构成本保险的火灾责任必须同时具备以下三个条件：

1. 有燃烧现象，即有热有光有火焰；

2. 偶然、意外发生的燃烧；

3. 燃烧失去控制并有蔓延扩大的趋势。

因此，仅有燃烧现象并不等于构成本保险中的火灾责任。在生产、生活中有目的的用火，如为了防疫而焚毁玷污的衣物，点火烧荒等属正常燃烧，不同于火灾责任。

因烘、烤、烫、烙造成焦糊变质等损失，既无燃烧现象，又无蔓延扩大趋势，也不属于火灾责任。

电机、电器、电气设备因使用过度、超电压、碰线、孤花、漏电、自身发热所造成的本身损毁，不属于火灾责任。但如果发生了燃烧并失去控制蔓延扩大，才构成火灾责任，并对电机、电器、电气设备本身的损失负责赔偿。

（二）爆炸

爆炸分物理性爆炸和化学性爆炸。

1. 物理性爆炸：由于液体变为蒸汽或气体膨胀，压力急剧增加并大大超过容器所能承受的极限压力，因而发生爆炸。如锅炉、空气压缩机、压缩气体钢瓶、液化气罐爆炸等。关于锅炉、压力容器爆炸的定义是：锅炉或区力容器在使用中或试压时发生破裂，使压力瞬时降到等于外界大气压力的事故，称为“爆炸事故”。

2. 化学性爆炸：物体在瞬息分解或燃烧时放出大量的热和气体，并以很大的压力向四周扩散的现象。如火药爆炸、可燃性粉尘纤维爆炸、可燃气体爆炸及各种化学物品的爆炸等。

因物体本身的瑕疵，使用损耗或产品质量低劣以及由于容器内部承受“负压”（内压比外压小）造成的损失，不属于爆炸责任。

（三）雷击

雷击指由雷电造成的灾害。雷电为积雨云中、云间或云地之间产生的放电现象。雷击的破坏形式分直接雷击与感应雷击两种。

1. 直接雷击：由于雷电直接击中保险标的造成损失，属直接雷击责任。

2. 感应雷击：由于雷击产生的静电感应或电磁感应使屋内对地绝缘金属物体产生高电位放出火花引起的火灾，导致电器本身的损毁，或因雷电的高电压感应，致使电器部件的损毁，属感应雷击责任。

（四）暴雨：指每小时降雨量达 16 毫米以上，或连续 12 小时降雨量达 30 毫米以上，或连续 24 小时降雨量达 50 毫米以上的降雨。

（五）洪水：指山洪暴发、江河泛滥、潮水上岸及倒灌。但规律性的涨潮、自动灭火设施漏水以及在常年水位以下或地下渗水、水管暴裂不属于洪水责任。

（六）暴风：指风力达 8 级、风速在 17.2 米/秒以上的自然风。

（七）龙卷风：指一种范围小而时间短的猛烈旋风，陆地上平均最大风速在 79 米/秒 ~ 103 米/秒，极端最大风速在 100 米/秒以上。

（八）冰雹：指从强烈对流的积雨云中降落到地面的冰块或冰球，直径大于 5 毫米，核心坚硬的固体降水。

（九）台风、飓风：台风指中心附近最大平均风力 12 级或以上，即风速在 32.6 米/秒以上的热带气旋；飓风是一种与台风性质相同、但出现的位置区域不同的热带气旋，台风出现在西北太平洋海域，而飓风出现在印度洋、大西洋海域。

（十）沙尘暴：指强风将地面大量尘沙吹起，使空气很混浊，水平能见度小于 1 公里的天气现象。

（十一）暴雪：指连续 12 小时的降雪量大于或等于 10 毫米的降雪现象。

（十二）冰凌：指春季江河解冻期时冰块飘浮遇阻，堆积成坝，堵塞江道，造成水位急剧上升，以致江水溢出江道，漫延成灾。

陆上有些地区，如山谷风口或酷寒致使雨雪在物体上结成冰块，成下垂形状，越结越厚，重量增加，由于下垂的拉力致使物体毁坏，也属冰凌责任。

（十三）突发性滑坡：斜坡上不稳的岩土体或人为堆积物在重力作用下突然整体向下滑动的现象。

（十四）崩塌：石崖、土崖、岩石受自然风化、雨蚀造成崩溃下塌，以及大量积雪在重力作用下从高处突然崩塌滚落。

（十五）泥石流：由于雨水、冰雪融化等水源激发的、含有大量泥沙石块的特殊洪流。

（十六）地面突然下陷下沉：地壳因为自然变异，地层收缩而发生突然塌陷。对于因海潮、河流、大雨侵蚀或在建筑房屋前没有掌握地层情况，地下有孔穴、矿穴，以致地面突然塌陷，也属地面突然下陷下沉。但未按建筑施工要求导致建筑地基下沉、裂缝、倒塌等，不在此列。

（十七）空中运行物体坠落：指空中飞行器、人造卫星、陨石坠落，吊车、行车在运行时发生的物体坠落，人工开凿或爆炸而致石方、石块、土方飞射、塌下，建筑物倒塌、倒落、倾倒，以及其他空中运行物体坠落。

（十八）自然灾害：指雷击、暴雨、洪水、暴风、龙卷风、冰雹、台风、飓风、沙尘暴、暴雪、冰凌、突发性滑坡、崩塌、泥石流、地面突然下陷下沉、地震、海啸及其他人力不可抗拒的破坏力强大的自然现象。

（十九）意外事故：指不可预料的以及被保险人无法控制并造成物质损失的突发性事件，包括火灾和爆炸。

（二十）重大过失行为：指行为人不但没有遵守法律规范对其较高要求，甚至连人们都应当注意并能注意的一般标准也未达到的行为。

（二十一）地震：地壳发生的震动。

（二十二）海啸：海啸是指由海底地震，火山爆发或水下滑坡、塌陷所激发的海洋巨波。

（二十四）行政行为、司法行为：指各级政府部门、执法机关或依法履行公共管理、社会管理职能的机构下令破坏、征用、罚没保险标的的行为。

（二十五）应保险金额：建筑工程或安装工程的应保险金额应是保险工程完成时的总价值，但由于投保时工程尚未开始，因此投保人可以以保险工程合同规定的工程概算总造价投保。

附件：

建筑、安装工程保险附加险条款

1. 附加第三者责任保险条款

本条款是《中国人民财产保险股份有限公司建筑、安装工程保险》（以下简称“主险”）的附加险条款，本附加险合同未约定事项，以主险合同为准；主险合同与本附加险合同相抵触之处，以本附加险合同为准。

一、保险责任

（一）在本保险期间内，因发生与建筑或安装工程保险所承保工程直接相关的意外事故引起工地内及邻近区域的第三者人身伤亡或财产损失，依法应由被保险人承担的经济赔偿责任，保险人按本条款的规定负责赔偿。

（二）对被保险人因上述原因而支付的诉讼费用以及事先经保险人书面同意而支付的其他费用，保险人亦负责赔偿。

（三）保险人对每次事故引起的赔偿金额以法院或仲裁机构根据现行法律裁定的应由被保险人偿付的金额为依据。但在任何情况下，均不得超过本保险合同明细表中对应列明的每次事故赔偿限额。在本保险期间内，保险人在本保险合同项下对上述经济赔偿的最高赔偿责任不得超过本保险合同中列明的累计赔偿限额。

二、责任免除

在本保险合同项下，保险人对下列各项不负责赔偿：

（一）战争、军事行动、敌对行为、武装冲突、暴乱、罢工、没收征用及因政府命令或有关行政当局命令等引起的任何损失、费用和责任；裂变、核聚变、核武器、核材料、核辐射及放射性污染引起的任何损失、费用和责任。

（二）雷击、暴雨、洪水、暴风、龙卷风、冰雹、台风、飓风、暴雪、冰凌、突发性滑坡、崩塌、泥石流、地面突然下陷下沉、地震、海啸及其他人力不可抗拒的破坏力强大的自然现象造成的任何损失、费用和责任。

（三）保险人对下列各项不负责赔偿：

1. 本保险合同主险项下或《附加施工机器、设备保险条款》项下或本应在这两项保险项下予以负责的任何损失、费用和责任；

2. 由于震动、移动或减弱支撑而造成的任何财产、土地、建筑物的损失及由此造成的任何人身伤害、物质损失和责任；

3. 下列原因引起的赔偿责任：

（1）建设单位、承包人或其他关系方或他们所雇用的在工地现场从事与工程有关工作的职员、工人以及他们的家庭成员的人身伤亡或疾病；

（2）建设单位、承包人或其他关系方或他们所雇用的职员、工人所有的或由其照管、控制的财产发生的损失；

（3）被保险人使用、拥有的领有公共运输行驶执照的车辆、船舶、飞机造成的事故而引起的任何责任；

（4）被保险人根据与他人的协议应支付的赔偿或其他款项，但即使没有这种协议，被保险人仍应承担的责任不在此限；

（5）渗漏、污染或玷污而引起的任何责任；

（6）罚款、处罚、违约金及违约造成其他人的损失、惩罚性的损失、违反或不履行工程合约引起的任何损失。

（四）保险合同或有关条款中规定的应由被保险人自行负担的免赔额。

（五）其他不属于保险责任范围内的任何损失、费用和责任。

三、赔偿处理

（一）在发生引起或可能引起本保险合同项下索赔的事故后，被保险人及其代表应在预知可能引起诉讼时，立即以书面形式通知保险人，并在接到法院传票或其他法律文件后，立即将其送交保险人。

（二）保险人对被保险人给第三者造成的损害，可以依照法律的规定，直接向该第三者赔偿保险金。

被保险人给第三者造成损害，被保险人对第三者应负的赔偿责任确定的，根据被保险人的请求，保险人应当直接向该第三者赔偿保险金。被保险人怠于请求的，第三者有权就其应获赔偿部分直接向保险人请求赔偿保险金。对于第三者提出索赔的，保险人应及时核定与赔付。

被保险人给第三者造成损害，被保险人未向该第三者赔偿的，保险人不得向被保险人赔偿保险金。

（三）未经保险人书面同意，被保险人或其代表对索赔方不得作出任何责任承诺或拒绝、出价、约定、付款或赔偿。在必要时，保险人有权以被保险人的名义接办对任何诉讼的抗辩或索赔的处理。

（四）发生保险责任范围内的损失，应由有关责任方负责赔偿的，保险人自向被保险人赔偿保险金之日起，在赔偿金额范围内代位行使被保险人对有关责任方请求赔偿的权利，被保险人应当向保险人提供必要的文件和所知道的有关情况。

被保险人已经从有关责任方取得赔偿的，保险人赔偿保险金时，可以相应扣减被保险人已从有关责任方取得的赔偿金额。

保险事故发生后，在保险人未赔偿保险金之前，被保险人放弃对有关责任方请求赔偿权利的，保险人不承担赔偿责任；保险人向被保险人赔偿保险金后，被保险人未经保险人同意放弃对有关责任方请求赔偿权利的，该行为无效；由于被保险人故意或者因重大过失致使保险人不能行使代位请求赔偿的权

利的，保险人可以扣减或者要求返还相应的保险金。

2. 附加施工机器、设备保险条款

本条款是《中国人民财产保险股份有限公司建筑、安装工程保险》（以下简称“主险”）的附加险条款，本附加险合同未约定事项，以主险合同为准；主险合同与本附加险合同相抵触之处，以本附加险合同为准。

一、保险责任

在本保险合同明细表中列明的建筑期或安装期间和施工场地内，由于下列原因造成施工用机器、设备的损失，保险人负责赔偿：

（一）火灾、爆炸；

（二）雷击、暴雨、洪水、暴风、龙卷风、冰雹、台风、飓风、暴雪、冰凌、突发性滑坡、崩塌、泥石流、地面突然下陷下沉、地震、海啸；

（三）空中运行物体的坠落；

（四）升降机、行车、吊车、脚手架的倒塌；

（五）碰撞、倾覆；

（六）操作人员的疏忽、过失。

二、责任免除

下列原因引起的损失和费用，保险人不负责赔偿：

（一）机器设备运行必然引起的后果，包括自然磨损、氧化、腐蚀、锈蚀、孔蚀、锅垢等物理性变化或化学反应；

（二）水箱、水管自然爆裂；

（三）保险机器设备的机械性或电器性损坏、故障、断裂、失灵，及因冷却剂或其他流体冻结、润滑不良、缺油或冷却剂等直接所致的毁损或灭失；

（四）置换的零件或配件包括钻、锥、刀具或其他切割的刀面、锯条、模具、压磨面或压碎面筛、皮带、绳索、钢缆、链条、输送带、电池、轮胎、电线、电缆、软管、按期更换的接头或衬垫等的毁损或灭失，但与机器设备本体同时所受的毁损或灭失不在此限；

（五）燃料、触媒、冷却剂及润滑油料的毁损或灭失；

（六）因锅炉或压力容器内部蒸汽或流体压力发生爆炸及内燃机爆炸所致的毁损或灭失；

（七）投保人、被保险人或受雇人明知或应该知道保险机器设备的瑕疵、缺陷或其所致的毁损或灭失；

（八）机器设备的制造商或供应商依法或依约应负责赔偿的毁损或灭失；

（九）任何维护或保养费用；

（十）保险事故发生后引起的任何间接的或附带的损失、费用和责任；

（十一）保险合同中规定应由被保险人自行负担的免赔额；

（十二）其他不属于保险责任范围内的损失；

三、保险金额

（一）建筑、安装施工机器、设备应以该机器、设备的重置价作为保险金额，该重置价是指重置同厂牌、同型号、同性能、同负载的或相类似的新机器、新设备所需的费用。

（二）投保本保险的建筑安装施工机器、设备必须在清单上列明名称、型号、类别、金额。

四、赔偿处理

（一）对保险机器设备遭受的损失，保险人可选择以支付赔款或以修复、重置受损项目的方式予以赔偿，但对保险机器设备在修复或重置过程中发生的任何变更、性能增加或改进所产生的额外费用，保险人不负责赔偿。

（二）在发生本保险合同项下的保险机器设备的损失后，保险人按下列方式确定赔偿金额：

1. 可以修复的部分损失——以将保险机器设备修复至其基本恢复受损前状态的费用扣除残值后的金额为准。但若修复费用等于或超过保险机器设备损失前的价值时，则按下列第二款的规定处理；

2. 全部损失或推定全损——保险人享有选择是否接受受损保险机器设备残余部分的权利。若保险人不接受受损机器设备残余部分，则按照保险机器设备损失前的实际价值扣除残值后的金额赔偿；

3. 任何属于成对或成套的设备项目，若发生损失，保险人的赔偿责任不超过该受损项目在所属整对或整套设备项目的保险金额中所占的比例；

4. 发生保险损失后，被保险人为减少损失而采取必要措施所产生的合理费用，由保险人承担，但以不超过受损的保险财产的保险金额为限。

（三）在发生本保险合同项下的保险机器设备的损失时，若受损的被保险财产的分项或总保险金额低于重置价值时，其差额部分视为被保险人所自保，

保险人则按本保险合同中列明的机器设备的保险金额与对应的重置价值的比例负责赔偿。保险机器多于一项时，每一项将按照本保险合同规定的分项保险金额单独计算比例赔偿的责任。

（四）保险事故发生时，如果存在重复保险，保险人按照本保险合同的相应保险金额与其他保险合同及本保险合同相应保险金额总和的比例承担赔偿责任。

其他保险人应承担的赔偿金额，本保险人不负责垫付。

（五）保险标的发生部分损失，保险人履行赔偿义务后，本保险合同的保险金额自损失发生之日起按保险人的赔偿金额相应减少，保险人不退还保险金额减少部分的保险费。如投保人请求恢复至原保险金额，应按原约定的保险费率另行支付恢复部分从投保人请求的恢复日期起至保险期间届满之日止按日比例计算的保险费。

五、其他事项

本条款保险期间一般为 12 个月或以明细表的约定为准。

附录三
保险条款（慕尼黑再保险公司）

慕尼黑再保险公司建筑工程一切险条款

Contractors' all risks policy No.

Whereas the Insured named in the Schedule hereto has made to the (hereinafter called the "Insurers") a written proposal by completing a questionnaire which together with any other statements made in writing by the Insured for the purpose of this Policy is deemed to be incorporated herein.

Now this Policy of insurance witnesses that subject to the Insured having paid to the Insurers the premium mentioned in the Schedule and subject to the terms, exclusions, provisions and conditions contained herein or endorsed hereon the Insurers will indemnify the Insured in the manner and to the extent hereinafter provided.

General exclusions The Insurers will not indemnify the Insured in respect of loss, damage or liability directly or indirectly caused by or arising out of or aggravated by

a) war, invasion, act of foreign enemy, hostilities (whether war be declared or not), civil war, rebellion, revolution, insurrection, mutiny, riot, strike, lockout, civil commotion, military or usurped power, a group of malicious persons or persons acting on behalf of or in connection with any political organization, conspiracy, confiscation, commandeering, requisition or destruction or damage by order of any government de jure or de facto or by any public authority;

b) nuclear reaction, nuclear radiation or radioactive contamination;

c) wilful act or wilful negligence of the Insured or of his representatives;

d) cessation of work whether total or partial.

In any action, suit or other proceeding where the Insurers allege that by reason of the provisions of Exclusion a) above any loss, destruction, damage or liability is not covered by this insurance the burden of proving that such loss, destruction, damage or liability is covered shall be upon the Insured.

Period of cover The liability of the Insurers shall commence, notwithstanding any date to the contrary specified in the Schedule, directly upon commencement of work or after the unloading of the items entered in the Schedule at the site. The Insurers' liability expires for parts of the insured contract works taken over or put into service.

At the latest the insurance shall expire on the date specified in the Schedule. Any extensions of the period of insurance are subject to the prior written consent of the Insurers.

General conditions

1. The due observance and fulfilment of the terms of this Policy in so far as they relate to anything to be done or complied with by the Insured and the truth of the statements and answers in the questionnaire and proposal made by the Insured shall be a condition precedent to any liability of the Insurers.

2. The Schedule and the Section (s) shall be deemed to be incorporated in and form part of this Policy and the expression "this Policy" wherever used in this contract shall be read as including the Schedule and the Section (s). Any word or expression to which a specific meaning has been attached in any part of this Policy or of the Schedule or of the Section (s) shall bear such meaning wherever it may appear.

3. The Insured shall at his own expense take all reasonable precautions and comply with all reasonable recommendations of the Insurers to prevent loss, damage or liability and comply with statutory requirements and manufacturers' recommendations.

4. a) Representatives of the Insurers shall at any reasonable time have the right to inspect and examine the risk and the Insured shall provide the representatives of the Insurers with all details and information necessary for the assessment of the risk.

b) The Insured shall immediately notify the Insurers by telegram and in writing of any material change in the risk and cause at his own expense such additional precautions to be taken as circumstances may require, and the scope of cover and/or premium shall, if necessary, be adjusted accordingly.

No material alteration shall be made or admitted by the Insured whereby the risk is increased, unless the continuance of the insurance is confirmed in writing by the Insurers.

5. In the event of any occurrence which might give rise to a claim under this Policy, the Insured shall

a) immediately notify the Insurers by telephone or telegram as well as in writing, giving an indication as to the nature and extent of loss or damage;

b) take all steps within his power to minimize the extent of the loss or damage;

c) preserve the parts affected and make them available for inspection by a representative or surveyor of the Insurers;

d) furnish all such information and documentary evidence as the Insurers may require;

e) inform the police authorities in case of loss or damage due to theft or burglary.

The Insurers shall not in any case be liable for loss, damage or liability of which no notice has been received by the Insurers within 14 days of its occurrence.

Upon notification being given to the Insurers under this condition, the Insured may carry out the repairs or replacement of any minor damage; in all other cases a representative of the Insurers shall have the opportunity of inspecting the loss or damage before any repairs or alterations are effected. If a representative of the Insurers does not carry out the inspection within a period of time which could be considered adequate under the circumstances, the Insured is entitled to proceed with the repairs or replacement.

The liability of the Insurers under this Policy in respect of any item sustaining damage shall cease if said item is not repaired properly without delay.

6. The Insured shall at the expense of the Insurers do and concur in doing and permit to be done all such acts and things as may be necessary or required by the Insurers in the interest of any rights or remedies, or of obtaining relief or indemnity from parties (other than those insured under this Policy) to which the Insurers are or would become entitled or which is or would be subrogated to them upon their paying for or making good any loss or damage under this Policy, whether such acts and things are or become necessary or required before or after the Insured's indemnification by the Insurers.

7. If any difference arises as to the amount to be paid under this Policy (liability being otherwise admitted), such difference shall be referred to the decision of an arbitrator to be appointed in writing by the parties in difference or, if they cannot agree upon a single arbitrator, to the decision of two arbitrators, one to be appointed in writing by each of the parties within one calendar month after having been required in writing so to do by either of the parties, or, in case the arbitrators do not agree, of an umpire to be appointed in writing by the arbitrators before the latter enter upon the reference. The umpire shall sit with the arbitrators and preside at their meetings. The making of an award shall be a condition precedent to any right of action against the Insurers.

8. If a claim is in any respect fraudulent, or if any false declaration is made or used in support thereof, or if any fraudulent means or devices are used by the Insured or anyone acting on his behalf to obtain any benefit under this Policy, or if a claim is made and rejected and no action or suit is commenced within three months after such rejection or, in the case of arbitration taking place as provided herein, within three months after the arbitrator or arbitrators or umpire have made their award, all benefit under this Policy shall be forfeited.

9. If at the time any claim arises under the Policy there is any other insurance covering the same loss, damage or liability, the Insurers shall not be liable to pay or contribute more than their rateable proportion of any claim for such loss, damage or liability.

Section 1 - Material damage

The Insurers hereby agree with the Insured that if at any time during the period of cover the items or any part thereof entered in the Schedule shall suffer any unforeseen and sudden physical loss or damage from any cause, other than those specifically excluded, in a manner necessitating repair or replacement, the Insurers will indemnify the Insured in respect of such loss or damage as hereinafter provided by payment in cash, replacement or repair (at their own option) up to an amount not exceeding in respect of each of the items specified in the Schedule the sum set opposite thereto and not exceeding in any one event the limit of indemnity where applicable and not exceeding in all the total sum expressed in the Schedule as insured hereby.

The Insurers will also reimburse the Insured for the cost of clearance of debris following upon any event giving rise to a claim under this Policy provided a separate sum therefor has been entered in the Schedule.

Special exclusions to Section 1

The Insurers shall not, however, be liable for

a) the deductible stated in the Schedule to be borne by the Insured in any one occurrence;

b) consequential loss of any kind or description whatsoever including penalties, losses due to delay, lack of performance, loss of contract;

c) loss or damage due to faulty design;

d) the cost of replacement, repair or rectification of defective material and/or workmanship, but this exclusion shall be limited to the items immediately affected and shall not be deemed to exclude loss of or damage to correctly executed items resulting from an accident due to such defective material and/or workmanship;

e) wear and tear, corrosion, oxidation, deterioration due to lack of use and normal atmospheric conditions;

f) loss or damage to construction plant, equipment and construction machinery due to electrical or mechanical breakdown, failure, breakage or derangement, freezing of coolant or other fluid, defective lubrication or lack of oil or coolant, but if as a consequence of such breakdown or derangement an accident occurs causing external damage, such consequential damage shall be indemnifiable;

g) loss of or damage to vehicles licensed for general road use or waterborne vessels or aircraft;

h) loss of or damage to files, drawings, accounts, bills, currency, stamps, deeds, evidences of debt, notes, securities, cheques;

i) loss or damage discovered only at the time of taking an inventory.

Provisions applying to Section 1

Memo 1 - Sums insured

It is a requirement of this insurance that the sums insured stated in the Schedule shall not be less than

for item 1: the full value of the contract works at the completion of the construction, inclusive of all materials, wages, freight, customs duties, dues, and materials or items supplied by the Principal;

for items 2 and 3: the replacement value of construction plant, equipment and machinery; which shall mean the cost of replacement of the insured items by new items of the same kind and capacity;

and the Insured undertakes to increase or decrease the amounts of insurance in the event of any material fluctuation in wages or prices provided always that such increase or decrease shall take effect only after the same has been recorded in the Policy by the Insurers.

If, in the event of loss or damage, it is found that the sums insured are less than the amounts required to be insured, then the amount recoverable by the Insured under this Policy shall be reduced in such proportion as the sums insured bear to the amounts required to be insured. Every object and cost item is subject to this condition separately.

Memo 2 - Basis of loss settlement

In the event of any loss or damage the basis of any settlement under this Policy shall be

a) in the case of damage which can be repaired - the cost of repairs necessary to restore the items to their condition immediately before the occurrence of the damage less salvage, or

b) in the case of a total loss - the actual value of the items immediately before the occurrence of the loss less salvage,

however, only to the extent the costs claimed had to be borne by the Insured and to the extent they are included in the sums insured and provided always that the provisions and conditions have been complied with.

The Insurers will make payments only after being satisfied by production of the necessary bills and documents that the repairs have been effected or replacement has taken place, as the case may be. All damage which can be repaired shall be repaired, but if the cost of repairing any damage equals or exceeds the value of the items immediately before the occurrence of the damage, the settlement shall be made on the basis provided for in b) above.

The cost of any provisional repairs will be borne by the Insurers if such repairs constitute part of the final repairs and do not increase the total repair expenses.

The cost of any alterations, additions and/or improvements shall not be recoverable under this Policy.

Memo 3 - Extension of cover

Extra charges for overtime, nightwork, work on public holidays, express freight are covered by this insurance only if previously and specially agreed upon in writing.

Section 2 – Third party liability

The Insurers will indemnify the Insured up to but not exceeding the amounts specified in the Schedule against such sums which the Insured shall become legally liable to pay as damages consequent upon

a) accidental bodily injury to or illness of third parties (whether fatal or not),

b) accidental loss of or damage to property belonging to third parties occurring in direct connection with the construction or erection of the items insured under Section 1 and happening on or in the immediate vicinity of the site during the period of cover.

In respect of a claim for compensation to which the indemnity provided herein applies, the Insurers will in addition indemnify the Insured against

a) all costs and expenses of litigation recovered by any claimant from the Insured, and

b) all costs and expenses incurred with the written consent of the Insurers, provided always that the liability of the Insurers under this Section shall not exceed the limits of indemnity stated in the Schedule.

Special exclusions to Section 2

The Insurers will not indemnify the Insured in respect of

1. the deductible stated in the Schedule to be borne by the Insured in any one occurrence;
2. the expenditure incurred in doing or redoing or making good or repairing or replacing anything covered or coverable under Section 1 of this Policy;
3. damage to any property or land or building caused by vibration or by the removal or weakening of support or injury or damage to any person or property occasioned by or resulting from any such damage (unless especially agreed upon by endorsement);
4. liability consequent upon

a) bodily injury to or illness of employees or workmen of the Contractor (s) or the Principal (s) or any other firm connected with the project which or part of which is insured under Section 1, or members of their families;

b) loss of or damage to property belonging to or held in care, custody or control of the Contractor (s), the Principal (s) or any other firm connected with the project which or part of which is insured under Section 1, or an employee or workman of one of the aforesaid;

c) any accident caused by vehicles licensed for general road use or by waterborne vessels or aircraft;

d) any agreement by the Insured to pay any sum by way of indemnity or otherwise unless such liability would have attached also in the absence of such agreement.

Special conditions applying to Section 2

1. No admission, offer, promise, payment or indemnity shall be made or given by or on behalf of the Insured without the written consent of the Insurers who shall be entitled, if they so desire, to take over and conduct in the name of the Insured the defence or settlement of any claim or to prosecute for their own benefit in the name of the Insured any claim for indemnity or damages or otherwise and shall have full discretion in the conduct of any proceedings or in the settlement of any claim and the Insured shall give all such information and assistance as the Insurers may require.

2. The Insurers may so far as any accident is concerned pay to the Insured the limit of indemnity for any one accident (but deducting therefrom in such case any sum or sums already paid as compensation in respect thereof) or any lesser sum for which the claim or claims arising from such accident can be settled and the Insurers shall thereafter be under no further liability in respect of such accident under this Section.

Section 3 – Principal's advance loss of profits

The Insurers shall indemnify the Insured – named as Principal in the Schedule to Section 1 of this Policy – in respect of loss of gross profit actually sustained due to the reduction in turnover and the increased cost of working as defined in this Section, if at any time during the period of insurance stated in the Schedule to this Section the insured contract works or any part thereof suffer loss or damage covered under Section 1 of this Policy, unless specifically excluded in this Section, thereby causing an interference in the construction work resulting in a delay of commencement of and/or interference with the insured business, hereinafter referred to as "the delay".

The amount payable as indemnity hereunder shall be:

- in respect of loss of gross profit: the sum obtained by applying the rate of gross profit to the amount by which the actual turnover during the indemnity period falls short of the turnover which would have been achieved had the delay not occurred;
- in respect of increased cost of working: the additional expenditure necessarily and reasonably incurred for the sole purpose of avoiding or diminishing the reduction in turnover which, without such expenditure, would have taken place during the indemnity period, but not exceeding the sum obtained by applying the rate of gross profit to the amount of the reduction in turnover thereby avoided.

If the annual sum insured hereunder is less than the sum obtained by applying the rate of gross profit to the annual turnover, the amount payable shall be reduced proportionately.

Definitions

Period of insurance

The period of insurance shall be the period stated in the Schedule to this Section, terminating on the date specified in the Schedule or on any earlier date when the CAR material damage cover of Section 1 ceases.

Scheduled date of commencement of the insured business

The date stated in the Schedule to this Section or any revised date upon which the business would have commenced had the delay not occurred.

Indemnity period

The period during which the results of the business are affected in consequence of the delay, beginning on the scheduled date of commencement of the insured business and not exceeding the maximum indemnity period stated in the Schedule to this Section.

Time excess

The period stated in the Schedule to this Section for which the Insurers are not liable. The corresponding amount shall be calculated by multiplying the average daily value of loss sustained during the indemnity period by the number of days agreed upon as time excess.

Turnover

The amount of money (less discounts allowed) paid or payable to the Insured for accommodation rented or other services rendered in the course of the insured business conducted at the premises.

Annual turnover

The turnover which, had the delay not occurred, would have been achieved during the 12 months after the scheduled date of commencement of the insured business.

Annual gross profit

The amount by which the value of the annual turnover exceeds the amount of the specified working expenses.

Specified working expenses shall be any variable costs, e. g. costs incurred for the acquisition of goods, materials as well as for supplies and services (unless required for the upkeep of operations) and any expenditure for turnover tax, purchase tax, licence fees and royalties, etc. , insofar as such costs are dependent on turnover.

Rate of gross profit

The rate which, had the delay not occurred, would have been earned on the turnover during the indemnity period.

Special exclusions to Section 3

The Insurers shall not be liable for

1. loss of gross profit and/or increased cost of working due to any delay caused by or resulting from

1. 1. loss or damage covered under Section 1 by way of endorsement, unless it has been specifically agreed in writing;

1. 2. earthquake, volcanic eruption, tsunami, unless it has been specifically agreed in writing;

1. 3. loss of or damage to surrounding property, construction machinery, plant and equipment;

1. 4. loss of or damage to operating media or feedstock, shortage, destruction, deterioration of or damage to any materials necessary for the insured business;

1. 5. any restrictions imposed by a public authority;

1. 6. non – availability of funds;

1. 7. alterations, additions, improvements, rectification of defects or faults or elimination of any deficiencies carried out after the occurrence;

1. 8. loss of or damage to items taken over or taken into use by the Insured or for which cover under Section 1 to this Policy has ceased;

2. any loss due to fines or damages for breach of contract, for late or non – completion of orders, or for any penalties of whatever nature;

3. loss of business due to causes such as suspension, lapse or cancellation of a lease, licence or order, etc. which occurs after the date of actual commencement of the business;

4. loss of or damage to construction work of a prototype nature, unless specifically agreed by endorsement.

Memo 1 – **Extension of period**

Any extension of the period of insurance under Section 1 of this Policy shall not automatically lead to an extension of the period of insurance stated in the Schedule to this Section.

Any extension of the period of insurance under this Section of the Policy shall be requested in writing as early as possible by the Insured, stating the circumstances leading to the need for extension, and shall have effect for this Section only if specifically agreed upon in writing.

Any alteration of the scheduled date of commencement of the insured business shall be reported and shall have effect for this Section only if specifically agreed upon in writing.

Memo 2 – **Basis of loss settlement**

In calculating the rate of gross profit and annual turnover, the following points shall in particular be taken into consideration:

a) the results of the insured business for the 12 – month period after commencement,

b) variations and special circumstances which would have affected the insured business had the delay not occurred,

c) variations and special circumstances affecting the insured business after commencement, so that the final figures represent as closely as may be reasonably practicable the results which the insured business would have obtained after the scheduled date of commencement had the delay not occurred.

Memo 3 - Return of premium

If the Insured declares (certified by the Insured's auditors) that the gross profit earned during the accounting period of twelve months following the commencement of the insured business or the date on which but for the delay the business would have commenced was less than the sum insured thereon, a pro rata return of premium not exceeding one third of the premium paid shall be made in respect of the difference.

If any loss or damage has occurred giving rise to a claim under this Policy, such return shall be made in respect only of so much of said difference as is not due to such damage.

Special conditions applying to Section 3

1. The Insured shall present the Insurers with updated progress reports at intervals stated in the Schedule to this Section.

2. In the event of any material change in the original risk such as

- changes of the envisaged progress programme
- alteration, modification or addition to any item of work
- departure from prescribed construction methods
- changes in the Insured's interest (such as discontinuation or liquidation of the business or its being placed in receivership)

taking place, the Policy shall be void unless its continuance be agreed by memorandum signed by the Insurers.

3. In the event of any occurrence which might cause a delay and give rise to a claim under this Section:

a) the Insured shall immediately notify the Insurers by telephone or telegram and send them written confirmation thereof within forty - eight hours of the occurrence;

b) the Insured shall do and concur in doing and permit to be done all such things as may be reasonably practicable to minimize or establish the extent of any interference with the construction work so as to avoid or diminish any delay resulting therefrom;

c) the Insurers and every person authorized by the Insurers shall, without prejudice to any party insured by this Policy, have access to the construction site where such loss or damage has occurred for the purpose of direct negotiation with the responsible contractor or subcontractor in order to establish the possible cause and extent of the loss or damage, its effect on the insured interest, to examine the possibilities for minimizing any delay in the scheduled commencement of the insured business, and if necessary to make any reasonable recommendations for the avoidance or minimization of such delay.

This condition shall be evidence of the leave and licence of the Insured to the Insurers so to do. If the Insured or anyone acting on his behalf hinders or obstructs the Insurers during any of the above - mentioned acts or does not comply with such recommendations of the Insurers, all benefits under this Section shall be forfeited.

4. In the event of a claim made under this Section, the Insured shall at his own expense deliver to the Insurers not later than thirty days after the delay or within such further period as the Insurers may allow in writing a written statement setting forth particulars of his claim. Furthermore, the Insured shall at his own expense produce and furnish to the Insurers such books of account and other business books, e. g. invoices, balance sheets and other documents, proofs, information, explanations or other evidence as may reasonably be required by the Insurers for the purpose of investigating or veryfying the claim together with - if required - a statutory declaration of the truth of the claim and of any matters connected therewith.

5. The indemnity shall be payable one month after final determination of its amount. Notwithstanding the above the Insured may, one month after the Insurers have been duly notified of the loss and have acknowledged their liability, claim as advance payment (s) the minimum amount (s) payable under the prevailing circumstances.

The Insurers shall be entitled to postpone payment

a) if there are doubts as to the Insured's right to receive payment, until the necessary proof is furnished;

b) if, as a result of any loss or damage or any delay in the anticipated commencement of the insured business, police or criminal investigations have been initiated against the Insured, until the completion of such investigations.

The Insurers shall not be liable to pay interest on indemnity moneys withheld other than interest for default.

Schedule

Branch	Policy No.	Currency	Declaration No.
▶	▶	▶	▶
Incorporated in this Policy is Questionnaire and Proposal No.	The following endorsements are attached to and form part of this Policy:	First premium	Total premium (inclusive of extra premiums for the above-mentioned endorsements)

Name and address of Insured	Address of risk
Name▶	Street▶
Street▶	Postal code and city▶
Postal code and city▶	Title of contract▶

Policy inception date	Policy expiry date	Today's date	New/altered	Country of risk	City, town, village of risk
▶	▶	▶	▶	▶	▶

Section 1 – Material damage

Insured item	Sum insured	Deductible
▶	▶	▶
1. Contract works (permanent and temporary works, including all materials to be incorporated herein) 1. 1. Contract price 1. 2. Materials or items supplied by the Principal (s) 2. Construction plant and equipment 3. Construction machinery according to attached list 4. Clearance of debris	________	
Total sum insured under Section 1		
▶ Space for EDP field identifier.		
Risk	Limit of indemnity[1]	Deductible
▶	▶	▶
Earthquake, volcanism, tsunami Storm, cyclone, flood, inundation, landslide		

Section 2 – Third party liability

Insured item	Limit of indemnity[2]	Deductible
▶	▶	▶
1. Bodily Injury 1. 1. any one person 1. 2. total 2. Property Damage		

Section 3 – Principal's loss of profits

Insured interest	Annual sum insured	Sum insured for maximum indemnity period
▶	▶	▶
Gross profit and increased cost of working		

Period of insurance from	to[3]	Maximum indemnity period	from[4]	Time excess	Progress report interval
▶	▶	▶	▶	▶	▶
		months			months

[1] Limit of indemnity in respect of each and every loss or damage and/or series of losses arising out of any one event.

[2] Limit of indemnity in respect of any one accident or series of accidents arising out of one event.

[3] Scheduled date of completion.

[4] Scheduled date of commencement of insured business, but not earlier than the scheduled date of completion.

▶ Space for EDP field identifier.

Contract works insured under section 3

Item No.	Description of items	Possible loss minimization
▶	▶	▶

▶ Space for EDP field identifier.

In witness whereof the undersigned being duly authorized by the Insurers and on behalf of the Insurers has (have) hereunto set his (their) hand (s)

Executed at　　　　Date　　　　Signature

慕尼黑再保险公司安装工程一切险条款

Erection All Risks Policy No.

Whereas the Insured named in the Schedule hereto has made to the (hereinafter called "the Insurers") a written proposal by completing a Questionnaire which together with any other statements made in writing by the Insured for the purpose of this Policy is deemed to be incorporated herein,

Now this Policy of Insurance witnesseth that subject to the Insured having paid to the Insurers the premium mentioned in the Schedule and subject to the terms, exclusions, provisions and conditions contained herein or endorsed hereon the Insurers will indemnify the Insured in the manner and to the extent hereinafter provided.

General Exclusions

The Insurers will not indemnify the Insured in respect of loss, damage or liability directly or indirectly caused by or arising out of or aggravated by

a) war, invasion, act of foreign enemy, hostilities (whether war be declared or not), civil war, rebellion, revolution, insurrection, mutiny, riot, strike, lock - out, civil commotion, military or usurped power, a group of malicious persons or persons acting on behalf of or in connection with any political organisation, conspiracy, confiscation, commandeering, requisition or destruction or damage by order of any government de jure or de facto or by any public authority;

b) nuclear reaction, nuclear radiation or radioactive contamination;

c) wilful act or wilful negligence of the Insured or of his representatives;

d) cessation of work whether total or partial.

In any action, suit or other proceeding where the Insurers allege that by reason of the provisions of Exclusion a) above any loss, destruction, damage or liability is not covered by this insurance the burden of proving that such loss, destruction, damage or liability is covered shall be upon the Insured.

Period of Cover

The liability of the Insurers shall commence notwithstanding any date to the contrary specified in the Schedule, directly upon commencement of work or after the unloading of the items entered in the

Schedule at the site and shall continue until immediately after taking over or after the first test operation or test loading is completed whatever is the earlier, but not beyond four weeks (unless otherwise agreed in writing) from the date of commencement of the test. If, however, a part of a plant or one or several machine (s) is/are tested and/or put into operation or taken over, the cover for that particular part of the plant or machine (s) and any liability resulting therefrom ceases whereas the cover continues for the remaining parts.

In the case of second - hand items, the insurance hereunder shall, however, cease immediately on the commencement of the test.

At the latest the insurance shall expire on the date specified in the Schedule. Any extensions of the Period of Insurance are subject to the prior written consent of the Insurers.

General Conditions

1. The due observance and fulfilment of the terms of this Policy in so far as they relate to anything to be done or complied with by the Insured and the truth of the statements and answers in the questionnaire and proposal made by the Insured shall be a condition precedent to any liability of the Insurers.
2. The Schedule and the Section (s) shall be deemed to be incorporated in and form part of this Policy and the expression "this Policy" wherever used in this contract shall be read as including the Schedule and the Section (s) . Any word or expression to which a specific meaning has been attached in any part of this Policy or of the Schedule or of the Section (s) shall bear such meaning wherever it may appear.
3. The Insured shall at his own expense take all reasonable precautions and comply with all reasonable recommendations of the Insurers to prevent loss, damage or liability and comply with statutory requirements and manufacturers' recommendations.
4. a) Representatives of the Insurers shall at any reasonable time have the right to inspect and examine the risk and the Insured shall provide the representatives of the Insurers with all details and information necessary for the assessment of the risk.

   b) The Insured shall immediately notify the Insurers by telegram and in writing of any material change in the risk and cause at his own expense such additional precautions to be taken as circumstances may require, and the scope of cover and/or premium shall, if necessary, be adjusted accordingly.

No material alteration shall be made or admitted by the Insured whereby the risk is increased, unless the continuance of the insurance be confirmed in writing by the Insurers.

5. In the event of any occurrence which might give rise to a claim under this Policy, the Insured shall

   a) immediately notify the Insurers by telephone or telegram as well as in writing, giving an indi-

cation as to the nature and extent of loss or damage;

b) take all steps within his power to minimize the extent of the loss or damage;

c) preserve the parts affected and make them available for inspection by a representative or surveyor of the Insurers;

d) furnish all such information and documentary evidence as the Insurers may require;

e) inform the police authorities in case of loss or damage due to theft or burglary.

The Insurers shall not in any case be liable for loss, damage or liability of which no notice has been received by the Insurers within 14 days of its occurrence.

Upon notification being given to the Insurers under this condition, the Insured may carry out the repairs or replacement of any minor damage; in all other cases a representative of the Insurers shall have the opportunity of inspecting the loss or damage before any repairs or alterations are effected. If a representative of the Insurers does not carry out the inspection within a period of time which could be considered as adequate under the circumstances, the Insured is entitled to proceed with the repairs or replacement.

The liability of the Insurers under this Policy in respect of any item sustaining damage shall cease if said item is not repaired properly without delay.

6. The Insured shall at the expense of the Insurers do and concur in doing and permit to be done all such acts and things as may be necessary or required by the Insurers in the interest of any rights or remedies, or of obtaining relief or indemnity from parties (other than those insured under this Policy) to which the Insurers shall be or would become entitled or subrogated upon their paying for or making good any loss or damage under this Policy, whether such acts and things shall be or become necessary or required before or after the Insured's indemnification by the Insurers.

7. If any difference shall arises as to the amount to be paid under this Policy (liability being otherwise admitted) such difference shall be referred to the decision of an Arbitrator to be appointed in writing by the parties in difference or if they cannot agree upon a single Arbitrator to the decision of two Arbitrators, one to be appointed in writing by each of the parties within one calendar month after having been required in writing so to do by either of the parties, or, in case the Arbitrators do not agree, of an Umpire to be appointed in writing by the Arbitrators before entering upon the reference. The Umpire shall sit with the arbitrators and preside at their meetings. The making of an award shall be a condition precedent to any right of action against the Insurers.

8. If a claim is in any respect fraudulent, or if any false declaration is made or used in support thereof, or if any fraudulent means or devices are used by the Insured or anyone acting on his behalf to obtain any benefit under this Policy, or if a claim is made and rejected and no action or suit is commenced within three months after such rejection or, in case of arbitration taking place as provided herein, within three months after the Arbitrator or Arbitrators or Umpire have made their award, all benefit under this Policy shall be forfeited.

9. If at the time any claim arises under the Policy there be any other insurance covering the same loss, damage or liability, the Insurers shall not be liable to pay or contribute more than their rateable proportion of any claim for such loss, damage or liability.

Section I – Material Damage Policy No.

The Insurers hereby agree with the Insured that if at any time during the period of cover the items or any part thereof entered in the Schedule shall suffer any unforeseen and sudden physical loss or damage from any cause, other than those specifically excluded, in a manner necessitating repair or replacement, the Insurers will indemnify the Insured in respect of such loss or damage as hereinafter provided by payment in cash, replacement or repair (at their own option) up to an amount not exceeding in respect of each of the items specified in the Schedule the sum set opposite thereto and not exceeding in any one event the limit of indemnity where applicable and not exceeding in all the total sum expressed in the Schedule as insured hereby.

The Insurers will also reimburse the Insured for the cost of clearance of debris following upon any event giving rise to a claim under this Policy provided a separate sum therefor has been entered in the Schedule.

Special Exclusions to Section 1

The Insurers shall not, however, be liable for

a) the deductible stated in the Schedule to be borne by the Insured in any one occurrence;

b) consequential loss of any kind or description whatsoever including penalties, losses due to delay, lack of performance, loss of contract;

c) loss or damage due to faulty design, defective material or casting, bad workmanship other than faults in erection;

d) wear and tear, corrosion, oxidation, incrustation;

e) loss of or damage to files, drawings, accounts, bills, currency, stamps, deeds, evidences of debt, notes, securities, cheques, packing materials such as cases, boxes, crates;

f) loss discovered only at the time of taking an inventory.

Provisions Applying to Section I

Memo 1 – Sums Insured: It is a requirement of this insurance that the sums insured stated in the Schedule (under items 1 and 2) shall not be less than the full value of each item at the completion of the erection, inclusive of freight, customs duties, dues, erection cost, and the Insured undertakes to increase or decrease the amounts of insurance in the event of any material fluctuation in the level of wages or prices provided always that such increase or decrease shall take effect only after the same has been recorded on the Policy by the Insurers.

If, in the event of loss or damage, it is found that the sums insured are less than the amounts required to be insured, then the amount recoverable by the Insured under this Policy shall be reduced in such proportion as the sums insured bear to the amounts required to be insured. Every object and cost item is subject to this condition separately.

Memo 2 – Basis of Loss Settlement: In the event of any loss or damage the basis of any settlement under this Policy shall be

a) in the case of damage which can be repaired the cost of repairs necessary to restore the items to their condition immediately before the occurrence of the damage less salvage, or

b) in the case of a total loss – the actual value of the items immediately before the occurrence of the loss less salvage.

however, only to the extent the costs claimed had to be borne by the Insured and to the extent they are included in the sums insured and provided always that the provisions and conditions have been complied with.

The Insurers will make payments only after being satisfied by production of the necessary bills and documents that the repairs have been effected or replacement has taken place, as the case may be.

All damage which can be repaired shall be repaired, but if the cost of repairing any damage equals or exceeds the value of the items immediately before the occurrence of the damage, the settlement shall be made on the basis provided for in b) above.

The cost of any provisional repairs will be borne by the Insurers if such repairs constitute part of the final repairs and do not increase the total repair expenses.

The cost of any alterations, additions and/or improvements shall not be recoverable under this Policy.

Memo 3 – Extension of Cover: Extra charges for overtime, nightwork, work on public holidays, express freight are covered by this insurance only if previously and specially agreed upon in writing.

Memo 4 – Surrounding Property: Loss of or damage to property located on or adjacent to the site and belonging to or held in care, custody or control of the Principal (s) or the Contractor (s) shall only be covered if occurring in direct connection with the erection, construction or testing of the items insured under Section I and happening during the Period of Cover, and provided that a separate sum therefor has been entered in the Schedule under Section I, item 4. This cover does not apply to construction/ erection machinery and construction/erection plant and equipment.

Section II – Third Party Liability Policy No.

The Insurers will indemnify the Insured up to but not exceeding the amounts specified in the Schedule against such sums which the Insured shall become legally liable to pay as damages consequent upon

a) accidental bodily injury to or illness of third parties (whether fatal or not)

b) accidental loss of or damage to property belonging to third parties

occurring in direct connection with the erection, construction or testing of the items insured under Section I and happening on or in the immediate vicinity of the site during the Period of Cover.

In respect of a claim for compensation to which the indemnity provided herein applies, the Insurers will in addition indemnify the Insured against

a) all costs and expenses of litigation recovered by any claimant from the Insured, and

b) all costs and expenses incurred with the written consent of the Insurers,

provided always that the liability of the Insurers under this section shall not exceed the limits of indemnity stated in the Schedule.

Special Exclusions to Section II

The Insurers will not indemnify the Insured in respect of

1. the deductible stated in the Schedule to be borne by the Insured in any one occurrence;
2. expenditure incurred in doing or redoing or making good or repairing or replacing anything covered or coverable under Section I of this Policy;
3. liability consequent upon

a) bodily injury to or illness of employees or workmen of the Contractor (s) or the Principal (s) or any other firm connected with the project which or part of which is insured under Section I, or members of their families;

b) loss of or damage to property belonging to or held in care, custody or control of the Contractor (s), the Principal (s) or any other firm connected with the project which or part of which is insured under Section I, or an employee or workman of one of the aforesaid;

c) any accident caused by vehicles licensed for general road use or by waterborne vessels or aircraft;

d) any agreement by the Insured to pay any sum by way of indemnity or otherwise unless such liability would have attached also in the absence of such agreement.

Special Conditions Applying to Section II

1. No admission, offer, promise, payment or indemnity shall be made or given by or on behalf of the Insured without the written consent of the Insurers who shall be entitled, if they so desire, to take over and conduct in the name of the Insured the defence or settlement of any claim or to prosecute for their own benefit in the name of the Insured any claim for indemnity or damages or otherwise and shall have full discretion in the conduct of any proceedings or in the settlement of any claim and the Insured shall give all such information and assistance as the Insurers may require.
2. The Insurers may so far as any accident is concerned pay to the Insured the limit of indemnity for any one accident (but deducting therefrom in such case any sum or sums already paid as compen sation in respect thereof) or any lesser sum for which the claim or claims arising from such accident can be settled and the Insurers shall thereafter be under no further liability in respect of such accident under this section.

Schedule

Name and Address of insured	Site of Erection

Section I – Material Damage	Insured Items	Sums Insured	Deductible
	1. Erection Work 1. 1 Items to be erected (attach separate sheet if necessary) 1. 2 Freight 1. 3 Customs Duties and Dues 1. 4 Cost of Erection 2. Civil Engineering Work 3. Clearance of Debris 4. Property located on the Principal's premises or on the site, belonging to the Principal or held in care, custody or control		
	Total Sum Insured under Section I:		
	Risk	Limits of Indemnity[1]	Deductibles
	Earthquake, volcanism, tsunami Storm, cyclone, flood, inundation, land slide		
		1) Limit of indemnity in respect of each and every loss or damage and/or series of losses or damages arising out of any one event	

续表

<table>
<tr><td rowspan="3">Section II – Third Party Liability</td><td>Insured Items</td><td>Limits of Indemnity[2)]</td><td>Deductibles</td></tr>
<tr><td>1. Bodily Injury
1. 1 anyone person
1. 2 total

2. Property Damage</td><td></td><td></td></tr>
<tr><td colspan="3">2) Limit of indemnity in respect of any one accident or series of accidents arising out of one event</td></tr>
<tr><td colspan="4">Period of Insurance
(subject to the provisions concerning the Period of Cover)
from to incl. of weeks testing</td></tr>
<tr><td colspan="4">Incorporated in this Policy is Questionnaire and Proposal No.
The following endorsements are attached to and forming part of this Policy:</td></tr>
<tr><td colspan="2">Total Premium
(inclusive of extra premiums for the abovementioned endorsements)
______________________________</td><td colspan="2">In Witness whereof the Undersigned being duly authorized by the Insurers and on behalf of the Insurers has/have herunto set his/their hand(s)

this day of 19</td></tr>
</table>

附录四

投保单

中国人民财产保险股份有限公司
工程保险投保单（2009版）

投保单号码：

本投保单由投保人如实和尽可能详尽地填写并签字（章）后作为向中国人民财产保险股份有限公司（以下简称“保险人”）投保工程保险（含建筑工程一切险、安装工程一切险及建筑、安装工程保险）的凭据。对本申请书所填之内容，保险人负有保密之责。

1. 投保人信息名称、地址、邮编、联系电话、传真及组织机构代码：

名称：________________

地址：________________

邮政编码：________________

联系电话：________________

传真号码：________________

组织机构代码：________________

2. 投保险种：□建筑工程一切险　□安装工程一切险　□建筑、安装工程保险

3. 对工程内容的总体描述：

4. 被保险人名称及地址［如为多个被保险人，请填写工程保险被保险人清单（2009 版）］：

---

5. 被保险工程名称、地址及相应承包合同号：

---

6. 工程所有人名称及地址：

---

7. 工程承包人名称及地址：

---

8. 工程分承包人名称及地址：

---

9. 其他关系方名称及地址（包括但不限于工程设计、工程监理等）：

---

10. 建筑工程情况

（1）工程种类说明：

尺度（长、高、深、间距、楼层数量、地下室层数）

地基施工方法及挖掘深度：

主体工程施工方法：

建造材料：

（2）承包人对此类施工是否有经验？ 是（ ）否（ ）

（3）分包人施工的项目：

（4）分包人对施工的项目是否有经验？ 是（ ）否（ ）

11. 安装工程情况

（1）安装机器设备主要制造人或出口商名称及地址：

（2）安装机器设备情况（必要时另附清单）：

1）如系单项设备，请逐一列明名称、型号、技术指标、制造厂方及价格：

2）如系成套设备，请列明主要设备的名称、技术指标、制造厂方及价格：

3）如有旧机器、设备，请逐一列明名称、价格及已提折旧：

（3）安装前的机器设备：

1）储存地点：

2）储存条件：

3）保管方法：

（4）承包人对这类安装是否有经验？　　　是（　　）否（　　）

（5）由分包人安装的项目：

---

(6) 分包人对安装的项目是否有经验?　　　是（　　）否（　　）

(7) 本安装项目是否为原有工厂的扩展？如是，原有工厂是否继续生产？

是（　　）否（　　）

(必要时，请附工厂平面图纸)

---

12. 地质情况：

地形特点：

地质及底土条件：

地下水水位：＿＿＿＿＿＿＿＿＿＿＿＿＿＿＿＿＿＿＿＿

最近的江河、湖、海的名称、距离：＿＿＿＿＿＿＿＿＿＿＿＿＿＿

以往最低、一般和最高水位：

其他地质情况：

---

13. 特殊风险情况说明：

该地区曾是否有地震？如是，请列出震级：是（ ）否（ ）

建筑物是否按有关防震规定设计？ 是（ ）否（ ）

设计要求是否高于该防震规定？ 是（ ）否（ ）

是否有其他的火山、海啸风险？ 是（ ）否（ ）

雨季： 从________月至________月

最大降水量： 每小时____毫米，每天____毫米，每月____毫米

暴风雨危险： 小（ ） 中（ ） 大（ ）

其他已知特殊风险

---

14. 是否容易发生火灾、爆炸？如是，请说明情况：

是（ ）否（ ）

---

15. 工地周围环境状况：

（1）现场及周围建筑的状况：

（2）工程所有人或承包人所有的现场建筑物情况：

____

（3）现场或周围建筑物是否有受开挖、围护、震动、地下水降低等影响可能？

____

16. 被保险人就同一工程是否有其他保险？ 是（　　）否（　　）

如有，请列出保险公司名称及保险内容

____

17. 投保项目信息

（1）有关物质损失部分保险标的投保信息，应填写《工程保险保险标的投保清单（2009 版）》；

（2）特殊风险投保信息：

特殊风险	保险金额/赔偿限额	免赔额/免赔率
地震、海啸		
洪水、风暴、暴雨		

（3）第三者责任部分投保信息

保险项目	赔偿限额	每次事故免赔额/免赔率
1）每次事故 A. 人身伤亡 每人 总额 B. 财产损失		
2）保险期限内第三者责任限额共计		

18. 保险期间

（1）建筑期间：______________________________

（2）安装期间：________________

其中试车、考核期间：________________

（3）保证期间：________________

19. 有关附加条款投保信息，应填写《工程保险附加条款投保清单（2009版）》。

20. 是否需要附加其他保障？如是，请列出具体内容：是（　）否（　）

____

21. 保险费支付日期

____

22. 争议处理方式：

□提交________________仲裁委员会仲裁

□诉讼

23. 请随同本申请书提供下列文件：

（1）工程合同　（2）承包金额明细表　（3）工程设计书

（4）工程进程表　（5）工地地质报告　（6）工地略图

（7）其他

投保人声明：

保险人已向本人提供并详细介绍了《××××××“某某”保险条款》及其附加险条款内容（若投保附加险），并对其中免除保险人责任的条款（包括但不限于责任免除、投保人被保险人义务、赔偿处理、其他事项等），以及本保险合同中付费约定和特别约定的内容向本人作了明确说明，本人已充分理解并接受上述内容，同意以此作为订立保险合同的依据，自愿投保本保险。

投保人（签章）

年　　月　　日

<table>
<tr><td colspan="4">（以下公司内部作业栏，客户无须填写）</td></tr>
<tr><td>初审情况</td><td>业务来源：
☐直接业务　☐ 个人代理
☐专业代理　☐ 兼业代理
☐经纪人　☐ 网上业务
代理（经纪）人名称：

业务员签字：
年　月　日</td><td>核保意见</td><td>核保人签字：
年　月　日</td></tr>
</table>

中国人民财产保险股份有限公司
工程保险保险标的投保清单（2009 版）

本清单为工程保险投保单的有效组成部分。

投保单号码：　　　　　　　　　　　　　　　　　　　　　　　　　　　共　　页　第　　页

<table>
<tr><td colspan="5">1. 工程名称：　　　　　　　　　　地址：</td></tr>
<tr><td colspan="5">2. 保险标的投保信息：</td></tr>
<tr><td>序号</td><td colspan="2">保险标的</td><td>保险金额/赔偿限额</td><td>每次事故免赔额/免赔率</td></tr>
<tr><td rowspan="3">1</td><td rowspan="3">建筑工程（包括永久和临时工程及所用材料）</td><td>（1）工程承包价</td><td></td><td></td></tr>
<tr><td>（2）工程所有人提供的材料或设备</td><td></td><td></td></tr>
<tr><td>合计</td><td></td><td></td></tr>
<tr><td rowspan="3">2</td><td rowspan="3">安装工程</td><td>（1）安装设备价（包括设备价、运输费、保险费、关税等）</td><td></td><td></td></tr>
<tr><td>（2）安装费</td><td></td><td></td></tr>
<tr><td>合计</td><td></td><td></td></tr>
<tr><td>3</td><td colspan="2">施工用机具及设备（详见所附清单）</td><td></td><td></td></tr>
<tr><td rowspan="3">4</td><td rowspan="3">特约标的</td><td>工程所有人或承包人在工地上的其他财产</td><td></td><td></td></tr>
<tr><td>工地外储存财产</td><td></td><td></td></tr>
<tr><td>其他：</td><td></td><td></td></tr>
<tr><td rowspan="4">5</td><td rowspan="4">附加费用</td><td>清除残骸费用</td><td></td><td></td></tr>
<tr><td>专业费用</td><td></td><td></td></tr>
<tr><td>其他：</td><td></td><td></td></tr>
<tr><td></td><td></td><td></td></tr>
<tr><td>6</td><td colspan="2"></td><td></td><td></td></tr>
<tr><td>7</td><td colspan="2"></td><td></td><td></td></tr>
<tr><td>8</td><td colspan="2"></td><td></td><td></td></tr>
<tr><td colspan="5">总保险金额：（大写）</td></tr>
</table>

注：如每次事故免赔额/免赔率项较多，请填写后附《中国人民财产保险股份有限公司工程保险免赔清单》。

投保人（签章）

年　　月　　日

中国人民财产保险股份有限公司
工程保险附加险条款投保清单（2009版）

本清单为工程保险投保单的有效组成部分。

投保单号码：　　　　　　　　　　　　　　　　　　　　共　页第　页

附加条款投保信息				
序号	附加条款名称	保险金额/赔偿限额	每次事故免赔额/免赔率	备注
1				
2				
3				
4				
5				
6				
7				
8				
9				
10				
11				
12				
13				
14				
15				

注：对于需明确保险价值、地域范围等信息的附加条款，请在“备注”栏内填写相关信息。

投保人（盖章）

年　月　日

中国人民财产保险股份有限公司
工程保险免赔清单（2009 版）

本清单为工程保险投保单的有效组成部分。

投保单号码：　　　　　　　　　　　　　　　　　　　　　　　　　　共　　页　第　　页

工程名称：	
工程地址：	
保险标的或承保风险	免赔额/免赔率

投保人（盖章）

年　　月　　日

中国人民财产保险股份有限公司
工程保险施工机器、设备投保清单（2009 版）

本清单为工程保险投保单的有效组成部分。

投保单号码：　　　　　　　　　　　　　　　　　　　　共　　页　第　　页

<table>
<tr><td rowspan="5">被保险人</td><td>建设单位</td><td colspan="5"></td></tr>
<tr><td>承包人</td><td colspan="5"></td></tr>
<tr><td rowspan="3">其他关联方</td><td colspan="5"></td></tr>
<tr><td colspan="5"></td></tr>
<tr><td colspan="5"></td></tr>
<tr><td colspan="2">保险标的（序号、种类、生产厂家名称、性能）</td><td>数量</td><td>生产年份</td><td>保险金额</td><td>年费率</td><td>免赔额</td></tr>
<tr><td colspan="2"></td><td></td><td></td><td></td><td></td><td></td></tr>
<tr><td colspan="7">总保险金额：（大写）　　　　　　　　　　　　　　　　　　¥：</td></tr>
</table>

投保人（盖章）

年　　月　　日

中国人民财产保险股份有限公司
工程保险被保险人清单（2009 版）

本清单为工程保险投保单的有效组成部分。

投保单号码：　　　　　　　　　　　　　　　　　　　　　　　共　　页　第　　页

被保险人名称：	组织机构代码：
地址：	
电话：	传真：
邮政编码：	联系人：
备注	

被保险人名称：	组织机构代码：
地址：	
电话：	传真：
邮政编码：	联系人：
备注	

被保险人名称：	组织机构代码：
地址：	
电话：	传真：
邮政编码：	联系人：
备注	

被保险人名称：	组织机构代码：
地址：	
电话：	传真：
邮政编码：	联系人：
备注	

续表

被保险人名称：	组织机构代码：
地址：	
电话：	传真：
邮政编码：	联系人：
备注	

投保人（盖章）

年　　月　　日

安装工程一切险情况调查表及投保单

Questionnaire and Proposal for Erection

All Risks Insurance

投保单号码：

Proposal No：

1. 投保人名称及地址：

Name and Address of Applicant

2. 被保险人名称及地址：

Name（s）and Address（es）of the Insured（s）

3. 被保险工程名称及地址：

Title and Location of Erection

4. 工程所有人名称及地址：

Name and Address of principal

5. 工程承包人名称及地址：

Name（s）and Address（es）of Contractor（s）

6. 其他关系方名称及地址：

Name（s）and Address（es）of other Parties Concerned

7. 安装机器设备主要制造人或出口商名称及地址：

Name（s）and Address（es）of the main manufacturer or exporter of the machinery and equip ment to be erected

8. 安装机器设备情况（必要时另附清单）：

Description of the manchinery and equipment to be erected（If necessary on a separate sheet）

（1）如系单项设备，请逐一列明名称、型号、技术指标、制造厂方及价格：

For single－item equipment, specify description, trpe, technical standard, manufacturer and value

（2）如系成套设备，请列明主要设备的名称、技术指标、制造厂方及价格：

For complete sets of equipment, specify names, technical standard, manufacturer and value of the principal equipment

（3）如有旧机器、设备，请逐一列明名称、价格及已提折旧：

For second hand items, if any, specify descriptions, value and depreciation separately

---

9. 安装前的机器设备：

Machinery and Equipment before erection

（1）储存地点：

Location of storage

（2）储存条件：

Condition of storage

（3）保管方法：

Manner of storage

---

10. 承包商对这类安装是否有经验？ 是（ ） 否（ ）

Is the contractor experienced in this type of work or erection method Yes No

---

11. 由分包人安装的项目：

What work will be erected by subcontractors

---

12. 分包人对安装的项目是否有经验？ 是（ ） 否（ ）

Is the sub – contractor experienced in this type of work or erection method Yes No

---

13. 本安装项目是否为原有工厂的扩展？如是，原有工厂是否断续生产？是（ ） 否（ ）

Yes No

Is the erection work extension of the old factory? If so, does the production of the old factory continue（必要时，请附工厂平面图纸）

(If necessary please submit the plain drawing of the factory.)

---

14. 地质情况：

Geological data

地形特点：

Terrain and its features

地质及底土条件：

Geological and subsoil conditions

地下水位：

Level of underground water

最近江河、湖、海的名称、距离：

Nearest river, lake, sea (name, distance)

以往最低、一般和最高水位：

past record of the lowest, mean and highest levels of water

其他地质情况：

Others

---

15. 特殊风险情况的说明：

Description of Special Risks

该地区以往是否有地震？如是，请列出震级：　是（ ）否（ ）

Have earthquakes been observed in this area?　Yes　No

If so, please state intensity (Metcalli) and magnitude (Richter)

建筑物是否按有关防震规定设计？　是（ ）否（ ）

Is the design of the structure to be insured　Yes　No

based on regulations for earthquake - resistant structures

设计要求是否高于该防震规定？　是（ ）否（ ）

Is the design standard higher than that　Yes　No

stipulated in the relevent regulations

是否有其他的火山、海啸风险？　是（ ）否（ ）

Are there any special risks such as　Yes　No

volcanic eruption, seaquake etc.

最大降雨量：　每小时____毫米　每天____毫米

Maximum PrecipitationPer hour ____millimetrePer day ____millimetre

每月____毫米

per month ____millimetre

暴风雨危险：　小（　）　中（　）　大（　）

Storm　minor　medium　high

---

16. 是否容易发生火灾，爆炸？如是，请说明情况：　是（ ）否（ ）

Whether fire or explosion easily occur?　Yes　No

If so, Please give description

---

17. 安装现场周围环境状况：

Description of surroundings of erection site

---

(1) 现场及周围建筑的状况：

Details about existing buildings and surrounding properties

(2) 工程所有人或承包人所有的现场建筑的情况：

Details about existing buildings owned by or held in care, custody or control of the principal or the contractor (s)

---

18. 被保险人就同一安装项目是否有其他保险？

Does any other insurance cover the above erection work for the insured

如有，请列出保险公司名称及保险内容 是（ ）否（ ）

If so, please give details about names of insurance company and covers Yes No

---

19. 物质损失部分：

Material damage

保险项目 Items to be insured	保险金额 Sums to be insured	每次事故免赔额 Deductible for any one accident
1. 安装工程 Erection work (1) 安装设备价（包括设备价、运输费、保险费、关税等） Value of equipment to be erected (the value of which includes value of equipment, freight, premium and customs duty, ect.) (2) 安装费 Cost of erection		
2. 土木建筑工程项目 Civil engineering work		
3. 施工用机具及设备（请附清单） Construction machinery and equipment (please attach list)		

续表

保险项目 Items to be insured	保险金额 Sums to be insured	每次事故免赔额 Deductible for any one accident
4. 清除残骸费用 Removal of debris fees		
5. 专业费用 Professional fees		
6. 其他 Others		
物质损失总保险金额 Total sum insured under material damage		
特种风险 Special risks	赔偿限额 Limits of indemnity for Special risks	
1. 地震，海啸 Earthquake，tsunami		
2. 洪水，风暴，暴雨 Flood，storm，tempest		

20. 第三者责任：

Third party liability

保险项目 Items to be insured	保险金额 Sums to be insured	每次事故免赔额 Deductible for any one accident
(1) 每次事故 Any one accident A. 人身伤亡 Bodily injury 每人 Any one person 总额 Total B. 财产损失 Property damage		
(2) 保险期限内累计 In aggregate during the period of insurance		

21. 保险期限：

Period of insurance

(1) 建筑期限：

Construction period

(2) 安装期限：

Erection period

(3) 试车，考核期限：

Period of testing and trial use

(4) 保证期限：

Maintenance period

---

22. 是否需要附加其他保障？如是，请列出具体内容： 是（ ）否（ ）

Other extensions? If so, please state Yes No

---

23. 保费支付日期：

Date of premium payment

本人（本公司）特此声明，以上陈述就我们所了解和相信的，是真实和全面的。同时，我们同意，本情况调查表是承保上述风险的保险单的基础和组成部分，双方同意，保险人仅按保险单条款规定予以赔偿，被保险人不得提出任何其他性质的索赔，保险人需对上述资料绝对保密。

We hereby declare that the statements made by us in this Questionnaire and Proposal are, to the best of our knowledge and belief, complete and true, and we hereby agree, that this Questionnaire and Proposal forms the basis and is part of any policy issued in connection with the above risk. It is agreed that the insurers are liable in accordance with the terms of the Policy only and that the insured will not lodge any other claims of whatever nature. The insurers undertake to deal with this information in strict confidence.

日期：________________ 投保人签章：________________

Date Signature

附录五

风险评估报告

（地铁项目）

项目名称：
业主：
工地位置：
工程造价：
工期：
检验时间：
联系人：
检验人：
报告制作人：

年　　月　　日

目　　录

1. 背景情况
2. 项目概况
2.1　主线
2.2　支线
3. 施工方法
3.1　明挖法和盖挖法
3.2　矿山法
3.3　盾构法（TBM）
3.4　沉管法
4. 主要机电工程及机车
5. 工程进度
6. 风险识别与评估
6.1　常规风险
6.1.1　火灾
6.1.2　洪水
6.1.3　地震
6.2　特殊风险
6.2.1　对地表的影响
6.2.2　对盾尾裂缝进行灌浆
6.2.3　开挖面支撑的失稳
6.2.4　隧道开挖面坍塌
6.2.5　沉管隧道的沉降
6.2.6　界面工程
6.2.7　临时工程
6.2.8　与现有地下设施的冲突
6.2.9　工伤事故安全防范
7. 结论
8. 附件

1. 背景情况

受××保险公司委托，在业主的安排下，我公司于××××年××月××日对××市地铁现场进行风险情况检验，检验的目的是：

熟悉路线布置；

了解施工方法；

发现施工过程中可能发生的潜在风险；

按保险人的委托完成风险评估报告。

2. 项目概况

××市地铁为全地下城市轨道交通系统，由一条主线和一条支线构成，总长××公里，共有××个站及×个换乘站。

项目总投资×××亿元人民币，包括土建、机械及电子设备安装、土地及融资成本。

项目计划于××××年××月完工。

2.1 主线

主线全长××公里，为南北向，共有13个车站，从××站到××站。

2.2 支线

支线全长×公里，共有×个站，与主线在××相接。

3. 施工方法

项目采用了大量先进的工程技术，包括明挖回填法、矿山法、盾构法、沉管法等。

地铁轨道采用平面布置，因此，基本上不存在上下交错通行的问题，但存在平面交叉问题。地下结构的平均过载为20～30米，计划路线上存在土壤和高度风化岩石、断层等。

地铁路线横跨河道，有三处过江线路施工将在水体之下进行。

目前项目的最终设计尚未确定，项目全面开工前，先进行8公里长路线的试验工程。

3.1 明挖法和盖挖法

大部分车站及部分隧道工程将采用明挖法，无法采用明挖法的区段，将采用盖挖法。在进行大量明挖回填前，需采用临时支护墙。部分车站的深开挖工程需要复杂的支护系统。

3.2 矿山法

矿山法是一种在国内工程界中广泛使用的传统隧道施工方法。地质结构决定了土壤及岩石力学性质，土方开挖方法及支护系统与众所周知的新奥法基本相同。矿山法施工技术主要在路线及部分车站采用。

3.3　盾构法（TBM）

在城区不稳定地质条件（如浅埋隧道和河床下隧道）下采用盾构法施工，土壤变成支护体，可以有效防止隧道工作面倒塌，大大降低工程风险。

隧道掘进机施工法已越来越多地应用在工程之中，它可以最大程度地降低在城区内不稳定的含水土层中进行隧道施工时的风险。与正在进行的地铁×号线一样，为了开挖浅埋隧道和穿越××江底的隧道，可能会使用直径大约在6.0～6.5米土压平衡式盾构隧道掘进机进行施工。特别地，在某些比较复杂的地质条件下，如冲积沉淀土层以及人工回填土层，使用土压平衡式盾构法施工时，盾构机将作为防止隧道面因液化而坍塌的支撑物。

组合的衬砌可能用于相当的软土层为圆柱形盾构起保护作用。此时，为隧道在建设和运行时的稳定，将安装永久衬砌。

隧道掘进机法将在大量路线施工中应用，开挖的车站基坑将作为盾构机出入井。

3.4　沉管法

沉管法在穿越软底江河或海峡的公路、铁路中大量采用。考虑到路线经过航道的可航行深度、航道交通量、河岸建筑、地质地形条件，可以采用多车道混凝土箱体。

4. 主要机电工程及机车

每列车由3～6个车厢组成，可载客770～1 540人，最高时速为120公里。机电工程及车辆的国产化率要求达到70%。

采用自动列车控制系统，包括自动列车运行、自动列车保护及自动列车监测子系统。所有车站站台均使用站台屏蔽门以及空调系统。

5. 工程进度

试验段开工时间：

项目竣工时间：

×年×月×日～×年×月×日：完成试验段征地及设备转移，
试验段开工建设；

×年×月×日～×年×月×日：运行路线征地完成，
盾构机的设计制造，
关键土建部分开工；

×年×月×日～×年×月×日：征地及设备转移完成，
车站及运行路线部分全面开工；

×年×月×日～×年×月×日：主变电站开工，
控制中心开工，
开始车辆制造；
×年×月×日～×年×月×日：完成设计工程；
×年×月×日～×年×月×日：部分车站及运行路线完成，
开始铺设轨道；
×年×月×日～×年×月×日：盾构及土建工程完成，
车辆开始交付；
×年×月×日～×年×月×日：电力供应、信号及通讯系统开工，
轨道铺设及电力供应网络完成，
机电及装备工程完成；
×年×月×日～×年×月×日：试车开始，
初步验收；
×年×月×日～×年×月×日：试运行；
×年×月×日～×年×月×日：所有车辆全面交付。

6. 风险识别与评估

由于掌握的信息有限，因此，只能根据可得到的信息、初步地质调查报告、工程采用的施工方法，结合类似项目以及损失记录，对工程项目建设中可能面临的风险进行评估。

6.1 常规风险

6.1.1 火灾

建筑工程施工发生火灾大都因为现场管理混乱所致，严格财产及设备的管理及保养可以大大降低火灾风险。

采用盾构机进行隧道机械施工的线路、工作井及维修站等涉及易燃液体及气体，并经常处于高温作业的地段，应配备完善的消防设施，定期进行安全检查。同时，试车期开始前消防设施应全部就位。

6.1.2 洪水

设计防洪能力为200年一遇的洪水。在防洪设施完工前，防洪能力未达到设计标准，应特别注意洪水风险防范。采用明挖回填法的穿越水体的车站及其他结构最易受到洪水影响，围堰等挡水系统的设计指标应保留较高的安全系数。应密切监测河水水位，研究隧道水位、河水水位及洪水历史记录的关系，及时从政府有关部门或其他单位获取洪水预警报告。

台风季节的降雨是一个重要的洪水风险因素，应经常获取并研究气象预

报。在水体（地面或地下水）以下掘进的隧道，易遭受因地面塌陷引起的水灾，预防的措施是确保隧道井口高于可预见的最高水位。此外，所有保护堤坝的建筑和维护均达安全级别，无侵蚀。

6.1.3 地震

根据慕尼黑再保险公司编制的地震图，工程所在城市处于地震图的一区，即最大可能烈度为6度（50年，MM）。设计抗最大震强度为7度，由于地震灾害可能造成巨大损失，应高度重视地震风险。

根据工程所在地的地质情况资料显示，地震时的主要风险为液化风险。

地震灾害可以通过灾害区域土壤的不同特征得以显现，其中一个重要的特征是饱和沙区液化的形成地基流沙管涌、地面裂隙渗透、大范围流沙形成等。发生后一种现象时，建筑结构可能深深地沉下地面，而地面下较轻的结构可能向上浮出地面。

6.2 特殊风险

6.2.1 对地表的影响

城市快速交通系统都在建筑密集的城区内进行施工，受到复杂的土壤条件、风化岩石、较高的地下水位及河道影响。在地下进行隧道掘进必然对土壤和地下水产生影响，造成隧道上方地面或地表结构的沉降。软土地表下隧道作业可能因地下水位下降或漏失而造成地面以及建筑物的沉降。

为防止建筑物沉降，可以采用以下技术进行保护：

在隧道施工前对建筑物基础进行加固；

对建筑物进行整体修缮；

对隧道工作面等进行渗透灌浆加固；

固结灌浆；

保护墙，如地下连续墙或水泥掺土结构护墙。

当地行业大量采用对建筑进行基础加固的方法。鉴于当地地铁既往施工经验中发现过严重的建筑裂缝，应密切关注并控制地面沉降。

6.2.2 对盾尾裂缝进行灌浆

在隧道掘进机的尾部进行管片安装时也会出现问题，因为环形裂缝随着盾构机的向前推进而改变。一条60~200毫米的盾构裂缝残留于管片的背面和周围的土层之间，如果该土层是非稳定的，则由于盾构连续前进而形成的裂缝必须立即进行填充。如果灌浆失败，隧道面结构将被破坏，隧道衬砌将承受非常大的压力，最后可能导致支护成本的增加。因此，通过灌浆填充盾构后部的裂缝，使地下土层及地下水维持原来的压力状态，保持局部压力稳定是十分必要的。

6.2.3 开挖面支撑的失稳

对某些车站，运行线路采用大开槽施工法以及在软土和富含地下水的土壤中使用隧道掘进机施工时，必须仔细研究开挖面的失稳风险，并将其降低到最低。

通常遭遇到的失稳方式如下：

——护墙板/支撑等支护结构变形过大；

——横撑、环墙的塌陷；

——底部土壤（塑性土）隆起；

——流沙（管涌）现象。

6.2.4 隧道开挖面坍塌

盾构隧道掘进机施工应该保持土层条件的相对稳定，但在某些特定的地质条件下，很难一直维持这种状态。同时，在掘进机施工中遭遇地下障碍物是经常可能遇到的风险，比如，巨砾、冲击沉淀物、掩埋的树干等。

地下水也是在隧道开挖过程中经常遇到的问题，因此，地下水的处理是施工的一项重要内容。同时，在复杂地质条件或地质条件存在缺陷的地段进行施工时，也存在着由于突然穿透地下水，导致地下水涌入隧道开挖面的可能。

新奥法施工的关键是安装足够的支护结构，因此，在隧道施工过程中观测土层移动（定期对隧顶和墙面的检测）是非常重要的。

6.2.5 沉管隧道的沉降

一般情况下，沉管隧道不易受到土壤沉降的影响。但土壤类型和荷载形式沿隧道方向差异显著时，则可能发生程度不同的沉降。在设计混凝土沉降隧道时，应综合考虑沉降可能发生的影响。

6.2.6 界面工程

按城市地铁系统总体设计，地铁×号线与×号、×号线及铁路之间进行换乘转运。×号线正上方为×号线的××站，在设计建设时已考虑到换乘车站，但应注意两条线路之间的结合工程。完成时间较早的×号线和铁路，在建设时未充分考虑新线建设的因素，因此要注意×号线施工对×号线和铁路营运、车辆稳定、桩基的影响。

6.2.7 临时工程

隧道建设中不可避免地需要采用大量临时工程。尽管目前难以确定临时工程的风险，但不可忽视临时工程失效的潜在可能性。

临时工程失效是隧道建设过程中最大的安全隐患之一，因此，应定期进行严格的检查。

改变临时工程的结构时，应获得设计者的许可。

6.2.8 与现有地下设施的冲突

在地铁车站及盾构机进入/回收井区域，可能与现有地下设施产生冲突的情况，包括与供水管线、通讯电缆及电力供应设施等。

6.2.9 工伤事故安全防范

数据显示，从事地下作业施工人员发生工伤事故的几率是其他建筑工人的两倍以上，且事故会导致巨大的经济损失，因此，防损工作有良好的经济效益。

导致事故的主要原因有：

工人和材料或设备的接触缺乏控制；

临时建筑失效；

内在的施工风险（如炸药的使用）；

工人不按规程操作。

因此，在施工过程中应针对上述原因制定综合安全计划。

7. 结论

随着隧道工程技术在自动化、质量、管理、营运和安全方面的进步，人们开始尝试在更复杂的地质条件下进行隧道作业，特别是越来越多地将其应用在城市轨道交通系统。

工程参与各方，包括业主、承包人、保险人的通力合作，充分掌握施工技术信息，了解最新的风险状况资料，是完成一个项目风险识别与评估工作的重要前提和保证。

8. 附件（略）

附录六

保险建议书

（管道工程）

致 A 项目业主：

管道工程的特点是项目投资金额巨大，工程线长面广，沿线地质情况复杂，施工条件相对恶劣，参与项目建设的单位多，在建设过程中将面临各种各样的风险。因此，在项目建设过程中，除了应当加强施工质量管理，确保安全生产之外，通过工程保险机制将建设过程中的风险进行转移是现代项目管理的重要内容。为了配合贵公司科学地处理项目建设特定风险及其产生的经济损失，在对工地现场进行初步调查，认真研究了相关资料，特别是参考了我们以往承保类似项目损失记录的基础上，对该项目的风险进行了专业、细致的评估，并提出本保险建议书，供参考。

一、前言

管道工程项目的建设具有一定的特殊性，具体表现为施工的地质状况复杂，自然环境恶劣，而且施工的作业面较多，存在许多潜在风险，需要参与工程项目建设的有关各方引起足够的重视，一方面要充分认识到风险的存在，采取有效措施确保安全生产，防患于未然；另一方面也要考虑风险可能造成的损失，尤其是对于事故发生之后的恢复问题。保险作为现代社会风险管理的重要工具，已经被社会广泛认同和接受，成为转移风险的一种有效形式，工程项目建设也不例外，在西方发达国家，工程保险已经成为工程项目管理的重要组成部分。

我们将在认真听取贵公司意见的基础上，为工程项目制订一个科学的承保方案，确保贵公司能够以最低的成本，换取最大、最充分的风险保障。同时，我们将在该项目的保险服务中采取一系列的优惠措施，其中包括：（1）提供优惠的工程保险承保条件；（2）为项目成立专门的工程风险管理服务小组，密切关注工程进展状况，及时提供风险管理信息和各种改进意见；（3）利用沿线的各级分支机构，对工程项目提出的各种临时保险要求提供及时的保险服务，并对工程项目遭受的自然灾害和意外事故提供及时的查勘服务。

二、项目风险分析

A 管道工程西起××，中经××，东至××，横穿青海高原中部及黄土高原西缘，自西向东通过柴达木盆地、青海湖盆地、××盆地和××等中海拔山间盆地，全长×××公里。A 管线工程的工程位置从孕灾环境上说属于藏北高原草原区北缘，柴达木盆地—昆仑山北翼荒漠区与黄土高原过渡地带，受喜马拉雅造山运动的影响，地壳活动强烈，活动断层发育，地形起伏大，地貌类型复杂多样，既有山脉的隆起，也有断陷盆地的形成和沉降，还有大小不一的各种断裂带，冲沟深切，地形破碎，水土流失严重。该地域的气候条件也十分恶劣，历史记载的最大温差变化幅度达到 40°C，全年气候干燥和暴雨的季节性突发形成强烈的反差，西部的终雪期在 5、6 月份，冻土深度在有些地方达到 200 厘米，冰融作用较强，沙暴和风沙流活动也十分频繁。该地区水系较为发达，河流湖泊众多，河流多为季节性河流，水源补给以高山冰川融水和大气降水为主，汛期洪水量相对集中，暴涨暴落，历时短暂，枯水期水量大减，河床内甚至干涸。由此可见，管道施工期间面临的风险很多，下面从工程风险的角度进行分析。

（一）自然灾害

1. 地震。尽管工程设计中已采用了抗震技术，但地震，特别是强地震一旦发生，对工程的影响往往是很大的。它除了可以造成工程的直接损毁外，其产生的次生灾害如形成滑坡、崩陷、地表开裂、地基沉陷、次生黄土与沙土液化等都会对管线的地基荷载产生不利影响，产生各种难以预料的问题和困难。由于施工地域属于地震高发区，有史料记载的地震就有 28 次，其中 1900 年以后发生的地震有 13 次，而超过 7 级以上的地震有 3 次，其中两次分别发生在 1937 年和 1963 年。这表明近百年来，该地域处于地震活跃期，因此，地震风险不可忽视。特别是本地域西段小柴旦湖附近是柴达木北缘断裂带和北中央断裂带交汇部分，属于 8 度高烈度区，长达 76 公里；东部××至××一线，是晚更新世的庄浪河活动断裂带与马衔山—兴隆山断裂带相切的地方，也属于 8 度高烈度区，长度为 71 公里，更要予以特别的关注。

2. 暴雨、洪水。该地域水系较为发达，管道自西向东兼跨内流区和外流区。大致以日月山为界，其西为内流区，主要包括柴达木内流区、茶卡、沙珠玉内流区和青海湖内流区；其东是外流区，为黄河水系。内流区处于干旱区，多发育在封闭的盆地和谷地内，以高山冰川融水补给为主，大部分河流源径流短，流量小，季节变化大，汛期洪水量相对集中，暴涨暴落，历时短暂，所以该区洪水具有成洪快、瞬间流量大的特点。外流区为黄河水系，河网密度大，以降水和高山融冰、融雪补给为主。应该注意的是，虽然对于管线所经过的大部分地区来说，雨季相对较短，但由于沿线水系较多，暴雨和高山融水时间相对集中，成洪快、瞬间流量大，管线又跨越不同地质情况的地段，还包括穿越和跨越大型河流，因此，暴雨、洪水的风险不容忽视。如××××年在××的管线施工中就曾遭遇高山融水形成的洪水袭击工地，给工程各方造成巨大损失。尤其是近年来拉尼娜现象和厄尔尼诺现象的交替出现增加了这方面的风险。此外，在膨胀土、膨胀基岩地段，因其随水分含量不同的缩胀变化，应考虑其缩胀时产生的应力对埋入管段的影响，尤其是对焊缝连接处的影响。

3. 山崩、滑坡、泥石流。管线通过各山间盆地间，地质构造复杂，活动断层发育，而且海拔高，地形起伏大，冰融作用强，暴雨时存在滑坡、崩塌、泥石流等不良地质；中西部山间盆地，山前洪积扇发育，水流侧向侵蚀作用强烈，暴雨后常伴随泥石流和滑坡的发生；在中东部中海拔、中高山地区由于地势高耸，斜坡较陡，容易造成重力滑坡、崩塌、冲沟和泥石流等问题。以上这些风险很容易导致已经开挖完成的铺设沟被冲毁，已经铺设的管道位移，施工现场的管材被冲走和损坏等。

4. 风暴、沙暴。沙暴是指能见度小于1 000米的高吹沙天气。风暴、沙暴是工程沿线可能经常发生的自然现象，具有极强的破坏力，尤其是在管道工程施工期间，对开挖好的沟槽、存放的原材料、施工机具、临时生活设施等有着较大的威胁；对在场人员的人身安全也有威胁。因此，在组织施工、安排物料存放、施工工具存放、施工车辆停靠、临时住房的建造等方面要充分考虑对风暴的抵御能力。

5. 雹灾。管线工程穿越全国三大多雹灾地域中的两个，即青藏高原多雹地域和黄土高原多雹地域，特别是青海湖附近地区，年雹日在20天左右，因此，雹灾对工程项目的影响不可忽视。

6. 冻害和温差变化。该地域气温变化十分剧烈，极端最低气温达到零下34°C，历史记载的最大温差达到40°C，由此带来的后果，一是恶劣的自然环境导致1年内有效施工时间的缩短，也使得有些工程不得不在洪水期内进行施工；二是部分施工项目对温度有着一定的要求，如混凝土施工，温差过大将造成养护不利，容易影响荷载强度；三是在恶劣环境下，工人工作差错率会有所上升，从而增加了工程的不确定因素。此外由于大部分地区终雪日在5、6月份，且季节性冻土较厚，也为施工增加了难度。

7. 腐蚀。在线路中西部多为盐渍土覆盖，土壤含盐量一般较高，且以硫酸盐为主。这种施工环境对管道、外敷设备和施工机具都存在腐蚀的可能性。

（二）意外事故

1. 火灾、爆炸。对于管道工程的施工现场而言，火灾风险不大。但对于生活区和仓储区来说，由于存放的易燃性防腐材料、氧气瓶、电石（可能遇水或潮湿空气产生极易爆炸的乙炔），集中使用的空调器等电气设备、临时住房的可燃性建筑材料、爆破用炸药的存放等，再加上当地异常的温差气候，都是构成火灾或爆炸的隐患。乙炔的使用、施工爆破也有可能在施工过程中导致意外事故发生。

2. 管道断裂。因上述膨胀土缩胀产生的应力、地面的下沉下陷或其他不明地质情况，均可能造成已埋入的管段的接缝断裂。对于因工人疏忽、恶意行为引起的焊缝质量低下，也有造成管道断裂的可能。

3. 施工机具损坏。施工机具在使用过程中，由于各种原因，可能会导致损坏，程度严重时会影响施工进度。同时，施工机具损坏也可能造成施工管材的损失，例如，吊管机的吊臂发生断裂、吊缆或吊链绷断等，均可能导致管材受损。另外，冻土期进行施工为施工机具增加了额外负荷，增大了施工机具损坏的概率。

4. 其他意外事故。A管道工程的施工距离长，地质和气候条件复杂，工地环境相对差，不可预料的意外事故随时可能发生，并都有可能造成工程的损失。如在低温下和有高原反应情况下施工，由于动作欠灵活，有可能影响工作质量或造成工作失误。

（三）第三者责任

第三者责任是指在施工过程中，因自然灾害或意外事故造成他方的财产损失或人身伤亡时，业主或承包人依法应承担经济赔偿责任。虽然施工区域的西部地区是每平方公里不足10人的荒凉区域，但东部人口较为密集，各种生活和生产设施较为完备，因此，第三者风险仍然存在。此外，沿线可能先行完工的清管站和分输站如果在管道施工过程中受到影响而损坏，也应由管道施工人或业主负责。

最后，由于管线工程途经最大的鸟类栖息保护地——××湖，当地脆弱的

生态环境是国家环境保护的重点地区，因此，环境责任也是需要考虑的风险之一。

（四）雇主责任

雇主责任是指雇主在经营过程中根据合同和法律的规定应当对于雇员应承担的各种责任。在施工过程中发生施工单位或业主自身的人身伤亡时，往往会涉及施工单位或业主单位的疏忽，雇主对雇员的伤亡有法定的劳工赔偿责任，比如医药费、抚恤金或其他经济赔偿等。雇主对雇员的侵权责任也属于雇主责任。在恶劣的环境条件下，施工人员面临的意外风险很大，如在某高速公路的施工中，曾因为营房位置不善，造成十几名工人被突来的洪水卷走的事故。管线施工区域的恶劣环境条件和不良的救助条件也增加了各种意外事故发生的可能性，这也意味着施工单位要承担更大的责任。此外，《建筑法》以法律形式规定要为施工工人投保意外保险，也即雇主责任保险。因此，从保障施工方和工人的角度，都有安排雇主责任保险的必要。

（五）其他风险

1. 货物运输风险。在管道建设项目中将涉及大量的运输工作，除了有大量的管材需要运输外，还有许多施工机具也需要通过运输才能够到达施工现场。虽然在950多公里的管线施工中，大多是沿国道施工的，但由于沿线气候环境恶劣，路况较差，而且运输距离较长，因此，运输工作的难度相对较大，如果组织、调度和管理不当，就有可能发生各种意外事故。因此，对于运输安全的管理，妥善地转移风险是工程项目建设过程中需要考虑的问题。

2. 预期收益损失风险。对投资项目来说，投资的目的是获得收益，而且是早一天交付使用，就能够早一天得到收益。而一旦发生自然灾害或意外事故，就可能使完工日期推迟，这样不仅会导致预期收益的损失，而且还将增加大量的开支。为此，作为投资者的业主应当高度关注预期收益损失风险，一方面应当控制风险，另一方面也可以通过保险的方式转移风险，通常是采用安排预期利益损失保险，或者是延长完工保险的方式解决，但此类保险的费用相对较高。

3. 机动车辆风险。施工机具是指在工地范围内使用的，不具备公共交通资格的机具，而如果申领了交通牌照的施工用车、生活用车，就不属于施工机具范畴，也就不包括在工程保险中，因此，需要单独考虑。

三、财务稳定状况及风险承受力分析

选择工程保险实际是一种为保证项目正常建造、运作并使之具备较好的财务稳定性而进行的一种财务安排。项目建设应该在认真分析自身资金状况的基础上，对各种风险，尤其是对可能发生的灾害和事故的承受能力进行评估，然后作出一个风险管理的决策。如果一个项目拥有非常雄厚的资金实力，同时，投资人的资金实力强大，则对灾害和事故具有较强的承受力，可以做到在发生较大的损失时，也不至于影响其财务稳定性；如果一个项目资金相对紧张，或者其财务的计划安排得非常严谨，对灾害和事故的承受力则相对较小，一个小的事故损失就可能会打乱投资计划，对该项目建设、运营造成极大的影响，这种情况下其财务稳定性相对较弱。在国外，一般投资计划的安排是非常严谨的，这就需要将可能影响财务稳定性的因素提前考虑并采取相应对策，投资风险的转移是投资者必须考虑的首要问题。因为，如果没有一个合理的保险安排来转嫁风险，一次自然灾害或者意外事故就能够导致该项目的投资失败。在我国，随着市场经济体制的建设与完善，特别是在投资体制不断改革的情况下，投资者更加关注如何进行项目风险管理、保证项目建设成功的问题，并将其放在重要的地位加以考虑，否则，一旦发生意外损失，将使项目建设和投资陷人困境。

（一）项目的资金状况

由于缺乏必要的资料，无法进行分析，故从略。

（二）风险承受能力分析

由于资料和信息有限，不能对项目的风险承受能力进行全面和系统的分析，下面仅作简要分析。

1. 风险程度划分。不同的风险在不同的等级范围内发生事故的概率是不同的，通过项目的风险情况分析，可以看到，地震、洪水、泥石流、风沙暴、雹灾、冻害、腐蚀等自然灾害的发生都有着较高的可能性，从风险频度看，百年一遇洪水的发生概率要小于 50 年一遇和 30 年一遇洪水发生的概率，因此，这些风险基本以高风险低频率、中风险中频率和低风险高频率的灾害分布为主要特征。

（1）高风险低频率灾害主要有：7 级以上地震、百年一遇洪水。如果这种情况发生，将导致受影响地域内工程的毁灭性损失，但这些灾害事故发生的频率相对较低。

（2）中风险中频率灾害主要有：5、6 级地震、50 年一遇洪水、泥石流、滑坡。如果发生这种情况，项目资金计划肯定要受到影响，而且这种灾害发生的频率相对高一些。

（3）低风险高频率灾害主要有：暴雨、一般性洪水、风沙暴、雹灾、冻

害、腐蚀、各种意外事故等。这类损失发生的频率较高，但可能导致的损失相对较小，在资金雄厚的情况下一般可以自行承担，但如果财务计划安排得非常严密，也要对此给予必要的关注。

2. 最大可能损失（MPL）。分析最大可能损失是进行风险管理的重要基础，对于投保人而言，是确定如何处理风险的重要依据，对于保险人而言，是确定承保方案、拟订费率和安排分保的重要依据。

根据对各种自然灾害和意外事故所进行的分析，高风险低频率、中风险中频率灾害应作为分析最大可能损失的依据，其中尤其应该以百年一遇和50年一遇洪水作为主要考虑因素，在这种情况下，最大可能损失将会达到受影响工程部分的70%～90%以上，甚至100%。

由于尚未获得工地详图、等高线图以及其他与施工有关的资料，因此，最危险地段以及一次巨灾损失能够达到总投资的比例仍无法确定，我们将在取得进一步的资料后，进行更加科学和系统的分析。

3. 风险自留额度分析。财务稳定性的高低并不应该作为是否安排保险的依据，因为在特大灾害事故面前，任何工程项目的承受力都是微不足道的。但是，财务稳定性的高低却可以作为采取合理投保方式、减少保险费用支出的重要依据。

在分析A工程最大可能损失的基础上，对于自然灾害引起的损失因为资金状况的不同可以有三种考虑：

（1）高自留额。自留额是投保人确定一个自留额度，在此额度之下的事故损失由投保人自己负责，超过这一个额度的损失由保险公司负责。在业主统一投保的情况下，考虑到对于意外事故有较好的承受力并拥有良好的资金实力，对于中等频度中等损失的一般性灾害事故有较强的抗受力，对工程不会造成过大的影响，可以考虑采用高自留额的方式，这样无疑将会大幅度减少保险费用的支出。对于本项目，可以按照每次事故1 000万元人民币选择自留额，这样保险费用将减少到原来的1/5～1/3（由于无具体资料，此建议仅仅是一种假设，下同）。如果国家投资计划安排非常紧张，该方案难以考虑，因为虽然保险费有节省，但保险损失一旦发生，势必影响投资的计划安排。

（2）中等自留额。在考虑承包商承担一定工程风险、由承包商负责投保事宜的情况下，如果承包商具有较强的实力，并且业主资金充足，可以考虑采用中等自留额的方式。一般自留额可选择在每次事故500万元人民币左右。在投资计划有一定弹性时可以考虑该方案。

（3）小自留额。如果工程项目资金状况不好，而且承受风险的单位划分得比较小，应该采取小自留额，这样可以更好地转嫁低风险高频度的风险。对于本项目来讲，可以在不超过100万元人民币左右的范围内确定。相应保险费支出会有所增加，一般在投资计划非常严谨、没有弹性时才考虑此方案。

对于因为意外事故引起的损失，一般保险人给出的免赔额也比较小，在此无须单独考虑。

四、保险安排建议

（一）投保的必要性

A管道建设工程规模宏大，技术复杂，投资密集，而工程项目的完成是一个施工过程，在施工过程中，可能遇到各种风险，风险广泛而集中，发生事故的频率较高。由于工程本身处于施工状态，防灾能力弱，一旦发生上述自然灾害或意外事故，损失将不可避免，其造成的巨大经济损失不是个别工程承包人或所有人所能承担的，将直接影响工程的完成及业主的经济利益。所以，作为工程所有人或承包人，就需要事先把风险转嫁出去，工程保险所提供的风险保障恰好满足了此方面的需要，使工程的各关系方花费少量的、合理的保费，就能够将工程所可能遭受的财务损失后果转嫁给保险人。由工程事故所造成财物损失及人身伤亡的经济后果由保险人承担经济补偿，从而获得比较全面的、可靠的经济保障，以确保工程能继续施工，保质保量完成工程建设。

目前，西方发达国家的工程项目已经普遍采用通过安排工程保险的方法，将施工过程中的自然灾害或意外事故等风险转嫁给保险公司，从而实现风险的转嫁，以固定的、相对小的保费支出换取全面的经济保障，保证投资效益的实现。具体来讲，安排工程保险的意义有以下三点：

1. 获得及时的经济补偿。通过安排工程保险，在发生工程事故后，被保险人能及时获得经济补偿，迅速恢复工程施工和正常的生活程序，特别是发生巨大工程事故时，还可使被保险人免遭破产的灾难。保险人一方面提供货币资金，使受损的施工设备能迅速得到修理或重置，及时购置修复工程所需的原料，甚至包括及时向施工工人支付工资及必要的加班津贴，从而能使受损工程得到迅速重建；另一方面，保险人还提供各种有效服务，为被保险人恢复施工提供各种方便，从而减少这些费用的支出。

2. 稳定业务经营，保持可持续性发展。工程所有人和承包人通过保险转移了损失的不确定性，获得经济和心理上的双重保障，这样一是有利于其安排长期稳定的施工计划；二是便于其合理地安排财力，提高资金使用效益；三是可免除其许多后顾之忧。同时，工程保险对于项目融资各方的利益也是一种保

障，使他们能够坚定投资的信心。

3. 获得保险人的其他服务。首先，可获得风险评估方面的服务。其次，还可获得损失控制方面的服务。为了减少经济补偿费用，保险人必然会采取各种损失控制措施，以避免或减少损失，其结果必将有利于施工的顺利进行。此外，还可获得处理损失的服务。工程施工中常有涉及第三者的责任事故发生，处理起来十分麻烦，分散不少人力和时间，有时还要付出额外费用。无论时间、人力和费用，都会对施工管理、进度、质量产生不利影响。安排了保险后，处理第三者保险责任范围内的损失均可由保险人负责。

（二）合理确定投保人

投保人是指与保险人订立保险合同，并按照保险合同负有支付保险费义务的人。通常建议与工程有关的所有险种均由项目所有人统一投保，这样能够确保整个工程项目的风险管理和风险转嫁控制在项目所有人手中，可防止多头保险造成的保障差异和脱节，并且比分散投保节省保险费支出。

在施工合同中规定承包人对他所有的施工机具向保险人投保。在施工过程中，由于自然灾害或意外事故造成施工机具的损毁时，承包人若在经济上难以支付，势必动用工程款支付或无力恢复，从而使工程不能顺利进行，给项目所有人造成不必要的经济损失。为了避免这种情况的出现，应事先在订立的施工合同中规定承包人必须对施工机具进行保险。

（三）集中安排保险

安排保险不仅要由项目所有人统一进行，还应尽量统一向一家保险人投保，这样才能保证不同险别之间的“无缝连接”。因为，当在不同险别的连接处发生保险责任事故时，容易产生保险人之间的相互推诿，造成索赔困难。因此，建议采用集中安排的方式，即将与工程项目建设相关的保险由业主统一向一家保险公司办理，这样就能够有效地解决可能出现的推诿问题，如将货物运输保险和工程保险安排在同一家保险公司，一旦在工地上发现设备损失，并无法确定损失是发生在运输途中，还是工地上时，业主就不用担心两家保险公司之间的扯皮和推诿，而得不到赔偿了。

（四）选择保险人

保险人的信誉和偿付能力是在安排保险时首先应当考虑的问题，因为，投保人正是考虑到风险，考虑到风险可能产生的影响，才将其通过保险的方式转移出去，目的是寻求一种安全和保障。因此，选择保险人必须谨慎从事，如果保险人的信誉和偿付能力出了问题，那么保险就失去了最根本的意义。

目前，我国有多家保险公司办理工程保险业务，投保人应充分了解各公司的机构设置、业务范围和业务规模，在决定保险人的选择问题上，应着重从以下几个方面考虑：

1. 信誉情况。保险是一种无形商品，因此，保险公司的信誉直接关系到保险服务的质量，投保人在购买保险的过程中首先应当考虑保险人的信誉，这是保险交易的前提和保障。

2. 财务状况。保险人承担风险的能力源于财务实力，具体表现为保险人的赔偿能力。如果保险人无足够的财务实力履行赔偿责任，保险转嫁就失去了基础。财务状况指标包括：资产与负债、盈利能力、现金流、分保安排、流动性等。

3. 保险条件及相应保险费率。保险条件标志着保障程度的大小，更重要的是这些保障对于项目风险的针对性和有效性。同时，保险费率是保险价格的表现，但在安排工程保险的过程中应当避免陷入费率的直接比较中，因为，不同的承保条件、不同的保险金额确定方式、不同的赔偿基础之间是难以直接进行费率比较的。

4. 服务质量。工程保险服务质量的范畴相对较广，包括机构和网络；承保能力和水平；理赔能力及水平；风险管理能力及水平；损失控制、防灾防损服务等。

（五）安排再保险

保险公司在承保后，其自留风险的多少或者自留额的多少，是一个公司实力最真实的体现，也是一个公司对于该项目的风险管理是否具有信心的表现。对于 A 管道工程这样的大项目而言，保险公司在承保后应进行再保安排。这既是保险公司出于分散风险的考虑，也在于《保险法》对保险公司有最大自留额的限制性规定。

再保险安排是检验一家公司技术和实力的综合体现，考察一家公司在国际市场上的地位，主要考虑以下几方面：

1. 本身的经济实力。

2. 在市场上的信誉及知名度。

3. 全球性再保网络的建设。

4. 与再保险公司及再保险经纪人的合作经验。

5. 在市场上商讨分保的经验和能力。

五、公司简介

××保险公司是唯一的国有独资经营财产保险的专业公司，注册资本为

××亿元人民币。主要承办企事业单位财产保险、家庭财产保险、机动车辆保险、船舶保险、货物运输保险、航空航天保险、建筑安装工程保险、出口信用保险、农业保险和各种责任保险等，险种达×××余个。××××年保费收入×××亿元人民币，保险金额高达××××万亿元人民币，占国内保险市场份额的××%，是目前国内最大的财产保险专业公司，也是中国境内历史最悠久、信誉度最高、实力最强的财产保险专业公司。××保险公司是我国唯一在国际市场上获得信誉等级的保险公司，国际评定的信誉等级为××××。公司主要具有五个方面的优势。

（一）资金优势

承保能力是指保险公司在业务经营过程中，在拥有一定资产条件下，为保证其偿付能力所能接受的最高自留额和承保总额的能力。××保险公司作为中国最大的财产保险公司，公司资本金为×××亿元人民币，公积金为×亿元人民币，具有较强的承保能力。同时，考察一家保险公司偿付能力的大小，可以通过观察其准备金的提取情况进行判断，××保险公司预留的准备金连年增长，说明××保险公司的经营一直处于良性循环状态，业务不断健康发展。

（二）人才优势

在近半个世纪的保险业务经营中，公司造就了一批素质高、业务精的员工队伍，不仅有熟悉国内财产保险的承保、理赔、管理知识的人才，还有精通各种国际保险业务的人才，能对国内、国际上通行的各种风险进行评估、管理，设计最佳保险方案。

（三）技术优势

××保险公司先后承保了多数国内的大项目，在承保高风险的大项目方面有着丰富的经验。近几年，公司先后承保了×××核电站、最大的海上天然气项目×××气田项目、×××水电站工程、×××港扩建工程、×××露天煤矿、×××二期码头等大项目，获得较高信誉，充分掌握了大型工程项目的承保技术。

（四）规范健全的服务机构网络

公司不仅在全国各省、市、县都设有规范健全的分支机构，保证了公司能在全国范围内，在严格遵循国家金融管理规范的基础上，向客户提供及时、便捷的服务，而且在海外有公司的分支和代理机构，与世界各地100多家保险公司保持着广泛的业务往来和技术合作，使公司的服务能够通过这些服务网络延伸到世界范围。

（五）完善、成熟的分保机制

成功的分保安排是保险公司经营水平、信誉水平的体现。保险公司为了稳定经营，充分保证其被保险人的利益不因自己的破产而受影响，就必须有可靠的分保机制。公司在近半个世纪的经营中，已经建立起完善、成熟的分保机制，与世界上主要再保险人建立了密切的业务关系，具有足够的承担和分散巨灾风险的能力，可以为该工程提供充分的保障。

六、保险方案

根据对工程风险状况的分析，特向贵方提供相应的保险方案，为了适应A管线项目的风险状况，我们以“量体裁衣”的思路，对保险方案进行个性化的设计，增加了许多针对管道工程建设的特别附加条款，使得方案的适应性更强。

（一）关于工程的投保人/被保险人

被保险人。

工程业主：××总公司石油管道局

（地址：××省××市）

承包商：

工程业主是工程所有人，但通过承包合同发包给承包商后，承包商对工程有托管的责任和义务，这种托管责任和义务有了保险保障，能够更好地保证业主的最终利益。所以在工程保险中，业主和承包商（包括经业主书面允许的合同分包商）共同作为被保险人。

（二）投保安排方式

在工程分段发包给多家承包商时，保险由业主统一安排更为有利，因为这样既避免了漏保或局部的保险真空，又避免了不同标段之间的责任交叉，同时在一次保险事故影响到不同标段时只扣除一次免赔额（如果多个保险单存在，则每个保险单扣除一次）；另外，业主将整个工程统一投保，可以享受到比较优惠的费率，对于与业主合作多年的保险人来说，费率会更加优惠。

（三）保险标的/保险利益/保险金额/赔偿限额

1. 管道工程。以工程造价作为工程保险金额，包括物料、工时、临时搭建的工棚及附属设施。对于管件、工程物料来说，由于数量较大，建议按整个工程的运输总量另外统一安排一揽子货物运输保险。

2. 施工机具。施工机具包括所有施工用的设备、工程车辆、施工机械、检测设备等不永久作为管道工程完工后一部分的设施。

施工机具的保险金额应按在工地的重置价值确定，包括机具本身的价值和

运费等。

工程承包商是施工机具保险的受益人，但业主要求承包商投保施工机具最终有利于工程的进行，因为这能够保证在施工机具遭受严重损坏时承包商可以有足够的资金修复或换置，将因关键设备的损坏对工程进度的影响降低到最小程度。

3. 第三者责任。根据该工程跨越距离大的特点，从合理支出保险费的角度考虑，应选择一个大的累计赔偿限额和相对较小的每次事故赔偿限额的方式。每次事故赔偿限额的选择要考虑到所有工程段的特点，不能过小。

建议累计赔偿限额为××××万元人民币，每次事故赔偿限额为××××万元人民币。

4. 雇主责任。雇主责任按照赔偿限额为基础投保。赔偿限额要充分考虑到项目各方人员的生活水平，在国内一般以人民币 10 万元作为衡量标准，上下变动。考虑到工程施工时难免会雇用临时人员，建议按限额分类投保，即按不同类别的人员（一般员工、管理人员等）投保不同的赔偿限额。推荐赔偿限额为员工每人每年 10 万元，管理人员每人每年 20 万元。

（四）免赔额

免赔额的主要作用是减少小额索赔次数以节约双方的管理费用，提醒被保险人自担部分风险以加强风险管理、降低保险费率。根据该工程的风险特点，免赔额变化到一定程度后，会大大影响保险费率。考虑到业主自身的财务实力，建议在选择免赔额时，应将频繁发生的小事故予以免掉，只考虑发生概率很小的中等偏上严重程度的事故。

1. 管道工程。

自然灾害：每次事故免赔额××万元～×××万元；

意外事故：每次事故免赔额××万元；

大型河流穿越：每次事故免赔额：××万元；

其他河流穿越：每次事故免赔额：××万元；

大型河流跨越：每次事故免赔额：××万元；

河流（山涧）跨越：每次事故免赔额：××万元；

其他：每次事故免赔额：××万元；

具体数额根据工程承包合同情况确定。

2. 施工机具。

每次事故免赔额：人民币×××××元。

3. 第三者责任。

对于第三者财产损失：每次事故免赔人民币×××××元；

对于第三者人身伤亡：无免赔。

4. 雇主责任。无免赔。

（五）保险条款

××保险公司“工程保险一切险条款”以及特别条款、“雇主责任保险条款”。

（六）保险期限

1. 管道工程。按合同工期计算，展期30天以上时，加收适当保险费。

2. 施工机具。按年（或短期时按月）计算。

3. 第三者责任。与工程险部分相同。

4. 雇主责任。按年（或短期时按月）计算。

（七）保险费率与保险费

1. 保险费率。

工程险：××%～××%；

运输部分：××%左右；

施工机具：××%；

第三者责任：××%；

雇主责任：××%。

2. 保险费。

工程保险/施工机具/第三者责任/运输：

保险费=费率×保险金额（或累计赔偿限额）

雇主责任：

保险费=费率×赔偿限额。

七、服务与承诺

（一）专门服务机构

为了确保对于A管道工程项目的服务，我们将成立专门的服务小组，小组作为一个常设机构，以保证对项目自始至终的服务质量。服务小组将由我公司相关部门的技术骨干组成，并由公司领导牵头负责，确保服务小组的技术性和权威性。我们还将逐步完善现场服务，保证24小时值班制，完善拜访制，加强与贵公司的联系，及时解决贵公司提出的问题。我们将配备熟悉工程建设和工程保险的技术人员负责协调和管理本项目，必要时，我公司将邀请有关专家赴现场进行风险调查，向贵公司提出具有更高专业水准的风险评估报告。

（二）服务小组人员构成及简历

×××：××保险公司财产保险部总经理，经济学硕士，高级经济师，从事保险工作××年，具有丰富的保险工作经验。曾任××保险公司××省分公司国际部经理、××保险公司××省分公司主管业务副总经理。先后领导和主持了××管道工程、××火电工程、××水利工程、××水利工程、××左岸电站机组安装工程、××铁路、××水电站、××高速公路等大型工程项目的保险及风险管理工作。

××：××保险公司再保部总经理助理，工学硕士，高级工程师。具有××年的保险行业从业经验，曾经在英国进修一年，熟悉国际再保险市场，具有丰富的风险管理经验。曾长期从事能源保险业务工作，主持过××油气田、××核电站等大型项目的保险规划及再保安排。

××：××保险公司财产保险部工程险处处长，工学博士，工程师。具有××年的工程管理与工程保险的从业经验，熟悉工程保险业务，负责××保险公司对系统工程险业务的管理及技术指导工作。曾参与××核电站、××水电站、××水利枢纽、××铁路、××地铁、××地铁、××管道工程等大型工程的风险评估、保险方案设计及承保工作。

×××：××保险公司××省公司副总经理，大学本科，经济师。有××年的保险的从业经验，熟悉保险业务，具有丰富的组织协调和实际工作能力，负责××省公司的承保和理赔工作。

（三）理赔服务

1. 理赔程序。出险报案—接受报案—现场查勘—核对损失—收集材料—理算核赔—支付赔款。

2. 索赔须提供的有关单证。在出险后，贵公司在索赔时须提供出险通知书、损失清单、事故原因认定证明、受损标的价值证明等有关书面单证。

3. 理赔速度。接到事故通知后，我公司现场机构的有关人员将于半小时内赶赴现场，特殊紧急情况将在 1 小时内进行初步查勘。必要时，将委请公估公司的理算师进行查勘。

我们承诺在收到所有相关单证和资料后，及时进行赔案的理算工作，并在双方达成赔偿协议后 10 个工作日内支付赔款。

4. 选择独立公估人。为确保赔案处理的公正与公平，在贵公司同意的前提下，我公司将选择国内或国外的公估人作为独立的第三方，负责保险责任期间发生保险事故的检验、定损和理算工作。公估人出具的现场查勘报告和定损报告，将提供给保险合同双方，作为确定保险赔偿的主要依据。公估人的费用由我公司承担。考虑到定损核赔的公正和效率，公估人的选择将遵循以下原则：

（1）香港或国内设有分支机构，以利于加快理赔速度；

（2）有处理大型项目，特别是管道项目赔案的经验；

（3）具有符合要求的资质。

5. 预付赔款的处理。资金问题将直接影响到工程进度，尤其是在发生损失事故之后，为了更好地体现保险制度的优势，确保恢复工作的顺利进行，对确属保险责任内的重大损失，若赔款金额一时难以确定，我公司可在估损金额的××%以内先行预付赔款。

（四）风险管理服务

我公司将加强对承保项目的风险管理，与贵公司一起督促相关各方共同做好防灾防损工作，尽可能防患于未然，最大限度地减少风险损失。

1. 我公司将聘请国内外的风险管理专家不定期对承保项目进行安全检查，提出防灾减损意见，并将结果以书面形式向贵公司通报，同时建立风险档案。

2. 与气象、水文、地震等部门联络，建立气象及地震灾害预警系统，及时为贵公司提供灾害防御服务。

3. 我公司将对贵公司负责保险业务的人员进行培训，使他们能掌握保险和风险管理知识，建立贵公司自己的风险管理队伍。聘请国内外专家对贵公司有关人员进行风险防范知识和技术的培训。

4. 不定期在工地范围内开展安全生产宣传，使参与工程项目的各方能够进一步增强安全生产观念，提高风险防范意识。

八、结语

项目建设属于典型的投资行为，投资活动的核心是处理风险与收益的关系，人们往往更多地关注收益，而忽视了风险。风险是客观存在的，但其实，大多数的风险通过有效管理能够大大降低其可能造成的影响。在风险管理的过程中，组织和技术固然重要，但观念更重要，尤其是高层管理人员的观念。

我们提出这份保险建议书的目的是希望通过它，使贵公司对于项目面临的风险有一个更加全面和系统的认识，同时，对工程保险以及我们提出的保险方案有一个初步的了解。所谓“智者谋断于未然，明者虑患之已萌”，我们诚挚地希望以上建议对贵公司风险管理工作能够有所帮助。

对以上内容如有任何疑问，请随时与我们联系，我们将非常乐于就涉及工程风险管理以及保险领域的问题为贵公司提供服务。

项目服务小组联系人（项目经理）：

地址：

邮编：

电话：

附录七

费 率 表

中国人民财产保险股份有限公司
工程保险费率表（2008 版）

一、物质损失（工期费率）

项 目	建筑工程一切险费率（‰）	安装工程一切险费率（‰）	建筑、安装工程保险费率（‰）	免赔额
1. 住宅大楼、综合性大楼、办公大楼、学校大楼、医院、饭店、商店、仓库及普通工厂厂房	0.12～6.0	0.12～6.0	0.1～6.0	每次事故免赔额：1 000 元 RMB 及以上
2. 机械工业、纺织工业	0.2～5.5	0.2～5.5	0.1～6.0	
3. 化学工业、冶金工业	0.3～8.0	0.3～8.0	0.1～6.0	
4. 机场（综合项目）	0.3～6.0	0.3～6.0	0.1～6.5	
5. 电子电器工业	0.2～7.0	0.2～7.0	0.1～6.0	
6. 火电站	0.35～7.5	0.35～7.5	0.1～6.0	每次事故免赔额：5 000 元 RMB 及以上
7. 水利、水电	0.8～10.0	0.8～10.0	0.1～7.0	
8. 普通铁路（非高速铁路）	0.5～9.0	0.5～9.0	0.1～7.4	
9. 码头、港口	0.6～15	0.6～15	0.1～8.0	
10. 桥梁	0.8～15	0.8～15	0.1～7.4	
11. 隧道、管道	0.8～15	0.8～15	0.1～10	
12. 其他行业	0.2～15	0.2～15	0.1～10	

二、附加第三者责任保险（工期费率）

设置累计赔偿限额和每次事故赔偿限额：0.02‰～5‰；仅设置每次事故赔偿限额：0.02‰～6‰；每次事故免赔额（财产损失）：300 元 RMB 及以上。

三、附加施工机器、设备保险

年费率：0.08%～5%；每次事故免赔额：500 元 RMB 及以上。

短期费率表

保险期间	1 个月	2 个月	3 个月	4 个月	5 个月	6 个月	7 个月	8 个月	9 个月	10 个月	11 个月	12 个月
年费率的百分比（%）	10	20	30	40	50	60	70	80	85	90	95	100

注：不足 1 个月的部分按 1 个月计收。

四、说明

纯风险损失率项目使用相关费率表，不适用上述费率表。

建筑、安装工程保险费率规章（2001 版）

<table>
<tr><th colspan="2">项　　目</th><th>费率幅度</th><th>厘定条件</th></tr>
<tr><td colspan="2">1. 住宅大楼、综合性大楼、办公大楼、学校大楼、医院、饭店、商店、仓库及普通工厂厂房</td><td>0.6‰～1.5‰</td><td rowspan="5">1. 工期为两年以下。
2. 保额 RMB1 亿元以下；
免赔额 RMB5 000～10 000 元。
3. 保额 RMB1 亿～5 亿元；
免赔额 RMB1 万～3 万元。
4. 保额 RMB5 亿元以上；
免赔额 RMB3 万～5 万元以上。
5. 试车期免赔额为 RMB5 万元以上。</td></tr>
<tr><td colspan="2">2. 机械工业、纺织工业</td><td>1.2‰～2.5‰</td></tr>
<tr><td colspan="2">3. 化学工业、冶金工业</td><td>2.0‰～3.5‰</td></tr>
<tr><td colspan="2">4. 机场（综合项目）</td><td>1.8‰～3.0‰</td></tr>
<tr><td colspan="2">5. 电子电器工业</td><td>2.0‰～4.0‰</td></tr>
<tr><td colspan="2">6. 火电站</td><td>1.8‰～3.5‰</td><td rowspan="7">1. 工期为两年以下。
2. 保额 RMB1 亿元以下；
一般风险免赔额 RMB5 000～10 000元，台风、暴雨、洪水、地震免赔额 RMB1 万～3 万元。
3. 保额 RMB1 亿～5 亿元；
一般风险免赔额 RMB1 万～2 万元，台风、暴雨、洪水、地震免赔额 RMB3 万～5 万元。
4. 保额 RMB5 亿～10 亿元；
一般风险免赔额 RMB2 万～5 万元，台风、暴雨、洪水、地震免赔额 RMB5 万～10 万元。
5. 试车期免赔额 RMB10 万元以上。</td></tr>
<tr><td colspan="2">7. 水利、水电</td><td>2.8‰～5.0‰</td></tr>
<tr><td rowspan="2">8. 道路</td><td>公路</td><td>2.0‰～4.5‰</td></tr>
<tr><td>铁路</td><td>2.5‰～5.0‰</td></tr>
<tr><td colspan="2">9. 码头、港口</td><td>2.0‰～4.0‰</td></tr>
<tr><td colspan="2">10. 桥梁</td><td>2.5‰～5.0‰</td></tr>
<tr><td colspan="2">11. 隧道、管道、地铁</td><td>2.0‰～5.5‰</td></tr>
</table>

1. 附加第三者责任保险（工期费率）。
   有累计赔偿限额的：0.8‰～2.0‰；
   无累计赔偿限额，仅有每次事故赔偿限额：1.5‰～3.0‰；
   每次事故免赔额 RMB1 万～5 万元。
2. 附加施工机器设备保险：3.5‰～7‰；
   每次事故免赔额 RMB3 万元。

建筑工程险费率

（1994 年 12 月经中国人民银行核准备案）

费率单位：‰

1. 建筑工程部分（工期费率），施工期限为 1 年 ~1 年半（不含保证期）	
住宅大楼	1.4 ~ 1.8
综合性大楼	1.6 ~ 3.5
商场、办公大楼	1.8 ~ 3.5
旅馆、医院、学校大楼	2.1 ~ 3.5
仓库及普通工厂厂房	2.4 ~ 2.8
道路	2.6 ~ 3.0
码头	3.0 ~ 5.5
水坝隧道、桥梁、管道的工建工程	3.2 ~ 4.5
2. 建筑用施工机器、设备部分（年度费率）	3.5 ~ 6.5
各类起重机、升降机、传送设备	14
各类挖掘机、推土机、压路机、拖拽设备	12
其他各种施工机具	6.0 ~ 8.0

安装工程险费率

（1994 年 12 月经中国人民银行核准备案）

费率单位:‰

1. 安装工程部分（工期费率）	
农机工业	2.5～2.8
机械工业	2.6～3.0
电子、电器工业	2.8～3.5
纺织工业	2.6～3.2
矿山	3.4～3.8
石油化学工业	3.4～4.5
钢铁工业（冶金）	3.0～3.5
水电站（10 万 KW 以下）	3.6～4.5
热电站（10 万 KW 以下）	3.8～5.5
以上两项超过 10 万 KW 以上的项目，请示总公司再定。	3.5～4.5
钢结构桥梁	
（上述费率包括为期不超过 3 个月的试车期。如超过 3 个月，应在原收保费的基础上另行加收 10%～15% 的保费）	
2. 安装用机器、设备、工具部分（年度费率）	
各类起重机、升降机、传送设备	9.0～14.0
挖掘机、拖拽设备、铲车、特种车辆	8.0～10.0
其他各种安装用工具	6.0～8.0

建筑工程一切险及第三者责任险费率表

1. 建筑工程部分（工期费率）	
住宅大楼 ……	0.14% ~0.18%
综合性大楼 ……	0.16% ~0.22%
商场、办公大楼 ……	0.17% ~0.22%
旅馆、医院、学校大楼 ……	0.21% ~0.28%
厘定上述费率范围的基点是：	
（1）无特种巨灾风险地区	
（2）施工期限为1年~1年半（不含保证期）	
（3）工程金额为USD1 500万元以下的项目	
（4）高楼在20层以下	
（5）免赔额USD2 500元左右	
若超过以上范围，需在此费率的基础上加费30% ~50%	
仓库及普通工厂厂房 ……	0.24% ~0.28%
道路 ……	0.26% ~0.3%
码头 ……	0.3% ~5.5%
水坝、隧道、桥梁管道的工建工程 ……	0.32% ~0.45%
2. 建筑用施工机器，设备部分（年度费率）	
各类起重，升降机，传送设备 ……	0.9% ~1.4%
各类挖掘机，推土机，压路机，拖曳设备，铲车，特种车 ……	0.8% ~1%
其他各种施工机具 ……	0.6% ~0.8%
3. 加保第三者责任（年度费率）	
有累计赔偿限额者为累计赔偿额的 ……	0.28% ~0.32%
无累计赔偿限额者为每次事故赔偿限额的 ……	0.35% ~0.5%
加保“交叉责任”，视危险大小加收第三者责任险保费的 ……	1% ~2.5%
4. 加保保证期保险（保证期为12~24个月不等，属一次性费率）	
有限的保证期责任，按建筑工程部分费率10% ~15%加收	
扩大的保证期责任，按建筑工程部分费率15% ~25%加收	
5. 附加保障部分（工期费率）	
附加保障的费率应视具体危险程度来确定。在一般情况下，如无特别风险，每增加一项附加保障，应加费0.02%。	

不同免赔额条件下的费率折扣计算(理论模型)

索赔额分类($)		-100	101~1 000	1 001~100 000	10 001~100 000	100 001~1 000 000	1m~2m	2m~5m	合计
每类索赔总额(百万$)		1.2	3.3	7	18	30	24	12	95.5
索赔次数(次)		20 000	5 500	1 000	300	50	15	4	26 869
平均索赔额($)		60	600	7 000	60 000	600 000	1 600 000	3 000 000	
免赔额($)	1 000	1.2	3.3	1	0.3	0.05	0.015	0.004	5.869
	10 000	1.2	3.3	7	3	0.5	0.15	0.04	15.19
	100 000	1.2	3.3	7	18	5	1.5	0.4	36.4
									合计
免赔额从$ 1 000增加到$ 10 000时赔付额减少量(百万$)		0	0	6	2.7	0.45	0.14	0.04	9.33
免赔额从$ 1 000增加到$ 100 000时赔付额减少量(百万$)		0	0	6	17.7	4.95	1.49	0.4	30.54
费率折扣计算	总索赔额,包括一次9百万$的索赔,(百万$)			96.6	+ 9	=	104.5	费率的理论折扣	费率的实际折扣
	所有索赔在最低免赔额条件下的免赔总额(百万$) / 所有索赔在最低免赔额条件下的赔付总额(百万$)			1.2	+ 3.3	=	4.5 / 100		
	在不同的免赔额条件下赔付额的减少					免赔额为10 000	9.33	9.33%	6%
						免赔额为100 000	30.54	30.54%	22%

注:由于保险人赔付率为65%,所以费率的实际折扣与理论折扣之比约为65%。

附录八

工程保险定价示例

为了使读者理解工程保险定价的基本步骤，以下将通过一个钢铁厂安装工程保险物质损失部分费率计算的实例，进一步介绍整个定价过程。

（1）对项目进行单元划分，先按照“大部”划分为：原钢制造部分、钢坯、板材、铸件制造部分、锻钢半成品生产部分、锻钢产品生产部分和火电厂部分，然后按照“细部”进一步划分，如火电厂可以细分为：涡轮机、锅炉、变压器、接电设备和辅助设备。

（2）从施工进度计划表中提取各个项目的安装持续期、调试期和间歇期，这种间歇期既可以是等待安装的时期，也可以是等待调试的时期，还可以是计划中的安装中断期。

（3）确定不同部分的首期/月费率，然后，针对安装持续期、调试期和间歇期确定相应的月费率，最后，计算出该项目的总费率。如高炉部分的首月费率为1.85‰；安装持续期为29个月，月费率为0.25‰；调试期为4个月，月费率为0.5‰，间歇期为5个月，月费率为0.1‰，则该部分的总费率为11.6‰。

（4）将所有部分的保费汇总，得出总保费为519 800美元。

（5）总保费与总保险金额之比为费率，即7.6‰。

（6）根据投保人的要求，拟订不同免赔额条件下相应的费率：

免赔额为5 000美元：7.6‰；

免赔额为12 500美元：5.7‰；

免赔额为25 000美元：5.3‰。

除了工程项目物质损失保险的定价外，还需要对第三者责任保险、扩展性特别条款、施工机具保险分别进行定价，最终得出项目的总保险费。

钢铁厂安装工程计划(示例)

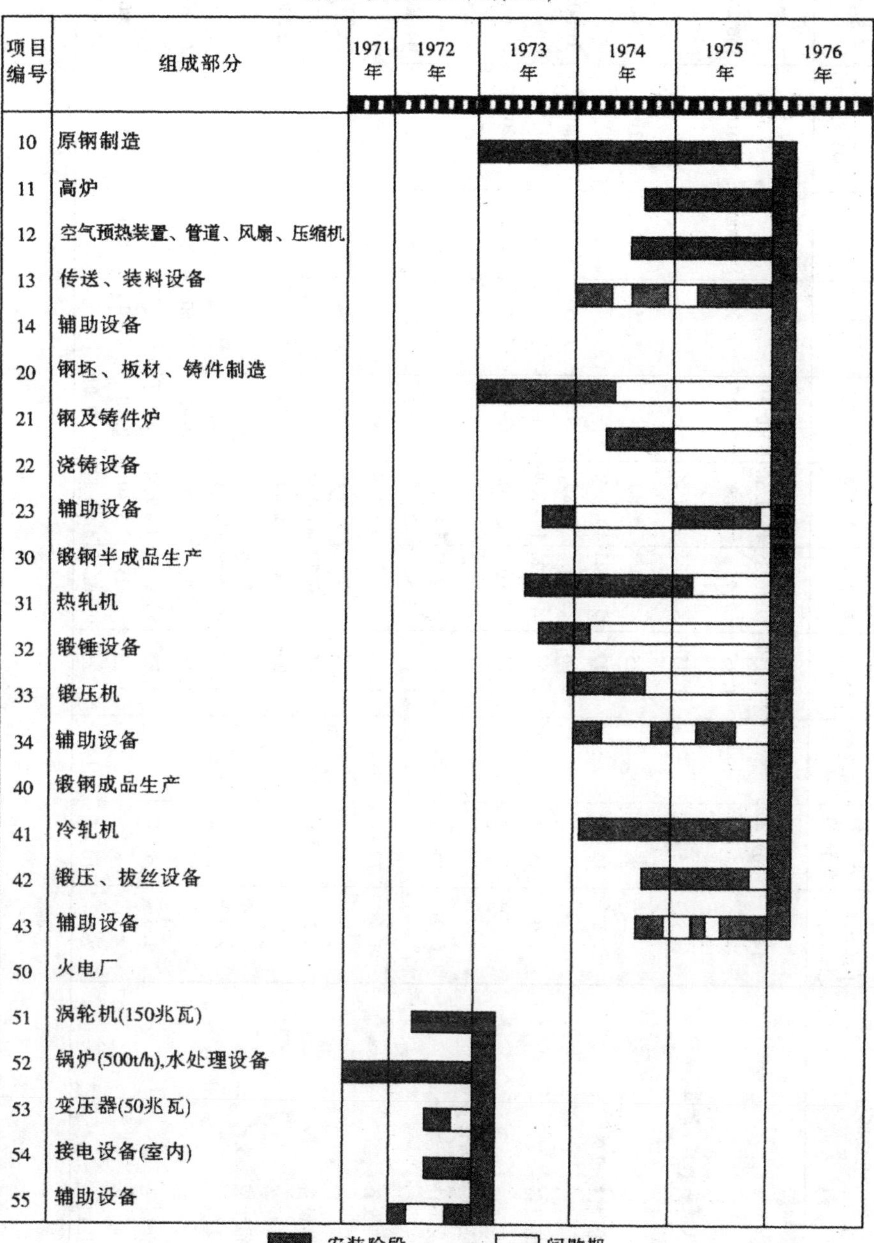

安装阶段　　间歇期

没有显示备料阶段和保修阶段

费　率　计　算

项目编号	组成部分	价值（百万 $）	工期		适用费率（‰）				总费率（‰）	基本免赔额	免赔额为 $ 5 000 时费率的折扣（%）	保费（$）
			安装和调试期	间歇期	首月	持续期	调试期	间歇期				
10	原钢制造											
11	高炉	14.0	30 +4	5	1. 85	29 ×0. 25	4 ×0. 50	5 ×0. 10				
					1. 85	7. 25	2. 00	0. 50	11. 60	1 000	10	146 200
12	空气预热装置、管道、风扇、压缩机	6. 5	15 +4	–	1. 85	14 ×0. 25	4 ×0. 50	–				
					1. 85	3. 50	2. 00	–	7. 35	1 000	10	43 000
13	传送、装料设备	3. 5	16 +4	–	2. 00	15 ×0. 25	4 ×0. 45	–				
					2. 00	3. 75	1. 80	–	7. 55	500	20	21 100
14	辅助设备	1. 0	15 +4	8/2 =4	1. 25	14 ×0. 20	14 ×0. 40	4 ×0. 10				
					1. 25	2. 80	1. 60	0. 40	6. 05	500	20	4 800
20	钢坯、板材、铸件制造											
21	钢及铸件炉	6. 0	15 +4	20	1. 70	14 ×0. 25	4 ×0. 50	20 ×0. 10				
					1. 70	3. 50	2. 00	2. 00	9. 20	500	20	44 200
22	浇铸设备	1. 5	10 +4	11	1. 50	9 ×0. 25	4 ×0. 40	11 ×0. 10				
					1. 50	2. 25	1. 60	1. 10	6. 45	500	10	8 700
23	辅助设备	0. 5	8 +4	12/2 +7	1. 25	7 ×0. 20	4 ×0. 40	13 ×0. 10				
					1. 25	1. 40	1. 60	1. 30	5. 55	500	20	2 200
30	锻钢半成品生产											
31	热轧机	6. 5	20 +4	9	1. 75	19 ×0. 25	4 ×0. 80	9 ×0. 10				
					1. 75	4. 75	3. 20	0. 90	10. 60	500	10	62 000
32	锻锤设备	1. 5	6 +4	21	1. 25	5 ×0. 25	4 ×0. 85	21 ×0. 10				
					1. 25	1. 25	3. 40	2. 10	8. 00	500	10	10 800
33	锻压机	2. 0	10 +4	14	1. 25	9 ×0. 25	4 ×0. 85	14 ×0. 10				

续表

项目编号	组成部分	价值（百万 $）	工期		适用费率（‰）				总费率（‰）	基本免赔额	免赔额为 $ 5 000 时费率的折扣（%）	保费（$）
			安装和调试期	间歇期	首月	持续期	调试期	间歇期				
					1.25	2.25	3.40	1.40	8.30	500	10	14 900
34	辅助设备	0.5	10 + 4	9/2 + 4 =	1.25	9 × 0.25	4 × 0.40	8.5 × 0.10				
				8.5	1.25	2.25	1.60	0.85	5.95	1 000	20	2 400
40	锻钢成品生产											
41	冷轧机	7.5	20 + 4	2	1.75	19 × 0.25	4 × 0.8	2 × 0.10				
					1.75	4.75	3.20	0.20	9.90	1 000	10	66 800
42	锻压、拔丝设备	3.5	12 + 4	2	1.25	11 × 0.25	4 × 0.85	2 × 0.10				
					1.25	2.75	3.40	0.20	7.60	1 000	10	23 900
43	辅助设备	1.0	10 + 4	5/2 = 2.5	1.25	9 × 0.25	4 × 0.40	2.5 × 0.10				
					1.25	2.25	1.60	0.25	5.35	500	20	4 300
50	火电厂											
51	涡轮机（150 兆瓦）	4.5		–	1.70	8 × 0.25	3 × 1.40	–		2 500		
					1.70	2.00	4.20	–	7.90	20 000*	–	35 600
52	锅炉（500t/h），水处理设备	4.0		–	1.25	14 × 0.15	3 × 0.30	–				
					1.25	2.10	0.90	–	4.25	1 000	10	15 300
53	变压器（50 兆瓦）	3.0		2	1.50	3 × 0.10	3 × 0.60	2 × 0.10				
					1.50	0.30	1.80	0.20	3.80	500	20	9 100
54	接电设备（室内）	1.0		–	1.50	5 × 0.20	3 × 0.35	–				
					1.50	1.00	1.05	–	3.55	500	20	2 800
55	辅助设备	0.5		5/2 = 2.5	1.50	6 × 0.25	3 × 0.35	2.5 × 0.10				
					1.50	1.50	1.05	0.25	4.30	500	20	1 700
合计		68.5										519 800

合计费率报价：　51 800/68 500 = 7.60‰　免赔额为 5 000 美元

或：　5.70‰　免赔额为 12 500 美元

或：　5.30‰　免赔额为 25 000 美元

* 涡轮机调试的特定免赔额为 50 000 美元

附录九

理算报告（基本框架）

ABC 保险公估公司
地址
邮编
电话
传真
电子邮件

> 重要提示：
> 本报告涉及商业秘密，仅供委托人及其法律顾问使用，未经许可，不得对外披露。

贵司赔案编号：　　　　　　　　　　　　我司案件编号：

日期：　　年　月　日

××保险公司
地址：
邮编：

致：×××先生

理算报告
（基本框架）

保单号：
保险类别：　　　　　　　建筑工程一切险
被保险人名称、地址：（1）业主
（2）承包商
（3）银行
（4）本项目设计师及工程顾问
（5）所有附属/关联公司均为本保险被保险人，但以其各自在本项目中的保险利益为限。

项目情况：

合同编号：

工期：

试车期：

保证期：

合同金额：

损失时间：
损失地点：
损失原因：
损失情况：
检验日期：
恢复情况：

保险项目：（1）物质损失部分：
被保险工程项目在保险载明的工程地址内及保险单约定的其他地域范围（包括工地外存储、运输途中）。
（2）第三者责任部分：
因被保险工程项目施工引起的对第三者的人身伤亡和财产损失的经济赔偿责任。

保险金额：物质损失部分：
第三者责任部分：
累计限额：
每次事故责任限额：
免 赔 额：物质损失部分：
每次事故免赔额：

第三者责任部分每次事故免赔额：

索赔金额：
建议准备金：
理算金额：

理算师：

1. 检验工作情况

1.1 事故通知与委托

1.2 到达现场及检验工作情况

1.3 被保险人参与情况

1.4 取得相关资料

2. 被保险人及关系方情况

2.1 业主

2.2 承包商

2.2.1 主承包商

2.2.2 分包商

2.3 供应商

2.4 其他相关方

3. 工程合同情况

3.1 合同及执行情况

3.2 项目进度

4. 事故情况

4.1 事故基本情况描述

5. 损失原因分析

5.1 基本判断

5.2 原因

5.2.1 原因之一

5.2.2 原因之二

5.2.3 原因之三

6. 损失性质与程度

6.1 损失总体情况

6.2 物质损失部分

6.2.1 项目 A

6.2.2 项目 B

6.2.3 项目 C

6.3 第三者责任部分

6.3.1 项目一

6.3.2 项目二

6.3.3 项目三

7. 现场施救情况

7.1 基本情况

7.2 工作

7.3 费用

8. 第三者责任

8.1 是否涉及第三者责任

8.2 初步估计损失

8.3 已经采取的保全措施

9. 担保

9.1 是否提供，或接受担保

9.2 担保的基本情况

10. 保单责任分析

10.1 主条款责任

10.1.1 物质损失部分

10.1.2 第三者责任部分

10.2 特别扩展条款责任

10.3 对照事实

10.4 责任研判

10.4.1 事实层面

10.4.2 条款层面

10.4.3 被保险人认同层面

10.5 结论

10.5.1 是否属于保险责任范围

10.5.2 哪些项目属于保险责任范围，哪些项目不属于保险责任范围

11. 被保险人索赔情况

11.1 索赔总额

11.2 物质损失部分

11.2.1 项目 A

11.2.2 项目 B

11.2.3 项目 C

11.3 第三者责任部分

11.3.1 项目一

11.3.2 项目二

11.3.3 项目三

11.4 索赔情况说明

12. 建议准备金（初期/中期报告）

12.1 准备金总额

12.2 建议理由与说明

13. 预付赔款建议（初期/中期报告）

13.1 被保险人申请情况

13.2 基本判断

13.2.1 保险责任

13.2.2 损失金额

13.3 总体意见（建议金额及理由）

14. 损失确定

14.1 损失总额

14.2 损失确定的依据

14.2.1 计量标准

14.2.2 单价依据

14.3 物质损失部分

14.3.1 项目 A

14.3.2 项目 B

14.3.3 项目 C

14.4 第三者责任部分

14.4.1 项目一

14.4.2 项目二

14.4.3 项目三

14.5 与索赔之间的差异与说明

15. 赔偿理算

15.1 保险损失情况

15.2 共同保险

15.3 重复保险

15.4 足额保险问题

15.5 免赔额适用

15.6 赔偿限额

15.7 残值

15.8 施救费用

15.9 追偿

15.10 预付赔款

16. 风险管理建议

16.1 存在的问题

16.2 问题的原因

16.3 改进建议

附　　件

1. 工地总图
2. 损失现场照片
3. 索赔文件
4. 损失清单/汇总表
5. 有关证明文件
6. 保险单/批单

附录十

工程保险词汇表（英汉对照）

编译自伦敦保险学会（IIL）*Report of Advanced Stduy Group 208 B Construction Insurance Nov.* 1999.

Abutments	桥墩
Adjusters' fees	公估费
All risks basis	一切险为基础
Alluvium	冲积层
ALOP	预期利润损失
Annual policy	年度保单
Arbitration	仲裁
Arch bridges	拱桥
Arch dams	拱坝
Auditors' fees	审计费
Beam	梁
Benching	阶梯式开挖
Bentonite	膨润土
Bid	投标
Bored pile	螺旋钻孔桩
Borrow area	取土区，采料场
Breakwater	防浪堤
Bridge	桥梁
Buttress dam	支墩坝
Cable - stayed bridge	斜拉桥
Caisson	沉箱

Cantilever bridge	悬臂桥
Centrifugal compressor	离心压缩机
Civil commotion	民众骚乱
Coffer dam	围堰
Commissioning	试车
Compressed air tunneling	压缩空气开挖隧道法
Concessionaire	特许经营者
Consequential loss	间接损失
Construction contract	施工合同
Contract site	施工场地
Contract works insurance	建筑安装工程保险
Corrosion or erosion	磨损和腐蚀
Crane vessel	吊车
Cross – liability clause	交叉责任
Curtain grouting	帷幕灌浆
Custody and control	保管或照看
Cut – and – cover tunnel	明挖式隧道
Cutting	挖掘
Debris removal and clearing – up cost	清除残骸及场地清理费
Decking of bridge	桥面板
Deductible	免赔额
Deductible period	免赔期（ALOP）
Defect	缺陷
Defective material	原材料缺陷
Defective workmanship	工艺缺陷
Delay in completion	延迟交工
Demolition	拆除
Depreciation	爆破、拆除
Derrick	起重机
De – watering	排水
Directional drilling	定向钻
Dredging/redredging	清淤
Earth moving	土方作业

Embankment dam	土石坝
Embankment	填方工程
Employers' existing property	员工自有财产
Erection hazard	安装风险
Estimated contract price	预算价
Excess	免赔额
Existing property	现有财产
Expediting expenses	特别费用
FIDIC	菲迪克条款
First loss	第一危险方式
Flare structure	可燃结构
Foundation excavation	地基开挖
Foundation	地基
Gas turbine power station	燃气轮机电站
Gravity dam	重力坝
Ground movement	地面移动
Groundwork	基础工程
Grouting	灌浆
Harbour	码头
Heat exchanger	热交换器
Hot testing	热试
Immersed tube tunnel	沉管隧道
Indemnity period	赔偿期限
Inevitable loss	必然损失
Inland transit	内陆运输
Insurable interest	可保利益
Jacked pile	顶入桩
liquidated damage	违约赔偿金
Loss of gross profit	毛利润损失
Loss of interest	利息损失
Machinery breakdown	机器损坏
Maintenance	维护
Maintenance period	保证期

Malicious act	恶意行为
Marine works	海事工程
Natural peril	自然灾害
Negligence	疏忽
New Austrian Tunnelling Method	新奥法
Nuclear pool	核共保体
Nuisance	妨害（物或行为）
Offshore works	离岸工程
Open workface	开放工作面
Overbreak	超挖
Overtopping of coffer dam	围堰溢坝
Pavement layer	路面
Period of contract work	工期
Period of insurance	保险期
Personal or bodily injury	人身伤害
Physical damage	物质损失
Pile cap	桩帽
Piling	打桩
Piling construction	桩基工程
Pipe jacking	顶管法
Pipeline construction	管道工程
Policy schedule	保单明细表
Power station	发电厂
Practical/substantial completion	实际交工
Prefabricated module	预制件
Principal	业主
Principle of indemnity	补偿原则
Principle of utmost good faith	最大诚信原则
Professional fee	专业费用
Propping	支撑
Proximate cause	近因
Reinstatement as new	重置如新
Reservoir	水库

Retaining wall	挡土墙
Risk evaluation	风险评估
Rock armour	护面石（海堤工程）
Rock bolting	锚杆支护
Rock tunnelling	岩石隧道
Scaffolding	脚手架
Scheduled completion date	计划完工时间
Seawall	防波堤
Semi – conductor plant	半导体工厂
Sheet piles	板桩
Skirt pile	裙桩
Slip forming	滑模成型
Sonic bang	音爆
Static pile test	静压桩测试
Steel frame building	钢构建筑
Subcontractor	分包商
Subrogation right	代位求偿权
Sum insured	保险金额
Superstructure of bridge	桥梁上部结构
Temporary works	临时工程
Tenderer	投标人
Terrorism	恐怖主义
Testing period	试车期
Thermal power stations	火力发电厂
Third party	第三者
Third party liability	第三者责任
Transformer	变压器
Tunnel Boring Machine（TBM）	隧道全断面掘进机（盾构机）
Tunnelling shield	盾构
Wear, tear, deterioration	正常损耗、（渐进性）变质
Workmanship	工艺

参 考 文 献

【中文类】

一、工程风险管理类

（一）工程风险管理

［1］何文炯：《风险管理》［M］，北京，中国财政经济出版社 2005 年版。

［2］卢有杰，卢家仪：《项目风险管理》［M］，北京，清华大学出版社 1998 年版。

［3］［英］罗吉·弗兰根，乔治·诺曼：《工程建设风险管理》［M］，北京，中国建筑工业出版社 2002 年版。

［4］雷胜强：《国际工程风险管理与保险》［M］，北京，中国建筑工业出版社 2002 年版。

（二）工程风险评估

［5］沈聚敏，周锡元，高小旺，刘晶波：《抗震工程学》［M］，北京，中国建筑工业出版社 2000 年版。

［6］姚谦峰，苏三庆：《地震工程》［M］，西安，陕西科学技术出版社 2001 年版。

［7］胡聿贤：《地震安全性评价技术教程》［M］，北京，地震出版社 1999 年版。

［8］李鄂荣，姚清林：《中国地质地震灾害》［M］，长沙，湖南人民出版社 1998 年版。

［9］马宗晋，张业成，高庆华，高建国：《灾害学导论》［M］，长沙，湖南人民出版社 1998 年版。

［10］秦德智：《洪水灾害风险管理与保险研究》［M］，北京，石油工业出版社 2004 年版。

［11］魏一鸣，金菊良，杨存建，黄诗峰，范英，陈德清：《洪水灾害风

险管理理论》[M]，北京，科学出版社 2002 年版。

[12] 聂芳容：《山洪灾害防治》[M]，长沙，湖南人民出版社 2002 年版。

[13] 万庆：《洪水灾害系统分析与评估》[M]，北京，科学出版社 1999 年版。

[14] 张家诚，周魁一，杨华庭，张宝元：《中国气象洪涝海洋灾害》[M]，长沙，湖南人民出版社 1998 年版。

二、保险类

（一）保险学

[15] 魏华林，林宝清：《保险学》[M]，北京，高等教育出版社 2006 年版。

[16] [美] 小哈罗德·斯凯博等：《国际风险与保险》[M]，北京，机械工业出版社 1999 年版。

[17] [美] Scott E. Harrington，Gregory R. Niehaus：《国际风险与保险》[M]，北京，清华大学出版社 1999 年版。

[18] [美] Emmett J. Vaughan，Therese M. Vaugham：《危险原理与保险》[M]，北京，中国人民大学出版社 2002 年版。

（二）工程保险

[19] 王和，沈南宁：《工程保险》[M]，厦门，鹭江出版社 1999 年版。

[20] 陈代众：《工程保险》[M]，台北。

[21] 朱世昌：《工程保险》[M]，长沙，湖南教育出版社 1993 年版。

[22] 国际咨询工程师联合会：《大型土木工程项目保险》[M]，北京，中国计划出版社 2001 年版。

[23] 乔林：《建筑工程施工风险与保险》[M]，上海，上海科学技术文献出版社 1998 年版。

[24] 杜辰生，邱美玲，卓柏谷，陈佳荣，陈嘉明，陈志雄：《工程保险》[M]，台北，台湾保险事业发展中心，2003 年。

[25] 郭振华，熊华，苏燕：《工程项目保险》[M]，北京，经济科学出版社 2004 年版。

[26] 瑞士再保险公司：《建筑工程一切险保险》[M]，瑞士，瑞士再保险公司，1999 年。

（三）保险实务

［27］郭家汉：《建设工程设计责任保险实务》［M］，北京，知识产权出版社 2003 年版。

［28］国际咨询工程师联合会：《职业责任保险入门》［M］，北京，中国计划出版社 2001 年版。

［29］陈朝先：《保险公估》［M］，成都，西南财经大学出版社 2001 年版。

［30］李琼：《保险公估原理与实务》［M］，武汉，武汉大学出版社 2000 年版。

［31］王家昱，李金山，冯卫：《保险事故现场勘查》［M］，北京，中国检察出版社 2000 年版。

［32］赵淑贤，张建军：《特殊风险保险》［M］，北京，中国金融出版社 2001 年版。

（四）保险法

［33］Malcolm A. Clarke. 何美欢，吴志攀等译：《保险合同法》［M］，北京，北京大学出版社 2002 年版。

［34］陈欣：《保险法》［M］，北京，北京大学出版社 2000 年版。

三、工程类

（一）工程管理

［35］白思俊：《现代项目管理》［M］，北京，机械工业出版社 2002 年版。

［36］吴之明，卢有杰：《项目管理引论》［M］，北京，清华大学出版社 2001 年版。

［37］何伯森：《国际工程合同与合同管理》［M］，北京，中国建筑工业出版社 1999 年版。

［38］梁监：《国际工程施工索赔》［M］，北京，中国建筑工业出版社 1996 年版。

［39］谷学良，孙波：《工程招标投标与合同》［M］，哈尔滨，黑龙江科学技术出版社 2004 年版。

［40］丛培经：《建筑施工项目管理》［M］，北京，中国环境科学出版社 2003 年版。

[41] 成虎：《工程项目管理》[M]，北京，中国建筑工业出版社 2004 年版。

[42] 邓晓梅：《中国工程保证担保制度研究》[M]，北京，中国建筑工业出版社 2003 年版。

（二）工程监理

[43] 詹炳根：《工程建设监理》[M]，北京，中国建筑工业出版社 2004 年版。

[44] 许晓峰，沈清立，刘彦生：《工程建设监理手册》[M]，北京，中华工商联合出版社 2000 年版。

（三）工程计量与定价

[45] 王春宁：《建筑工程概预算》[M]，哈尔滨，黑龙江科学技术出版社 1998 年版。

[46] 卞秀庄，陈贵民：《建筑工程概算与预算》[M]，北京，中国建材工业出版社 1993 年版。

[47] 于忠诚：《建筑工程定额与预算》[M]，北京，中国建筑工业出版社 1992 年版。

[48] 陈建国：《工程计量与造价管理》[M]，上海，同济大学出版社 2007 年版。

[49] 赵玉槐，卞秀庄：《建筑工程定额与预算》[M]，北京，清华大学出版社 2007 年版。

[50] 廖美薇，Richard Fellows：《工料测量学实务》[M]，北京，中国建筑工业出版社 2001 年版。

（四）设计与施工技术

[51] 王洪健，杜曰武，张立伟：《建筑施工技术》[M]，哈尔滨，黑龙江科学技术出版社 2000 年版。

[52] 吴树培：《公路概论》[M]，北京，人民交通出版社 1988 年版。

[53] 陈忠达：《公路挡土墙设计》[M]，北京，人民交通出版社 2000 年版。

[54] 本书编写组：《公路隧道施工技术规范》[M]，北京，人民交通出版社 2000 年版。

[55] 叶国铮，姚玲森，李秩民：《道路与桥梁工程概论》[M]，北京，人民交通出版社 1999 年版。

[56] 王毅才：《隧道工程》[M]，北京，人民交通出版社 2001 年版。

[57] 于书翰，杜谟远：《隧道施工》［M］，北京，人民交通出版社 1999 年版。

[58] 钱冬生，陈仁福：《大跨悬索桥的设计与施工》［M］，成都，西南交通大学出版社 1991 年版。

[59] 向中富：《桥梁施工控制技术》［M］，北京，人民交通出版社 2006 年版。

[60] 关宝树，杨其新：《地下工程概论》［M］，成都，西南交通大学出版社 2003 年版。

[61] 邱驹：《港工建筑物》［M］，天津，天津大学出版社 2002 年版。

[62] 吕尚泰，温信文：《水电站概论》［M］，北京，中国水利水电出版社 2008 年版。

[63] 电力工业部华东电力设计院：《火力发电厂设计技术规程》［M］，北京，中国电力出版社 1994 年版。

[64] 阎昌琪：《核反应堆工程》［M］，哈尔滨，哈尔滨工程大学出版社 2004 年版。

[65] P. R. 蒙菲尔德：《世界核电站》［M］，北京，原子能出版社 1997 年版。

[66] 叶建良，汪国香，吴翔，黄远华：《桩基工程》［M］，北京，中国地质大学出版社 2000 年版。

[67] 罗福午：《建筑工程质量缺陷事故分析及处理》［M］，武汉，武汉工业大学出版社 1999 年版。

[68] 高文安：《建筑施工机械》［M］，武汉，武汉工业大学出版社 2000 年版。

[69] 张庆贺，朱合华，庄荣等：《地铁与轻轨》［M］，北京，人民交通出版社 2002 年版。

[70] 首都规划建设委员会办公室：《地下铁道设计规范》［M］，北京，中国计划出版社 1999 年版。

[71] 钱炳华，张玉芬：《机场规划设计与环境保护》［M］，北京，中国建筑工业出版社 2000 年版。

[72] 中国石油天然气总公司：《输油管道工程设计规范》［M］，北京，中国计划出版社 1994 年版。

[73] 编委会：《水利水电工程施工伤亡事故案例与分析》［M］，北京，中国建筑工业出版社 2001 年版。

[74] 编委会:《建设工程重大质量事故警示录》[M], 北京, 中国建筑工业出版社 1998 年版。

[75] 王济川:《建设工程质量事故实例鉴定与处理》[M], 长沙, 湖南科学技术出版社 1999 年版。

[76] 曾宪明, 林润德, 易平:《基坑与边坡事故警示录》[M], 北京, 中国建筑工业出版社 1999 年版。

【英文类】

[77] (IIL) *Report of Advanced Stduy Group 208B Construction Insurance Nov.* 1999.

[78] "Construction and Erection Insurance". The Insurance Institute of London.

[79] "Property Loss Adjusting" James J. Markham.

[80] "Insurance Operation".

[81] "Adjustment of Property Losses" Thomas/Reed.

[82] "General Claims Procedures" John Ball.

[83] "The Contract Bond Book" by Albert Remmen.

【国外保险公司读物类】

[84] 慕尼黑再保险公司 (Munich Re):《高层建筑》。

[85] 慕尼黑再保险公司 (Munich Re):《洪水与保险》, 1997 年。

[86] 太阳联合保险公司 (Sunalliance):《Bonds》。

[87] 慕尼黑再保险公司 (Munich Re):《Pipeline – Technology and Insurance》。

[88] 慕尼黑再保险公司 (Munich Re):《Underground Railways Construction and Insurance》。

[89] 慕尼黑再保险公司 (Munich Re):《Bridges – Technology and Insurance》。

[90] 慕尼黑再保险公司 (Munich Re):《100 years of engineering insurance at Munich Re》。

[91] 慕尼黑再保险公司 (Munich Re):《Working Offshore》, 1993年。

[92] 瑞士再保险公司 (Swiss Re):《Contractors All Risks Insurance》。

[93] 瑞士再保险公司 (Swiss Re):《Erection All Risks Insurance》。

[94]《International Guidelines for Machinery Breakdown Prevention at Nuclear Power Plants》。

[95]《International Guidelines for the Fire Prevention of Nuclear Power Plants》. The Nuclear Pools' Forum1997.

【研讨会资料类】

[96] 慕尼黑再保险公司:《中国地震风险与地震费率表》, 1999年3月12日, 北京。

[97] 慕尼黑再保险公司:《工程保险赔案处理与损失防止 (Engineering Seminar on Claim Handling and Loss Prevention)》, 1999年10月18日, 北京。

[98] 慕尼黑再保险公司:《道路工程索赔与防损 (Road and Highway Construction Claim and Loss Prevention)》, 1999年11月30日, 厦门。

[99] 慕尼黑再保险公司:《中国地震保险与再保险 (The Insurance and Reinsurance of Earthquake in China)》, 2000年11月16日, 北京。

[100] 慕尼黑再保险公司:《风险管理——深圳地铁项目 (Risk Management for the Shenzhen Underground Railway Project》, 2001年11月8日, 北京。

[101] 慕尼黑再保险公司:《大型基础设施项目的风险管理——保险业的作用》, 2002年9月, 北京。

[102] 慕尼黑再保险公司:《最大可能损失 (Probable Maximum Loss)》, 2003年, 北京。

[103] 瑞士再保险公司:《从营造工程综合保险看都会区地下施工》, 2000年6月, 昆明。

[104] 瑞士再保险公司:《水坝工程施工技术及承保要点》, 2000年6月, 昆明。

[105] 瑞士再保险公司:《完工工程保险 (Completed Construction All Risks)》, 2000年6月, 昆明。

[106] 法国再保险公司:《交通基础设施建设 (Transport Infrastructures)》, 2001年10月23日, 北京。

[107] 法国再保险公司:《能源保险 (China energy seminar)》, 2002年9

月，北京。

[108] 通用科隆再保险集团：《安装工程风险管理（Risk Management of Erection Project)》。

[109] Engineering Insurance Company Limited：《Electricity Generation and Insurance》，1994 年 11 月，南京。

[110] 达信保险顾问公司：《管道建造的风险管理与保险（Risk Management and Insurance in Pipeline Construction》，1999 年 11 月。

[111] 威达信集团公司（MMC and March Inc.）：《能源保险》，1999 年 11 月。

后　　记

写一本关于工程保险的小册子，将自己多年的学习积累和工作经验与同行们分享是我一直的愿望，这个想法可以追溯到十几年前。当时，我在完成了“95版工程保险条款”的编写、统稿和翻译工作之后，负责为工程保险编写一套实务手册。在编写的过程中，我总感觉仅仅是一些简单的实务介绍，对于一个工程保险的从业人员而言是远远不够的，工程保险从业人员需要更丰富的保险知识，需要大量的工程建设及管理的知识。于是，就有了为工程保险从业人员写一本具有复合知识结构，侧重实际应用的工程保险小册子的计划。在多年从事工程保险工作实践的基础上，我一方面认真研读了一批各国工程保险的经典著作，力求对保险、工程保险有更加深刻的了解和认识；另一方面全面和系统地阅读了大量工程建设方面的有关书籍，希望用一个工程保险从业人员的眼光去学习和掌握工程建设方面的知识，并从中提取与工程保险相关的知识。当然，我不敢说呈现在各位面前的这本小册子已经实现了自己的初衷，但它确是我倾心的投入，真心希望能够为推动我国工程保险事业的发展尽一点微薄之力。

在过去十多年的时间里，我的学习、工作和生活都发生了很大的变化，但我始终没有放弃当初的计划，利用学习和工作之余，断断续续地坚持着日积月累的写作，当我终于完成了这本书的写作的时候，我最想说的是感谢我的亲人、老师和领导。尽管生活给了我许多的坎坷和磨难，但我仍然觉得自己是幸运的。在我最困难的时候，我的父母、妻子和女儿给了我许多的帮助、关心和爱。在我追求知识的过程中，我遇到了三位恩师：我的硕士生导师厦门大学的齐树洁教授、博士生导师厦门大学的邱华炳教授和张亦春教授，他们给我的不仅是知识，更多的是对于知识执著追求的精神和做人的道理。在我的职业生涯中，得到了中国人民财产保险股份有限公司相关领导的悉心教诲、栽培和帮助，从他们身上我学到了许多从书本和课堂上学不到的东西。同时，在我写作的过程中，得到了许多朋友的帮助，他们是我曾经和现在的同事林德雄、王真、冯知杰、谭启俭、沈南宁、陈东辉、张辉、张青、金鑫、吴军、彭钢、郭莉、赵宁、李海棠、蒋华、郑聿秋以及慕尼黑再保险公司的 Heiko Wannick 先生。最后，我还要特别感谢国际工程保险人协会主席安德斯·林德博格先生在百忙中为本书作了序，建设部总工程师姚兵先生和武汉大学魏华林教授对本书给予了极高的评价。

另外，作为一名工程保险从业人员，我想借此机会感谢慕尼黑再保险公司和瑞士再保险公司，两家公司在我国举办过不计其数的以工程保险为主题的研讨会和培训班，编辑出版了许多具有实用价值的工程保险读物，为培养我国的工程保险人才，推动工程保险事业的发展做出了积极的贡献，本人也是他们这些活动的受益者。

王　和

2010 年于北京小西天